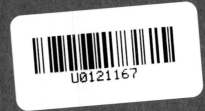

国家出版基金项目
NATIONAL PUBLICATION FOUNDATION

海上絲綢之路文獻集成

總主編 陳支平 陳春聲

歷代史籍編 5

主編 范金民

海峽出版發行集團
THE STRAITS PUBLISHING & DISTRIBUTING GROUP
福建人民出版社

本册目次

西洋番國志一卷

〔明〕鞏珍撰

《西洋番國志》一卷，明鞏珍撰。珍號養素生，應天（今江蘇南京）人。行伍出身。宣德五年（一四三〇）鄭和通使西洋，珍爲幕僚，往返三年，歷國二十餘，憑通事轉譯，記録各國風土民俗，歸國後於宣德九年撰成此書。凡二十則，卷首載永樂、宣德間敕書三通，所記鄭和下西洋前準備情形，未見於他書。正文記述占城、爪哇、舊港、暹羅、滿剌加、啞魯、蘇門答剌、那孤兒、黎代、南浡里、錫蘭、小葛蘭、柯枝、古里、溜山、祖法兒、阿丹、榜葛剌、忽魯謨厮、天方等二十餘國家、地區之地理、風土、人情，及中外民間交往情形。與《瀛涯勝覽》、《星槎勝覽》同爲有關鄭和下西洋之原始史料，然其内容與兩書互有異同，或可補其不足。據中國國家圖書館藏清知聖道齋抄本影印。

勑太監楊慶等往西洋忽魯謨厮等國公幹合用各色紵絲紗錦等物并給賜各番王人等紵絲等件勑至即令各該衙門照依原定數目支給仍令各門官仔細點檢放出毋得纖毫透漏

故勑

永樂十八年十二月初十日

勑内官鄭和孔和卜花唐觀保今遣内官洪保等送各番國使臣回還合用賞賜并帶去銀兩叚疋銅錢等件勑至即依照坐去數目關給與之其官軍原關粮賞買到麝香等物仍照依人數關給該用軍器等項并隨舡合用油麻等物令各該庫分衙門逐一如原料數目關支就令太監鄭和眼同打發就撥海舡

知聖道齋

二隻與之裝載前去仍among落各門官仔細點檢放出不許纖毫
夾帶透漏故勅
一下西洋去的内官合用塩醬茶酒油燭等件照人数依
例關支
永樂十九年十月十六日
勅南京守備太監楊慶羅智唐觀大使袁誠今命太監鄭和等
往西洋忽魯謨斯等國公幹大小舡六十一隻該關領原交南
京入庫各衙門一應正钱粮并賞賜番王頭目人等綵幣等物
及原阿丹等六國進貢方物給賜價鈔買到紵絲等件并原下
西洋官員買到磁器鐵鍋人情物件及随舡合用軍火器紙劄

油燭柴炭并内官内使年例酒油燭等物勑至爾等即照數放支與太監鄭和王景弘李興朱良楊真右少監洪保等關領前去應用不許稽緩故勑

宣德五年五月初四日

西洋番國誌

伏以皇天開泰運聖祖御明時創業建基垂法萬世成功儷美於唐虞茂德丕隆於湯武欽惟太宗文皇帝繼聖守成代天理物聲教洋溢乎四海仁化溥洽於萬方制作謀謨騰今邁古永樂之初勑遣中外重臣循西海諸國昭示恩威擴往聖之鴻規著當代之盛典輿圖開拓萬善咸臻未有至於此也宣宗章皇

帝嗣登大寶普賚天下乃命正使太監鄭和王景弘等兼督武臣統率官兵数萬乗駕寶舟百艘前往海外開詔頒賞徧諭諸番時愚年甫出幼備数部伍拔擢從事于總制之幕往還三年經濟大海綿邈彌茫水天連接四望迥然絶無纖翳之隱蔽惟觀日月升墜以辨西東星斗高低度量遠近皆斵木為盤書刻干支之字浮針於水指向行舟經月累旬晝夜不止海中之山嶼形狀非一但見於前或在左右視為準則轉向而往要在更数起止記算無差必達其所始則預行福建廣浙選取駕船民梢中有經慣下海者稱為火長用作船師乃以針經圖式付與領執專一料理事大責重豈容怠忽其所乗之寶舟體勢巍

然巨無與敵蓬帆猶舵非二三百人莫能舉動趍事人衆紛匝往來豈暇停憩缺其食飲則勞困弗勝況海水滷醎不可入口皆於附近川澤及濵海港汊汲取淡水水船載運積貯倉艙以備用度斯乃至急之務不可暫弛至於當洋正行之際烈風陡起怒濤如山危險至極舟人驚駭倉忙無措仰賴神靈顯然臨庇寧帖無虞所至番邦二十餘處人物妍媸不同居止潔穢等别氣候常如春夏秋霜冬雪皆無土産風俗各不相類其所賫恩須諭賜之物至則番王酋長相率拜迎奉領而去舉國之人奔趍欣躍不勝感戴事竣各具方物及異獸珍禽等件遣使領賫附隨寶舟赴京朝貢是皆皇恩霶霈德化溥敷致遠人之歸

服也顧愚菲陋庸材叨從使節涉歷遐方覩斯勝槩誠為千載之奇遇凡所紀各國之事蹟或目及耳聞或在處詢訪漢言番語悉憑通事轉譯而得記録無遺中有往古流俗希詭變態詭怪異端而可疑或傳譯舛訛而未的者莫能詳究其注意措辭直俗之語不別更飾惟依原記録者序集成編存傳於後尚覬將來出使之曉達者增損而正之時大明宣德九年歲在甲寅孟春之月吉旦蒼素生金陵鞏珎寫金臺之館舍謹誌

諸番國名

占城國　一爪哇國　二暹羅國　四

舊港國　三啞魯國小邦　六滿剌加國　五

西洋番國誌

占城國即釋典所謂王舍城也在廣東大海之南自福建長樂縣五虎門開船往西南行好風十日可至其國南達真臘西接交趾之後東北俱大海國之東北百里有海口名新港岸上有一石塔諸處船望見塔即收港港口有寨番名設北奈寨內番

人五十家有二頭目主之西南百里即王城畨名曰佔其城以石壘開四門各有守者國王鎖里人崇信釋教頭以金為冠鈒三山玲瓏花其狀與中國棵戲中粧扮者所戴冠同身衣五色長衣以細花布為之下圍色絲手巾王跣足出入騎象或以二黄牛駕小車而行其頭目所戴冠用其土所産茭蔁葉為之其制度亦如王者但以金飾彩各分品級高下所服衣衫長不過膝下圍各色布手巾王居屋宇高大上蓋長條細瓦四圍墻垣皆用塼灰其門以堅木刻獸形為飾民居房屋俱覆以茅其簷不許過三尺過三尺者罪之服色皆用紫玄黄亦不禁王乃服白餘服白者罪死國人男子鬖頭婦人撮髻腦後體皃俱黑上

衣短袖衫下圍色布手巾俱赤脚氣候常煖如中國四五月時無霜雪草木長青產茄藍香降真香觀音竹烏木其木甚黑潤絕勝他國所出者茄藍香惟此國有一大山產他國俱無價與銀等觀音竹如細藤棍色黑長一丈七八尺每寸有三二節他國俱無所生犀象其牙角甚廣犀牛如水牛形一角生鼻梁中蹄有三路身黑無毛皮麁厚紋如鱗甲骵重七八百斤食刺樹刺葉及指大乾木有牛馬猪羊其馬僅大如驢鵝鴨少雞至小脚僅高寸半或二寸雄雞則紅冠白耳亞腰竅尾人執手中猶啼甚可愛也果有梅橘西瓜甘蔗芭蕉椰子波羅蜜狀如冬瓜紋如荔枝其中有肉顆如雞子大色黄味甘如蜜肉內有子大

知聖道齋

如中國刀豆子炒食如栗蔬菜則冬瓜黃瓜葫蘆芥菜葱姜而已其餘果菜俱無人多漁少耕種所以稻穀不廣土種米粒細長多紅者大小麥俱無日食椟榔扶蔞葉名老葉不絕口婚姻男子先至女家成親過十日或半月男家父母及諸親友以鼓樂迎回飲酒作樂其酒以藥和飯封甕中候熟但飲時先數主客人數多少以長節竹筒插入甕中人皆圍坐輪次而起扶筒咂飲乾再增水味盡方止書寫無紙筆槌羊皮合令薄或槢樹皮以白粉書之國刑得罪輕者以藤條杖脊重者截鼻為盜者斷手男女犯姦者烙面甚者以木為缸行放水中上立一竪木削尖令罪人坐尖上木自口出而死就流水上示衆歲月無閏但以

十二月為一年晝夜分十更擊鼓以記之其王用年節生人膽調水沐浴各處頭目採取進納以為貢獻之禮王居位三十年令別弟兄子姪權國事自往深山持齋受戒對天誓曰我在先為王若無道願虎狼食我或即病死若一年不死則復為王人皆呼為昔嚟馬哈剌扎盖至尊至聖之稱也其國中有人家婦人呼名尸只于者惟以目無瞳人為異夜寢時頭能飛去食人家小兒糞尖則妖氣入兒腹必死其頭復回本骿相合如舊曾有人能以婦人之骿移置他處其婦亦死但知人家有此妖異不報官者罪及合家又有一大潭通海其中有鱷魚國人有告爭訟難明官不能決者則令各騎水牛過潭鱷魚見理曲者輒

出食之其理直者雖過十餘次無事最為異也海邉有野水牛甚很悪可畏其牛原是人家耕牛因逸去他處生養成群但逆青衣之人相近輒群逐来抵觸而死人皆避之國俗最忌人觸其胸懷或有犯者根而陰謀殺之其買賣交易惟以七成色淡金使用所喜者中國青磁盤碗等器及紵絲綾絹硝子珠等物皆執金来轉易而去國王歲採方物犀角象牙茄藍等香赴中國進貢

爪哇國古名闍婆國也其國有四處一曰杜板一曰新村一曰蘇魯馬益一曰滿者伯夷俱無城郭寳舡到彼皆於海中地方海中駐泊官軍人等惟駕三板舡於各處来往其他國有舡来

者先至杜板後至新村次至蘇魯馬益次至滿者伯夷其滿者伯夷之王居處以磚為墻高三丈餘週圍約二百餘步內其屋如架樓約高三四尺餘間以板鋪閣加細藤簟或花席於其上人皆盤膝而坐上用堅木為板交搭蓋覆以下國人居屋皆用茅蓋亦以磚砌土庫高三四尺家私物件盡藏庫內居止坐卧俱在於上其國王髼頭跣足頭戴金葉花冠身無衣袍腰以下圍絲嵌手巾出入坐牛車或騎象國人男子髼頭婦人椎髻上不著衣下圍手巾其手巾比世用者倍闊名曰打布男女皆從腰下臂上圍起至於面臍下掩閉却以狹布巾一條繫於打布上面名為壓腰所食檳榔蔞葉就于壓腰巾內包裹腹前行走

坐卧嚼哂不止惟睡着時不食其檳榔椰子類同茶飯不可稍缺國人之性專以驅梁競其勝負但是男子隨身皆有刀一把僅長一尺有餘刻木作套裝護其刃貼肉挿于腰間怒欲刺人隨手舉執凶惡可懼其刀名卜刺頭俱以兔兒雪花鑌鐵為之兩刃尖利之甚短靶用木作人形鬼面細巧堪愛最忌人弄小兒摸其頭伊父見知務必追執以刀刺殺尋常往来但與争鬥抵觸者即拔腰間所挿之刀刺死其人彼即脫走過三日後即不償命或其時就執之者隨亦戮死不論凡在市賣物皆是婦人與之交易近傍之間因彼裸體其乳被人捫弄惟對笑而已其夫雖見佯若不知國無鞭笞之刑但犯罪不拘輕重皆用藤

縛兩臂拘攤而去則以卜剌頭刀剌腰及脇即死國之風土冊日不殺人甚可畏也中國銅錢通使杜板番名賭班此地約千餘家中國廣東及漳州人多逃居于此以二頭目為主其海灘上有小池甘淡可飲傳說元朝命將史弼高興伐闍羅婆經月阻風不得登岸軍士渴欲死二將仰天祝曰奉命伐蠻天若與之則泉生乃以鎗剷地泉隨湧起至今呼為聖水云其地鷄羊魚菜賤杜板向東行半日許至新村番名革兒此地原為枯灘因中國人逃來遂名新村至今村主廣東人也約千餘家各處番舡皆聚此出賣金寶石及一應諸番貨居人甚殷富新村向南行日許到蘇魯馬益港口水淡沙淺大舡難進用小船行二十

餘里到蘇魯馬益番名蘇兜把牙亦有村主管番人千餘家門
亦有中國人其港口有一洲林木森森上有長尾猴萬數中有
墨色老雄猴為主有一老番婦人隨其側國人婦女無子者皆
備酒飯果餅往禱老猴喜則先食其物衆猴争食其餘食盡隨
有公母二猴近前交感此婦回即有孕否則無也可怪哉於蘇
魯馬益小舡行八十里到埠頭名漳沽登岸向西南行半日到
滿者伯夷則王居處也其處有番人二三百家頭目七八人輔
王天氣長熱如夏田稻一年二熟米粒細白芝蔴菉荳皆有惟
無大小麥土産蘇木金剛子白檀香肉荳蔻蓽茇班猫鑌鐵龜
筒玳瑁鸚鵡大如母雞及紅綠鶯哥五色鸚哥鷯哥皆能效人

言語珎珠雞倒掛鳥孔雀鳥檳榔雀綠班鳩之類又有白鹿白猿白猴等獸其牲畜則有猪羊牛馬惟無驢及鵝果有芭蕉椰子甘蔗石榴蓮房西瓜郎扳果莽吉柿之類莽吉柿狀如石榴區形紫色皮厚內有白肉四塊甘酸可食郎扳狀如枇杷而大內有白肉三塊亦酸甘可食甘蔗長二三大皮白其餘瓜茄菜蔬皆有惟無桃李國人坐卧無床櫈飲食無匙筯飯用盤盛沃以酥汁手撮而食凡魚蝦蛇蚓蛆虫等物以火燎過即啖之或有聚飲者列坐於地酒乃茭蕈椰子所釀盛于瓦罈以旋採樹葉蔑簽作盞杓一人傍執酌酒傳遞到手即飲之擲於地以伺再傳淋漓不顧其過酒之物蝦魚蛆虫蔬菜亦以蔑簽盤楪飣

擺于地人各一分盡醉而其國人有三等皆西番回回人因作
商賈流落於此日用飲酒清潔一等唐人皆中國廣東及福建
漳泉州下海者逃居於此日用食物亦潔淨皆投禮回回教門
一等土人形皃醜黑揉頭赤脚崇信鬼教佛書所謂鬼國即此
地也其人飲食穢惡蛇蟻虫蚓食啖無忌家畜之犬與人共食
夜則同寢恬不為恠人云昔有鬼子魔王青面紺髮紅身與一
象合生子百餘常啖食人忽震雷裂石中有一人衆立為王盡
降於象而不為害土人乃其遺種至今尚有强狠之習每歲以
十月為春首有竹鎗會王與其妻各乘塔車塔車高丈餘四面
有牕下有轉軸以馬駕之王後妻前同至會所兩邊擺列隊伍

各執竹鎗其竹實心不施鐵刃但削尖用火焠其鋒相持對敵男子各帶妻拏隨行其妻拏亦各執木棍長三尺許在於敵場聽鼓聲緩急男子交鎗既三合各妻就以手執木棍格之呼曰邦剌那剌則皆退散或甲與乙敵傷死王就中令甲出金錢一枚與乙家其妻隨甲去以此較勝負為戲其婚姻則男先至女家成親三日後乃迎回男家擊銅鼓銅鑼吹椰笛及打竹筒鼓并放火銃前後短刀團牌圍繞其婦則被髮裸體跣足腰圍絲嵌手巾項佩金珠聯絡之飾臂帶金銀寶鐲其親友鄰里俱以檳榔蒟葉線綴草花之類裝揷綵舡而送之以為賀禮其喪葬父母將死則問父後欲犬食欲火化或欲棄水中隨父母所願欲

而行之若欲犬食則舁屍至海濵或野外有犬十數來食其肉盡爲好食不盡子女皆悲號哭泣棄其餘水中而歸又富翁及貴人將死有所愛婢妾輙與誓曰死則同往及死出殯積柴薪焚主翁屍及火焰盛所愛妾二三人皆戴草花披五色花手巾登跳號哭遂投火中同主屍燒化以爲送葬之禮國人多富貫賣俱用中國銅錢歷代書記亦有字與鎖俚相類以茭蔁葉用刀刻畫亦有文法語甚美軟其衡法每斤二十兩每兩十六錢每錢四姑邦每姑邦該中國秤二錢一厘八毫七絲五忽每錢該官秤一兩四錢每斤該官秤二十八兩量法截竹爲升名曰姑刺該中國一升八合以八升爲斗名曰捺黎該中國一斗四

升四合每月十五六夜月色好則番婦集二十人或三十人於月下聯臂徐行一婦為首先唱番歌一句衆皆應聲齊和過親戚及富貴家皆贈以銅錢等物名為步行樂又有一等人雜畫人物鳥獸蟲豸如中國所為手卷狀以二木高三尺為畫桿止齊一頭其人盤膝坐地以圖畫立地上展出一叚則朝前用番語高説此叚來歷衆人環坐而聽之或笑或哭如中國説平話然國人最喜青花磁器并麝香花綉紵絲硝子珠等貨國王常採方物遣使進貢中國

舊港國即三佛齊國也番名佛林邦受爪哇節制其國東即接爪哇西抵滿剌加國南距山北枕海諸處舡來先淡水港入彭

家門繫舡岸邉名石塔易小舡入港乃至其國國多廣東福建漳泉人地土肥美諺謂一季種穀三季收稻正此處也其屬水多地少人多習水戰頭目皆岸上造屋以居其餘民庶俱於水上編竹為筏葦葉作房居之筏用樁纜隨水長落欲遷居則連筏移去不勞搬徙亦甚便港中朝暮二次暗潮國甚富饒其風俗婚姻死葬語言皆與爪哇同洪武初廣東人陳祖義等挈家逃竄于此後祖義充頭目橫甚往往刦奪客舡財物有施進卿者亦廣東人永樂五年奉朝命往西洋寶舡過此施進卿來執擒祖義等送京斬之朝廷命進卿為大頭目以主其地進卿死位不傳子其女二姐為主賞罰黜陟悉聽裁制土產金銀香黃

蓮香降真香沉香鶴頂黄蠟之類其金銀香如中國銀匠所用黑膠中有白塊如蠟白多黑少者為上黑多白少者次之此香氣烈觸鼻薰腦西番并鎖俚人甚愛之其鶴頂之鳥大如鴨形黑毛脛頸尖嘴腦骨厚寸餘外紅内黄如蠟嬌潤可愛其嘴之尖極紅但作腰帶鈎環鋸鮮腦骨作坯却刮取嘴尖之紅貼為花様以燒熱鐵板鉗合成塊任意製造亦可作刀靶擠機之類又産火雞神鹿其火雞大如鶴圓身長頸尖嘴高脚頸比鶴長有軟冠二片如紅絹子生於頸中脚如鐵黑能爪人破腹出腸或以杖之卒莫能死食炔炭因名火雞神鹿大如巨豕高三尺許前半幹黑後半幹白毛色可愛蹄與喙皆如豕蹄有三跲而喙

知聖道齋

不尖食草木不茹腥穢其他牛羊猪犬雞鴨蔬菜果皆與爪哇同人喜博戲如奕棊把龜鬥雞皆賭財物行市交易用中國銅錢并布帛之類其王亦採方物赴中國進貢

暹羅國自占城開舡向西南行順風七晝夜至新門臺海口入港方到其國地週千里外山嶮巇內地卑濕其土瘠氣候不正或寒或熱王居屋頗華麗整潔民庶房屋如楼上用檳榔木硬木劈如竹片密鋪用藤扎縛甚堅上鋪藤席竹簟坐臥食處皆在其上王者用白麻布纏頭上不着衣下圍絲布嵌手巾加以錦綺壓腰出入騎象或乘轎一人執伞盖伞以茭蔁葉製造甚好以金飾柄其王鎖俚人崇信釋教國中為僧尼極多僧尼服色

與中國頗同亦往菴觀受戒持齋國王謀議刑罰下民買賣交易一應鉅細事皆决於妻其婦人才識亦果勝於男子若其妻與中國男子情好則喜曰我妻有美能悦中國人即待以酒飯或與同坐寢不為恠男子櫛髻用白布纏頭身衣長衫婦人亦椎髻衣長衫凡男子年二十餘隨貴賤以金銀為珠嵌飾陽物女子嫁則請僧迎男至女家僧取女紅為利市點男女額然後成親亦甚可笑過三日又請僧及諸親友分檳榔彩舡等物迎婦男家置酒作樂死喪之禮富貴者死則用水銀灌腹中而葬之其餘則舁屍至海濱有鳥大如鵝其色如黄金凡三五十自空飛下食其肉而去餘骼棄海中名曰鳥葬亦請僧誦經禮佛

知聖道齋

去國西北二十餘里有市鎮名上水可通雲南後門番人五六百家但有諸色番貨皆出賣紅馬厮肯的石此石在紅鴉鶻石肩下明淨如榴子中國寶船到亦遣小船到上水買賣其國土產黃連香羅斛香沉香降香花梨木白荳蔻大風子血結藤結蘇木花錫象牙翠毛等物其蘇木賤如柴薪且顏色絶紅勝他國所出者又産白象白鼠獅猫等異獸其蔬果與占城同牛羊鷄鴨俱有酒有米酒椰子酒俱燒賣國語似廣東鄉音民俗囂淫好習水戰常討伐諸邦交易以海𧴩當錢使王遣常備口降真香等物進貢

淌剌加國自占城開船向西南行好風八日到牙門入門西行

二日可到此處舊名五嶼無國王只有地主受暹羅節制歲輸金四十兩否則加兵永樂七年己丑歲欽奉上命遣使往諭諸番到於本處宣布詔旨特恩賜其地主以雙臺銀印冠帶袍服主國封王建城竪碑遂與諸番為敵體而暹羅莫敢侵犯其地東南是海西北是老岸連山大槩沙滷之地田瘦穀薄氣候朝熱暮寒有一大溪□紅王居前過□入海王於溪上建立木橋橋上造亭二十餘間諸貨買賣皆集於此王及國人皆從回回教門王用細白番布纏頭身衣細花布如袍長足以皮為鞋出入乘轎國人男子方帕包頭女撮髻腦後身體微黑下圍白布并各色手巾上衣色布短衫風俗淳朴居屋如樓各有層次每

高四尺許即以椰木劈片藤扎縛如羊棚狀連牀就榻盤膝而坐厨竈亦在其上人多以漁為業用獨木刳舟泛海取魚少耕種土產黄速香打麻兒香烏木花錫之類打麻兒香乃一種樹脂流入于土掘出如瀝青可以點燈及塗舡不漏土人多採取賣之他國亦販去間有明淨土如金珀沓名損都盧廝或碾成帽珠而賣所謂水珀是也花錫有二山塲出產王令頭目主之遣人淘鑄成塊如斗狀輸官每塊官秤重一斤八兩或一斤四兩者每十塊用藤縛一把四十塊為一大把通市交易皆以此物國語并書記及婚喪之禮頗與爪哇同山野有樹名沙孤鄉人取其皮搗浸澄濾成粉丸綠豆大晒乾名沙孤米賣與人做

飯洲渚邉有木草名茭蔁葉長如刀茅厚如笋殼柔軟堅韌結子皮蒻如荔枝實如雞子土人取其子釀酒飲之能醉人或取其葉織成細簟濶二尺長丈餘出賣果有甘蔗芭蕉波羅蜜野荔枝之類蔬有葱蒜姜芥東瓜西瓜牲畜有牛羊雞鴨不廣其價亦貴水牛一頭賣銀一斤以上驢馬皆無近海有龜龍傷人龜龍高三四尺鱗甲被身如刺龍頭棘牙遇人則齒出黑虎似虎而小毛黑有暗紋亦有黃虎其虎能變幻入市中混人而行有識者即擒之其怪與占城屍頭蠻同屍頭此處亦有之中國下西洋舡以此為外府立擺柵墻垣設西門更鼓楼内石立重城蓋造庫藏完備大䑸寶舡已往占城爪哇等國并先䑸暹羅

等國回還舡使俱于此國海濱駐泊一應錢粮皆入庫內口貯
各舡併聚又分䑸次前往諸番買賣以後忽魯謨厮等各國事
畢回時其小邦去而回者先後遲早不過五七日俱各到齊將
各國諸色錢粮通行打點裝封倉舶停候五月中風信已順結
䑸回還其國既受皇恩深重其年乃携妻子赴闕謝恩又賜造
完大舡令其乘駕歸國守土自前至今歲方物不缺進貢
啞魯國小邦也自滿剌加國開舡好風行四晝夜可到其國有
淡水港先入港然後到國南是大山北大海西連蘇門答剌國
界東有平地種收早稻粮食不缺王及國人皆回回人民以耕
漁為業風俗淳朴國婚喪等事皆與爪哇滿剌加國相同貨物

稀少土產黃速香金銀香之類及山林中出飛虎大如猫皮毛灰色有肉翅生連前後足如蝙蝠狀能飛不遠此物不服家食獲即死出綿布番名考泥并米穀牛羊甚廣雞鴨亦多乳酪多有賣者

蘇門答剌國即古須文達那國也其國乃西洋總路頭舡自满剌加國向西南行好風五晝夜先到海濵一村番名答魯蠻泊舡往東南行十餘里即王國其國無城郭有一大溪通海每日二潮其海口浪大常覆舡本國南去百里乃大深山北臨大海東亦大山至阿魯國界正西邊海其地有二小國相連先至那孤兒界次至黎代界先是蘇門達剌國王被那孤兒王侵掠中

藥箭死其子幼小不能復讐王妻下令曰有能復夫讐保全比土者吾願與為妻共主國事有一漁翁奮前曰我能克之遂殺敗那孤兒王其衆退伏不敢動王妻遂嫁漁翁稱為老國王政事地賦悉聽老王裁制永樂七年老王入貢中國十年還前王子長成陰與部屬合謀殺老王而取其國老王子蘇幹剌挈家逃入山立寨以居時率衆復父讐永樂十三年太監正使等到為發兵擒獲蘇幹剌送京王子位始固以此感恩義常貢方物其國四時氣候不齊朝熱如夏暮寒若秋五七月間亦有瘴氣田土不廣惟種旱稻一年二熟大小麥俱無土產硫磺其出硫磺處草木不生土石皆焦黃山居人多置園種胡椒比椒蔓生

花黄白結子成穗嫩青老紅候半老時採擇晒乾賣之凡椒粒虛大者此處椒也每官秤一百斤賣金錢八箇直銀一两果有芭蕉甘蔗莽吉柿波羅蜜之類又有一種臭菓番名郍尓烏狀如雞頭長八九寸皮生尖刺及熟有瓣裂開氣如臭牛肉内有肉十四五塊大如栗其白如酥甜美可食肉中有子炒食如栗柑橘甚多四時皆有狀與洞庭獅柑緑橘同其味不酸可以久留不腐又一種酸子番名俺拔大如消梨而長色緑氣香削皮而食之酸甜有核大如雞子桃李等果俱無蔬有葱蒜薑芥冬瓜至廣亦可以久留不腐西瓜緑皮紅子有長一二尺者人家多畜黄牛乳酪多羊皆黒無白者雞無綫者其大者重六七斤

煮易爛味美鴨有五六斤者其掌褊大人家亦養蠶繰絲不能治綿其國風淳厚語言衣服婚喪等事皆與満剌加國相同其民居屋如樓上不鋪板但以椰子或檳榔木劈成條片以藤扎縛即鋪藤簟就上居處高處亦布闌柵此處是總路頭所以畨舡多經物貨皆有王以七成淡金鑄錢名底那兒圓徑官寸五分底面有紋官秤重三分五厘國中使用買賣則皆用錫錢

那孤兒小邦也在蘇門荅剌國西北方不廣只一大山村人民十餘家其地與蘇門荅剌國相連凡其人皆於面刺三尖青花為號所以其王又呼為花面王田少人多以陸種為生米穀稀少猪羊雞鴨皆有語言動用皆與蘇門荅剌國相同無他出産

鈔校書籍

黎代亦小邦也又在那孤之西其地南距大山北臨大海西連南浡里國界國人一二千家自推一人為主以主國事受蘇門答剌國節制語言服用亦與蘇門答剌國相同土無所出只出野犀牛王亦遣人採捕隨蘇門答剌國進貢

南浡里國自蘇門答剌國正西依山行好風三晝夜可到其國邊海人民只有千餘家皆回回人甚朴實地方東接黎代王界西北皆臨大海南距大山山南又大海王亦回回人王居屋用木木高三四丈如楼起造楼下縱牛羊牲畜往來楼上四面用板裝脩甚潔淨坐卧食處皆在其上庶民居屋與蘇門答剌國同其處黃牛水牛山羊雞鴨皆有魚蝦賤蔬菜稀少米穀貴銅

錢使用山産降真香至好俗呼蓮花降并出犀牛國之西北海中有一大平頂高山名帽山半日可到山西大海即西洋也番名那沒嚟洋凡西洋過来舡俱収此山為准其山邊約二丈許有海樹生淺水中名曰珊瑚其樹大者高二三尺根如拇指大其黑如墨其潤如玉梢上椏枝婆娑可愛土人以為寶或碾成珠及器物賣之帽山脚下亦有居人二三十家皆自稱為王若問其姓名則曰阿孤刺楂盖云我便是王也或問其次亦曰阿孤刺楂可笑也屬南浡里國其南浡里國王嘗親齎土産珎異隨寶舡朝貢中國

錫蘭國自南浡里帽山放洋好東北風三日見翠藍山三四座

惟一山最高大番名揆篤蠻山此處人皆巢居穴處男女赤躰如禽獸然無寸衣着膚相傳昔釋迦佛過海於此登岸入水澡浴土人偷佛衣而藏之佛咒土人故至今皆赤躰謂寸布着身即身爛此謂裸形國也其土不產米穀人惟食山芋波羅蜜芭蕉子之類或海中捕蝦魚而食之過此正西舡行七八日見鶯哥嘴山又三兩日見佛堂山始到錫蘭國馬頭番名别羅里泊舡登岸海邊山脚石上有足跡長二尺許云是釋迦佛自翠蘭山來就此登岸足跡存焉中有淺水不乾人就蘸水洗面目其左有佛寺乃佛之涅槃處寺內佛卧尚存寢座皆用諸寶石嵌沉香木為之極華麗及有佛牙并活舍利子等物在堂北去四五

十里始到王居王亦鎖里人崇信佛教敬象及牛人以牛糞燒灰塗身人不敢食牛而食其乳牛死即埋之若私宰牛者其罪死或納牛頭金以贖其罪王之所居每早國人皆以牛糞調水遍塗屋上地下然後拜佛其佛拜以兩手舒前兩脚伸身後胃腹着地而拜近王居有一大山高入雲表上有人右脚跡入石深二尺許長八尺餘云是人祖阿聃足跡人祖華名盤古此山出紅雅胡黄雅胡青米藍石昔剌泥窟沒藍等諸寶石乃人祖眼泪結成（每大雨衝出沙土中尋拾則有彼人云）又其國海中有雪白浮沙一所出螺蚌蛋珠日照之光彩横蔟王因別為珠池每三年或二年取沙上螺蚌入珠池養之令人看守淘珠納官亦有竊取而賣者其國地廣人稠亞於瓜

哇民甚富饒男子上皆赤髁下圍絲手巾加以纏腰渾身毫毛皆長剃只留髮用白布纏裹父母死則髮毛不剃以為孝禮女人髻撮腦後下圍白布兒生皆剃頭女則不剃就養胎髮至長其飯食皆不缺酥乳亦以酥沃飯方食若無酥乳則自食于暗處檳榔扶留葉晝夜不絕口出米穀麻豆無麥所用酒油飯皆以椰子造所產菓有芭蕉波羅蜜菜有瓜茄牲畜有牛馬雞鴨無鵝但人死則聚隣婦女以兩手拍胷乳號叫為禮屍皆火化骨則土埋王以金為錢使用每錢官秤重一分六厘甚愛中國麝香紵絲色絹青磁盤碗銅錢　就以寶石珍珠易換王常遣使隨寶舡方物進貢中國

知聖道齋

小葛蘭國自錫蘭國馬頭別羅里開舡往西北行好風六晝夜可到其國邊海東大山西大海南北地狹亦臨海王及國人鎖俚人崇信釋教敬象及牛婚喪諸事與錫蘭國同土產蘇木胡椒但不多果菜皆有牛羊頗有羊毛青脚高二三尺黃牛有重三四百斤者人日二飡皆以酥油沃飯王以金鑄錢行使用錢官秤重一分雖小邦亦修貢獻

柯枝國自小葛蘭國開舡沿山向西北行好風一晝夜到本國泊〔港〕口泊舡其國東大山西大海南北亦海有陸路可往鄰國王鎖俚人頭纏黃白布上不着衣下圍紵絲手巾又加絕〔顏〕色紵絲一疋為壓腰其頭目及財主服用頗與王者同屋用椰木造及

用椰葉編蓋各以磚砌土庫收藏細軟諸物以防火盜國人有五等一等與南毘與王同類中有剃頭掛線在頸者最為貴族二等回回人三等名哲地乃是國中財主四等名革令專為牙保五等名木瓜最卑賤木瓜居住俱在海濱屋簷不得過三尺高着衣上不過臍下不過膝路遇南毘哲地皆俯伏候過乃起不許為商賈只以漁樵及擡負重物為生國王崇奉佛教敬象及牛建造佛殿以銅鑄像以青石為座週遭為溝傍鑿井每早起鳴鐘鼓汲井澆佛頂三羅拜而退又一等人名濁肌即道人也有妻室濁飢出母胎即不剃髮亦梳篦以酥油等物搓髮成縷拖披腦後人以黃牛糞燒白灰徧塗身躰上下俱無衣服只

以大如指黃藤繞腰重縛至緊末垂白布為飾白晝吹海螺而
行其妻畧以布遮蔽前後隨之每到人家則與錢米諸物此地
氣候常暖如夏無霜雪每歲二三月夜雨一二番五六月日夜
大雨街市成河七月盡雨信始　八月半以後再不雨人家于
二三月間即脩置房屋脩具食用以防雨患至次年二三月又
雨如初土無出產人惟種椒為業每椒熟大户即收買置倉盛
頓以客待各處客商椒以播荷論價每播荷該二十五姑剌該番
秤十斤較中國官秤該十六斤一播荷共該官秤四百斤彼處
賣金錢一百箇或九十箇直銀五兩名哲地者專收買寶石珍
珠香貨以待中國寶船及各處番舡珎珍以分數論價每顆重

三分半者彼處賣金錢一千八百箇直銀一百兩珊瑚連枝柯者以斤論價做成珠者以分兩論價哲地多收買珊瑚枝柯雇匠制造成珠論分兩賣王以九成金鑄錢行使名曰法喃官秤重一分一厘又以銀為錢名答兒大如海螺靨面官秤重四厘每金錢一箇倒銀錢十五個街市零用國人婚喪各依本類禮制不同國中出産米粟麻豆黍稷無麥牲畜則有象馬牛羊犬猫雞鴨無驢及鵞國王遣使貢獻中國

古里國此西洋大國也從柯枝國開舡往西北行三日可到其國邊海山遠東通坎巴夷國西臨大海南連柯枝國北臨狠奴兒國永樂五年朝廷遣正使乘大䑸齎寶詔勅諭賜其王誥命

銀印及諸頭目冠服等物有差遂立石為記謂曰中國相去十萬餘里民物熙皞同風其國亦有五等名回回南毘哲地革令木瓜王南毘人其頭目皆回回人云先王嘗與回回言誓不食牛則不食猪至今尚然王信佛教敬象及牛蓋佛殿以銅瓦及以銅鑄佛象乃納兒掘井于佛像之傍每早王自來汲水浴佛禮拜叉又每夜令人收取黄牛糞以銅盆裝盛早晨和水洒塗佛殿地上及各墻壁王家并頭目及諸富家皆如此敬佛又燒牛糞為細白灰用好布為袋裝盛每早盥洗畢以此灰調水塗額并鼻準及兩股間各三次方緣見佛以此相傳又昔有聖人名某些及真天人立教化於此地其聖人因往他國令弟撒沒黎

攝教其弟心起矯妄鑄銅為犢詐曰此聖主也若能崇敬當日
冀金以酬其人貪得金而忘天道因皆此敬牛為重及某些聖
人回國惟弟妄乃廢其牛欲罪其弟即乘一大象遁去至今國
人懸望撒没嚓回如月初則言月中必至及月中又言月終必
至南毘人敬象及牛蓋以此也王以二頭目掌國事頭目回回
人多奉其教禮拜寺有二三十所七日一禮拜至日男子大小
俱齋沐不治事已午時同到寺禮拜未時回家方敢交易其人
狀貌俊偉亦甚誠信中國寶舡一到王即遣頭目并哲地及米
納凡來會其米納凡乃是本國書筭手之名牙儈人也但會特
先告其以某打價至期將中國帶去各色貨物對面議定價值書

左右合契各収其一哲地乃與坐舡内臣各相握手米納凢言過吉日就中指一掌為定自後價有貴賤再不改悔以後哲地并富户各以寶石珍珠珊瑚来看惟是議論價錢最難疾則一月徐則両三月方定如其寶石若干該紵絲某物貨若干即照原打手價無改其筭盤只以両手両足十指計筭毫髮無差國王以六成金鑄錢名吧南行使每錢中國官秤三分八厘面底有紋該官秤一分又以銀為小錢名搭兒零使每銀錢重三厘其畨秤名法剌失權釘衡末準則活動衡正中為定盤星秤物則移準向前畨名秤一錢該中國官秤八分十六錢為一両該官秤一両八分二十両為一斤該秤一斤九両六錢其秤只可

鈔校書籍

秤十斤該官秤十六斤若以秤胡椒二百五十斤為一播荷該官秤四百斤稱香貨二百斤為一播荷該官秤三百二十斤其衡法多是天平對秤法無要妙量法官鑄錢為升名党戞黎較中國官斗斛每升該一升六合二勺西洋布本國名撦黎布出於鄰境坎巴夷等處每疋闊四尺五寸長二丈五尺彼處賣金錢八箇或十箇國人亦以蠶絲練織各色間道花手巾闊四五尺長一丈二三尺有餘每手巾賣金錢一百箇其山鄉人多置園種胡椒十月椒熟俱採摘晒乾自有大户収買送官庫官與發賣每一播荷賣金錢二百箇見數稅錢其哲地財主多収買各色寶石珎珠并做珊瑚珠等遇各處番舡到王遣頭目并記筭

知聖道齋

人來眼同幾賣亦収稅錢富家多種椰子或千株或二三百株以此為產業云椰有十用嫩者有漿可飲又可釀酒老者肉可打油或做糖與飯其外皮穰可打索造舡殼可為碗為酒鍾又可燒灰廂金銀細巧生活樹可架屋葉可盖屋此十用也蔬菜有蘿蔔姜芥葱蒜芫荽葫蘆茄子菜瓜東瓜四時皆有又有一種小瓜僅如小指長大二寸許味如青瓜其葱紫皮細葉本大如蒜賣則秤斤芭蕉子波羅蜜多有賣者木別子樹高十餘丈結實如大綠柿內有子三四十熟則自墮其蝙蝠大如鷹皆於此樹倒挂而棲米有紅白二色麥大小俱無他處販麥與麵來用有鷄鴨無鵝羊脚高如驢之駒色灰水牛不甚大黃牛有三四

百斤者牛死則埋之人不食牛肉只食乳酪酥油無酥油廢食飯各色海魚極賤兔鹿亦有賣者禽有孔雀鷺鷥烏雅鷹燕孔雀人家多有養者其他飛鳥俱無婚喪之禮鎖俚人回回人各以類亦有衍衍能彈唱以葫蘆殼為樂紅銅絲為絃唱番歌相（和）賀而彈唱甚有音韻可聽國王（王）位不傳子傳與外甥若王無姊妹則傳於弟（無弟）則傳與有德之人世代相仍如此國法無鞭笞之刑輕則截手斷足重則罰金誅戮甚則抄封滅族人犯法到官則招究不伏者則於王前或大頭目前以鐵鍋煑油令滾先以樹葉爆裂有聲乃命其人以右手二指浸滾油內片特取出用布包裹封記監留在官過三日聚衆開封視之若手潰爛則不

一知聖道齋

枉遂加以刑其不爛者則頭目人等以鼓樂送此人回家諸親
隣友皆賀相與飲酒作樂國王其年以赤金五十兩令匠抽絲
如髮結綰成片以各色寶石珎珠廂成寶帶一條遣頭目乃那建
貢中國
溜山國自蘇門荅顁剌國開舡過小帽山投西南行好風十日可
到其國番名傑幹無城郭倚山聚居四面皆海即如洲渚狀國
之西去途程不等有天生石門海中狀如城闕有八大處曰沙
溜曰人不知溜曰起來溜曰麻里奇溜曰加半年溜曰加加溜
曰安都里溜曰官塢溜此八處者皆有地主而通商賈其餘小
溜尚有三千餘處水皆緩散無力舟至彼處而沉故行船謹避

不敢近此經過古傳弱水三千即此處也其人皆巢居穴處不着衣衫只以樹葉遮蔽前後平生不食米穀惟於海中捕魚蝦而食之行舡者或遇風水不順舟師針舵有失一落其溜遂不能出大槩行舡謹防此也其傑幹國王臣庶皆回回人風俗淳美悉遵教門行事人皆以漁為生多種椰子樹男女躰貌微黑男子白布纏頭下圍手巾婦人上着短衣下亦以濶布手巾圍之又用濶大手巾過頭蓋下只露其面婚喪之禮依教門行土產降香不多惟椰子廣他國皆來販賣有等小樣椰子土人將殼旋酒鍾以花梨木為足用番漆其口足甚美椰子皮穰打成麄細索收積盈堆各處番舡皆販去賣與造成等用蓋番人造

舡不用鐵釘止鑽孔以椰索聯縛加以木楔用瀝青塗之至緊
出龍涎香漁者溜中採得狀如浸瀝青嗅之不香火焚有魚腥
氣價高以銀對易出海叭土人採積如山堆罨待肉爛取殼轉
賣暹羅榜葛剌國代錢使出馬鮫魚土人將其魚切如臂大淡
晒至乾盈倉收貯他國多販去名曰溜魚又出一等絲嵌手巾
長濶而加實密勝他處所出者又出一等織金方帕男子可纏
頭其價有賣銀五两者氣候長熱如夏土瘦米少麥無蔬菜不
廣牛羊雞鴨皆有餘無所產王以銀鑄錢使用中國寶舡亦一
二往彼收買龍涎香椰子等物乃一小邦也
祖法兒國自古里國開舡投西北行十晝夜可到其國邊海倚

山無城郭東南大海西北重山王及國人皆奉回回教門人體長大貌壯語朴王者以白細布纏頭身着青花長衣細絲嵌圓領或金錦衣袍足着番靴或皮為鞋出入乘轎騎馬前後擺列象駝馬隊牌手吹篳篥鎖納擁從而行民下亦纏頭衣長衣着靴或鞋如遇禮拜日上半日市絶交易男子長幼皆沐浴以薔薇露或沉香油塗擦躰面始着新潔衣服又以小土爐焚沉檀俺八兒等香跨其上以薫躰如到禮拜寺禮拜及散往過街市香氣頓飯不散其婚喪之禮悉教門土産乳香其香乃樹脂也樹似榆而葉尖長斫樹取香而賣中國寶舡到開讀詔書并賞賜勞王即遣頭目徧諭國人皆以乳香血竭蘆薈沒藥安息香

知聖道齋

蘇合油木別子之類來易紵絲磁器等物此處氣候常如八九月不熱不冷米麥豆粟稷黍麻穀及諸蔬菜瓜茄牛馬驢猫犬雞鴨皆有山中亦出駝雞土人捕賣之駝雞身偏頸長足高二指其毛如駱駝行亦如駝狀故以駝雞名食米豆等物其地出駱駝有單峰雙峰者國人皆騎坐亦殺賣其肉王以金鑄錢名倘加每錢官秤重二錢徑一寸五分一面有紋一面為人形又以紅銅鑄小錢徑四分零用王亦遣人齎乳香駝雞等物表進中國

阿丹國自古里國開船投正西兑位行一月可到其國邊海去山遠王與國人皆奉回回教門說阿剌必語國富民饒人性強

硬有馬步鋭兵七八千鄰邦畏之永樂十九年上命太監李克
正使齎詔勅往諭旨李　到蘓門答剌國令內官周　等
駕寶舡三隻往彼王聞即率大小頭目至海濱迎入禮甚敬謹
開詔畢仍賜王衣冠王即諭其國人凡有寶物俱許出賣此國
買到猫精一塊重二錢許并大顆珍珠各色鴉鶻等石珊瑚樹
高二尺者數株枝柯為珠者五櫃及金珀薔薇露麒麟獅子花
福鹿金錢豹駝雞白鳩之類國王頭戴金冠身服黃袍腰繫寶
裝金帶至禮拜日亦以細白番布纏頭上加金錦為頂身服白
袍坐車列隊而行其頭目冠服各有等第國人男亦纏頭服撒
哈喇梭幅錦綉紵絲細布等衣足着靴鞋婦人亦服長衣肩項

佩珎珠寶石瓔珞如中國所飾觀音狀耳帶金廂寶環四對臂
纏金寶釧鐲足指亦帶環又用絲嵌手巾盖頭只露其面凡國
人打造金銀入細生活絶勝天下市肆熟食絲帛書籍諸色物
件舖店并混堂皆有王用赤金鑄錢名甫嚕嘜行使每錢官秤
重一錢底面有紋又用紅銅鑄錢名甫嚕斯零用氣候温和如
八九月日月之定無閏月但以十二月為一年月之大小但以
今夜見新月明日即月一也四季不定自有陰陽人推算某日
為春首則花草開榮某日是初秋則木葉凋脫至於日月交蝕
風雨潮信無不准人之飲食米麪諸品皆以乳酪油糖蜜制造
米麥穀粟麻豆并蔬菜俱有果有松子核桃花紅石榴桃仁把

丹乾蒲萄萬年棗之類畜有象駝驢騾牛羊雞鴨犬猫只無猪及鵞鴨其綿羊則白毛無角於出角處有兩黑點頸下有胡如黄牛毛短如狗尾大如盤及出花福鹿青花白駝雞麒麟獅子其福鹿狀如騾白身白面眉肩起細細青條花纏身及蹄間道如畫青花白駝雞狀與福鹿同麒麟前足高八九尺餘後足高六尺褊口長頸舉頭高一丈六尺前仰後俯不可騎乘兩耳邊有短肉角牛尾鹿身蹄有三跆食粟豆麪餅獅子形如虎黑黄無斑紋頭大口闊尾有毛黑長如纓般吼如雷諸獸望見輒伏不敢動及產紫檀木薔薇露薝蔔花并無核白蒲萄其人居屋皆砌以石上蓋以磚或土有石砌三層高四五丈者國王感慕聖

朝悬德常修金葉表文進金厢寶帶一條窟嵌珎珠寶石金冠一頂并雅鶻等各寶石蛇角等物進貢

榜葛剌國自蘇門答剌國開舡取兒山并翠藍島投西北上行好風二十日先到浙地港泊舡易小舡入港行五百里到地名鎖納港自此登岸又西南行三十五站始到榜葛剌國其國有城王居及大小諸衙門皆在城内地廣人稠風俗良善富家多造舡往畨買賣而傭伎者亦多國中皆回回人男婦皆黒間有一白者男子剃頭以白布纏褁身服圓領長衣自首而入下圍各色濶手巾足着淺面皮鞋及頭目俱服回回教禮衣冠甚潔麗國語名榜葛俚自成一家語説吧兒西話者亦有之王以銀

鑄錢名倘加每錢官秤重三錢官尺徑一寸二分底面有紋一應買賣皆用此錢街市零使則用海𧴩海𧴩番名考嚟論箇數交易冠婚喪祭皆用回回禮氣候時常熱如夏出稻穀芝麻黍粟豆麥其稻穀一年二熟米粒細長多紅者蔬有姜芥葱蒜瓜茄果有芭蕉甘蔗石榴梭子波羅蜜及砂糖白糖糖霜蜜煎之類畜有駝馬驢騾水牛黄牛山羊綿羊猪犬雞猫鵝鴨等畜酒有米酒椰子酒茭蔁酒各有造法多作燒酒賣土俗無茶以檳榔待客街市一應鋪店混堂酒飯甜食皆有土産五六種細布一種草布番名泊闊三尺餘長五丈六七尺此布極細如中國細箋紙一種姜黄布番名满者提闊四尺許長五丈餘此布細

知聖道齋

密壯實一種沙納巴布濶五尺長三丈如生羅狀即布羅也一種細白勒搭嗏闊三尺許長六丈布眼希踈匀淨即布紗也纏頭皆用此布一種炒塌兒止濶二尺五六寸長四丈餘如中國好梭布狀一種驀黑驀勒闊四尺許二丈餘有面皆起絨頭厚四五分即兜羅綿也桑柘蠶絲雖有止織絲嵌手巾并絹布一等白紙光滑細膩如鹿皮亦有是樹皮所造其他漆器盤碗鑌鐵鎗剪刀等項皆市賣者國法有笞杖徒流等刑官府有品級印信行移軍有粮餉管軍頭目名吧斯剌兒及有陰陽醫卜百工伎藝其術衍身着挑黑線白布花衫下圍色絲手巾以各色硝子珠間珊瑚琥珀穿成瓔珞佩於肩項又以青紅硝子燒成

針鐲帶於兩臂人家宴飲皆來動樂口唱番歌對舞亦有解數可觀其樂工名根肖速魯奈每日五更時即到頭目或富家門首一人吹鎖納一人擊鼓一人打大鼓皆有拍調初則慢後漸緊促而止又至一家吹打而去及飯時回至各家皆與酒飯或與錢財諸色把戲皆不甚奇街市中有一人同妻以鎖鎖一大虎每至人家即解索虎䏚䏚坐地其人赤𨇤跳躍將虎踢打怒作咆哮勢來撲其人其人與虎對搏數次既又以臂探入虎口至喉虎不敢食戲訖鎖虎虎伏地討食人家以肉啖虎并以錢物與其人而去月日之定亦以十二月為一年無閏月王亦遣人駕舡往鄰邦買辦珎珠寶石進貢

知聖道齋

忽魯謨斯國自古里國開船投西北行好風二十五日可到其
國邊海倚山各處番船并陸路諸番皆到此趕集買賣所以國
民皆富王及國人皆奉回回教門每日五次禮拜沐浴口齋為
禮甚謹其風俗淳朴温厚遇一家遭難致貧衆皆助以衣粮錢
財所以國無貧苦之家其人狀貌魁偉衣冠濟楚婚喪之禮悉
悉依教規無違如娶妻先用媒妁通言既允許然後男家置酒
請加的加的者掌教門規矩之官也及請主婚并媒人親族長
者两家各通三代鄉貫來歷寫立婚書乃擇日成婚否則官法
以奸論死者用極細白布為大殮小殮之小以瓶水澆屍自首
至足凡三乃以麝香片腦填屍口鼻始殮衣即棺盛貯造墳穿

鈔校書籍

至葬所其壙皆砌一石穴底鋪淨沙五六寸及葬則去棺取屍沙上以石板盖之上聚土為塚人食飲務以酥油和飯其市店出賣燒羊燒雞燒肉薄餅哈里撒一應麪食三四口之家多不舉火只買熟食王以銀鑄錢名那底兒徑寸六分面底有紋官秤重四分通行使用書記皆回回字諸色鋪店皆有只無酒館國法飲酒者棄市文武醫卜絶勝他處各色伎藝皆有常見人立一木長丈許上平有一白色小羖羊其人拍手誦説羊即跳舞而來搭木而上為舞態如是者凡五六段其人推斷所立之木以手接羊令卧地作死羊即卧地令舒前脚則舒前脚令舒後脚又有牽一大黒猴者演習諸藝畢乃以手巾蒙其面罨令

一人打之及解縛即於稠人中取原打之人其處氣候寒暑春則開花秋則落葉有霜無雪雨少露多有一大山出四種物一面出紅鹽其堅如石以鐵鑿取之有三四斤爲塊者此鹽下濕滷擂抹末用之一面出紅土其色如銀珠一面出白土其色若石灰一面出黃土其色如姜黃國王皆令人看守賣與諸番用土產米麥不多各處販來爲價亦賤果有核桃松子葡萄乾石榴花紅桃乾把丹萬年棗蔬有葱韮薤蒜蘿蔔菜瓜西瓜甜瓜其葫蘿蔔色紅大如藕甜瓜尤大有高二尺者核桃色白殼薄可以手碎松子長寸許葡萄乾有三四種一種如棗乾紫色一種如蓮子大無核結白霜一種僅如豆顆白石榴大如茶鍾花紅

大如拳香美把丹如核桃尖長匾黄色内仁味勝核桃萬年棗亦有三種一種番名垛沙布大如拇指核小結霜如沙糖甘難食一種按成塊重二三十斤味如好柿乾歲收堆積喂馬及有軟棗〻一種如南棗乾味澁土人以喂牲口其處諸番寶物皆有如紅鴉鶻刺石祖把碧祖母緑猫睛金剛鑽大顆珎珠若龍眼重一錢二三分者珊瑚樹株并枝梗大塊金珀并珀珠神珠珀蠟珀黑珀番名撒白值錢各色美玉器皿十樣錦剪絨花单其絨起一分長二丈闊一丈各色梭幅撒哈喇氈羅紗各番青紅絲嵌手巾等貨皆有駝馬驢騾牛羊至廣其羊有四種一積種大尾綿羊重七八十斤其尾重二十餘斤闊尺餘拖地一種狗尾羊

壯如山羊尾長二尺餘一種闘羊高二尺七八寸前半身毛長拖地後半身皆剪其頭頰如綿羊角彎轉向前掛小鐵牌行則有聲此羊善鬥好事者養之以為博望又有獸名草上飛番名昔雅鍋失似猫而大身玳瑁班兩耳尖黒性純不悪若獅豹等猛獸見之皆伏於地乃百獸之王也國王修金葉表文遣使隨寶舡以麒麟獅子珍珠寶石進貢中國

天方國即默加國也自古里國開舡望西南申位行三月始到其國地名央沓有大頭目守之自央沓往西行一日到王城彼人云昔者西方聖人始於此處闡揚回回教法至今國人悉遵教門規矩其國人躰貌壯偉紫堂色男子纏頭長衣淺鞋婦人

蓋頭卒不能見其面話說阿剌必言語國法禁酒風俗和美人少犯法無貧難之家其婚喪禮皆回回教門再行半日到天堂禮拜寺番名堂愷阿白其週如城有四百六十六門兩傍以白玉石為柱共四百六十七柱其在前者九十九後一百單一左一百三十二右一百三十五堂制如此皆以五色石轃為方而頂平内以沉香木為梁以黃金為承漏墻壁皆薔薇露龍涎香和土為之上用皂紵絲為罩畜二黑獅守子堂門每年十二月十日諸番回回行一二年遠路者到寺禮拜及去往往割皂蓋少許為記剜割既盡王復易以新罩歲以為常堂近有司馬儀聖人之墓在焉其墳冢用綠撒不泥寶石為之長一丈二尺高

三尺濶五尺四圍墻垣皆以泔黃玉砌壘髙五六尺餘墻內四隅造四塔每禮拜即登塔叫禮左右兩傍有各祖師傳法之堂其堂亦以石砌造皆極華麗其處氣候常熱如炎夏並無雨雹霜雪夜露甚重置碗露中及旦可得水三分凡草皆露滋養土産米穀少皆種粟麦及黒黍有瓜菜其西瓜甜瓜有以二人舁者果有葡萄萬年枣々并石榴花紅梨桃皆有大種四五斤者亦有似綿花樹如中國大桑樹髙一二丈其花一年二收牲畜有駝馬驢騾牛羊猫犬雞鵞鴨鴿其雞鴨有重十斤以上者土産薔薇露俺八兒香麒麟獅子駝雞羚羊并各色寶珍珠珊瑚琥珀等寶王以赤金鑄錢名倘加行使每錢官寸徑七分官秤重

一錢其金比中國𣥺十二成又往西行一日到一城畨名驀底納城中馬哈麻聖人陵寢在爲至今墓上發毫光日夜侵雲而起墓後有井畨名阿必糝糝味清甘下畨人往往取水置舡中遇風颶作以水灑之風浪頓息宣德五年欽奉朝命開詔徧諭西海諸畨太監洪保　分䑸到古里國適默伽國有使人来因擇通事等七人同往去回一年買到各色奇貨異寶及麒麟獅子駝雞等物并畫天堂圖回京奏之其國王亦採方物遣使七人者進貢中國

西洋畨國誌終

舉彌西洋番國志自彭氏知聖道齋著錄以後湮沒無聞又歷百餘年治鄭和下西洋歷史者以為憾焉中華人民解放後之第一年余知周叔弢前輩藏知聖道齋抄本鞏氏原書遂因哲嗣一良先生之介假得録副多年積想一旦獲償其欣慰之情可知也近世藏書家大率錦鑲牙軸閟不睹人叔弢前輩藏書之富甲於北國顧不如是近且將以所藏善本獻諸國家其卓識雅量高出時流遠矣因亟將鞏氏書繳還並誌數語藉表欽遲之意云尔一九五二年七月廿二日漵浦向達謹記於北京

瀛涯勝覽一卷

〔明〕馬歡撰

《瀛涯勝覽》一卷，明馬歡撰。歡字宗道，浙江會稽（今紹興）人。通波斯語、阿拉伯語。永樂十一年（一四一三）、十九年及宣德六年（一四三一）三次以通事之職隨鄭和出使西洋，遍歷諸國，歸志其事，撰成此書，其後續有修訂。前有永樂十四年自序。書中記載占城、爪哇、舊港、暹羅、滿剌加、啞魯、蘇門答剌、那孤兒、黎代、南浡里、錫蘭、小葛蘭、柯枝、古里、溜山、祖法兒、阿丹、榜葛剌、忽魯謨廝、天方等二十國情況。皆單獨成篇，敘次地理沿革、都會港口、山川形勢、社會制度、政教刑法、生活狀況、商業貿易、氣候物産等，文字簡潔，敘述生動，較《星槎勝覽》所記更顯具體詳賅，足爲研究十五世紀亞非地理之據依。書中記鄭和使團訪問各國情形，皆真實可信。據福建省圖書館藏明末山陰祁氏澹生堂抄本影印。

瀛涯勝覽序

余昔觀島夷誌載天時氣候之外地里人物之異慨然嘆普天之下何若是之不同也永樂十一年癸巳太宗文皇帝勅使正使太監鄭和統領寶船往西洋諸番開讀賞賜余以通譯番書忝備使末隨其所至鯨波浩洲不知其幾千萬里歷涉諸邦其天時地里人物目擊而身履之然後知島夷誌之所著者不誣而尤有可大奇詫者焉於是採摭諸國人物之妍媸壤俗之異同與夫土產之別疆域之制編次成帙名曰瀛涯勝覽偶屬目者一顧之頃諸番事悉得其要

而見夫聖化所及非前代比第愧愚昧一介微氓叨陪使節與斯勝覽誠千載之奇遇也是帙也措意遣詞不能文飾但直言其事而已覽者毋以膚淺誚焉

永樂丙申黃中月會稽山樵馬歡述

瀛涯勝覽

諸番國名

占城國　爪哇國　暹羅國　旧港國

啞魯國　蘇門荅剌國　黎代國　溜山國

那孤兒國　南浡里國　榜葛剌國　錫蘭國

小葛蘭　柯枝國　右里國　阿丹國

祖法兒國　忽魯没厮國　天方國

寶舡六十三號

大者長四十四丈四尺　濶一十八丈

中者長三十七丈　濶一十五丈

計下西洋官校旗軍勇士通士民稍買辦書手通計二萬七千六百七十員名

官六百六十八員　軍二萬六千八百名

指揮九十三員　都指揮二員

千户一百四十員　百户四百三員

户部郎中一員　陰陽官一員

教諭一員　舍人二名

醫官醫士一百八十員名　余丁二名

正使太監七員　監丞五員

少監十員　内官内使五十三員

占城國一統誌有
其國即釋典所言　城池在廣海南大海
之南自福建福洲長樂縣五虎開舡往西南行好風
十日可到其國南連真臘國西接交趾界北東俱臨
大海國之東北百里有一海口名新洲港上岸有一
石塔為記諸處舡隻到此艤船登岸上有一寨設北
崇二頭目為主番人五六十家為居以守港口去西
北至百里到王居之城番名曰占其城以石壘門西
門令人守把國王係鎖里人崇信釋教頭帶金鈒三
山玲瓏花冠如中國副净帶者之樣身穿五色如錦

細花番布長衣下圍色絲手巾洗足出入騎象或乘
小車二黃牛前拽而行其頭目所帶之冠用茭葦葉
為之亦如王所帶之樣但金綵粧飾內外品級高低
所穿顏色衣衫長膝下圍各色番布手巾王居屋宇
高大上蓋細長小瓦四圍墻垣用磚灰粧砌甚潔其
門以堅木雕刻獸畜之形為飾民居房屋用茅草覆
蓋簷高不過三尺躬身低頭出入高者有罪服色紫
其白衣惟王可穿民下衣服並許玄黃紫色違穿者
罪死國人男子蓬頭婦人撮髻腦後身体俱黑上穿
禿袖短衫下圍色布手巾赤脚氣候煖熱無霜雪如

四五月之時草木常青山產茄藍香觀音竹降香烏
木其烏木甚黑絕勝他國出者其茄藍香惟此國一
山出產再無出處其價甚貴以銀對換觀音如細藤
棍樣長一丈七八尺如黑鉄之黑一寸二三節他方
不出犀牛象牙甚廣其犀牛如水牛之形大者有七
八百斤滿身無毛黑色俱是鱗甲紋癩厚皮蹄有三
路頭有一角生於鼻之中長者有一尺四五寸不食
草料惟食頼樹葉並指大乾木拋糞如染坊蘆黃色
其馬低小如驢水牛黃牛猪羊俱有鵝鴨稀少鷄矮
小大者不過二斤脚高寸半或二寸其雄鷄紅冠白

耳曲腰竅尾人拿手中亦啼甚可愛也菓有梅橘西
瓜甘蔗椰子波羅蜜子之類波羅蜜子如東瓜之樣
外皮象川荔枝皮內有鷄子大塊黃肉味如蜜甜中
有子如鷄腰子大樣炒喫味如　子蔬菜則東瓜黃
瓜葫蘆芥菜葱薑而已其餘他菜並無人多以魚為
業少種稻穀不佳多土種米粒細長多紅者麥大小
俱無檳榔老幼人不絕口而食男女婚姻則男子先
至女家成親過十日或半月其男家父母及諸親友
以鼓樂迎娶男婦回家飲酒作樂其酒以飯拌藥封
於甕內候熟欲飲則以長節小竹筒長三四尺者插

入酒甕中賓客圍坐照依人数加水輪次咂飲吸乾再入水而飲直至無酒味而止書寫無紙筆用羊皮搥薄樹皮薰黑摺成經摺以白粉寫字為記國刑罪輕者以藤條杖罪重者截鼻為盜斬首犯姦者男女烙面疤罪甚者以梗木削尖立於小舡樣木上放水中令罪人坐於尖木之上木從口而出使就流水上以示衆日月之定無閏月但十二月為一年晝夜為十更用打鼓記其王年節日用生人膽汁調沐浴其各處頭目採取納以為貢獻之禮其國為王三十年則退位出家令弟兄子侄権管國事王往深山持齋

受戒喫素獨居一年對天誓願曰我先為王在位無道願虎狼食我或病死若一年滿足不死再登其位復管國事人尊呼為昔黎馬哈至尊至聖之稱也屍之魚者本是人家婦女也但眼無瞳人為異夜寢則飛頭去人家食小兒糞其被妖氣侵腹必死飛頭回合其体則女若知而候頭飛去移體別處不能合體則死人家若有此不報官除殺者罪及一家又有一通海大潭名鰐魚潭如有争訟難明之事官不能決者則令争訟二人騎水牛赴過其潭曲者鰐魚出而食之理直者雖過十餘次魚亦不能食異最為奇其

海邊山海內有野牛甚狠原是人家耕牛走出入山中自生自長年深成群但見人穿青者必趕來抵觸而死甚可惡也番人　其頭或有觸其頭者即有陰殺之恨其買賣交易使用七成淡金或銀中國青磁盤碗等器紵絲綾綃細段等物甚愛之則將淡金換易常將犀角象牙及茄藍香等物進獻中國

爪蛙國一統誌有

爪蛙國者古名闍婆國也其國有四處皆無城郭其他國舡隻來至一處名杜板次至一處名廝村又至一處名蘇魯馬益再至一處名曰滿者伯夷國王居

之其王所居之處以磚為墻高三丈餘周圍二百餘里其內設重整潔房屋如楼起造高每三四丈餘即布板鋪細藤簟或花草席於其上蟠膝而坐屋上用梗木板為瓦破縫而蓋國人住屋以茅草蓋之家家俱以磚砌三四尺土庫藏貯家私什物居止坐卧於其上國王之扮蓬頭或帶金葉花身無衣袍下圍絲嵌手巾一二條再用錦衣或紵絲纏之於腰名曰壓腰插一把短刀刃在腰間名曰不剌頭赤脚出入坐牛車或騎象國人之扮男女蓬頭女人惟髻上身穿衣下身圍手巾男子腰插不剌頭一把三歲小兒至

百歲老人貧富貴賤俱有此刀皆以兎絲上等雪花鑌鉄為之其柄用金或犀角象牙影刻人形鬼面之狀至極細巧國人男皆惜其頭若以手觸摸其頭或買賣交易之際錢物不明或酒醉狂蕩或言語爭競便拔此刀刺之強者為勝若戳死人其人逃避三日而出則不償命若當時拿住隨即戳死國無鞭笞之刑事無大小即用細藤縛背兩手擁行數步則將不刺刀於罪人腰眼或軟脇一二刺則死其國風土無日不殺人甚可畏也中國歷代銅錢通行使用杜板者番口賭班地名也此處約有千餘家以二頭目為

主其間多有中國廣東及漳州人流居此地雞羊魚菜甚賤海灘有一小池甘淡可飲云是聖水傳言大元時命將史弼高興征伐闍婆經月不得登岸舡中乏水軍士無措其史弼高興二人拜天祝曰奉命伐蠻天若與之則泉生若不與之則泉無禱畢衆皆奮力挿鎗海灘之上泉水隨鎗挿處湧水味甘淡衆飲而得全生此殆天賜也至今存焉於杜板投東行半日許至廝村番名曰革兒昔者原係古灘之地蓋因中國之人來此刱居遂名新村至今村主廣東人也約有千餘家其各處番舡多到此處買賣其金子諸般寶物一應番貨都有賣民甚富自二村投南舡行半日許則到蘇魯馬益港口其港内流出淡水此處沙淺大舡難進止用小舡行二十里到蘇魯馬益番名蘇兒把牙亦有村主掌管番人千餘家其國亦有中國人其港口有一洲林木森茂有長尾猢猻萬數聚於上有一黑色老雄獼猴為主却一老番婦人隨其　國人無子者令其妻備辦酒飯蔬菓之類往禱老獼喜則先食其物餘令衆猴爭奪而食盡其物隨有雌雄二猴前來交感為驗此婦回家即便有孕否則無也甚為可怪自蘇把牙小舡行八十里到埠名

漳沽登岸往西南行日半到滿者伯夷即王居之處也其處有番人二三百家頭目七八人輔助其王天氣長熱如夏田稻一年二熟米粒細白芝蔴菉豆皆有大小麥俱無土產蘇木金剛子白檀香肉荳蔻蓽撥斑猫鑌鉄龜筒玳瑁奇禽有鸚鵡如母雞大紅綠鸚哥五色鸚哥鷯哥皆能為人言語珍珠雞倒掛鳥五色花斑鳩孔雀檳榔雀珍珠綠斑鳩之類異獸有鹿白猿猴等獸畜有猪羊牛馬雞鴨但只無驢與鵝菓有芭蕉甘蔗石榴蓮房西瓜蜜橘柿郎吸之類其蜜柿如石榴之樣内橘囊之樣白肉三塊味亦酸甜

甘蔗皮白粗大每根有二三丈長其餘瓜茄蔬菜皆有只無桃李韭菜國人坐卧無床橙喫飯無匙筯男婦以檳榔葉裹果蜊灰不絕於口欲吃飯時將水嗽去口中檳榔洗兩手乾淨團坐用盤滿盛其飯澆以蘇油汁以手撮入口中而食渴飲涼水賓客往來無茶止以檳榔待之國人有三等一等唐人是廣東及漳泉等處人竄居此地日用之間皆美潔多歸從回回教門受戒持齋者有一等土人形貌甚醜黑頭赤脚崇信鬼教佛書言鬼國其中即此地人也人吃飯時甚是穢惡如蛇蟻及諸虫蚓之類畧以火燒微熟

便吃家畜並犬與人同器而食夜則共寢恬無忌憚舊時傳鬼子魔王青面紅身赤髮正於此地與一魍象相合而生子百餘常啖人血食人多被啖忽一日雷震石中坐一人衆異之遂推為主即精領兵驅逐魍象等衆而不為害歸復舊而安焉所以人至今好竟強年例有一等竹鎗會但十月為春首國王令妻坐於一塔車於前自坐一車於後其塔車高丈餘四面有窓下有轉以馬前拽而行至會所兩邊擺隊各執竹鎗一根實心無鐵刃但削尖而甚堅利男子各携一妻孥在彼各妻子各執三尺木棍立於其中格

之曰那剌那剌則退散設使戳死其一王令勝者與死者家人金錢一箇死者之妻隨勝者男子而去如此比勝而戲其婚姻之禮則男子至女家成親三日後迎其婦歸男子家銅鼓銅鑼吹椰殼筒及打竹筒並放火銃前後短刀團牌遶其婦披髮裸體跣足圍繫絲嵌手巾項風金珠聯納之飾腕帶金銀寶粧之鐲親朋隣友以檳榔老葉線紉草花之類裝插採舡而伴送之以為賀喜之禮至家則鳴鑼鼓飲酒作樂數日而散喪葬之禮父母將死為子者先問其父母死後欲大鳥或犬或棄水中其父母隨心而願面囑

之死後只依遺言而斷送之若遇犬食者則擡屍至海邊或野外地上有犬數十來食其屍無餘為好如食不盡不絕其子女悲號哭泣將餘骸棄水中而歸又有婦人及頭目尊貴者將死則手下親厚婢妾先與主人誓曰死則同往至死後出殯之日先以木搭為棚下架堆堆縱火焚棺候焰盛之際其原誓婢妾二三人頭滿帶草花身披五色花手巾登挑號泣良久攛下火同主屍燒化此為殯葬之禮番人殷富者甚多買賣交易行使中國銅錢書記亦有文字如鎖俚字同無紙筆止用刀刻於茭葦葉上有文法國語

甚美軟斤稱之法每斤二十兩每兩十六錢每錢四
姑邪每邪該稱二分一厘八毫七絲五忽每錢該官
稱八分七厘五毫每兩該官稱一兩四錢每稱二十
八兩升斗之法截竹為升每升為一姑剌該中官國
升八合每番斗一斗為捺黎該番升八非官升一斗
四升四合每月至十五十六月明之夜番婦或二十
餘人或三十餘人聚集成隊一番婦為首以臂膊遞
相聯挽不斷於月下徐行為首者口唱番歌一句衆
皆齊聲和之到於親戚富貴之家門前與銅錢等物
名為步樂而已有一等人以紙筆畫人物故事及鳥

獸鷹虫之形如手卷樣以三尺高二木為軸幹止齊
一頭其人蟠膝坐於地上以圖畫立於地展開一段
前朝番語高聲解說此段來歷衆人圍坐而聽之或
笑或　如說平話一般國人亦喜中國青磁器並麝
香花絹紵絲燒珠之類則用錢買易國人常差頭目
舡隻將萬物貢於中國

旧港國一統誌有名三佛齊國

旧港國即古名三佛齊國也是番名淳林邪屬爪哇
國所轄東接爪哇界西抵滿剌加國界南接大山北
臨大海該處舡來先至淡港入彭家繫舡岸多石塔

用小舡入港則至其國國人多是廣東漳泉洲人逃
居此地人甚富饒地土甚肥俗諺云一季種田三季
收稻正此地也地方不廣人多操習水戰其處水多
地少頭目之家多在岸上造屋居住其餘民庶皆水
中水筏上蓋屋居住用樁纜拴繫在岸水漲則筏泛
不能淹沒或欲別處居之則起樁連屋而去不勞搬
從其港朝暮二次暗長潮水人之風俗婚姻死葬言
語皆與爪哇國相同昔洪武年間廣東人陳祖義等
全家逃於此處充為頭目甚是豪強凡有往回客商
就便劫奪財物至永樂年間

朝廷差大監鄭和統領西洋大綜寶舡到此有施進
卿者原是廣東人也來報陳祖義兇橫等情大監擒
陳祖義等回
朝伏誅　賜施進卿冠帶歸旧港為大頭目以主其
地本人死後位不傳子是其女施二姐為主一切賞
罰黜陟皆從其制土產黃雀頂黃速香真香沉香黃
蠟之類金銀香中國不出其香如銀匠鈒花銀器黑
膠相似中有白蠟一般白塊在內好者白多黑少焚
之氣味甚烈沖觸人面鼻西番並鎖俚人甚愛此香
鶴頂鳥大如鴨毛黑長頸嘴尖其腦後骨厚寸餘外

紅色裡如黄蠟之様色嬌黄甚可愛也謂之鶴頂作腰帶刀靶擠機之類又出一等大鷄大如鶴身圓簇頸比鶴頸更長又軟紅冠似紅絹子之狀二片生於頸中嘴尖渾身毛似毛羊長青色脚長鉄黒其爪甚利亦能爪破人腹腸出即死好吃燒炭此鷄用棍打擊不輕就死又出山産一等神獸名為神鹿大如巨猪高三尺許前半截甚黒後半截白花毛純短可愛嘴如猪嘴不平四蹄如猪蹄三路止食草木不食葷腥其牛羊猪犬鷄鴨蔬菜瓜菓之類與爪哇一般皆有彼處人多好博戲如把龜奕棊鬪鷄皆為賭博

錢物市中交易亦使中國銅錢並布帛之類亦将方物貢於中國

暹羅國 一統志有

自占城西南行七晝夜順風至新門一海口入港纔到其國地周千里外山嶇馳内地潮熱土瘠少堪耕種氣候不正或寒或熱其王居之屋宇華麗整潔民庶房屋如樓起造上不鋪板却用檳榔木劈成如竹片様密擺用藤札縛甚堅固上鋪藤席竹簟坐卧食息皆在其上王者之扮用白布纏頭上不穿衣下圍絲嵌手巾加以錦綺壓腰出入騎象或乘轎一人執金柄傘盖其傘茭蔁葉為之砌做甚好王係鎖俚人氏崇信釋教國人亦皆崇信釋為僧為尼姑者甚衆僧尼服色與中國頗同亦住庵觀受戒持齋其風俗凡事皆决於其妻婦人智量果勝如男子若妻與我中國人相好者則盛置酒飯以待又贈金寶同飲坐寢恬不為怪乃曰我妻色美中國人喜愛以為光耀而已男子撮髻用白布纏頭身穿長衫婦人亦撮髻穿長衫凡男子年二十餘歳則将頸物週圍之皮如韮菜葉様細刀挑開嵌入錫珠数十顆皮肉用藥封護待瘡口好時纔出行走如蒲桃一般自有一等人

專與人嵌粧開鋪以為手業如國王甚大頭目或冨人則以金為空珠安砂子一粒嵌之行動极〻有聲為美不嵌珠之男子則為下等之人其妻最為可怪男子婚姻先請僧迎男子至女家就是和尚取童女喜紅随即貼於男子額上名曰利市然後成親過三日後又請僧及諸親友分檳榔綵紅等物迎女歸男家則置酒作樂請待賓客死葬之禮凡冨貴人則用水銀灌入腹内而葬之平常人死擡屍郊外海邊放海沙上随有金色之鳥大如鵝者三五十数集沙上将屍盡食飛去餘骨家人號哭就棄海中而歸謂之

鳥葬亦請僧設齋誦經礼佛而國之西北去二百餘
里有一市鎮名曰上水可通雲南後門此處有番人
五六百家諸色番貨俱有賣者紅馬厮肯的石亦有
賣者此石次於紅雅姑石明淨如石榴子一般中國
寶舡到暹羅亦用小舡去做買賣其產黃連香羅褐
香降真香沉香花梨木白荳蔻大楓子血結蘇木
蒼錫並象牙翠毛等物其蘇木如薪之廣顏色絶勝
他出異獸有白象獅子猫白鼠其蔬菓之類似占城
一般皆有酒有米酒椰子酒俱是燒酒甚賤牛羊鷄
鴨等畜皆有語言頗與廣人鄉談同民俗囂淫好習

瀛涯勝覽　十四　淡生堂抄本

水戰常差部領討罰隣邦海則當錢使用不使金銀
銅錢其王常將蘇木降真香等物差頭目進貢中國

滿剌加國一統志有

自占城向正南好風舡行八日到龍牙門入門往西
南行二日可到此處不稱國國內遂有五嶼之名國
無王者止有頭目管掌諸事此地屬暹羅所轄歲輸
金五千兩否則差人征伐永樂七年己丑
上命差正使大監鄭和賚
詔勑賜頭目双臺銀印冠帶袍建牌封城遂名滿加
國是後暹羅莫敢侵擾其頭目蒙恩為王携子挈妻
赴京朝謝進方物於
朝廷　欽賜海舡回國守土其國東南是大海西北
是老岸連山山滷之地氣候朝暮寒田瘦穀薄收人
少耕種有大溪河水下流從王屋前過東入海王於
溪上建木橋上造橋亭二十餘間諸物買賣皆在其
上國人皆從回回教人持齋受戒其王服用以白番
布纏頭身穿細花青白如袍長衣穿皮鞋出入乘轎
國人男子以方帕包頭女人撮髻腦後身體微黑下
圍白布各色手巾上穿色布短衫風俗淳朴實房
屋如樓閣之制上不鋪板但高四尺之際以椰子木

瀛涯勝覽　十五　淡生堂抄本

劈成片條稀布於其上用藤縛定如羊棚樣白布層
次連床就榻盤膝而坐飲卧灶具俱在其上也人多
以魚為業用獨木刳木泛海取魚土產黃　香烏木
打麻兒香花錫之類打麻兒香本是一等樹脂流落
土內掘出如松瀝塗抹于外水　不能入彼人多採
取轉買他處內有明淨好者却以金箔一般名損都
盧斯有番人做成帽珠而賣琥珀即此物也花錫出
二處山塢錫場王令頭目主之差人淘煎鑄成斗大
樣小塊大輸官每塊重一斤八兩官稱每一斤四兩
者每十塊用藤縛小把四十塊為大一把通市交易

皆以此錫行使國語并書記及婚喪之禮頗與爪蛙國同山野有一等樹名沙姑樹鄉人将此樹皮如中國葛藤擣浸澄濾其粉作丸如菉荳大晒乾而賣名沙姑米可作飯吃海之洲渚岸邊生一等水草名茭蔁葉長如刀茅様似苦笋殼厚性嫩柔蒳細如子荔枝様如鷄卯大人取其子釀酒名茭蔁酒飲之亦能醉人葉織成簟止濶二尺長丈餘為篇而賣菓有甘蔗芭蕉子波羅蜜野荔枝之類菜有葱薑蒜芥東瓜西瓜之類牛羊鷄鴨雖有不多價貴其水牛一隻值銀一斤之上驢馬皆無其海邊水内時常有龜傷人

瀛涯勝覽　　十六　淡生堂抄本

其龍高三四尺四足滿身鱗甲背刺排生龍頭嘹牙遇人則食出黒虎比中國虎畧小其毛黒色亦有暗色花毛紋虎亦有虎為人入市混人而行自有人識者擒而殺之如古城屍頭蠻此處亦有中國寶舡到彼則立排柵城垣設四門更鼓樓夜則巡鈴巡警内又立重柵小城蓋造庫藏倉厫一應銭糧俱放在内各國舡隻俱回到此處取齊打整番貨裝載停當等候南風正順於五月中旬開洋回還其國王自採辦方物挈其妻子帶領頭目駕坐舡隻跟随回洋寳舡赴京進貢

啞魯國 係小國

自滿剌加國開舡好風行四晝夜可到有淡水港一條入港到此國其國南是大山北是大海西連蘇門答剌國界東有平地堪種旱稻米粒細小糧食頗有民以耕漁為業風俗淳朴婚喪等事皆與爪蛙滿剌加國相同貨用希小綿布番名考泥　牛羊鷄鴨甚廣乳酪多有賣者其國王國人皆是回回山林中出一等飛虎如猫大之大遍身毛灰色有肉翅生連後足能飛不遠人或有獲得者不服家食即死土産黄連香金銀香之類乃小國也

瀛涯勝覽　　十七　淡生堂抄本

蘇門打剌國 一統志有那孤兒國小國黎代國小國

蘇門荅剌國即古之須文達那國是也其處即西洋總頭路寳舡自滿剌國向西南好風行五晝夜先到一村濵海去處名荅魯蠻繫舡往西南行十餘里即至其國無城郭有一大溪流入於海一日二次潮水漲落其海口浪大岸有舡隻沉没其國南至百里之遠是大深山北是大海東亦有大山至阿魯國界正西邊海山連小國二處先至那孤兒國王界又至黎代國王界其蘇門荅剌國王先被那孤兒國花[illegible]王子侵掠戰鬪身中藥箭而死有一子幼小不能報父

之仇其王子妻與衆誓曰若有能報此仇得全其地
吾願為妻共主國事言訖本處有一漁翁奮志而言
曰我能報之遂領兵衆當先殺敗花面王復雪其仇
花面王子被殺其衆退伏不敢侵擾王妻不負前盟
與漁翁配合稱為老王家室地賦之政悉聽老王裁
制永樂七年效職進貢方物而沐
天恩永樂十年復其國老先王之子長成陰與部領
謀殺義父即漁翁也奪其位管其國漁翁有嫡子名
蘇幹剌挈家衆逃去消山自立一寨不時率衆侵復
其仇永樂十三年正使太監鄭和等賫舡到彼發兵

擒蘇幹剌赴
闕明正其罪其王子感荷
聖恩常貢方物於
朝廷其國四時氣候不齊朝熱如夏暮寒如秋五月
閒亦瘴氣山産硫黄出於岩穴之中其山不生草木
土石皆焦黄色田土不廣惟種旱稻一年二熟大小
麥俱無其胡椒倚山居住人家置園種之蔓藤生如
中國廣東甜菜樣開花黄白結椒成實時生青老紅
候其半老之時採擇晒乾貨賣其椒粒虚大者此處
椒也每官稱一百斤賣彼處金錢八箇值銀一兩菓

有芭蕉子甘蔗蜜橘柿波羅蜜之類有一等臭菓番
名賭尔烏如中國水鷄頭樣長八九寸皮生尖刺熟
則五六瓣裂開即如臭牛肉之臭肉有栗子酥白肉
十四五塊甚甜美可吃肉中有子可炒而食之其味
如栗甘橘甚廣四時常有若洞庭　樣緑橘不酸
可以久留不爛又一等酸子番名俺拔如大消梨樣
頗長緑皮其氣香烈欲食擊去其皮批切外肉而食
酸甜甚美核如鷄彈大久不壞西瓜緑皮紅子有長
二三尺者人家多有黄牛乳落多有賣者羊皆黒色
毛無一白者番人不識緑惟有母鷄雄鷄大者七八

斤重畧煮便軟其味甚美絶勝他處之鷄鴨有脚低
矮大有五六斤重者桑樹亦有人家養蚕不會繅絲
只會做綿子其國風俗淳朴言語和軟婚喪并男婦
人穿扮衣服等事皆與滿剌加國相同其民居之屋
如楼起造不舖板但用椰子樹檳榔木劈成條片以藤
縛定再舖其簟於其上而居之高處舖閣棚此處亦
有番舡往來所以諸般番貨都有賣者其國使有金
錢錫錢番名底那兒以七成淡金鑄造每圓徑寸五
分面底有紋官稱三分五厘九賣則以錫使用

那孤兒國 小國

那孤兒國又名花面王在蘇門荅剌國西北 里相
連止是一大山村但其所管人民皆於面上刺山尖
青花為號所以稱為花面王地方不廣人民止有千
餘家田少人多以六種為生米粮鮮少猪羊鷄鴨皆
有語言動用與蘇門荅剌國相同土無出產以小國也

黎代國

黎代國亦一小國也在那孤兒地界之西北處南是
大山北臨大海西連南浡里國為界國人一二千家
推一人為主其國事屬蘇門荅剌國所管土無所出
言語動用與蘇門荅剌國相同有野犀牛至多王亦

捕獲隨蘇門荅剌國進貢中國

蘇門荅剌國往正西連山好風行三晝夜可到其國
邊海人民止有千餘家皆是回回人甚朴實地方東
接黎代王亦是回回人王之居屋大用木高三四丈
如樓起造樓下俱無裝折縱牛羊牲口在下止得樓
上四圍以板折落甚潔坐卧食息皆在其上民居大
海國王西北皆連大海南去是山山之南又是 之
屋與蘇門荅剌國同其處黄牛水牛羊雞鴨菜蔬稀
魚鰕甚賤米穀亦少使用銅錢出產降真香此處降

真香甚好名蓮花降真香亦出西牛國之西北海内
有一平頂峻山半日可到名曰帽山山之西是大海
正是西洋也番名那沒黎洋西來過洋舡隻俱是此
山為準其山邊二丈高下淺水内生樹彼人撈取為
寶物貨賣即山珊瑚樹也其樹高者二三尺根頭有
大母指大如墨之沉黑似玉之溫潤稍上椏枝婆娑
可愛根頭大處可碾為帽珠器物其帽山下亦有居
人二三十家各自称為王若人問其姓則曰阿孤喇
揸我是王之答或問其次則曰阿孤揸我亦是王甚
可咲也其地屬南浡里國所轄其南浡里國王常自

跟同宝船將降真香等物貢於中國

錫蘭國 一統志曰錫蘭山國裸形國

自帽山南開舡好東北風三日見翠蘭山在海中其
山三四座惟一山最高大峻蒿蛮山彼处之人巢居
穴處男女皆赤躰皆无寸絲如獸畜之形土不出米
惟食山芋芭蕉子波羅蜜之類或入海捕魚蝦而食
人傳云若寸絲在身只生爛瘡昔者釋迦佛過海此
處登山岸脫衣入海澡浴被人偷藏其衣被迦釋佛
呪乞以此至今人不穿衣俗語亦如塢就此地也過
此投西舡行七八日見鶯哥嘴山再行兩三日到佛

堂山幾到錫蘭國馬頭名別羅里泊舟登岸其海邊
山根脚光石上有一足跡長二寸許云自撑迦白翠
山来從此上岸脚蹈此存者中有浅水不乾人皆
以手醮其水洗面拭目曰佛清浄左右佛寺内有撑
迦混身側卧尚存不朽其寢坐用各様宝石粧嵌
沉香木為之製甚華麗及有佛牙并活舍利子等
物在堂内其宝家涅槃正在此處去西北五十里幾
到王居之國王係鎖俚人氏崇信佛教尊信敬象牛
燒灰遍身搽体不食牛肉止食牛乳牛死即埋之私
宰殺者王法罪死國納牛金以贖國射香纻絲色絹

青磁盤碗銅錢插腦則將宝石珎珠換易王亦令差
人賫金珠宝石等物随同回洋宝舡貢于中國

小葛蘭國

自葛蘭馬頭別羅里開舡往西北好風行六晝夜到
小葛蘭國其國邊海東連大山西是大海南北地狹
臨海國王國人皆鎖俚人氏崇信撑教尊敬象牛婚
姻等事与錫國同土産蘇木葫椒不多果菜之類皆
有牛羊頗異其羊青毛角長高二三尺黄牛有三四
十斤者酥油多有賣者人日三飡皆有酥油伴飰而
食王以金鑄錢每個官秤貳分通行使用雖是小國
其王亦將方物貢于中國

阿枝國　一統志有阿枝柯

自小葛蘭國開舡沿山投西北好風行一晝夜到其
國港口泊舡此國東是大山西臨大海南北邊海有
路可往隣國其王鎖俚人頭纏黄白布上不穿衣下
圍纻絲手巾再用顏色纻絲一疋纏之名曰壓腰其
頭目及富人服用与王者頗異同人屋之屋用椰木
起造上用椰子葉編成如草苫様一片蓋而不能漏
家々用瓦泥砌一土庫上分大小家有細軟之物皆
放于内以防火盜國人有五等南昆与王同類二等

回々人三等名是哲地皆是有錢財主王之居趾大
家小户每日侵晨先將牛糞用水調滸遍塗屋下
地面然後拜佛則兩手直舒于前兩腿直伸于後
腦腹皆著地而拜王居則有一大山侵雲高聳有
人古脚跡一箇入石二尺許長八尺余云是人祖阿
聃至人即盤古之足跡也其大山内有紅鴉姑青米
藍石在刺泥窟沒藍等一切宝石每遇雨水冲土流
下沙中尋拾得之常言宝石即乃是人祖眼淚結成
其海中有雪白浮沙一片日照其沙光彩瀲灩日有
珍珠螺蚌聚于其上王置一珠池二三年一次令

人取螺蚌傾入池内差人看守此池淘珠納官亦有
窃盜而賣者其國地廣人稠亜于爪蛙國民俗冨饒
男子身赤剥下圍絲嵌手巾加壓腰鬚鬢并滿身毫
毛皆剃凈止留其髮用白布纏頭如有父母死亡者
其鬚毛則不剃此為孝礼女人髻撮腦後下圍白布
其新生小兒則剃頭女則髻髮不剃养就至長人無
酥油牛乳不食其飯人欲其食飯則于暗處而食不
令人見桜榔荖不絶口米谷芝蔴菉豆皆有惟无
麦麪椰子至多油酒糖餅皆將此物造作而食人
死則以火化而埋其骨其喪家取親鄰之婦都將

兩手齊拍胸乳而呼號哭泣為礼果有芭蕉子婆羅
蜜甘蔗瓜茄菜蔬牛羊鷄鴨皆有王以金錢通
行使用錢可重官秤一分六釐甚喜中四等人名
是革令專與人為牙保貨賣物件五等人名曰木
瓜者木瓜者至低賤之人也至今此輩在海邊屋住
其類居住簷高不过三尺高者有罪其穿衣上不過
臍下不過膝途中若遇南昆哲地即伏于地俟哲地
等過則起而後行木瓜之業專以漁樵擡負重物為
生理官不用穿長衣經商賣買如中國唯人一般其
王崇奉佛教尊敬象牛建造佛殿以銅鑄仏象用青

石砌其台座遍圍砌成水溝傍穿一井每日侵晨鳴
鐘擊皷汲井水于佛頂澆之再三衆拜羅而退另有
一等人名濁肌即念佛道人也亦有妻小此輩自出
母胎髮不經剃亦不梳篦於酥油等物髮搓成條
縷如纏樣或十余縷或七八縷被拽腦後却將黃牛
糞燒灰遍搽身体上下無衣上用指大黃藤緊縛于
腰又以白布為稍手擎大海螺常吹而行其妻畧以
布遮其醜物隨夫而行此等即出家人也若到人家
即與錢米等物其地氣候常熱如夏並无霜雪每年
三二月夜間下陣雨二三番人家即整盖房屋備辦

食用至五六月日夜滂沱大雨街市成河人莫能行
大家小户坐候過七月尽纔晴到八月半後晴起要
點雨亦無直至次年三月纔又下雨常言道半年下
雨半年晴正此處也土地无出山有胡椒人多種園
樹為產業每年椒熟本處自有大户收椒置成囤各
處番商來買論播荷說價每播荷該番秤二百
五十斤再有封剌該番十斤計官秤一十六斤每番
荷該官秤四百斤賣彼處金錢乙百個或九十個值
銀五兩名珍哲地也俱是財主專收買下宝石珍珠
香貨之類候中国宝舡或各處番國商舡隻客來買

珎珠以分数論價而賣且如每顆珠重三分半者彼
處值賣金錢一千八百個值銀一兩珊枝瑚梗其哲
地論斤重下價倩人匠剪車璇成珠洗磨光淨亦秤
分兩而賣王以成金鑄錢行使名洗南重官秤一分
一重又以銀為錢比海螺獅壓大每個約重官秤四
厘名曰荅兒与金錢一個倒換銀錢一十五箇街市
零用則以此錢行使國人婚姻喪礼之事各以本類
不同米粟麻豆黍稷皆無大小二麦象馬牛羊犬猫
鷄鴨皆有只无驢与　一小國王亦差頭目將方物
貢于中國

瀛涯勝覽　二十六　淡生堂抄本

古里國　一統誌曰西洋古里國

即西洋大國從阿枝國港口開舡往西北行三日可
到其國其國邊海山遠東有五七百里遠通坎巴夷
西臨大海南連柯枝國界北邊相接狼奴兒國地南
西洋大國正此地也永樂五年
聖朝命正使太監鄭和等賫
詔勅賜其王誥命銀印及陞賞各頭目品級官對帶
宝舡到彼起建碑亭立石云中國十萬餘里民物咸
若熙皞同風刻石於茲永示萬世國王係南昆人崇
信佛教欽敬象牛國人止有五等有回々南昆哲地

革令水瓜王是南昆人不食牛肉大頭目是回々不
食猪肉先王与回々誓定我不食牛你不食猪互相
禁忌至今尚然王以銅鑄佛像名納兒起造佛殿以
銅鑄瓦而盖之佛坐傍掘井每侵晨王至汲水浴佛
拜訖令人收取黄牛夜拋淨糞於銅盤内用水調薄
遍塗殿内地面墻壁其頭目及富家每早亦用牛糞
搽塗又將牛糞燒灰研細用好布為小袋盛灰長带
在身每早侵晨洗面畢取牛糞水調搽其額并兩股
日各三次此為敬佛之誠傳云昔有一聖人名某些
立教化人々皆欽敬以從其些因往它所令其弟撒

瀛涯勝覽　二十七　淡生堂抄本

沒黎掌管教人其弟心存邪妄鑄一金犢曰此是聖
人敬之即有灵驗教人听命崇敬其牛日常糞金人
得金皆以牛為真至後其些回還見衆人被弟誑惑
遂廢其牛而欲殺其弟々騎一大象遁去後人懸望
之不絶南昆人敬象牛由此故也王有大頭目二人
掌管國事俱是回々人國人大半皆是回々教門
礼拜寺有二三十處七日二次礼拜至今其日本家
斋沐諸事不理已午時大小男子到礼拜寺拜天未
時方散回家緣做買賣交易等事人甚誠信其二頭
目受

朝廷陞賞若宝舡到彼全憑二人為主買賣王差頭目并哲地米納几即書筭手官牙人来會䑸火人議擇某日打價至日先將带去錦綺等物逐一議價已定随寫合同價数各收其頭目哲地即与内官大人衆手相拿其牙人則言某月某日交易於衆手中拍一掌已定或貴或賤再不悔改然後哲地即与各將宝石珍珠珊瑚等物来看議價非一日就定快則一月緩則二三月若價钱較議已定如賣一主珍珠等物若干照原打手之貨交還毫釐无改彼之筭法無筭盤則以兩手兩脚十指計筭分釐无差王以

六成金鑄钱行使名曰吧南每個官秤二分八釐面底俱有紋重官秤一分又以銀為小钱名曰搭兒每箇約重三釐零用此钱衡法每番秤一钱該官秤八分每番秤一兩計一十六钱該官秤一兩二钱八分每番秤十兩為一斤該官秤一斤九兩六钱其番秤名法剌失秤之釘于衡處準則活動于衡中提起平為定盤星秤物則為福準向前止可秤十斤該官秤十六斤秤香貨之類二百斤為官秤一播荷該官秤三百二十斤若秤二百五十斤播荷該官秤四百斤巨細之物多用天平對其量法官鑄銅為升行使

名曰党戛黎每升該官升一升六合西洋布本色名撦黎布出於隣境坎吧夷等處每疋闊五尺長二丈五尺賣彼處金钱八個或十個國人亦將蚕絲練染各色織間道花手巾闊四五尺長一丈二三尺余每條賣金钱乙百個胡椒山鄉住人置園多種到十月間椒熟採摘晒乾而賣見数計筭税钱納官每播椒一播荷賣金钱二百箇其哲地多收買下各色宝石珎珠并做下珊瑚等物各處番舡到彼王亦差頭目并寫字人来眼同而賣亦取税钱富家則種椰子有般嫩者漿甚甜好吃又可釀酒老者椰肉打油做

糖做飯吃外包穰打索造舡椰殻為碗又為酒鍾又好燒灰打廂金细巧生活樹好造屋葉堪蓋屋蔬菜有芥姜蘿蔔葫荽葱蒜葫芦茄子菜瓜東瓜四時皆有又一等小瓜如指大長二寸許如青瓜之味其葱紫皮如蒜頭大葉小秤斤而賣菓有巴蕉子波羅蜜廣有賣者木鼈子樹高十餘丈結如大綠柿大内包其子三四十箇熟則自落其蝙蝠如鷹之大都在樹上倒吊而歇米紅白皆皆有麦大小皆有其麪麦皆從他處販来鷄鴨廣有无鵝羊脚高灰色似驢駒之樣不甚大黄牛有三四百斤者人不食其肉

止食乳酪酥油人无酥油不食飯其牛养至老死埋
之各色海魚又賎鹿兔亦有賣者人家多养孔雀禽
有鳥鴉鷹鷺燕子其餘飛鳥并無唬亦會弹唱以
葫芦茄樂器銅絲為絃唱番歌相和弹音韻堪听民
俗婚姻之礼頭俚人回〻人各依本等体例不同其
王位次不傳子而傳与外甥之　論腹所生為嫡
族其王若為姊妹傳之与弟遜与有德之人代相仍
如此王法無鞭笞之刑輕則截手断肢重則罰金誅
戮甚則抄封戚族人有犯法者拘之到官即服其罪
若是冤枉不服者則于王前或大頭目置一鐵鍋盛

油四五十斤煎滚其油先以樹葉投之油内試其爆
裂有声遂命其人以右手二指探于油内片時取出
用包裹封記監留在官三日後聚中開封視之莫手
爛潰其事不枉即加以刑如舊无損即釋之頭目人
等以鼓樂礼送其人帰家諸親隣友及饋礼相賀
飲酒作樂最為奇異王用赤金五十兩令番匠抽如
髮細絲結挽成片以各色宝石珍珠廂成宝帶一
條差頭目乃那進献　中國

溜山國　一統志有

自蘇門答剌國開舡過小帽山投西南行好風行
十日可到其國番名牒幹无城郭以山聚居四圍皆
海如州渚一般地方不廣國之西去程途不等海中
天生石門如城闕様有八大處名有其曰沙溜人不
知溜處来溜麻里奇溜加半年溜加溜安都里溜
官名溜此八處皆有所至而通商舡再有小窄之溜
傳云有三千余所謂弱水三千正此處也其人間多
巢居穴處不識米谷但捕魚蝦而食不解穿衣以
樹皮遮蓋前後設遇風水不便舟師　釘舵過其溜
落溜水漸而沉没大槩行舡謹防此地也牒幹國王
頭目民庶皆是回〻人風俗純厚美哲所行悉

遵教門規矩人多以漁為生種椰子樹為業男女躰
貌微黑男子白布纏頭下圍手巾婦人上穿短衣
亦以闊布手巾圍之又用闊大手巾裹頭遮面婚喪
之家悉依教規而行土産降真不廣椰子甚多各處
来收賣往別國貨賣有等小樣椰子殻彼人鏇做
酒鍾以卷梨為足用番漆〻其口足標致可用其
椰子外包之穰打成粗細繩索堆集成屋各處番舡
亦来收買販往別國賣与造舡等用其造番舡不
用一釘止鑿其孔或以索連縛加以木楔然後以
番瀝清塗之龍涎香漁者常於溜處得之如浸

涯青樣嗅之不香火燒腥氣價貴高以銀對易海𧵳
彼人揀積出山番爛內肉轉賣暹羅國榜葛剌國當
錢使用其馬鮫切成手臂大塊晒乾倉屋收貯各國
亦販賣他處賣之名曰溜魚又織一等絲嵌手巾甚
密实長濶绝勝他處所織又織一等織金手巾男子
裹頭亦可用其價賣銀二兩其氣候常熱如夏土瘦
米少無麥蔬菜不 牛羊鷄鴨皆充餘无所出王
以銀鑄錢使用 中國宝舡一二隻亦往彼處收買
龍涎香椰子等物乃一小國也

祖法兒國 一統志有

自古里國開舡投西北行十晝夜可到其國邊海倚
山無城郭東南大海西北重山國王國人皆奉回回
教門人物長休軆豐偉言語朴实王居之扮以白細
番布手巾纏頭身穿青花如錦指細絲嵌員領或
金錦衣袍足穿番靴或淺面皮鞋出入乘轎騎馬
前後排列象駝馬隊牌手吹篳篥鎖嗦簇擁而行
民下所服冠衣纏頭長衣脚穿靴鞋如遇礼拜上
半日市绝交易長幼男子皆沐浴畢即将薔薇露
或沉香水油搽面及体换穿衣齐整新潔净衣
服又以小土灶沉檀俺八等香熏其体總到礼拜寺
拜畢各散経過街市香氣半晌不绝婚喪之礼悉尊
回回教規而行土産乳香其香乃壽脂也其樹葉如
榆樹葉而尖長彼人破壽取香而賣 中國寶舡到
彼開讀賞賜畢王差頭目遍諭國人皆将乳香血竭
芦薈没藥安息香蘇合油木鼈子之類來換紵絲磁
器等物此處氣候常如七月九月不冷米麥豆粟
黍稷麻谷及諸般蔬菜瓜茄牛羊馬驢猫犬鷄鴨皆
有山中亦有駝雞土人捕捉來賣其身匾頸長如
雀脚高三四尺每脚心有二指毛如駱駝吃菉豆等
物行似駱駝様此名喚駱鷄其駱駝單峯双峯皆有

人騎坐街市殺賣其肉王鑄金錢使用名倘伽每個
重官秤二錢徑寸一五分一面有文一面人形之紋
又以銅鑄為小錢輕四分零用此錢王亦差人進貢
乳香駱鷄等於 中國

阿丹國

自古里國開舡投正西兊位行一月可到其國邊海
山遠國富民饒國王國人皆奉回回教門設阿剌國
言語人悮強硬有馬步鋭兵七八千所以勢強盛隣
邦畏之永樂九年
欽命正使太監李等齎

詔勅尉衣賜其王酋到蘇門者剌國分䑸内官用等
駕宝舡三隻往彼開其王即逺率領大小頭目至海
濱迎接詔薺至王府礼甚尊謹咸伏聽讀畢王即諭
國人但有珠宝許令賣易其時在彼買到二錢許大
塊猫精石各色鴉姑等異宝大顆珍珠珊瑚樹有高
二尺者数株其珊瑚珍珠金琥珀薔薇露獅子麒麟
花猫鹿金钱豹駝鷄白鳩之類王之扮頭戴金尉
身穿黄袍腰繫宝粧金帶至礼拜日去寺礼拜換
細白布纏頭上加金錦之類身服白袍坐俱列象而
行其頭目尉服各有等第國人傳粧男子纏穿撒哈

嗽梭幅錦綉紵絲細布物衣足着靴鞋婦人之扮穿
長衣頭項佩珍珠瓔珞如观音之扮耳戴金厢宝環
四肘臂纏金宝鐲釧足指亦帶指环又用絲嵌手巾
盖于項上露其面凡國人打造入細金銀生活绝勝
天下市肆混堂并熟食綵帛書籍諸色佛件舗店
皆有王用赤金鑄錢行使名曰哺喀厮零用其氣候
温和常如八九月之定无閏月準以十二月為一年
月大小若頭一夜見新月明日就是一月也四季不
定自有陰陽人推筭其日為春首後果花木開崇
其日是初秋則木葉凋落及乎日月交蝕風雨潮迅

无不准者今人之飲食米麪諸品皆有多以乳酪酥
油糖蜜製造而飲米麪谷粟麻豆并諸色蔬菜俱有
菓有萬年棗松子把擔乾葡萄核桃花红石榴桃杏
之類象駝驢騾牛羊雞鴨猫犬皆有止無猪鵝此處
綿羊白毛无角于角處有荅負黑其頂下如黄牛一
般毛短如狗毛尾大如盤民居房屋以石砌上蓋以
磚為土或有石砌三層高四五樣丈房屋者土產紫
檀木薔薇露蓍蔔花无核白葡萄并花福鹿青花
白駝鷄大尾无角綿羊福鹿如騾子樣身白眉心
細〻青條花起遍至四蹄條間如画青花白鷄如福

鹿一般有麒麟前兩足高九尺余後二足高六尺余
長頸擡頭高一丈六尺首昂後低人莫騎頭生二短
肉角在耳邊牛尾鹿身蹄有三跲匾口食粟豆麪
餅其獅子身形似虎黑黄无班頭大口濶尾尖尾多
黑長如瓔声吼如雷諸獸見之伏不敢起乃獸中之
王也其國王感荷
聖恩特進金廂宝帶二條窟嵌珍珠宝石金尉一項
并雅姑等各樣宝石地角二枝修金葉表文進獻
朝廷

榜葛剌國　一統志云本古忻州都府其國最大

自蘇門荅剌國開船取兒山并翠藍島投西北上好
風行二十日先到淛地港泊船用小舡入港五百余
里到地名鎖納而港登岸西南行三十五站到國中
其國有城郭其王居之所并一應大小衙門皆在城
內其國地方廣闊物穰人稠奉國皆是回⺀人民俗
淳善富家造舡往諸國經營多出外傭伎者亦多人
之容躰男女皆黑間有一白者男子皆剃髮以白布
纏頭身服從頭套下員領長衣下圍各色闊布手
中足穿淺面皮鞋其國王頭目之服俱依回⺀体製
衣冠甚整國語榜家俚榜葛俚自成一家言語說巴

兒西語亦有之國王以銀鑄錢名倘伽每個重官秤
三錢徑官尺一寸三分底面有紋一應買賣皆以此
錢論價街市合用海𧴩番名考黎亦論個數交易民
俗冠婚喪祭皆依回⺀教門氣候四時皆熱如夏
稻谷一年二熟米粒細長多有粟麥麻各色豆黍姜
芥葱蒜瓜茄蔬菜皆有菓有芭蕉子酒有三四等
椰子酒米酒芝華酒各色造法多作燒酒而賣人
家元茶客至以檳榔啖之街市一應舖面浴堂酒
飯甜食等肆都有駝馬驢騾水牛黃牛綿羊山羊
鷄鴨猪鵝犬等畜俱有菓則波羅蜜酸子石榴甘蔗

沙糖白糖霜糖糖果蜜煎姜之類土產五六樣細布有
一樣單布番名卑　闊三尺餘長五丈六七尺此布
又勻細入粉箋紙一般一樣姜黃番名滿者提闊四
尺長五丈餘此布最緊密壯实一樣沙納巴付闊五
尺長三丈便如生羅樣即是布羅也一樣忻白勤搭
黎闊三尺計長六丈布眼希勻即是布紗也皆用此
布纏頭一樣沙塌兒闊二尺五六寸長四丈餘好三
梭一般一樣黑蓦勒闊四尺計長二丈餘皆面起絨
頭厚四五分即兜羅錦也桑柘蚕絲錐有止会織絲
嵌手巾并帽絨成錦漆器盤碗鋘鐵鎗剪等器皆

有賣者一等白皆是樹皮所造光滑細膩名鹿皮國
法笞杖徒流等刑官品衙門印信行移皆有軍亦有
關給粮曾軍頭目名吧斯剌兒陰陽醫卜百工技藝
皆有其行衙身穿挑黑線白布花衫下圍色絲手巾
以各色硝子珠間珊瑚琥珀珠穿成瓔珞珠佩于肩
項又一青硝子燒成釧鐲帶于兩臂人家筵飲此輩
亦來動樂器口歌番款對舞解數有一等人名報
肖速魯奈即樂工也每日五更時分到頭目家或富
家門首一人吹鎖嗦一人擊小鼓一人打鼓初起則
慢自拍板調後漸⺀緊促而息又一家如前吹擊而

去至飯時仍到家各或与酒飯或与錢物并博戲諸
色皆有又有一等人同其妻以鉄索拴一大虎在街
上拽牽而行至人家演弄即解其虎坐于地其人赤
躰单身稍對虎跳躍拽拳將虎踢打其虎性發作
威咆哮勢撲其人〻隨即与虎攧數交人又以臂
伸入虎口直至其喉虎不敢咬其畢仍鎖虎頸伏之
于地上討飯其家以肉喫之及与錢物而去日月之
定亦以十二月為一年无閏月王亦差人駕舡侳番
國買賣取採方物珎珠寶貝進於　中國
忽魯國謨斷國一統誌有

瀛涯勝覽　三十八　淡生堂抄本

自古俚國開船投西北好風行二十里日到其國邊
海倚山各處番般并旱番客商都到此處赶集買賣
所以國人殷富其王并國人皆奉回〻教門尊謹誠信
每日五次礼拜沐浴齋戒必尽其誠國人風俗淳厚
無貧苦之家若一家遭禍至貧者衆皆贈以衣食錢
本而救濟之躰貌清白豐偉衣冠濟楚婚喪之礼悉
依回〻教規男子娶妻先是媒妁已通允訖其男子
置酒請伽的者管教門規矩之官也及主婚并媒
人親族之長者兩家各通御貫三代來歷寫立婚書
已定然後擇日成親否則官府成如奸論罪如人死
之家便用細白番布為大殮之用瓶盛浄水將尸從
頭至足澆洗三次既浄則以麝香片腦填入尸口鼻
後服殮衣貯棺內隨即便埋其墳以石砌穴下鋪浄
土沙五六寸抬棺至彼則去其棺止將尸放石穴內
加以浄土厚坟堆堅甚整人家飲食必以酥油伴煑
而食市有燒羊燒雞燒肉薄餅哈里撒一應麪食皆
有賣者三四口之家不多舉火做飯止買熟肉吃王
以銀鑄錢名底那児徑宀　分面底有官秤四分
通行使用書記皆是回〻字其市肆諸般鋪店百物
皆有止無酒館國法飲酒者棄市文武醫卜之類

瀛涯勝覽　三十九　淡生堂抄本

绝勝他處各色技藝皆有其撮弄博戲皆不為奇一
樣羊高杆則甚可咲也其技用木一段長丈余許木
上頭平止可容羊四蹄將此木直立其地上另用一
人扶定其一人引一白羊拍手念誦其羊依拍鼓
舞走近其木先以前兩足搭定其木頭後又將後
兩足一总立于木上又一人將木一段于羊蹄前挨
之其羊又將前兩脚搭定上木頭隨將後兩脚從起
人即扶其木于隊中其羊立於木上似舞之状又將
木段續之連上五六段高二丈許然後于中推其木
段人以手接捧其羊又令卧地作死之状令舒前兩

脚即舒其前令舒其後脚即舒其後脚又有一等人
將一大黑猴高三尺許演弄諸般本事然後令一閑
人將巾帕之類緊縛中帕令尋令一人潛打猴頭一
下避之後解其帕巾令尋打頭者其猴則于千萬人
中竟取原打之人甚為可怪也其地候寒暑春
則花開秋則葉落有霜无雪雨少露多有一大山
四面出四樣之物一面出海邊所出之塩紅色人用
鉄鑿如打石一般鑿起一塊有三四百斤者又不潮
湿欲用則當碎為末而食一面出紅土其色紅如銀
珠一面出白土如石灰可以粉壁一面出黃土如姜

黃色俱着人守管各處自有來買取為用土產米麥
不多皆他處販來糶賣其價甚賤菓有核桃把聃菓
松子石榴葡萄乾紅桃萬年棗西瓜菜瓜葱韭薤
蒜蘿蔔等物都有其甜其大高〻者胡蘿蔔紅色
如藕大至多核桃殼薄色白手捏作碎松子長寸許
葡萄乾有三四等一樣如棗乾紫色一樣如蓮子
無核一樣畧尖長色白内勝似核桃味石榴如茶鍾
大花紅有拳大甚香美万年棗亦有三樣一樣番名
垛沙布每個有大母指大核小自結其实如砂糖忒
甜难吃一等按爛成三四十斤大塊如柿餅軟棗之

類一等乾者如南棗樣畧大味澁彼人將來喂牲口
此處各番寶貨皆有如紅鴨姑青鴉姑剌石祖把碧
祖母喇猫睛金剛鑽大顆珎珠若龍眼大重乙錢一
二分者珊瑚樹并枝梗大塊金珀〻珠神珀蠟珀黑
珀番名撒白值各色美玉器皿水晶器皿十樣錦剪
絨花单其絨起二三分長二丈各色梭幅撒哈剌
氈紗各番青紅絲嵌手巾之類皆有賣者駝馬驢騾
牛羊廣有其羊有四樣一等大尾綿羊每個有七八
十斤者其尾濶一尺余拖地約重二十余斤一等狗
尾羊如山羊樣其尾長二尺余一等闘羊高二尺七

八寸前半截毛長拖地後半身皆浄其頦面破如綿
羊角灣轉胡前上等帶小鉄牌行動有声此羊快
闘好事之人喂養在家闘賭財物為戲又出一等獸
名草上飛番名昔雅鍋失其大猫大渾身儀似玳
瑁班猫樣兩耳尖黑性純不悪若獅豹等項猛獸見
他乃獸中之王也國王將獅子麒麟馬匹珠子寶石
等物并金葉表文差頭目跟同回洋寶船進貢
朝廷

天方國　一統志但有默伽國曰默德那國与此不同後云本國差人往天方國信是兩國而天方為遠矣　此与誌不同

即默伽國也自古俚國開船投西南申位舡行三個
月可到本國馬頭番名秩達有大頭目主守自秩達
往西行一個月到國王所居之城名默伽國其回回
祖師始于此國闡揚敎法至今國人悉尊教規行事
不敢有違其国人物魁偉紫堂色男子纏頭穿長
衣足着皮鞋婦　俱戴蓋頭不見其面說哈剌畢
言語國法禁酒民俗和美无貧难之家悉尊教規犯
法者少誠為極樂之界婚喪之礼皆依教門体例而
再行大半日之程到天堂礼拜寺其堂番名愷阿白
外週垣城有四百六十六門々之両傍皆白玉石為

瀛涯勝覽　四十二　淡生堂抄本

柱其柱共有四百六十七箇前計共九十九箇後計
一百零一個左一百三十二個右一百三十五個其
堂以五色石疊砌四方平頂樣用沉香木為梁以黃
金合漏堂內墻壁皆是薔薇露龍涎香土為之馨
香不绝其椽木俱以粧金每歳一度上用皂紵絲為
罩々之畜二黑獅子守其堂門每年十二月十日各
番回々一二年遠路的也來堂內礼拜皆得所罩護
罩之年々不绝堂之左是司馬儀祖師之墓其坟是
隴綠撒不泥宝石為之長一丈二尺高三尺濶五尺
其為坟之墻以泔黃土壘砌高五尺余城內四角造

四塔每拜礼即登塔叫礼左右両傍有名祖師傳之
堂亦以石頭壘造整飭華麗其地氣候常热如夏
并無雨電霜雪夜露甚重草木皆憑露水滋養夜
放一碗或盆至天明有露水三分在內土產米谷甚
少皆種粟麥黑梨木瓜菜之類西瓜甜瓜每個用二
人擡者亦有一樣綿花樹如　中國大桑樹高一二
丈其花一年二收長生不枯果有葡萄萬年枣石
榴花紅栗子菀子皆有大者重四五斤者其駝駱馬
驢騾牛羊猫犬鷄鵝鴨鴿亦黃鷄鴨有重十斤以
上者土產薔薇露俺八兒香麒麟獅子駝雞羚羊

瀛涯勝覽　四十三　淡生堂抄本

草上飛并宝石珍珠珊瑚琥珀等宝玉以金鑄錢
名倘伽街市行使每個徑七重官秤一錢比　中國
金有十三成者又往西行一日到一城名驀底纳其
馬哈麻祖師寢陵正在內至今墓上毫光日夜侵雲
而起墓後有一井泉清甜名曰阿畢糁々下番之人
其取水藏舡內過海倘遇颶風即以此水洒之風浪
頓息
　宣德五年欽蒙
聖朝差内官太監鄭和等往各番國開讀賞賜分
䑸到古俚國時內官太監洪見本國差人往天方

國就選差通事人等七人賫帶射香磁器等物附
本國船隻到彼往回一年買到各色奇貨異宝獅
子麒麟駝鷄等物并畫天堂國真本回京其天方
國王亦差人將方物跟同原去通事七人献於
朝廷

景泰辛未中秌望日會稽山樵馬歡述

瀛涯勝覽　四十四　淡生堂抄本

星槎勝覽四卷

〔明〕費信撰

《星槎勝覽》四卷，明費信撰。信字公曉，昆山太倉衛（今江蘇太倉）人。十四歲代兄從軍。以通事之職，於永樂七年（一四〇九）、十年、十三年及宣德六年（一四三一）四次隨鄭和通使西洋，據遍歷諸國之聞見，撰爲此書。卷一記占城國、靈山、昆侖山、賓童龍國、真臘國、暹羅國、假馬里丁、交欄山、爪哇國、舊港、重迦羅、吉里地悶；卷二記滿剌加國、麻逸凍、彭坑、東西竺、龍牙門、龍牙加貌、九州山、阿魯國、淡洋；卷三記蘇門答剌國、花面國王、龍涎嶼、翠藍嶼、錫蘭山國、溜山洋國、大葛蘭國、小葛蘭國、柯枝國、古里國；卷四記榜葛剌國、卜剌哇國、竹步國、木骨都束國、阿丹國、剌撒國、佐法兒國、忽魯謨斯國、天方國。逐國分敘，詠以詩篇。據其自序，成書當在正統元年（一四三六）。據《借月山房彙鈔》本影印。

星槎勝覽

星槎勝覽序

臣聞王者無外中天下而立定四海之民一視同仁篤近舉遠故視中國猶一人而夷狄之邦則以不治治之洪惟聖朝天啓文運太祖高皇帝龍飛九五波澤敷於中外德威振於萬邦太宗文皇帝繼統文明之治格于四表於是屢命正使太監鄭和王景宏侯顯等開道九夷八蠻欽賜璽書禮幣皇風清穆覃被無疆天之所覆地之所載莫不貢獻臣服三五之世不是過矣皇上嗣登大寶詔止海船及遠征之役益以國家列聖相繼奕

葉重光治化隆盛而遠夷小醜或梗皇化則移師薄伐使不忘武備以鞏固鴻基爲萬世之宏規也皇上恭默思道端拱而治守盈成之運垂無窮之業得時措之宜也臣本吳東鄙儒草茅下士以先臣戍太倉未幾而溘世於是臣繼戍役至永樂宣德間選隨中使至海外經諸番國前後數四二十餘年歷覽風土人物之宜采輯圖寫成帙名曰星槎勝覽不揣膚陋輒敢自叙其首一覽之餘則中國之大華夷之辨山川之險易物產之珍奇殊方末俗之卑陋可以不勞遠涉而盡在目中矣大

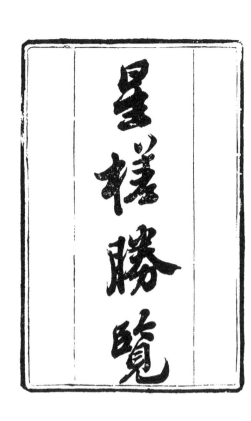

王者無外王德之體以不治治之王道之用若然將見治化之效聲教所及暴風不作海波不揚越裳肅慎之民曰中國有聖人在上白雉楛矢之貢不期而至矣正統元年丙辰春正月吉日臣費信稽首謹序

星槎勝覽目錄

星槎勝覽卷一

明　費　信著

占城國　靈山　崑崙山
賓童龍國　眞臘國　暹羅國
假馬里丁　交欄山　瓜哇國
舊港　重迦羅　吉里地悶

占城國

永樂七年太宗皇帝命正使太監鄭和王景宏等統官兵二萬七千餘人駕海船四十八號往諸番國開讀賞賜是歳秋九月自太倉劉家港開船十月至福建長樂太平港停泊十二月於五虎開洋張十二帆順風十晝夜至占城國其國臨海有港曰新州西抵交趾北連中國地海船到彼其酋長頭戴三山金花冠身披錦花手巾臂腿四腕俱以金鐲足穿玳瑁履腰束八寶方帶如粧塑金剛狀乘象前後擁番兵五百餘或執鋒刃短鎗或舞皮牌槌鼓吹椰殼筒其部領皆乘馬出郊迎詔下象膝行匍匐感恩奉貢方物其國所産巨象犀牛甚多象牙犀角廣貨別國棋楠香在一山所産酋長差人禁

民不得採取犯者斷其手烏木降香樵之爲薪天無霜雪氣候常熱如夏草木長青隨花隨結煮海爲鹽禾稻甚薄國人惟食檳榔裹蔞葉包蠡殼灰行住坐臥不絕於口不解正朔但看月生爲初月晦爲盡如此十次盈虧爲一歲晝夜善槌鼓十更爲法酋長及民下非至午不起非至子不睡見月則飲酒歌舞爲樂酋長所居屋宇門牆俱甎灰甃及以堅木雕鏤獸畜之形爲華外周磚垣亦有城郭兵甲之防藥鏃刀摽之屬其部領所居亦分等第門高有限民下編茅覆屋魚不腐爛不食釀不生蛆不爲美酒以米拌藥丸乾和入甕中封固如法收藏日久其糟生蛆爲佳醞他日開封用長節竹幹三四尺者插入糟甕中或團坐五人量人入水多寡輪次吸竹引酒入口吸盡再入水若無味則止有味留封再用酋長歲時採生人膽入酒中與家人同飲又以浴身謂之通身是膽尸頭蠻者本是婦人但無瞳人爲異其婦與家人同寢夜深飛頭而去食人穢物飛回復合其體仍活如舊若知而封固其項或移體別處則死矣人有病者臨糞時遭之妖氣入腹必死此婦人亦罕有民間有而不報官者罪及一家番人戲之觸弄其頭必有生死之恨男女椎髻腦後花布纏頭上穿短布衫腰圍花布手巾其國無紙筆以羊皮搥薄熏黑削細竹爲筆蘸白灰書字若蚯蚓委曲之狀言語燕馱全憑通事傳譯

靈山

其處與占城山地連接其山峻嶺而方有泉下繞如帶山頂有一石塊似佛頭故名靈山民居星散結網爲業田肥耕種一歲二收氣候之節男女之禮與占城國大同小異地產黑文相對藤杖每條易斗錫一塊若藤大而紋疏者一錫易杖三條次有檳榔蔞葉餘無異物往來販船必於此樵汲舶人齋沐三日崇佛誦經燃放水燈綵船以禳人船之災

崑崙山

其山節然瀛海之中與占城及東西竺鼎峙相望山高而方山盤廣遠海人名曰崑崙洋凡往西洋販船必待順風七晝夜可過俗云上怕七洲下怕崑崙針迷舵失人船莫存此山產無異物人無居竈而食山果魚蝦穴

居樹巢而已

賓童龍國

其國與占城山地連接有雙溪水澄清佛書所云舍衛乞食即此地也目蓮所居遺址尚存人物風土草木氣候與占城大同小異惟喪事能持孝服設佛而度死者擇僻地葬之婚姻偶合酋首出入或象或馬一如占城王從者前後百餘人執簡讚唱曰亞曰僕地產棋楠香象牙貨用金銀花布之屬民下編茅覆屋以居

眞臘國

自占城順風三晝夜可至其國門之南爲都會之所有城池周七十餘里石河廣二十餘丈殿宇三十餘所凡歲時一會則羅列玉猿孔雀白象犀牛於前名曰百塔洲金盤金碗盛食諺云富貴眞臘也氣候常熱田禾豐足煮海爲鹽風俗富饒男女椎髻穿短衫圍梢布法有劓刖刺配犯盜則斷手足番人殺唐人則償命唐人殺番人則罰金無金賣身贖罪地產詰蠟犀象孔雀沉香蘇木大風子油翠毛貨用金銀燒珠錦段絲布之屬

暹羅國

自占城順風十晝夜可至其國山形如白石峭礪周千里外山崎嶇內嶺深邃田平而沃稼穡豐熟氣候常熱風俗勁悍專尚豪强侵掠鄰境削檳榔木爲標鎗水牛皮爲牌藥鏃等器慣習水戰男女椎髻白布纏頭穿長衫腰束青花手巾其上下謀議大小事悉決於婦其男一聽苟合無序遇中國男子甚愛之必置酒飲待歡歌留宿婦人多爲尼姑道士能誦經持齋服色略似中國亦造菴觀能重喪禮人死氣絕必用水銀灌養其屍而後擇高阜之地設佛事葬之釀秫爲酒煮海爲鹽地產羅斛香大風子油蘇木犀角象牙翠毛黃蠟以海𧴩代

錢每一萬箇准中統鈔二十貫貨用青白花磁器印花布色絹色段金銀銅鐵水銀燒珠雨傘之屬其酋感慕天朝遠惠嘗遣使捧金葉表文貢獻方物

假馬里丁

其方與交欄山相望海洋中山列翠屏引溪水漑田禾穀少收氣候常熱俗囂薄男子髡髮穿竹布短衫圍梢布種芭蕉採其實以代糧煮海爲鹽釀蔗爲酒地產玳瑁羚羊貨用瓜哇布燒珠印花布米穀之屬

交欄山

自占城靈山起程順風十晝夜可至其山高而叢林藤竹舵桿桅檣蓬笞無所不備故元時命將高興史弼領兵萬衆駕巨舶征闍婆因遭風至交欄山下其船多損乃登此山造船百號復征闍婆擒其酋長而歸至今居民有中國人雜處蓋此時病卒百餘留養不歸遂傳育於此氣候常暑少米穀以射獵爲業男女椎髻穿短衫繫巫崙布地產豹熊鹿皮玳瑁貨用米穀五色絹青布銅器青碗之屬

瓜哇國

古名闍婆自占城起程順風二十晝夜可至其國地廣人稠甲兵爲東洋諸番之雄舊傳鬼子魔天與一罔象青面紅身赤髮相合凡生子百餘常食啖人血肉佛書所云鬼國即此地也其中人被啖幾盡忽一日雷震石裂中坐一人衆稱異之遂爲國主即領兵衆驅逐罔象而除其害復生齒安業至今其國之遺文後書一千三百七十六年考之肇在漢時至我大明宣德七年矣其港口入去馬頭曰新村居民環接編茇樟葉覆屋鋪店連行爲市買賣其國富饒珍珠金銀鴉鶻石猫睛青紅等石硨磲瑪瑙荳蔻蓽撥子花木香青藍無所不有蓋通商旅最衆也其鸚䳇鸚哥孔雀能馴言語歌曲其倒掛鳥身形如雀而羽五色日間焚好香則收而藏之羽翼間夜則張尾翼而倒掛以放香民好兇强生子一歲便以匕首佩之名曰不刺頭以金銀象牙雕琢爲靶凡男子老幼貧富皆佩於腰間若有爭詈即拔刃相刺蓋殺人逃三日而出即無事矣男子猱頭裸身腰圍單布手巾能飲酗酒重財輕命婦人亦然惟項金珠聯紉帶

之兩耳塞茇樟葉圈於竅中其喪事凡主翁病死婢妾輩相對而誓曰死則同往臨殯之日妻妾奴婢皆滿頭簪草花披五色手巾隨屍至海邊或野地舁屍於沙地俾衆犬食盡爲好如食不盡則悲歌號泣堆柴於旁衆婦坐其上良久乃縱火燒柴而死蓋殉葬之禮也蘇魯馬益一地名也爲市聚貨商舶米糧港口有聚獮猻數百相傳唐時其家五百餘口男婦兇惡忽一日有僧至其家與吉凶之事其僧取水噀之俱化爲猿猴止留一老嫗不化今存舊宅土人及商者常設飲食檳榔花果

肉類以祭之不然則禍其驗也杜板一村之地名也海灘有水一泓甘淡可飲稱為聖水元時使將史弼高興征其國經月不下舟中乏水糧盡二將拜天祝曰奉天伐蠻若天與我水即生不與則死遂插鎗鹹苦海中其泉隨鎗湧起水味甘甜衆軍汲而飲之乃令曰天賜助我可力戰也兵威由是大振喊聲奮擊番兵百萬餘衆悉敗走乘勝長驅生擒番人烹而食之至今稱中國能食人也遂獲酋長以歸既服罪尋放還仍封為瓜哇國王我朝太宗文皇帝遣正使太監鄭和等捧詔勅賞賜國王王妃及部領村主咸受天賜其國王遣使絡繹進貢方物

舊港

古名三佛齊國自瓜哇順風八晝夜可至其處自港口入去田土甚肥倍於他壤古云一年種穀三年生金言其米穀盛而多貿金也民故富饒俗囂好姪水戰甚慣其處水多地少部領者皆在岸造屋居之周匝皆僕從住宿其餘民庶皆於木筏上蓋屋而居以木樁拴閘或水長則筏浮起不能沒也或欲別居起樁去之連屋移徙不勞財力今為瓜哇所轄風俗與瓜哇大同小異地產黃熟香速香降香沉香黃蠟鶴頂之類貨用燒煉五色珠青白磁器銅鼎五色布絹色段大小磁甕銅錢之屬永樂十三年鄭和等統舟師往諸番國海寇陳祖義等聚衆於三佛齊國抄掠番商欲來犯我舟師和等伏兵敗之生擒厥魁獻俘闕下由是藩海內外罔不清肅

重迦羅

其地與瓜哇界相接高山奇秀內有一石洞前後三門可容一二萬人田穀與瓜哇略同氣候常暑風俗頗淳男女撮髻身披單布長衫圍梢布手巾無酋長以年高有德者主之煑海為鹽釀秫為酒地產羚羊鸚鵡木綿椰子綿紗貨用花銀花絹其處約去數日水程曰孫陀羅琵琶拖曰丹重曰圓嶠曰彭里不事耕種專尚寇掠與吉陀崎諸國相通所以商舶少能至矣

吉里地悶

其國居重迦羅之東連山茂林皆檀香樹無別產馬頭商聚十二所有酋長田肥穀盛氣候朝熱暮寒男女斷髮穿短衫夜臥不蓋其體商舶到彼皆婦女到船交易

人多染疾病十死八九蓋其地瘴氣及其婬汚之故也
貨用金銀鐵器磁碗之屬

星槎勝覽卷一

星槎勝覽卷二

滿剌加國　麻逸凍　彭坑
東西竺　龍牙門　龍牙加貌
九州山　阿魯國　淡洋

滿剌加國

其處舊不稱國自舊港順風八晝夜可至其國傍海山孤人少受覇於暹羅每歲輸金四十兩爲稅田瘠少收內有山泉流爲溪於溪中淘沙取錫煎成塊曰斗錫每塊重官秤一斤四兩及織芭蕉心簟惟以斗錫通市無他產氣候朝熱暮寒男女椎髻身膚黑漆間有白者唐人種也俗尚淳厚民淘錫網魚爲業屋加樓閣而不鋪板但用木高低層布連床就榻箕踞而坐飲食厨廁俱在上貨用青白磁器五色燒珠色絹金銀之屬永樂七年鄭和等捧詔勅賜銀印冠帶袍服建碑封爲滿剌加國暹羅始不敢擾十三年酋長感慕聖恩挈妻子涉海入朝貢方物賞勞之使歸國

麻逸凍

其處在交欄山之西南洋海中山峻地平夾溪聚村落

而居氣候稍熱男女椎髻穿長衫圍色布田膏腴倍收他國尚節義婦喪夫則削髮剺面絕食七日夫死同寢多有並逝者七日不死則親戚勸以飲食若得甦終身不再嫁矣至焚夫日多赴火死煑海為鹽釀蔗為酒產木綿黃蠟玳瑁檳榔花布貨用銅鼎鐵塊五色布絹之屬

彭坑

其處在暹羅之西石崖周匝崎嶇遠望山平如寨田沃米穀豐足氣候溫風俗尚怪刻香木為人殺人血祭禱

求福禳災男女椎髻繫單裙富家女子金圈四五飾于項髮常人五色燒珠穿圈煑海為鹽釀漿為酒地產黃熟香沉香片腦花錫降香貨用金銀色絹爪哇布銅鐵器鼓板之屬

東西竺

其山與龍牙門相望海洋中山形分對嵯峩若蓬萊萬丈之間田瘠不宜稼穡歲藉諸邦淡洋米穀以食氣候不齊煑海為鹽釀椰子為酒男女斷髮繫稍布地產檳榔木綿布蕉心簟貨用花錫胡椒鐵器之屬

龍牙門

其處在三佛齊西北山門相對若龍牙狀中通船過山田瘠米穀甚薄氣候常暑四五月淫雨男女椎髻穿短衫圍梢布擄掠為豪遇番舶則以小舟百數迎敵若順風僥倖而脫否則被其劫殺舟客于此防之

龍牙加貌

其地離麻逸凍順風三晝夜程內平而外峯民蟻附而居氣候常熱田禾勤熟俗尚敦厚男女椎髻圍麻逸凍布穿短衫以親戚尊長為重一日不見則攜酒殽問安

煑海為鹽釀秫為酒地產沉速降香黃蠟鶴頂蜂蜜砂糖貨用印花布八察都布青白花磁器之屬

九州山

其山與滿剌加近產沉香黃熟香林木叢生枝葉茂翠永樂七年鄭和等差官兵入山採香得徑有八九尺長六七丈者六株香味清遠黑花細紋山人張目吐舌言我天朝之兵威力若神

阿魯國

其國與九州山相望自滿剌加順風三晝夜可至其國

風俗氣候與蘇門答剌大同小異田瘠少收盛種芭蕉椰子爲食男女裸體圍梢布常駕獨木舟入海捕魚入山採米腦香物爲生各持藥鏃弩防身地產鶴頂片米糖腦以售商舶貨用色段色絹磁器燒珠之屬

淡洋

其處與阿魯山地連接去滿剌加三日程山邊周圍有港内通大溪汪洋千里奔流出海淸淡味甘舟人過往汲之名曰淡洋田肥禾盛米粒尖小炊飯甚香地產香民俗頗淳氣候常熱男女椎髻腰圍梢布貨用金銀鐵

器磁器之屬

星槎勝覽卷二

星槎勝覽卷三

蘇門答剌國　花面國王　龍涎嶼

翠藍嶼　錫蘭山國　溜山洋國

大葛蘭國　小葛蘭國　柯枝國

古里國

蘇門答剌國

古名須文達那自滿剌加順風九晝夜可至其國傍海村落田瘠少收胡椒蔓生延蔓附樹枝葉如扁豆花間黃白結椒纍垂如櫻櫚子但粒小耳番秤一播荷抵我

官秤三百二十斤價銀錢二十箇重銀六兩金抵納即金錢也每二十箇重金五兩二錢風俗頗淳民網魚爲生朝駕獨木刳舟張帆出海暮則回舟男子髮纏白布腰圍梢布婦女椎髻裸體腰圍色布手巾其瓜茄一種五年結小再種橘柚酸甜之果常花常結其有一等瓜皮若荔枝如瓜大未剖之時甚臭如爛蒜剖開如囊味如酥油香甜可口煮海爲鹽釀茭樟子爲酒貨用靑白磁器銅鐵爪哇布色絹之屬永樂十一年僞王蘇幹剌寇侵本國酋長遣使赴闕陳訴請救太宗皇帝命鄭和

等就率官兵勦捕生擒偽王至永樂十三年歸獻闕下諸番震服

花面國王

其國與蘇門答剌鄰境傍南巫里洋逶迤山地田足稻禾氣候不常風俗淳厚男子皆以墨刺面為花獸之狀猱頭裸體單布圍腰婦女圍色布披手巾椎髻腦後地多出牛羊雞鴨羅布強不奪弱上下自耕而食富不驕貧不盜可謂善地矣地產香味青蓮花近布那姑兒一山產硫黃我朝海船駐札蘇門答剌差人船於其山採取硫黃貨用段帛磁器之屬其酋長感慕恩賜常貢方物

龍涎嶼

望之獨峙南巫里洋之中離蘇門答剌西去一晝夜程此嶼浮灔海面波激雲騰每至春間羣龍來集於上交戲而遺涎沫番人挐駕獨木舟登此嶼採取而歸或風波則人俱下海一手附舟旁一手揖水而得至岸其龍涎初若脂膠黑黃色頗有魚腥氣久則成大塊或大魚腹中剌出若斗大亦覺魚腥焚之清香可愛貨於蘇門答剌之市官秤一兩用彼國金錢十二箇一斤該金錢一百九十二箇准中國銅錢九千箇價亦非輕矣

翠藍嶼

其山在龍涎之西北五晝夜程大小七門門中皆可過船傳聞釋迦佛昔經此山浴於水被竊其袈裟佛誓云後有穿衣者必爛其皮肉由此男女今皆削髮無衣止用樹葉紉結而遮前後米穀亦無惟下海網魚鰕及種芭蕉椰子為食然船去未嘗得泊山下宣德壬子十月二十二日因風水不偶至此山泊繫三日夜山中之人駕獨木舟來貿椰實舟中男婦果如前言

錫蘭山國

其國自蘇門答剌順風十二晝夜可至其國地廣人稠貨物多聚亞於爪哇中有高山參天山頂產有青美藍石黃鴉鶻石青紅寶石每遇大雨衝流山下沙中拾取之其海旁有珠簾沙常以網取螺蚌傾入池中作爛淘珠貨之海邊有一盤石上印足跡長三尺許常有水不乾稱為先世釋迦佛從翠藍嶼來登此山足躡其跡至今尚存也下有寺稱為釋迦佛涅槃真身側臥在寺亦

有舍利子在其寢處氣候常熱民俗富饒米穀豐足地產寶石眞珠龍涎香乳香貨用金錢銅錢青花白磁器色段色絹之屬男女纏頭穿長衫圍單布永樂七年鄭和等齎詔勅金銀供器綵粧織金寶幡布施於寺及建石碑賞賜國王頭目其王亞烈苦柰兒負固不供謀害舟師太監鄭和潛備先發制之使衆銜枚疾走夜半聞砲則奮擊而入生擒其王至永樂九年歸獻闕下尋蒙恩宥俾復舊國由是西夷畏威懷德莫不向化矣

溜山洋國

自錫蘭山別羅里南去順風七晝夜可至其山海中天巧石門有三遠望如城門中可過船溜山有八沙溜官嶼溜人不知溜起來溜麻里溪溜加平年溜加安都里溜其八處網捕溜洋大魚作塊曬乾以代糧食男子拳髮穿短衫圍梢布風俗囂强地產龍涎香貨用金銀段帛磁器米穀之屬其酋長感慕聖恩常貢方物傳聞又有三萬八千餘溜山卽弱水三千之說也亦有人聚巢居穴處不識米穀但捕魚蝦爲食裸形無衣惟紉樹葉遮其前後若商船因風落其瀉人船不可復矣

大葛蘭國

地與都欄樵相近厥土黑墳本宜穀麥居民懶事耕作歲賴烏爹之米爲食商船爲風所阻不以時到則波濤激灘載貨不敢滿盈以不可停泊之故也若過巫里洋則罹重險之難矣及有高頭埠沉水羅股石之危風俗淳厚男女纏頭穿單布長衫圍色布手巾地產胡椒椰子溜魚檳榔貨用金錢青白花磁器布段之屬

小葛蘭國

山連赤土地與柯枝國接境日中爲市西洋諸國之馬

頭也本國通使大金錢名儻伽每箇重八分小金錢名吧喃四十箇准大金錢一箇田瘠少收歲藉榜葛剌國米爲食氣候常熱風俗小淳男女多回回喃呲人地產胡椒亞於下里乾檳榔波羅蜜色布其木香乳香眞珠珊瑚酥油孩兒茶梔子花皆自他國來也貨用丁香荳蔲色段麝香金銀銅鐵器鐵線黑纓之屬

柯枝國

其處與錫蘭山對峙內通古里國界氣候常熱田瘠少收村落傍海風俗頗淳男女椎髻穿短衫圍單布又一

種曰木瓜無屋舍惟穴居巢樹人海捕魚爲業男女裸體紉結樹葉或草遮其前後行人遇人則蹲避道旁俟過方行葢避羞也地產胡椒甚廣富家俱置板倉貯之以售商販行使小金錢名吧喃貨用色段白絲青花白磁器金銀之屬其酋長感慕聖恩常貢方物

古里國

錫蘭山起程順風十晝夜可至其國當巨海之要嶼與僧迦密邇亦西洋諸國之馬頭也山廣地瘠麥穀頗足風俗甚厚行者讓路道不拾遺法無刑杖惟以石灰畫

地乃爲禁令其酋富居深山傍海爲市聚貨通商男子穿長衫頭纏白布婦女穿短衫圍色布兩耳懸帶金牌絡索數枚其項上眞珠寶石珊瑚連掛瓔珞臂腕足脛皆金銀鐲手足指皆金銀廂寶石戒指髮堆腦後容白髮黑其有一種裸身之人曰木瓜與柯枝國同地產胡椒亞於下里俱有倉廩貯之以待商販有薔薇露波羅蜜孩兒茶印花被面手巾其有珊瑚眞珠乳香木香金珀之類皆由別國來其好馬自西番來匹價金錢千百貨用金銀色段青花白磁器燒珠麝香水銀樟腦之屬

其酋長感慕聖恩常遣使捧金葉表文貢獻方物

星槎勝覽卷三

星槎勝覽卷四

榜葛剌國　卜剌哇國　竹步國
木骨都束國　阿丹國　剌撒國
佐法兒國　忽魯謨斯國　天方國

榜葛剌國

自蘇門答剌順風二十晝夜可至其國卽西印度之地西通金剛寶座國曰詔納福兒乃釋迦得道之所永樂十三年二次上命少監侯顯等統舟師齎詔勑賞賜國王王妃頭目其國海口有港曰察地港立抽分之所其

王知我中國寶船到彼遣部領齎衣服等禮人馬千數迎港口起程十六站至瑣納兒江有城池街市聚貨通商又差人齎禮象馬迎接再行二十站至板獨哇是酋長之居處城郭甚嚴街市鋪店連楹接棟聚貨百有其王之舍皆磚灰甃砌高廣殿宇平頂白灰爲之內門三重九間長殿其柱皆黃銅包飾雕琢花獸左右長廊內設明甲馬隊千餘外列巨漢明盔明甲執鋒刃弓矢威儀壯甚丹墀左右設孔雀翎傘蓋百數又置象隊百數於殿前其王於正殿高座嵌八寶箕踞坐其上劍橫於

膝乃令銀柱杖二人皆穿纏頭來引道前五步一呼至中則止又金柱杖二人接引如前禮其王拜迎詔勑扣頭加額開讀賞賜受畢鋪毯毯於殿地待我天使宴我官兵禮之甚厚燔炙牛羊禁不飲酒恐亂性而失禮以薔薇露和香蜜水飲之宴畢復以金盔金繫腰金瓶金盆贈天使其副使皆以銀盔銀繫腰銀瓶銀盆贈之其下官員亦贈以金鈴紵絲長衣兵士俱有銀錢蓋此國富而有禮者也其後躬置金筒金葉表文差使臣齎捧貢獻方物于廷其國風俗甚厚男子白布纏頭穿白

布長衫足穿金線羊皮靴濟濟然有文字者衆凡交易雖有萬金價定打手永無悔改婦女穿短衫圍色布絲錦不施脂粉自然嬌白耳垂寶鈿項掛瓔珞髻堆腦後四腕金鐲手足戒指其有一種曰印度不食牛肉飲食男女不同處夫死不再嫁妻死不再娶若孤寡無倚一村人家輪流養之不容別村求食其義氣有足稱者田沃豐足一歲二收不用耘耔隨時自宜男女勤於耕織果有波羅蜜大如斗甘甜甚美菴摩羅香酸甚佳其餘瓜果蔬菜牛馬雞羊鳧鴨海魚之類甚廣通使海𧴩[illegible]

錢市用地產細布撒哈剌毯絨兜羅錦水晶瑪瑙珊瑚眞珠寶石糖蜜酥油翠毛各色手巾被面貨用金銀段絹靑花白磁器銅鐵麝香銀硃水銀草蓆之屬

卜剌哇國

自錫蘭山別羅南去二十一晝夜可至其國與木骨都束國接連山地傍海而居壘石爲城砌石爲屋山地無草木地廣斥鹵有鹽池但投樹枝於池良久撈起結成白鹽風俗頗淳無田耕種捕魚爲業男女拳髮穿短衫圍梢布婦女兩耳帶金錢項掛纓絡惟有葱蒜無瓜茄

地產馬哈獸狀如麝獐花福祿狀如花驢豹麂犀牛沒藥乳香龍涎香象牙駱駝貨用金銀段絹米豆磁器之屬其酋長感慕恩賜進貢方物

竹步國

其處與木骨都束山地連接村居寥落壘石爲城砌石爲屋風俗亦淳男女拳髮男子圍布婦女出則以布兜頭不露身面山地黃赤數年不雨草木不生絞車深井網魚爲業地產獅子金錢豹駝蹄雞有六七尺高者其足如駝蹄龍涎香乳香金珀貨用土硃段絹金銀磁器胡椒米穀之屬酋長受賜感化奉貢方物

木骨都束國

自小葛蘭順風二十晝夜可至其國瀕海堆石爲城壘石爲屋四五層廚厠待客俱在其上男子拳髮四垂腰圍梢布女人髮盤於腦黃漆光頂兩耳掛絡索數枚項帶銀圈纓絡垂胷出則單布兜遮靑紗蔽面足履皮鞋山連地曠黃赤土石田瘠少收數年無雨穿井甚深絞車以羊皮袋水風俗囂頑操兵習射其富民附舶遠通商貨貧民網捕海魚曬乾爲食及餵養駝馬牛羊地產

乳香金錢豹龍涎香貨用金銀色段檀香米穀磁器色絹之屬其酋長效禮進貢方物

阿丹國

自古里國順風二十二晝夜可至其國傍海而居草木不生田肥種植粟麥豐盛壘石爲城砌羅股石爲屋三四層高廚房臥室皆在其上風俗頗淳民下富饒男女拳髮穿長衫婦女出則用靑紗蔽面布帽兜頭不露形貌兩耳垂金錢數枚項掛纓絡地產羚羊自胷中至尾垂九塊名爲九尾羊千里駱駝黑色花驢駝蹄雞金錢

豹貨用金銀色段青白花磁器檀香胡椒之屬其酋長感慕恩賜躬以方物貢獻

剌撒國

自古里國順風二十晝夜可至其國傍海而居壘石爲城連山曠地草木不生牛羊駝馬皆以海魚乾啖之氣候常熱田瘠少收惟有麥耳數年無雨鑿井絞車羊皮袋水男女拳髮穿長衫婦女妝點兜頭與忽魯謨斯國同壘石築土爲屋三四層者其上廚厠臥室待客其下奴僕居之地產龍涎香乳香千里駱駝民俗淳厚喪葬

有禮有事禱於鬼神其酋長感慕聖恩遣使捧金葉表文奉貢方物貨用金銀段絹磁器米穀胡椒檀香金銀之屬

佐法兒國

自古里國順風二十晝夜可至其國壘石爲城砌羅股石爲屋有高三四層若塔之狀廚厠臥室皆在其上田廣少收山地黃赤亦不生草木民捕海魚曬乾大者人食小者餵養牛馬駝羊男女拳髮穿長衫女人出則以布兜頭面不令人見風俗頗淳地產祖剌法金錢豹駝蹄鳥乳香龍涎香貨用金銀檀香米穀胡椒段絹磁器之屬其酋長感慕恩賜遣使奉貢方物

忽魯謨斯國

自古里國十晝夜可至其國傍海居聚民爲市地無草木牛羊駝馬皆食海魚乾或言深山中亦有草木風俗頗淳壘石爲城酋長深居練兵畜馬田瘠麥廣穀少民富饒山連五色皆是鹽也鑿之鏇爲盤碟碗器之類食物就用而不加鹽矣壘石爲屋有三四層者其廚厠臥室待客之所俱在上男子拳髮穿長衫善弓矢騎射女

子編髮四垂黃漆其項頂則布幔兜頭面用青紅紗布以蔽之兩耳輪周掛絡索金錢數枚以青石磨水妝點眼眶唇臉花紋以爲美飾項掛寶石真珠珊瑚紉爲纓絡臂腕腿足皆金銀鐲此富人也行使金銀錢產有真珠寶石金珀龍涎香撒哈剌梭服絨毯貨用金銀青花磁器五色段絹木香胡椒之屬其酋長感慕恩賜躬獻方物

天方國

其國自忽魯謨斯四十晝夜可至其國乃西海之盡也

有言陸路一年可達中國其地多曠漠卽古筠冲之地名爲西域風景融和四時皆春也田沃稻饒居民安業男女穿白長衫男子削髮以布纏頭婦女編髮盤頭風俗好善酋長無科擾於民亦無刑罰自然淳化不作盜賊上下安和古置禮拜寺見月初生其酋長與民皆拜天號呼稱揚以爲禮餘無所施其寺分爲四方每方九十間共三百六十間皆白玉爲柱黃甘玉爲地中有黑石一片方丈餘曰漢初時天降也其寺層次高上如塔之狀每至日落聚爲夜市蓋日中熱故也地產金珀寶石眞珠獅子駱駝祖刺法豹麂馬有八尺高者名爲天馬貨用金銀段疋色絹青白花磁器鐵鼎鐵銚之屬其國王臣深感天朝使至加額頂天以方物獅子麒麟貢于廷

星槎勝覽卷四

嘉慶戊辰夏五昭文張海鵬校

海語三卷

〔明〕黄衷撰

《海語》三卷，明黄衷撰。衷（一四七四—一五五三）字子和，别號病叟，南海（今屬廣東）人。弘治九年（一四九六）進士。官至兵部右侍郎。是書成於嘉靖十五年（一五三六），族子學準爲增注而刊行之。按其自序，知所謂「海語」者，即談海國之事。然以作者未親歷東南亞諸國，書中所敘，皆其致政之暇，聞之舟師海賈者，積漸成編，析爲風俗、物産、畏途、物怪四類。所述暹羅、滿剌加等處，較以往各書爲詳。敘正德六年（一五一一）佛郎機（葡萄牙人）侵佔滿剌加事，與《明史·滿剌加傳》稍異。然其事距成書僅二十五年，聞見既邇，宜可徵信。要之是書能不蹈舊説，於社會變遷之跡尤所措意，而文詞雅潔，亦足稱道。初刻於明嘉靖間，今存《寶顏堂秘笈》本、《學津討原》本、《粤雅堂叢書》本等。據《學津討原》本影印。

海語

欽定四庫全書提要

海語三卷明黄衷撰衷字子和南海人宏治丙辰進士官至兵部右侍郎是書乃其晚年致政家居就海洋番舶詢悉其山川風土裒錄成編自序稱鐵橋病叟者其別號也廣東通志載是書作一卷此本實三卷分爲四類曰風俗凡二目曰物產凡二十九目曰畏途凡五目曰物怪凡八目所述海中荒忽奇譎之狀極爲詳備然皆出舟師舵卒所親見非山海經神異經等純構虛詞誕幻不經者比每條下間附論斷詞致高簡時寓勸戒亦頗有可觀書中別有附註乃其族子學準增加原本所載今併存焉按明史滿剌加傳稱正嘉間爲佛郎機所滅而此書則稱佛郎機破其國王退依陂堤里佛郎機整衆而去王乃復所云云與史稍有不同此書成於嘉靖初海賈所傳見聞較近似當不失其實是尤可訂史傳之異不僅博物之資矣

海語序

夫列徼之外東方曰夷南方曰蠻雕題左衽鳥言而獸行諸夏利害無與也然俟德以賓審勢而服於諸夏之盛衰實始終焉是故兩階格苗重譯獻雉虞周之德之盛可知也楚稱覇而百粵效貢秦兼併而蠻夷威服勢固有然者歟自漢而後内屬之境暫開而攻抄之寇踵至來王之使未返而乖貳之釁已彰是雖禽獸之常形而綏馭之道或亦踈矣余嘗考洪武永樂之際海上朝貢之國四十有一麒麟再至名珍異貝充牣帑藏於兹

百七十年惟東之朝鮮日本南之琉球庭實之質不絶於道安南暹羅滿剌加占城君訃至君立至鄰國交惡至惟弔若册皆有常使比平其亂或表臣莅焉自餘兼併分裂遞興遞廢名號非舊無可考録余因以慨夫政教不加荒亂日多裔夷之遭之不幸也當時文儒纂述其稱古里之風道不拾遺天方之數可裨歴度所謂禮失而求諸夷者非邪他如南州異物志雞林類事寰宇記島夷諸番二志土風國俗亦間見耳余自屏居簡出山翁海客時復過從有談海國之事者則記之積漸成帙頗彙次焉夫有君臣則有刑政有男女則有婚媾有父子兄弟則有聚有處農工商賈禦災禦侮各隨其方客談多二國之事然類有異於前誌者豈亦沿革習氣與時推移邪記風俗夫天地萬物陸之所産水必産焉故物莫繁於海亦莫鉅於海島夷内黠外癡而鍾於物則良可貴奇可玩者多矣無亦造化之偏氣乎舊誌未必詳也記物産夫羅經指南航海而尸其務者爲舉舟之司命毫末懸殊利害生焉海賦未經道也栁子厚招海賈似寓情於憫時憤俗而輕生競利者觀之亦足戒

矣然余則謂海之險何若方寸間邪葢海無私於覆溺而人心或甚焉耳記畏途夫常必有怪先王制器以知神姦魑魅魍魎毋或逢旃是故蠻夷陰類也海陰方也鬼物或憑焉海童天吳諒非誕謾記物怪夫言以談海立者也題曰海語云

嘉靖十五年歲柔兆涒灘三月朔旦鐵橋病叟黄衷識

海語目録

海語卷上

明鐵橋子黃　衷　著

昭　文　張海鵬　訂

風俗

暹羅

暹羅國在南海中直東莞之南亭門放洋南至烏豬獨豬七洲（三洋名）星盤坤未針至外羅坤申針四十五程至占城舊港經大佛靈山其上烽墩則交趾屬也又未針至崐崘山又坤未針至玳瑁洲玳瑁額及於龜山酉針入暹羅港水中長洲隱隆如壩船出入如中國車壩然亦國之一控扼也少進爲一關又守以夷酋又少進爲二關卽國都也其地沮洳無城郭王居據大嶼稍如中國殿宇之制覆以錫版關東壁爲巨扉是爲王門治內分十二塘壩酋長主焉猶華之有衙府也其要害爲龜山爲陸昆主以阿昆猛齋猶華言總兵甲兵屬焉有奶街爲華人流寓者之居土夷乃散處水棚板閣蔭以茭草無陶瓦也其國右僧謂僧作佛佛乃作王其貴僧亦稱僧王國有號令決焉凡國人謁王必合掌跽而捫王

之足者三自捫其首者三謂之頂禮敬之至也凡王子始長習梵字梵禮若術數之類皆從貴僧是故貴僧之權侔於王也國無姓氏華人流寓者始從本姓一再傳亦亡矣人皆髡首恥爲盜竊凡犯盜及私市者罪之其犴獄則穴地爲重樓三級謂之天牢輕罪置上級差重置中級殊死者乃置下級輕刑以皮鞭差重斷足十趾差重斷手十指罪至殊死者腰斬或以象蹂之貴僧爲請於王王乃宥之没爲僧奴謂之奴囝賦役省薄惟給象爲最重故殊死或免者不爲奴囝則以給象終身焉

國無占候凡日月薄蝕國人見者則奔告於王首至者賞建寅之月王乃命巫占方命力者由勝方所向掠人而剔其膽雜諸藥爲湯王濡足象濡首以作猛氣凡用膽華人爲上僧不剔孕婦不剔瘡痏不剔是故用膽視歲甲子爲多寡也建辰之月是爲歲首建巳之月始作農事建午之月潦始漲建酉之月潦退王乃御龍舟乃祀上穀禾乃登始穫凡稼之長茂視潦之淺深稈長丈有三尺穟八寸有咫稻盈三寸田畝贍數口少歉歲也凡男女先私媾而後聘婚既嫁而外私者犯則出貨以

贖然猶薇罪於男謂其爲亂首也凡婦多慧巧刺綉織紝工於中國尤善醞釀故暹酒甲於諸夷婦飾必以諸香澤其體髮日夕三四浴戲狎不禁雖王之妻妾皆盛飾倚市與漢兒貿易不訝亦不敢亂居父母若夫之喪則削髮若比邱尼經旬蓄鬒如舊凡死喪富夷火尸而葬貧者舉尸筏而浮之海喪屬跽伏於海濱迎僧而咒群大鳥啄而食之頃刻而盡謂之鳥葬凡鱷患夷衆則奔赴於王王詔貴僧咒飯而投諸鱷所乃以貝多葉書數符佩以奴囝没水牽數鱷出貴僧視其孽跡多者戮

之剖其腹有得鉛珠二升者跡少乃黥符其背咒而縱之國人凡有讐怨皆謁僧求咒其咒土夷遭者非死即疾若施諸華人則不能害也凡飯僧必具十品食也脣糯若秫也牛也羊也豕也翰音也舒雁也家鶩若魚也皆熟而薦之僧咒而後舉舉必盡數器不足十品不以供也其產多蘇方木檳榔椰子波羅蜜片腦諸香雜果象齒犀角金寶玳瑁之屬貿易用肥故其民饒富豪首各據別島而居奴囝數百口蓄貲多至數十鉅萬不藏不虞寇西洋諸國異產奇貨輻輳其地匠藝工緻嵌寶

指環持至中國一枚值數十金地廣而兵强嘗併有占臘而私其貢賦以不繫中國利害置不問

滿剌加

滿剌加在南海中始爲暹羅屬城厥後守土酋長叛其主而自立開國無可考矣自東莞縣南亭門放洋星盤與暹羅同道至崐屯直子午收龍牙門港二日程至其國爲諸夷輻輳之地亦海上一小都會也王居前屋用瓦乃永樂中太監鄭和所遺者餘屋皆僭擬殿宇以錫箔爲飾遇制使若列國互市至卽盛陳儀衛以自儆備

其民皆土室而居其尊官稱姑郎伽㖿巨室稱南和達民多饒裕南和達一家胡椒有至數十斛象牙犀角西洋布珠貝香品若他正蓄無筭俗不尚鬼男子雞鳴而起仰天呦呦而呼哈喇盖哈喇者天地父母之通謂也文字皆梵書貿易以錫行大都錫三斤當華銀一錢耳牙儈交易搦指節以示數千金貿易不立文字指天爲約卒毋敢負者不產五穀果稲皆暹羅㠕巃陂隄里所貨鬻俗禁食豕肉華人流寓或有食者輒惡之謂其厭穢也其地多酥酪富夷以和飯而啖雞犬鵝鶩常仰販於他國故一物之價五倍於華也民性獷暴而重然諾鈀鏃不離頭刻生男二歲卽造小鈀鏃而佩之一語不合卽截刃其胸死卽刃者輒逃匿山谷逾時乃出死者之家不復尋讐姑郎伽㖿亦不復追論矣交會則交搦其心以爲禮誤搦其首則勃然忿争貧民頗事剽掠遇獨客輒殺而奪其貨舶商假館主者必遣女奴以服役日夕饋食飲少不知戒卽腰纏皆爲所掩取矣婚嫁尤論財男聘以十四而責女之奩資嘗數倍陪送奴囝有數十五六房者市井罵詈止於其身雖甚辱不大較若

罵子孫而及父祖罵奴而及家長輒以死鬭故傭奴以土著爲上謂其能扞主也婦女以夜爲市禁以二鼓而罷脫有過禁者遇巡徼姑郎伽㖿卽執而戮之王亦不詰也輕刑鞭撻罪至死有斷木爲高椿而鋭其末入土二尺許以囚大孔貫鋭端輾轉哀嗷頃之洞腹而死喪事貧者舉尸而焚富人則樟腦實棺中而後焚之詰旦而視骨爲揚灰矣其地多崇山大谷陸行可達暹羅嘗併有瓜哇之國然瓜哇之夷素號兇狡凡受傭其地而戕害其主者十八九惟善製藥矢中其矢者無不立死

正德間佛郎機之舶來互市爭利而閧夷王執其哪𡀔而囚之佛郎機人歸愬於其主議必報之乃治大舶八艘精兵及萬乘風突至時已踰年國中少備大被殺掠佛郎機夷酋進據其宮滿剌加王退依陂隄里老幼存者復多散逸佛郎機將以其地索賂於暹羅而歸之暹羅辭焉佛郎機整衆滿載而去王乃復所

海語卷上終

海語卷中

物產

狁音寵

狁人屬出於暹羅之㠊巃短小精悍圓目而黄睛性絕專慤不識金帛木食如猿猱古樾蒙密者率數十巢葢舉族所聚也語咿嚶不可辨山居夷獠每諳其性常馴擾以備驅使蒙以敝絮食以鰋音鵶鮍音具小鹹魚夷言飲以漓酒即躍然喜似謂得所主者舉族受役至死不避雖歷世不更他姓嘗役以採片腦鶴頂皆如期而獲其山多犀象主者利其齒角授以毒鏢狁挾以歸遇犀或象輒往刺之升木而匿或犀象怒且索弗得也移刻毒發而殪狁乃群聚呌嘯若誇其捷者相戒聚以守經月犀象且腐所遺齒角齒則負以數狁角乃一狁肩之以輸其主遇奪他姓亦至死弗畀也舶人編竹爲籠紓深其制置所必出之徑機而取之以獻於夷王王大愛玩酬以蘇方木至數千斤酋衣狁以番錦飼以嘉實置之爽塏狁以非其主終不附也然稍近烟火淚目斃爾

鐵橋子曰予觀狁有三善焉格犀若象以小刺大近

勇不安華搆不甘嘉豢近廉不遺舊主近忠吁若猊可爲臣監矣乎

象

象嗜稼凡引類於田必次畝而食不亂蹂也未旬即數頃盡矣島夷以孤豚縛籠中懸諸深樹孤豚被縛喔喔不絕聲象聞而怖乃引類而遁不敢近稼矣夫體巨而力强者物莫如象佛書言菩薩之力譬如龍象是匹龍也孤豚之聲乃怖而遁之島夷之術奇矣抑何所受耶噫世之屏目任耳而自致疑懼者獨象也乎哉

海犀

海犀間出海上類野兕而額鼻有角與陸犀同所遊止處水爲分裂夜則淵面白光熒熒此其異也島夷以是候之然竟無獲者遂爲希世之物矣舊說溫嶠燃犀照水神怪莫遁即其角也錢吳寶庫有水犀帶一具國亡流落人間不知所終云又野犀有名通天者角表夜光如炬亦奇物也

海馬

海馬色赤黃高者八九尺逸如飛龍山食而宅海蓋龍種也東南島夷老於泛海者間一見云昔人有得巨獸骨者以問沙門贊寧贊寧曰是爲海馬骨水火俱不能毀惟漚以糟腐即爛矣試之果然前代緇流博雅乃爾則名爲大儒者其可及哉

海驢

海驢多出東海狀如驢舶估有得其皮者狀毛長二寸許晴則毿毿下垂陰則毦毿整整也或以製臥裀善人御之竟夕安寢不善人枕藉魂乃數驚矣島夷詫其靈不敢蓄也

鐵橋子曰獬豸觸邪神草指佞皆出於聖人之世蓋希代之瑞也海驢產於荒裔洪濤之中而其遺革猶辨淑慝以效其靈如其非誕亦足異矣吁孰謂靈具五常而智反出儆革下耶

海狗

海狗純黃形如狗大乃如猫嘗群遊背風沙中遥見船行則沒海漁以技獲之蓋利其腎也醫工以爲即膃肭臍云按本草膃肭出西戎豕首魚尾而二足圖經云黃毛三莖一竅恐別種也

獴獖

獴獖或作俱有白有黑有黃有驪狀類猫而大亦高足而結尾捕鼠捷於猫也諸國皆產惟暹羅者良舶估挾至廣州常猫見而避之豪家每十金易一云

海鼠

海鼠大如豕重亦百觔目正赤然猶畏猫或獻於夷酋畜之別囿遇獴獖噛其目死焉

海鷗

海鷗似鵝而大不識人船過嘗集人肩頂人輒捕而烹

之

海雞

海雞毛色如家雞惟雙足鼈類耳

海鶴

海鶴大者修頂五尺許翅足稱是吞常鳥如啖魚鱔成化間有至漳州者漳人射殺之復有以頂貨者類痾河而銳咮雄大雌乃略小晝啄於海暮宿巖谷間島夷豫以小鏢付犹月夕則伏於鶴常宿所擇其大者而刺之平旦有獲五六頭者島夷乃剝其頂售於舶估比至閩廣價等金玉子嘗見廣中善宦有以鶴頂製飲器數百事雜飾金寶餉諸貴璫朝右以希顯柄然卒止方岳豈數然邪抑公道可憑邪

海鸚哥

海鸚哥黑喙綠羽足亦鼈也

海燕

海燕大如鴉春回巢於古巖危壁葺壘乃白海菜也島夷伺其秋去以修竿接鏟取而鬻之謂之海燕窩隨舶至廣貴家宴品珍之其價翔矣

火雞山鳳

火雞出滿剌加山谷大如鶴多紫赤色能食火吐氣亦煙燄也子如鵝胎殼厚踰重錢或斑或白島夷爲飲盞見者多珍奇之山鳳喙首如鶴項足率七八尺翅翮過之能吞衆鳥敵人而啄其腦若刀斧然子大如椰隗近時暹羅哪噠挾一以餉盤檢悅之倩巧匠裁爲酤瓶市井誇謂僅見也夫明王之世不貴異物而杜淫巧此何爲者哉此何爲者哉

海鶩

鯊有二種魚麗之鯊盖閩廣江漢之常産海鯊虎頭鯊體黑紋鼈足巨者餘二百斤常以春晦陟於海山之麓旬日而化為虎惟足難化經月乃成矣或曰虎紋直而踈且長者鯊化也炳炳成章者常虎也

海龜

海龜鷹首鶩吻大者方徑丈餘春夏之交遊卵於沙際島夷遇卵捕之輒垂淚歔氣如人遭困厄然或諭之曰汝再垂淚歔氣當解汝縛龜便應聲潸然鳴若哀牛島夷舁至海濱釋之龜比入水引頸三躍若感謝狀而逝

海鰉

鰉有二種常鰉類鱘魚而小河海皆産也海鰉身首差短歲二八月群至數百騰於沙際嶼移時化為鳥俗呼火鳩是也海濱居民候其上也譟而驚之化者纔十五鱗鬣全不開者不全化矣居人羞者市者瀕海皆足余少時嘗見廣海人有以糟鰉餉先大夫者比發瓿鳥首而魚身者二先大夫愀然不懌曰是欲化而不可得者也無乃人離造化之情邪尚忍食哉命覆之

海鰌

海鰌長者亘百餘里牡蠣聚族其背曠歲之積崇十許丈鰌負以遊鰌背平水即牡蠣峠屼如山矣舶猝遇之如當其首輒震以銃砲鰌驚徐徐而没猶旋渦數里舶顛頓久之乃定人始有更生之賀盖覩甚奇而災甚切也

鰻鱺

鰻鱺大者身徑如磨盤長丈六七尺鎗嘴鋸齒遇人輒齧數十為隊常隨盛潮陟山而草食所經之路漸如溝澗夜則䤈涎發光舶人以是知為鰻鱺所集也然灰厚

布所開路執鏢戟諸器群譟而前鰻鱺循路而遁遇灰體澁不可竄移時乃困舶人恣殺之皮厚近寸食之美於肉也

印魚

印魚出南海中似青魚而修廣過之頭骨中坼如解顱之嬰顱後垂皮方徑三寸許若道中之拔餘然上有黒文儼如篆籀島夷間有獲者必珍藏之不知其何謂也

河豚

河豚出於江河者長不盈尺海中大者如豕腹雜紅黃

文彩可玩常魚率順水而遊此則旋迴戲躍噴沫之聲烏烏如訓狐人聞其聲知其下有河豚也以小絙繫叉鏢擲而獲之有重數十斤者云

蜘蛛

海蜘蛛巨若丈二車輪文具五色非大山深谷不伏也遊絲隘中牢若絙纜晨輝照耀光燄熀熀虎豹麋鹿閒觸其網蜘蛛益吐絲如縞霞纏糾不可脫俟其斃腐乃就食之舶人欲樵蘇者率百十其徒束炬而往遇絲輒燃紅遍山谷如設庭燎蜘蛛潛愈邃窞惟恐其及也或

云取其皮為履不航而涉豈其然與

猛火油

猛火油樹津也一名泥油出佛打泥國大類樟腦第能腐人肌肉燃置水中光焰愈熾蠻夷以製火器其烽甚烈帆檣樓櫓連延不止雖魚鼈遇者無不燋爍也一云出高麗之東盛夏日初出時烘石極熱則液出他物遇之卽為火此未必然恐出樹津者是也

酴醾露

酴醾露海國所產為盛出大西洋國者花如中州之牡丹蠻中遇天氣淒寒零露凝結著他草木乃冰澌木稼殊無香韻惟酴醾花下瓊瑶晶瑩芬芳襲人若甘露焉夷女以澤體髮膩香經月不滅國人貯以鉛瓶行販他國暹羅尤特愛重競買略不論值隨舶至廣價亦騰貴大抵用資香奩之飾耳五代時與猛火油俱充貢謂薔薇水云

片腦

片腦產暹羅諸國惟佛打泥者為上其樹高者二三丈葉如槐而小皮理類沙柳腦則其皮間凝液也好生窮

谷島夷以鋸付犹就谷中尺斷而出剝而采之有大如指厚如二青錢者香味清烈瑩潔可愛謂之梅花片鬻至中國擅翔價焉復有數種亦堪入藥乃其次耳

石蜜

凡海山巖穴野蜂巢焉釀蜜無收採者草間石罅往往泛溢拋露日久必宿蛇虺之毒舶人遭難入山者雖草木魚鰕之屬糝以胡椒熟而食之無害也脫遇石蜜以為甘而過食必大霍亂而死可不愼諸

伽南香

香品雜出海上諸山葢香木枝柯竅露者木立死而本存者氣性皆溫故爲大蠧所穴蠧食石蜜歸而遺於香中歲久漸漬木受蜜氣結而堅潤則香成矣其香木未死蜜氣復老者謂之生結上也木死本存蜜氣凝於枯根潤若錫片謂之糖結次也其稱虎斑結金絲結者歲月旣淺木蜜之氣尚未融化木性多而香味少斯爲下耳諸香惟此種不堪入藥故本草不錄近世士大夫以製帶銙率多湊合頗若天成純全者難得耳

辟珠 辟音逼

辟珠大者如指頂次如菩提子次如黍粟質理堅重如貝辟銅鐵者銅鐵不能損辟竹木者竹木不能損犯以他物卽毀矣常附胎於椰子檳榔果殼之實之內通謂之聖鐵島夷能辨之故以爲奇寶也夫威喜辟兵舍利拒火而此珠出於草木乃能制犀利之物無亦庶類精華之所融結邪然皆中國未之或見也所謂鍾於物而不鍾於人者茲亦一邪

蓬蓬奈

蓬蓬奈華言破肚子葢果實也產於暹羅之崛巄大如

東而青島夷日乾以附遠漬以佛　汁其皮自脫圓滿如大李肉潤膩如紅酥甘美可啖亦珍味云

海語卷中終

海語卷下

畏途

崐崘山

山在大佛靈南凡七嶼七港是謂七門其旁洲嶼皆翼然環列適諸國者此其標也其山多兕犀野馬巨鷹異蛇大木復多平川沃壤數百頭椰樹環生墮實彌谷冬瓜延蔓蒼藤徑寸實長三四尺大踰一圍糜腐若泥淖然舶欲樵蘇非百人不敢即往老佑嘗鏡崖壁識嶮以示防云

分水

分水在占城之外羅海中沙嶼隱隱如門限延綿橫亘不知其幾百里巨浪拍天異於常海由馬鞍山抵舊港東注爲諸番之路西注爲朱崖儋耳之路天地設險以域華夷者也由外羅歷大佛靈以至崐崘山自朔至望潮東旋而西既望至晦即西旋而東此又海中潮汐之變也惟老於操舟者乃能察而慎之

萬里石塘

萬里石塘在烏潴獨潴二洋之東陰風晦景不類人世其產多瑋瑑其鳥多鬼車九首者四三首者漫散海際悲號之音聒聒聞數里雖愚夫悍卒靡不慘顏沾襟者舵師脫小失勢誤落石汊數百軀皆鬼錄矣

萬里長沙

萬里長沙在萬里石塘東南即西南夷之流沙河也弱水出其南風沙獵獵晴日望之如盛雪船誤衝其際即膠不可脫必幸東南風勁乃免陷溺

鐵板沙

成化二十一年乙巳憲廟遣給事中林榮行人黃乾亨

備封冊之禮以如占城官治大舶一艘凡大舶之行用小艚船一選熟於洋道者數十人駕而前謂之頭領大舶之後繫二小船以便樵汲且以防虞謂之快馬亦謂腳艇是役也軍民之在行者千人物貨太重而火長又昧於經路犹交阯之占壁囉誤觸鐵板沙舶壞二使溺焉軍民死者十九予里中有麥福者同七十餘人奪一腳艇棹至崖側巨浪簸蕩衆懼捨舟而登山四望大舶覆處近如席前洪濤瀾汗惟敗篋破甑出没於其間數百人者漚滅無跡衆皆長慟於是晝行夜伏捕蛇鼠拾

草木之實而啖之風雨晦冥石妖水魅千奇萬怪來侮來狎悉難名狀且已忘甲子惟視月弦望以驗時日曾未浹旬死者强半存者二十四人復已缺食二日蹣跚冥行偶入空谷中石窟寬坦如堂有草葉如廣之水蕉掘之根類蹲鴟而大競取以食喉間微覺苦澁餘味如葛識者曰此非惡草也第未經風日水土氣作苦澁味耳乃曝之日中衆亦偃息石窟已皆酣寢比寤曉星煌煌矣遲明敲火燃草取所曝日中者煨而食之味轉香滑晨進一枚饑渴俱弭相率肆力而採頃之根窩都

盡窟居二日體力完健乃人負數枚復沿水際而行俄聞谿中人語至見島夷數輩乘三小船循溪捜撈縠帛諸物有譜夷語者詢之乃交趾占城二國之交徼巡船也二船酋長問是覆溺之餘爲之隱惻各取十二人共載以歸二國夷王謂天朝人民館穀如禮於是占城遣人以二使來訃廣中始知大舶汨没守臣以聞二使均荷恤蔭又踰年二國始具海舟資送諸人以還蓋同日達廣也逆計阽危之日至是已二年矣麥福自言向在占城旅次月夕夢還其家見二道士設水陸醮聞其妻哭聲而寤福於枕上亦哭同寢詰之語之夢無不酸鼻者次年抵家見其妻髽而麻衣筵几儼然夫婦相持悲喜交集詢其妻云凶問至時爲丙午六月晦初猶未信既而審然七月望始倩道流招魂而葬月夕之夢無乃是乎吁人之遊魂夕數千里不旣神乎

鐵橋子曰甚哉利之戕賊也窮荒絶徼無不競焉二使銜命遠適異域不幸而溺厥職在焉諸泉人者何爲哉緣錐刀之末蹈不測之淵以飽鯨鰐非溺海也溺利焉耳予故紀之以爲犯險牟利者之鑒其稱狀

類蹲鴟者不知其爲何草也俾托根於通都名嶠得岐黄爲之品第功豈下於重樓三秀者哉兹乃淪於裔夷廣莫之野獲濟者僅二十四人而不效嗚呼惜也雖然幽人空谷古蓋有之

物怪

海和尚

海和尚人首鼈身足差長而無甲舟行遇者率虞不利宏治初吾廣督學大僉淮陽韋彦質先生將視學瓊州陸至徐聞方登海舟此物升鷁首而蹲舉舟皆泣謂有

魚腹之憂議將禳之先生方嚴人不敢白也詰旦抵瓊留十許日試士都畢泛海而還若履平地後遷福建憲副考終於家語曰妖不勝德

海神

風柔浪恬島嶼晴媚倏然紅旗整整擁浪而馳迅若激電火長即焚香長跪率衆而拜曰此海神遊也整整紅旗者夜义隊也遇者吉矣

鬼舶

海舶相遇火長必舉火以相物色日影向西或三或兩

帆檣樓舵首尾間缺下上欹側掠浪衝突此舉火而彼不應者知鬼舶也亟乃披髮擲米拋紙而厭勝之

飛頭蠻

飛頭蠻亦海山中鬼物也居處嗜好與人無別夜則其首飛去頤實穢物歸則身首屬而嗛之惟頷下微痕如紅線耳暹羅島夷有娶婦得此者其夫惡之或教以候其首去置身於地以小刀刺喉頸者頭之首歸不合宛轉而死夷僧云是必素違誓約鬼罰乃爾然予偶記小說云某人家生一子自然無首則飛頭者亦豈沴氣所鍾適然耶

人魚

人魚長四尺許體髮牝牡人也惟背有短鬣微紅耳間出沙洒亦能媚人舶行遇者必作法禳厭惡其爲祟故也昔人有使高麗者偶泊一港適見婦人仰臥水際顱髮蓬短手足蠕動使者識之謂其左右曰此人魚也慎毋傷之命以楫扶投水中嘿波而逝

蛇異

宏治間有舶欲販於占城者舶中二十人將即崖而薪

是夜舶主夢人語之曰明日斫山須多褁鹽也寤而異焉以語諸薪者或笑或不信舶主曰第人負十許斤何礙衆從之乃乘二快馬削山山麓石潭深不可測三十人者分明而攻日影西下山聲殷殷如雷衆謂天日高晴何以有此是必有異升木而伺俄有巨蛇蜿蜒幾五十步色正黑兩目如炬山巔奮迅而下沒於潭如雷者乃觸石崩隕之聲也有蜈蚣長可七尺騰躍而逐之旋潭踆踆尾端毒沫時時射潭內水色變如油抵暮潭面火燄高尺許舶人熟視乃自蜈蚣甲間出夜分循山而

去光煜煜燭山谷遲明下山觀之蛇跧跼死潭間衆方驚喜曰褭鹽之夢實神貺也乃以藤纜聯巨鐵鉤引蛇出平野剝其皮厚如黃牛之革骨節中齏臼醃其肉殆滿船腹衆乃輟薪載蛇以回舶島夷之船或過而見其皮問何從得之爲價幾何舶主紿曰五十金島夷付之不較復問肉價幾何曰百金又付之不較易載將發舶王謂島夷曰若何急此爲也島夷笑曰漢兒不識寶耳是乃龍也其皮鞔鼓聲聞二十里此皮中七鼓一鼓卽償今値易易也肉以爲鮓貨於國中且不知價又幾倍

矣舶主懊恨自謂其不善賈也鐵橋子曰物遇乃貴是何足歎哉語云螣蛇游霧而殆於卽且氣固有相制也夫

龍變

岡瀕海州也環海皆祟山其氓多以樵採爲業昔有樵者三十餘輩駕二白艚涉海而斫薪午將及岸遙望巨物靑黑如蛇畨首山脊其角濈濈也諸衆人驚相告曰蚺蛇吞鹿矣彼利得鹿吾屬利得蚺耳棹歌踴躍而前維舟山麓以梃與刃譟而爭先比至山半陰雲四合雷雹大作雨雹石注樵者怖散莫知所之頃之天日開霽崩崖拔木彌溢山谷樵人血額裂趾者纍纍而集顧見二白艚閣置樹沙攀木而升則雨雹滿載惟米鹽衣被略無所損乃取米若釜爲糜而食越數日別艚踵至衆乃得歸鐵橋子曰事固有似利而實害者樵也烏足以知之然鬼神戲人類是多矣

石妖

妖出崐崘山疑亦陰精也昔漳人有販舶者偕伴數十薪於山中崖間石壁可鑑漳人袒負石立俄有婦從石

隙出姿態姝麗殊非蠻島所有漳人與語媚之迷惑忘返遂伉儷焉婦日獻草木實殊形異色味皆甘脆遂已饑渴乃導漳人葺茅以居繞舍蒔美竹踰時卽長林鬱鬱無復寒暑漳人時從婦陟巘求食每遭猛獸鬼物婦身爲蔽翼以免習見毋怪亦毋恐也婦又教之驗草木榮落以記歲時漳人安之是生二子不自知其流海嶼間也所問草木凡五榮落婦或他出漳人獨居忽聞伐竹聲往視乃舶樵也中有舊侶二輩卽鄉思油然向舶人道所以請其載以歸舊侶乃匿之舟中婦挾二雛追

至沙㴋侏儒之聲如怨如詈擲二雛於水號嗷而去漳
人登舟竟瘖不能語

海語卷下終

海語跋

海語者語海者也日暹羅日滿剌加者南海之國舶販所通也余叔鐵橋公以致政之暇間與海客談談而核者書之否者去之得若干卷分四類焉夫地以名諸其國也川谷異制則民生異俗惟政惟俗可以審夷情故首之以風俗俗以民異有民必有物記曰鸜鵒不踰濟貉不踰汶橘踰淮而北爲枳況裔夷乎故次之以物產民物往來道必有所經危者使平易者使傾故次之以畏途畏者險也險遠無人之境怪異生焉故次之以物

怪夫怪生於罕而止於習者也墳羊之辨佛齒之識其可少哉或者不知以爲漫陳海事非也嘗稽古大傳之祀四瀆將無同歟說者曰瀆者通也所以通中國垢濁民陵居殖五穀也江者貢也珍物可貢獻也河者播爲九流出龍圖也淮者均也均其務也濟者齊齊其度量也海國雖非若冀之島徐之淮固亦與歲貢終王之事古志遠矣顧可無是作耶今讀之其事核其文直間復爲之論斷曲而中焉信可傳矣或曰公之文章德政滿天下孰先傳焉曰是則然當有舉其全者然亦可見公之

一言一墨莫不在人也斯以談海獨不知海乎禮曰三王之祭川也先河而後海非海之全也而獨先焉則公之文章德政學之海也卽是亦可觀爾用梓以傳以俟夫善觀於海者嘉靖丁酉仲春族子延年頓首謹書

余祖少司馬鐵橋公所著海語其首自敘與族伯跋者亦詳矣然公之所以著海語者未詳也公弱冠卽以文學名嶺表領前乙卯鄉薦上丙辰第由部歷官至少司馬凡三十餘年故出入吳楚閩滇之間奏議有錄詩文有集矣茲海語乃致政時著也公以力疾屢疏乞休歸

創矩洲書院日搜群籍嘗閱天下通志舉諸番海國情俗業已冥會於心然猶以疑信傳未紀述偶一番僧隨王人貢經道吾羊公延而禮之令譯者詢彼曰風俗曰物產曰畏途曰物怪參之通志無異迺証以時事斷以獨見遂援筆紀之成帙凡類四卷三蓋旣聞其語又見其人信非臆說也茲海語所由著也余繼公後不廢舊業得從搢紳末奉令刃與嘗出此帙爲諸士大夫贊諸士大夫見而悅之重之索之至再以爲奇聞也但板久字殘覽者苦之余迺拉廣文素吾蕭子建勳加意訂正命梓翻刻廣厥傳焉噫嘻海語余祖著也卽翻刻之不近誇耶蓋野雉山鳳常照水顧毛以自愛其文然也況公德業詞章素爲世愛重余敢不自愛以傳顧反不鳥若耶謹跋諸木簡俾諸君子知海語之所由以著云萬歷甲申重陽日孫希錫書于湖南永興公署

自來說海者宏大不經滿紙奇字雖稱淵博而已海語三卷係前明黄子和侍郎解組歸里與海客談海國事皆篙工舵卒目擊口傳猶復參諸地志徵信而後筆之書故非侈談荒幻者比間附論說亦殊高妙

文辭古雅夫茫茫巨浸帆不向若而嗟今觀此書有城郭宮室有人畜種類有逆浙腐滓有魑魅罔兩蓋不啻輕舟已過身歷重洋舉凡蛟窟龍宮蜃風怪飽周覽而盡之必讀是編者以作博物之程可也以作神姦之鼎亦可也癸亥九秋琴川張海鵬識

西洋朝貢典録三卷

〔明〕黄省曾撰

《西洋朝貢典録》三卷，明黄省曾撰。省曾（一四九〇—一五四〇）字勉之，吴縣（今江蘇蘇州）人。是書成於正德十五年（一五二〇），專記鄭和所通使二十三國，國各一篇，别爲三卷。前有自序。卷上占城國、真臘國、爪哇國、三佛齊國、滿剌加國、浡泥國、蘇禄國、彭亨國、琉球國；卷中暹羅國、阿魯國、蘇門答剌國、南浡里國、溜山國、錫蘭山國、榜葛剌國；卷下小葛蘭國、柯枝國、古里國、祖法兒國、忽魯謨斯國、阿丹國、天方國。其取材本於《瀛涯勝覽》、《星槎勝覽》與《鍼位》諸書，復徵之父老傳聞，故所記地理方位、道里遠近、航路鍼位、風俗宗教、語言服飾及與中國之往來，皆賅備明晰。至於物産貢品，尤爲所重，多能補二《覽》之不足。《鍼位》一書，今已無傳，多賴是書以存。據《指海》本影印。

欽定四庫全書提要

西洋朝貢典錄三卷明黃省曾撰省曾字勉之吳縣人嘉靖辛卯舉人明史文苑傳附見文徵明傳中是編紀西洋諸國朝貢之事自占城以迄天方爲國二十有三國各一篇篇各有論凡道里遠近風俗美惡物產器用之殊言語衣服之異靡不詳載攷明史外國傳其時通職貢者尚不盡於此錄省曾止就內侍鄭和所歷之國編次成書餘固未暇及也末有二跋一爲東山居士孫允伽一爲潛

常道人趙進美允伽稱此書初未付梓得其手稿錄之進美謂其章法句法頗學山海經信爲奇書錢曾讀書敏求記亦載之然其精華已採入正史餘亦無他異聞也

西洋朝貢典錄自序

西洋之跡著自鄭和鄭和永樂初爲內侍是時太宗皇帝入纘丕緒將長馭遠駕通道于乖蠻革夷乃大贊西洋貿採琛異命和爲使貳以侯顯妙擇譯人馬歡輩從之行總率巨䑸百艘發自福州五虎門維綃掛席際天而行自是雷波嶽濤奔檣踔楫掣掣洩洩浮歷數萬里往復幾三十年而身所至者僅二十餘國云自占城西南通國以十數蘇門最遠自蘇門而往通國以六七數柯枝最遠自柯枝而往通國以六七數天方最遠蓋去

中國數萬餘里矣故惟天方至宣德始通焉由是明月之珠鴉鶻之石沉南龍速之香麟獅孔翠之奇梅腦薇露之珍珊瑚瑤琨之美皆充舶而歸凡窮島日域紛如來賓而天堂印度之國亦得附于職方雖曰天子威靈致然而二三中臣捧數行之詔蹈邈絶之境百尺所至靡不柔懾東向而稽首其殆不辱君命而善于懷誘者亦賢矣哉愚嘗讀秦漢以來册記諸國見者頗鮮至前元號爲廣拓而占城爪哇亦稱密邇堅不一屈內欵至勤兵越關者數年竟不得其要領至今遺笑于海上

入我聖代聯數十國翕然而歸拱可謂盛矣不有紀述恐其事湮墜後來無聞焉余乃摭拾譯人之言若星槎瀛涯鍼位諸編一約之典要文之法言徵之父老稽之寶訓始自占城而終于天方得朝貢之國甚著者凡二十有三別爲三卷命曰西洋朝貢典錄云正德庚辰夏六月二十九日吳郡黃省曾撰

西洋朝貢典錄卷上

指海第三集

明　黃省曾　撰

占城國第一

其國在廣州之南可二千里南際眞臘西接交趾東北臨大海（福州長樂五虎門張十二帆大船西南善風十晝夜程）由福州而往鍼位取官塘之山又五更取東沙之山過東甲之嶼又五更平南澳又四十更平獨猪之山又十更見通草之嶼取外羅之山又七更收羊嶼（海行之法以六十里爲一更以托避礁淺以鍼位取海道）國東北百里巨口曰新州港港之滸標以石塔其寨曰設比奈二夷長收之戶五六十餘港西南陸行百里爲王之都城其名曰佔城壘石爲之四方有門有防衛其王修浮圖教王之冠三山金鈒花冠服五色花布長衣下圍色絲帨其出入乘象或小車服以二牛其臣戔

輦之冠制如王飾以金絲辨品級服冒膝色布帨上下跣足其服色元黃紫無禁白辟用其遇天詔至也王則花冠錦衣束八寶方帶腕金鐲服玳瑁履乘象出郊介而從者五百人或舞皮牌或擊鼓或吹椰筒或執兵皆夾王而趨至則王膝行以迎其王之宮峻而廣蓋以修瓦繚以垣以塈墍之宮之門以堅木雕百獸以飾其臣之居高下有制民檐過三尺有罰蓋以茅其定歲以月生晦爲一月十二月爲一歲無閏其俗午而興子而寢晝夜十更記以鼓以粉書革爲書記性愛其首羊皮撻溝或樹皮薰黑或搯削細竹爲管蘸白粉書字如蚯蚓委曲之狀或誤觸其首即有陰殺之恨

其婚禮先會于女家旬之後男之父母宗戚鼓樂以迎男婦歸則飲酒以慶其制刑五一曰杖脊杖以藤二曰剔三曰貫削木以堅木削銳樹之舟以貫罪人之後末出于口泛水而爲警四曰烙面用之奸五曰斷手用之盜

其國之恠異一曰鱷魚可以辨訟二曰屍頭蠻是食嬰孺國有大潭名曰鱷魚凡訟不決令兩造騎牛渡潭曲者鱷魚食之直者屢過不食屍頭蠻一曰屍致魚即民家女子生而無瞳子者夜寢飛頭往食嬰兒糞尖兒被妖氣即不育頭似飛回若候飛去移其軀別處則回不得合而死民生此女不白之官除殺者罪其家

其常食曰梹榔裹以蔞葉包以蠡灰食不絕口飲曰甕酒甕酒者造以飯和以藥封之甕中以生蛆爲熟凡飲則截織竹三尺竅其中插于甕人則圍坐視多寡而入水輪次以咂飲至味薄乃不入水見月則飲酒而歌其交易以淡金以銀其利魚鹽其俗耕田其穀宜三種其畜宜六擾國之馬如驢三種黍稷稻也六擾馬牛羊豕犬雞也

其王元日沐浴用人膽以和部領獻以爲禮謂云通身是膽也其家亦以酒飲其王在位三十載則齋戒于深

山一載而復位國人稱爲昔嚟馬哈刺扎入山子弟攝國日齋戒而誓天曰我爲王不道願猥虎食我或病亡我朞年不死仍反位昔嚟馬哈刺扎乃至尊至聖之號其山有迦闌香一曰奇南其色紅紫是產也乃海外之特品有視守以禁私採價以銀對多降香烏木國以爲薪烏木黑潤皆冠絕于他產有竹焉其狀如藉藤色如鐵寸有三節高幾二丈名曰觀音竹有獸焉其狀如牛黑質無毫鱗紋而三蹄鼻戴一角其

象有野水　必羣而出人之青衣者則觸而死有鵞鴨其雞足二寸紅冠白耳曲腰高尾人置掌中亦啼

多梅橘甘蔗椰子芭蕉子多茄瓜葫蘆有果焉其狀如瓜皮如荔支黃肉如鷄卵味如蜜子如鷄腎味如栗其名曰波羅蜜其國之隸有賓童龍國山地與占城相接其國有雙溪之澗水極澄澈有目連遺趾其居喪之事有三一曰縞服二曰設佛事薦死三曰擇地而葬婚姻偶合是多屍致魚之妖民咸廟祀之以禳其酋長出入從以百人讚唱曰亞曰僕其衣服民俗與占城同有山焉峻嶺而方曰靈山其俗耕田田稻山多黑紋藤杖以斗錫條易之紋踈者可一錫而三條海舶常樵汲於此

或然水燈以求利涉其與占城鼎峙而望者有崑崙之山盤礴千里其北有弓鞋之嶼山之下曰崑崙洋其水不見山二十五托溝內可五十托過溝可三十五托舶之往西洋者善風七晝夜始諕此山其民漁採而食巢穴而處其狀怪而黑（諺曰上怕七洲下怕崙針迷舵失人船莫存）[redacted]又有東西竺之山東竺一峯而兩嶼西竺亦一峯而門內之水可三十托外之水可三十五托龍涎對峙人有蓬萊方丈之稱焉土不宜穀資于淡洋男女斷髮繫占城之布其物有木綿椰簟卧之夏涼而冬煖淡洋者四周皆山有

大溪焉經帶二千餘里而注于海其流清而甘過舶汲焉其田膏腴田稻民俗亦淳厚也其朝貢以三載其傳位受皇帝之封（洪武二年其王阿搭阿者首遣其臣虎都蠻來朝貢詔遣中書省管勾甘桓等封為占城國王四年遣使奉金葉表來朝貢十六年復遣子來賀聖節乃遣使齎與勘合文冊二十四年復來朝貢以其臣弑立命絕之永樂後其國與諸國皆來朝貢始定每三年一來正統後其國襲封遣使行禮）其貢物象牙犀牛角犀孔雀孔雀尾橘皮抹身香龍腦薰衣香金銀香奇南香土降香檀香柏木燒辟香花梨木烏木蘇木花籐香蕪蔓番紗紅印花布油紅綿布白綿布烏綿布圓壁花布花紅邊縵雜色縵番花手巾番花

手帕兜羅綿被洗白布泥

論曰周公云德不加焉則君子不饗其質政不施焉則君子不臣其人信斯言也廼觀占城洪武中數與安南闘爭高皇帝降賜璽書諭令修睦卒懔悟相調保傳境土及正統後凡嗣王必請命而册封焉則德政之被于諸國者深矣宜乎世世獻琛於天庭也

眞臘國第二（按宋史西接蒲甘南抵加羅希國所部有六十餘聚落）

其國在占城之南東臨于海乃海南都會之所王居之城方七十餘里有石河焉廣二十丈宮殿凡三十餘座

咸壯麗其男女皆椎髻服以衫其利魚鹽齒羽其穀宜五種其俗富侈飲饌之器皆以金銀爲之其土氣恒燠歲時列玉猿孔雀白象犀牛于前名曰百搭之會冒之曰則然香而禮佛其刑有劓刖刺配斷支之等有番人唐人之等（番人殺唐人則誅唐人殺番人罰金而已）其土物多黃臘孔雀翠羽多速暫香沉香其沉香之品有三綠洋爲上三濼次之勃疂又次之有木焉其狀如松老而脂溢其名曰篤耨香其氣清遠土人以瓢取之有木焉其花如林檎榆葉而李實其名曰歌畢陀其花如木瓜杏葉而楮實其

名曰毗野有木焉其狀如菴羅榆葉而長條黃花而青子其名曰蘇方可用以染有魚焉其鼻如象能吸水上噴四足而無鱗其名曰建同其狀如鯝口如鸚鵡八足其名曰浮胡其朝貢不常（洪武六年其王忽兒那遣其臣柰亦吉郎等表獻方物厥後朝貢不常）其貢物象象牙蘇木胡椒黃臘犀角烏木靖花木土降香寶石孔雀銅

論曰眞臘肇自剎利氏章矣至宋慶元間大舉下占城墟其國更名占臘氏是時戰象幾二十萬地方七千餘里蓋南海盛彊國也洪武初廼自重譯而來賓不諳聖世威靈之遠也哉

爪哇國第三（按國朝志本古闍婆國元史爪哇國傳自泉南登舟行者先至占城而後至其國）

其國在占城南可一千里由占城而往針位取靈山靈山之水可六十托又五十更曰蜈蜞之嶼由嶼尾礁而西五更平冒山又十更望東蛇龍之山貫圓嶼雙嶼之中經羅幃之山山之水十有八托又五更取竹嶼又四更取鷄籠之嶼又十更至勾攔之山可以治薪水又三十更平吉里門之山又五更平胡椒之山又三更平那

參之山由是而至杜板又五更而至爪哇之新村其都曰滿者伯夷國無城郭其王之宮室巍墻而重門其制如樓蓋以板坐以簟席（墻高三丈餘以磚爲之周二百餘步以堅木板代瓦宮室甚整潔每三四人布板展細籐簟或花草席蹲趺其上）其民之居蓋以茅其藏百物咸以庫庫以磚爲之其高三四尺居止坐臥于其上其王被髮或冠金葉花冠躶其跣下圍絲嵌帨腰纏以錦綺佩以刃其名曰不剌頭其出入乘象或牛車其輔八人其國人男子被髮佩刃（三歲以上無貴賤俱佩不剌頭皆兔毫雪花最上鑌鐵爲之以金爲柄或以犀角象牙雕鏤人物之狀）女子椎髻上衣下圍帨男女咸

愛其首觸之則出刃以刺國無鞭笞其刑惟戮其戮也以籐反縛擁行數步而刺焉殺人者避之三日則原即獲者死其番人居杜板者戶千餘杜板之水曰聖水杜板番名賭班元史曰杜馬班其長主之其間多廣東漳州流戶海濱一池國人傳云元將史弼高興征闍婆經月不得登岸絕水高史祝天甘泉湧出故名聖水居新村者戶千餘一曰革兒昔原杜板東行半日至革兒昔原初亦古灘以國人初居遂名新村村主廣東人番舶咸聚貨寶俱備村之人甚富編茭蕈葉覆屋舖肆聯次爲市居蘇魯馬益者戶千餘一曰蘇兒把牙新村南行一日抵淺港港有小舟行二十餘里始至其地多猴欲孕者禱之洲焉林木森鬱中棲長尾猴萬餘老黑雄猴爲之長一老番婦隨之凡無子之婦持酒肴花果飯餌禱于老猴老猴喜則食衆猴食其餘隨有雌雄二猴來前交感歸即孕矣不食不交則無孕土傳唐之時有民丁五百餘口皆無賴有神僧至其家噀化爲猴止留一嫗不化舊宅尚存按宋史山多猴不畏人呼以霄霄之聲則出或投以果實則其大猴二先至土人謂之猴王猴夫人食畢羣猴食其餘無求孕事居滿者伯夷者戶三百餘蘇兒把牙小舟行七八十里至一埠番名漳沽登岸西南行日半至國其國寢無牀榻食無匕筯其食也嗽盥而團坐盛以酥飯撮而食飲水以檳榔葉製灰其饗賓也亦然其國人惟三等曰回人唐人土人回回人皆諸番商之流寓者唐人皆廣漳泉人竄居者服食俱美潔土人形貌醜黑猱頭跣足崇信鬼教飲食穢惡蛇蟻蚯蚓火炙而食食寢皆與犬同其國有罔象之妖其上下移文稱一千三百七十六年考之蓋于西漢其建歲首

朝貢典錄　卷上　八

以十月是月也王乘塔車出作竹鎗會凡往會所妃前王後俱乘塔車車高丈餘四牖兩輪服以馬民各携其妻伍列而執劍竹之鎗妻執三尺木梃皷噪而鬬緩而止凡三交妻各以木梃格之曰那刺那刺則退凡刺死敵人者勝勝者以金錢一文與死者之家人而有其妻其婚禮會于女家三日歸歸則迎以樂送以綵舟男之父母迎婦擊銅皷鑼吹椰殼筒鼓以火銃短刀鬬牌婦被髮裸跣圍絲嵌帨項被金珠絡腕有寶鐲親朋鄰黨以檳榔葉絲紗草花粧插彩船送之爲禮至其家開宴數日其送死有三一曰火化二曰棄水三曰犬食其妻妾多殉死父母將死子先請所欲以遺言終事欲犬食者委屍于野食盡則喜不盡則悲號而棄于海凡頭目妻妾之誓殉死者架木塔積薪焚棺之際盛飾草花披五色花帨哭踴赴火同焚其民富其交易用中國歷代錢其穀宜稻菽歲二穫其畜宜六擾其書記以刀刻茭蕈葉文字如鎖俚凡爲權衡二分二厘爲姑邦姑邦四之而爲錢錢十六之爲兩兩二十之而爲斤凡爲量截竹爲之升之名爲姑刺其容一升八合斗之名爲捺黎其容倍于升者八其婦女以月盈之夕歌于路其音美歡凡歌番婦二三十人歡集一婦爲首脅挽徐步唱番歌一句衆婦齊聲和之過親故之門皆贈錢物其國人以圖畫相解說紙圖人物鳥獸蟲魚之形如手卷以三尺木爲軸坐地展圖朗說番人環聽笑語其土氣恒燠其土物多蘇木金剛子白檀香肉豆蔻鑌鐵龜筒多紅綠鸚鵡珎珠鷄倒掛鳥孔雀檳榔雀珎珠綠班鳩多

朝貢典錄　卷上　九

白鹿白猿多蕉子椰子甘蔗石榴蓮房茄瓜有果焉其狀如石榴厚皮而白肉其名曰莽吉柿其狀如枇杷內有白肉甚美其名曰郎板有草焉其葉如蒟醬其莖如筋三月而花其子如椹而緊細其名曰蓽撥食之已痃癖其根已核腫有龜焉其首背如鸚鵡大口盤背甲有紅點斑文其名曰瑇瑁佩之可以辟蠱毒有山焉峻而廣內多熊豹其名曰交欄之山人以射獵爲業相傳高史征爪哇時登此造舡留病卒百餘而蕃育者也其與爪哇相接者曰重迦羅高山秀石下有石洞前後三門是容萬人煑海爲鹽釀秫爲

酒是多羖羊鸚鵡木綿椰子其山下水程有五一曰孫陀羅二曰琵琶施三曰丹重四曰圓嶠五曰彭里其人以冦鈔爲業與吉陀崎諸國相通商船少能至也其朝貢無常洪武三年其王昔里八達剌遣其臣八的占必等貢方物并納元所授宣諭二道十四年上金葉表來貢及黑奴三百人後絕其貢永樂二年其國東王遣使朝貢且請印章命鑄鍍金銀印遣使賜之正統八年定每三年一貢自後朝貢無常其貢物胡椒蓽茇蘇木黃臘烏爹泥金剛子烏木番紅土薔薇露奇南香檀香麻滕香速香降香木香乳香龍腦血竭肉豆蔻白豆蔻藤竭阿魏蘆薈沒藥大楓子丁皮番木鱉子悶蟲藥碗石華澄茄烏香寶石珎珠錫西洋鐵鐵鎗摺鐵刀芯布油紅布孔雀火鷄鸚鵡玳瑁孔雀尾翠毛鶴頂犀角象牙龜筒黃熟香安息香

論曰淳化間國使陀湛言中國有眞主迺修朝貢禮云故元世祖命史弼高興發舟千艘持一歲糧虎符十金符四十銀符百鈔錠四萬費大且勞矣而卒敗沒以歸至高皇帝以來不煩一旅朝貢且百五十餘年曾不厭怠不遇眞主則彼高枕海外可矣亦安肯低心遠汎以臣下于方內哉

三佛齊國第四番名浡淋邦

其國在占城南可一千里東屬爪哇西抵滿剌加南倚大山北臨大海是爲舊港由爪哇新村而往鍼位五更至杜板又五更平那參之山又四更平胡椒之山又四更至吉里門之山又三十五更至三麥之嶼又五更至夾門大山又五更至舊港其淡港潮汐咸二港之兩涯是多磚塔自港而入爲彭家門由是至國其俗與爪哇大同其土沃而民富水多地少民皆屋筏維岸而居水長而浮也則遷于他多習水戰其博戲有三一曰奕棊二曰鬭鷄三曰把龜其交易用中國歷代錢以布帛其

穀宜稻其畜宜六擾其土物多黃速香黃蠟降香沉香
有鳥焉其狀如鳧黑翼鶴頸鷺喙腦骨厚寸餘外紅內
黃其名曰鶴頂可以爲帶靶擠機有鳥焉其名曰火鷄
其狀如鶴長喙羊毫而圓身紅冠而青翼黑足利爪喜
食炔炭擊之不死有獸焉其狀如巨豕其高三尺其毫
前黑而後白豕喙而三蹄其食草木其名曰神鹿其朝
貢無期洪武四年其國王哈剌札八剌卜遣其臣王的力馬罕亦里麻思奉金字表文來朝貢六年復遣使賀正旦并貢方物八年復遣使從招諭拂菻國朝使來貢十年遣使奉表請印綬命齋駝紐鍍金銀印賜之其貢物黑熊火鷄孔雀五色鸚鵡諸香兜羅綿被苾
布白獨龜筒烏椒肉豆蔻番油子米腦

論曰廣人陳祖義國初竄舊港爲酋長以寇鈔爲業舶
人苦之鄭和至有施進卿者白和乃執祖義歸之京師
誅焉而章紱進卿于其土云然則和豈貿易珍寶之使
哉除異域之患爲天子光和亦賢矣又聞之和貌身長
九尺腰大十圍洪音虎步文皇帝初遣時咨諸相者袁
生忠徹袁生曰鄭三保姿貌材智內侍中無與儔比故
令統督以往果所至畏服也

滿剌加國第五

其地在占城南可二千里大海在其東南老岸連山在
其西北由舊港而往鍼位十更過官嶼之左又五更至
長腰之嶼見三佛之嶼鰲魚之嶼又五更至甘巴門之
水其溜迅急右曰仁義之礁左曰牛尾之礁前曰鬼嶼
又五更平披宗之嶼又五更取射箭之山又五更至五
嶼循山而至其國或曰入由龍牙山門門之狀如龍角
是多寇鈔以國有五嶼也舊名五嶼嘗羈事暹羅而歲
輸黃金焉其土氣朝煥而暮寒有溪焉經帶王宮而入
于海王則作梁溪上而齋戒纏首以白布服花青布長
衣而革履出入肩輿其民男纏首以方帕女撮髻短衫
下圍色布帨其俗淳朴其語音書記婚喪與爪哇同其
居如樓高可四尺許片劈椰木藤以緝焉踟趺其上寢
榻弗殊其刳舟以獨木其交易以花錫鑄如斗形其重
一斤而八兩十斗小把四之而爲大把以藤束之其利
魚其穀宜一種其畜宜牛羊鷄鴨多甘蔗蕉子波羅蜜
野荔枝多黃速香烏木多姜葱芥蒜諸爪有樹焉其皮
如葛根搗之澄以爲粉丸如菉荳日乾以鬻其名曰沙
菰米可以作飯有草焉其狀如茅其厚如筍皮子如荔

枝其名曰茭葦葉子可釀酒葉可織簟有魚焉足高四尺龍首而麟身脩牙其名曰龍是嚙人有獸焉其狀如虎而小黑質花紋而善幻其名曰星虎有香焉其脂如松香可燃照爲燈鎔而拭舟可以辟水其名曰打麻兒其明瑩如金珀可爲帽珠者其名曰損都盧厮其與滿剌加接境有九洲之山其中多沉香黄熟香永樂之歲鄭和採香于此獲六株焉其徑八九尺其長八九丈是皆黑細花紋人所未覩焉其屍頭蠻之妖與占城同其朝貢不絶永樂三年其頭目西利八兒速剌遣使奉金葉表來朝貢詔封爲滿剌加國王給印及誥

其王㒒義願同中國屬郡歲效職貢又請封其國西山詔封爲鎮國之山御製碑文賜之九年嗣王拜里迷蘇剌率其妻子及陪臣五百四十餘人朝貢命官往勞上御奉天門宴之十年遣使來貢十二年國王母來二十二年宣德九年國王復來正統十年以後屢遣使來貢　其貢物番小厮犀角象牙玳瑁鶴頂鸚鵡黑熊黑猿白麂鎖袱金母鶴頂金廂戒指撒哈剌白苾布撒都細布西洋布花縵片腦梔子花薔薇露沉香乳香黄速香金銀香降眞香紫檀香丁香烏木蘇木大楓子番錫番鹽

論曰傳云海島邈絶不可踐量信然矣況夷心淵險不測握重貨以深往自非多區畧之臣鮮不敗事也予觀馬歡所記載滿剌加云鄭和至此乃爲城柵鼓角立府藏倉廩停貯百物然後分使通于列夷歸艅則仍會萃焉智哉其區畧也滿剌加昔無名號素苦暹羅永樂初始建碑封城詔爲王焉其內慕柔服至率妻子來朝實若蕃宗之親矣則和之貯百物於此也曷有他慮哉智哉其區畧也

浡泥國第六

其國在占城西南可六千里其所統十有四州其俗修浮圖教像而禮之善持齋戒其王之宮室覆以貝多之

葉民居以草其男女椎髻以五綵帛繫腰以花布爲衫其俗好奢其途遇中國人也有醉者則翼之歸寢其家其土氣夏寒而冬燠其利魚鹽其穀宜稻秫有秫酒多降眞香黄蠟有片腦玳瑁其鎮曰長寧鎮國之山永樂六年國王麻那惹加那上言王爵境土皆屬職方國有後山乞封表爲一方之鎮王卒其子遐旺復以爲請遂封今名御製碑文刻石其上　其朝貢不絶洪武四年國王馬謨沙遣其臣亦思麻逸進金表銀箋及方物永樂三年遣使封其國王麻那惹加那乃爲王給印符誥命六年王率其妃及家屬陪臣來朝至福建遣內臣往宴勞之命所過諸郡設宴至京王奉金字表文及諸珍物妃進中宮東宮箋及方物上御奉天門宴王是年王卒于南京會同館輟朝三日祭賻甚厚詔謚恭順賜葬南京城南石子岡以西南夷人隸籍中國者守

之樹碑立祠命有司春秋致祭復命其子遐旺襲封遣內官及行人護送還國十二年及洪熙元年俱來朝貢其貢物珎珠寶石金戒指金絲環龍腦牛腦梅花腦降香沉速香檀香丁香肉豆蔻黃臘犀角玳瑁龜筒螺殼鶴頂熊皮孔雀倒掛鳥五色鸚鵡黒小厮金銀八寶器

論曰余嘗遊金陵至石子岡過浡泥恭順王墓未嘗不嘆天子待島夷之至而慶恭順之遭也高皇帝時命都事沈秩御史張敬之往諭其國至于撤王座令列拜于庭且曰皇帝爲天下主即吾之君父其致詞若此而吾二臣者又却其金刀貝布之贈則其慕中國而樂賓服

者非一日矣乎

蘇祿國第七

其國在東海之洋其鎮曰石崎之山其男女皆髡纏首以皂縵腰圍水印花布其俗尚鄙惡其田瘠不宜于穀以漁鹽爲業是食魚蝦螺蛤有蔗酒其利竹布珠璣珠徑寸者價以千金其朝貢無常永樂十五年其國東王巴都葛叭答剌西王巴都葛叭蘇里峒王叭都葛巴剌卜各率妻子頭目來朝貢十九年遣使來貢其貢物梅花腦竹布綿布玳瑁降香蘇木胡椒蓽茇黃蠟番錫

論曰余於廣志漢書覩二寸珠事及讀列仙傳云高后時下書募三寸珠有朱仲者獻焉賜五百金魯元公主復私以七百金從仲求得四寸珠以爲誣矣今星槎編載蘇祿王所獻巨珠重幾八兩迺始信之宜乎金印之報錫也雖然不寶遠物則遠人格天朝之致此亦有由矣

彭亨國第八

其國在廣大海之南石崖環之如城其王好怪雕香木爲神以人爲牲而禱其土氣溫和其王妃以金爲圈四五飾于項髮其民下以五色燒珠圈飾之其男女椎髻

服以長衫繫以單衣其利魚鹽其土沃其穀宜稻有椰子酒多花錫降香沉香有樹焉其狀如杉其子如荳蔻皮有甲錯其脂名曰片腦一曰龍腦食之已痔其朝貢無常洪武十一年遣使奉金葉表貢番奴及方物永樂十二年復遣其臣蘇麻固門的里等來朝貢其貢物金水罐檀香乳香速香片腦胡椒象牙

論曰祖訓有之諸夷限山隔海得其地不足以供給得其民不足以使令眞聖主之讜言也迺復列不征諸夷國名示諸將來而邪爾彭亨亦得載著金匱何其華榮也其稱同居海中者有浡泥國有三佛齊國有百花國

琉球國第九

其國在泉州之東其地三分而多爭一曰中山王二曰南山王三曰北山王高皇帝常有北山王怕泥芝之諭戒其略曰上帝好生恐寰宇生民自相殘害特生聰明者主之以育黔黎邇使者自海中歸云琉球三王互爭於農業少廢人命頗傷朕聞之不勝憐憫今因使者往復琉球特諭王體上帝好生息征戰而育下民可乎其山多拖合而峙一曰翠麓之山二曰大崎之山三曰斧頭之山四曰重曼之山皆峻極不可以上有黿鼉島高

華嶼彭湖島其土氣恒燠耕出田稻膏腴宜穀其利魚鹽國無賦斂其男女服大袖連袴之衫造以花印之布有甘蔗酒其士人善詩書好中國圖書古器洪武中中山王遣子姪就業太學其土物多沙金黃蠟有石液焉出于山谷其色如鵞子瑩淨而無夾焚之有紫焰其名曰硫黃一曰崑崙王能化五金傳之已洊多善馬高皇帝常遣使齎馬于國王察度諭畧曰王居滄溟之中崇山為國環海為固朕即位十有六年王歲遣貢朕甚嘉焉特命尚佩監奉御路謙報王誠禮王復使來致謝朕今更專內使監丞梁民同前奉御路謙賷符賜王鍍金銀印一顆送使者歸就于王處鬻馬不限多少從王發遣故茲勑諭其鼎峙大崎之山之東

曰三島之國羈事琉球其民壘石依崖而居以蠶漁為業多木綿琉球之貢羈二載洪武中三王皆遣使奉表箋貢馬及方物永樂以來國王嗣立皆請命册封後惟中山王來朝往二年許貢一次由福建以達于京師其貢物馬硫黃蘇木胡椒螺殼海巴刀生紅錫銅牛皮摺子扇磨刀石瑪瑙烏木降香木香

論曰魏徵隋書言琉球無馬及洪武間屢貢良馬高皇帝遣使賜之符印就令購馬廼知前史多不足信也蓋琉球漢魏以來不通中華至煬帝令朱寬入海求訪異俗自是頻往掠取人物而還耳未嘗安然揖讓于其地又何以得其詳也

西洋朝貢典録卷上

西洋朝貢典錄卷中

暹羅國第十

其國在占城西可一千五百里由漳州而往鍼位見南澳取東董之山山之狀如唐冠又取銅鼓之山又經獨豬之山又取外羅之山又過校杯之嶼嶼之水十有八

托又過洋嶼又過靈山過伽喃模之嶼位在乙卯其出水之礁有三又過羅灣見赤坎之山又取昆崙之山又七更過眞王之嶼嶼之水十有七托又過大橫之山小橫之山又過筆架之山又過竹嶼由大峯之山而入港由占城而往者入由新門臺其地方千里是多山山形如城其土氣寒燠無定其王之宮潔而麗民居如樓藉以檳榔之木簟以籐竹寢興食處於其上其王纏首以白布上無衣下圍絲帨帨壓腰以錦綺出入乘象或肩輿用茭蔁之葉盤而為蓋柄飾以金其王鎖俚之人修浮圖教是多僧尼有寺剎而持齋戒好習小戰常用師於鄰國其俗事皆決正於婦其婦椎髻長衫繫腰以青花色布男亦如之其纏首以白布其語如廣東之鄉音以椰子為酒貴者年二十則用嵌汚其送死富者葬浚以水銀貧者棄諸海濱有金色之鳥羣集而食之謂之鳥葬不盡則家人號哭沉骨于海而歸亦命僧齋誦而禮佛國之西北可二百里有市曰上水居者五百餘戶百貨咸集可通雲南之後其交易以金銀以錢以海𧵅其利珎寶羽毛齒革其穀宜稻其畜宜六擾有石焉明

淨如榴子其品如紅雅姑其名曰紅馬厮肯的石善香四等一曰降眞二曰沉香三曰黃速四曰羅斛多花錫象牙翠羽犀角多花梨木黃蠟多白象白鼠獅子猫有木焉其葉如櫻桃其脂液流滴如飴久而堅凝紫色如膠其名曰騏驎竭食之已拆損其朝貢以三歲（洪武四年其國王參烈昭昆牙遣使臣祭思俚儕剌識悉替等來朝貢進金葉表并方物賀正旦八年遣使賚詔及印綬往賜之十六年給勘合文冊凡中國使至必照驗相同永樂九年其王昭祿羣膺哆囉諦剌遣使奈必表貢方物乞量衡為國中式自後定例每三年一朝貢）其貢物象象牙犀角孔雀尾翠毛龜筒六足龜寶石珊瑚金戒指片腦米腦糠腦腦油腦

紫檀香速香安息香黃熟香降眞香羅斛香乳香樹香木香烏香丁香阿魏薔薇水丁皮碗石紫梗藤竭藤黃硫黃没藥烏爹泥肉荳蔻胡椒白荳蔲蓽撥蘇木烏木大楓子苾布油紅布白纏頭布紅撒哈剌布紅地絞節智布紅杜花頭布紅邊白暗花布乍連花布烏邊葱白暗花布細棋子花布織人象花文打布西洋布織花紅絲打布剪絨絲雜色紅花被面織雜絲打布紅花絲手巾織人象雜色紅花文絲縵

論曰暹國世稱赤眉遺種尚矣而莫究其詳繼覽梁史

云頓遜之國其俗多鳥葬親賓歌舞于郭外有鳥食盡乃去其骨沉海中云云與馬歡所見者符合且頓遜史云東可通交州而暹羅歡亦云西北可通雲南其跡又足徵然則暹國在梁殆爲頓遜也

阿魯國第十一

其國在滿剌加西南可八百里（善風西晝夜程由淡水港入國）其地西接蘇門荅剌南環大山北臨大海其婚喪諸俗與瓜哇同其利布帛暨魚其穀宜稻其畜牛羊鷄鴨有獸焉其狀如猫灰毫而肉翅其名曰飛虎獲之即死有樹焉其脂類薰陸其色赤紫焚之烟如凝漆而清婉其名曰金顏香有代樹而取堅皮而黒理其名曰黃速香其朝貢無常（永樂五年其王速魯唐忽先遣其臣滿剌哈三等附古里等國來朝幷貢物）其貢物緤牙熟腦

論曰西洋諸國永樂間初來朝貢者四十有二其阿魯雖瑣細島夷因中使臨覲其地故得牽聯而載之若娑羅至日落等二十九國皆未嘗至焉不得誣而書也

蘇門荅剌國第十二

其國在滿剌加西南可一千里由滿剌加而往五更至

假王之嶼嶼之水三十托又九更過吉貝之嶼之港又四更平鷄骨之嶼又八更至雙嶼又四更過单嶼之左又五更至阿魯國之港又十更至淡洋又五更至大魚之港又五更至巴剌之嶼又五更至急水之灣有泥礁而鼓浪焉又五更至國（國人稱爲古須文達那國迺西洋轄路滿剌加西南行五晝夜主濱海一村番名荅魯蠻繫船又東南行十餘里至國）其地南環大山北臨大海東抵阿魯國西連那孤兒黎代國有溪入于海是逵潮汐其土氣朝燠如夏暮寒如秋其夏秋之間是多瘴其山童而土石俱黃國無城郭其俗淳其語音婚喪服飾

與滿剌加同其民居如樓藉以椰子檳榔之木其纍縷而不綰其漁于海朝出而暮歸其交易以金錢錫錢金曰底那兒（淡金鑄圓徑官寸五分面底有紋重官秤三分五厘一曰每四十八個重金一兩四分恒用錫錢）其利硫椒其穀宜稻歲二穫其畜宜牛羊鷄鴨羊皆驪毛（硫黃出于巖穴椒則山園種之蔓生如廣東甜菜花黃白結椒成穗生青老紅摘取日乾粒虛大官秤百觔易本處金錢百個值銀一兩一曰它秤三百二十觔價以銀錢二十個重六兩）其土物多甘蔗芭蕉子莽吉柿波羅蜜柑橘其柑橘四時不絕獅橘綠橘不酸壞而可藏有果焉其狀如消梨綠皮而圓核香烈而備五味其名曰俺拔其狀如艾實臭棄而剌皮熟則瓣開其肉白而味如栗其名曰賭兒烏多葱芥蒜姜諸瓜（西瓜紅仁綠皮有長至二三尺者）其國之西曰那孤兒戶千餘其穀宜稻其畜宜牛羊其俗猱頭而文面上下並耕而食又西曰黎代戶二千餘其都倚山臨海多野犀牛二國皆羈事于蘇門其朝貢無常（永樂三年其王鎖丹罕難阿必鎮遣其臣阿里來朝貢詔封爲國王及誥五年至宣德六年屢遣使來貢表用金葉十年復請其子封爲王）其貢物馬犀牛龍涎撒哈剌梭眼寶石木香丁香降真香沉速香胡椒蘇木錫水晶瑪瑙番刀弓石青回回青硫黃

論曰鄭和在舊港執陳祖義至蘇門又執蘇幹剌雖古之義人烈士何以加焉昔蘇門王中他王毒鏃死王妻號于衆曰能報者身願爲偶有漁人舉兵滅之王妻卒踐盟配漁人嗚呼以賤臣而烝國母竊王位破賊倫化甚矣蘇門王之子長而殺漁人豈不偉哉蘇幹剌者漁人子也因黨聚而圖蘇門王之子和發兵執之且不敢專殺檻車京師兩除島夷之害和其賢臣也哉和其賢臣也哉

南浡里國第十三

其國在蘇門西可六百里一曰南巫里國由沙里八丹而入鍼位十晝夜見觀延之嶼又平中央之嶼又巡年嶺之山以至其國（蘇門西行善風三晝夜到國）其地東接黎代西北臨大洋南繞大山其王與民咸回回人主之宮室如樓藉以木是用食處其高可四丈樓之下圂養六擾民居與蘇門同其俗朴其交易以銅錢其利魚其畜宜牛羊鷄鴨多犀角蓮花降香其西北海內有山焉寵嵸平頂名曰帽山山之西有大海是曰西洋一曰那沒嚟洋（西來海舶向山爲準山民戶二三十餘皆稱爲王問其姓答曰阿孤喇查）有海樹焉生于海底

其狀如枝柯明潤如紅玉其高二三尺其名曰珊瑚可以已目瞖生山邊二丈上下淺水內番人撈取爲寶囊賣亦常碾其根以爲數珠其朝貢無常永樂七年王率臣下數十人自隨寶船至京進貢

論曰南巫里戶不過千餘而王與牛羊雜處其亦不足爲國也矣而往錫蘭山諸國者必經焉且其王嘗親浮海稽首于紫庭斯可取也

溜山國第十四

其國在小帽西南可二千里由彭加剌而往取北辰四指有半又取北辰三指有半又取北辰二指一腳之半

又取北辰二指半腳又取北辰一指三腳之半又取北辰一指三腳又過鸚鵡嘴之山又五更見鐵砧之嶼又七更見佛舍座之水又五更見牙里之大山由是至溜官之嶼而及其國其地四面濱海倚山爲郡其都曰牒幹其上下皆囘囘人婚喪一如其教風俗淳美男纏首以白布以金帕下圍帨女帨蓋首上短衣下亦圍帨其屬體咸黑其土氣恒燠其交易以銀錢重官秤二分三厘其利魚肌其穀宜稻麥其畜宜牛羊鷄鴨凡爲杯以椰子爲腹花梨爲跗凡爲舟不以鍛鐵以椰纕繩之而貫之而楔之以龍涎鎔之而塗之凡取龍涎多于溜嶼其嶼石多蟠龍春而吐涎羣鳥集之羣魚嗜之其黃者如膠黒者如五靈白者如藥煎其氣腥或得之魚腹其大如斗圓如珠其價以兩而易凡兩易金錢一十有二凡斤易金錢一百九十有二凡取海肌山積之而曬之腐之凡取馬鮫魚斮之而暴之貯之其來易者爲暹羅之商爲榜葛剌之商國之西海有石門狀如城闕者三有溜山焉凡八一曰沙溜二曰官嶼溜三曰人不知溜四曰起來溜五曰麻里奇溜六曰加半年溜七曰加加溜八曰

安都里溜皆可通海舶皆有聚落其通也有主焉又西有小窄溜是有三千是皆弱水即所謂弱水三千者焉一曰有三萬八千餘溜舟風而傾舵也則墜于溜水漸無力以沒其小窄溜之民巢穴而處魚而食草木而衣其朝貢無常永樂五年遣其臣來朝貢

論曰山海經諸古書及酈道元所引論弱水多矣雖通人辨士莫之能明也茲復知有溜山弱水矣見覽雖益廣遠而天地之大終不能窮焉

錫蘭山國第十五

其國在南帽山西可三千里由蘇門荅剌而往鍼位十二更見南帽之山又四更半歷龍涎之嶼又十更過翠藍之嶼嶼之水三十托一曰梭篤巒山山有七門四疊而一峻山人之出也則乘獨木之舟夏為巢居冬為穴處其體裸不可以布帛被之則浥爛紉綴樹葉而為蔽山芋波羅蜜芭蕉子魚蝦以為食又九十更見鸚鵡嘴之山又至佛堂之山又　更平牙里其下有沉牛之礁鼓浪焉外過之水三十托又十更至別羅里是謂錫蘭國之港又北行五十里而至國其臨海之山有釋迦登

岸之足跡其長可二尺許其陷之水四時不涸名曰佛水至者蘸拭其面目左有寺塑釋迦之卧像其身不朽其寢座以沉香木為之飾以衆寶佛牙舍利俱藏焉其王鎖俚之人脩浮圖敬重象暨牛私解者辟或贖以牛頭金國人咸灰牛糞塗其體食惟其乳死則埋之自王而下晨用牛糞塗其居而後禮佛其拜兩手舒之前兩股舒之後胸腹著地以禮佛謂之五體投地其山之麓有神人阿聃之足跡陷于石者二尺許一曰人祖一曰盤古其海中勝望曰白浮之沙日而照也則光彩瀲灧為國人之游望是多螺蚌其王宮之前曰珠池凡三年則採煉其採也取沙中之螺蚌納之池俟其腐爛水盈而珠出則取而納焉其地廣其民富饒其男躶下圍絲帨謂之壓腰鬟首以白布女椎髻下圍白布其恒食以牛乳以醍醐以檳榔蔞葉食皆增室其國人不鬚髮則蓄焉其葬也以火取骨而埋之喪之婦摽乳號哭而為禮其交易以金錢其利玉石珠璣其穀宜稻菽其畜宜牛羊鷄鴨金錢重官秤一分六厘中國麝香紵絲色絹青磁銅錢樟腦等物皮則以寶石珎珠易換其寶石六物一曰紅雅姑二曰青雅姑三曰黃雅姑四

曰青米藍石五曰昔藍泥六曰屈沒藍是寶石也皆產于參天之山巔洪雨之衝則流于山麓之沙中國人于是而拾採多芭蕉子波羅蜜甘蔗多椰子多龍涎乳香其朝貢不絕永樂九年以拒絕朝使歸路破其城生擒國王亞烈苦奈兒及家屬命釋之擇其屬之賢者立為王十年詔諭其國王不剌葛麻巴思剌查正統十年國王遣其臣耶把剌謨的里啞等朝貢天順三年其王葛力生夏昔利把交剌惹復遣使來貢其貢物寶石珊瑚水晶金戒指撒哈剌象乳香木香樹香土檀香沒藥西洋細布藤竭蘆薈硫黃烏木胡椒碗石

論曰梵書載釋迦生于迦毗羅國淨飯王其父也至涅

槃時度須跋陀羅右脇而卧今馬歡載錫蘭別羅里云即涅槃之地且云卧身尚存不朽以爲誣焉又何其言之分明如此也

榜葛剌國第十六

其國在翠藍嶼西北可七千里一曰東印度之國地方千里由蘇門荅剌而往也取帽山翠藍西北而行善風二十日至浙地之港一曰泊察地小舟以入五百里至鎖納兒之港港有城池街市又行二十站及坂獨哇而至國其國城郭壯麗其王有大殿四方而垔飾爲間凡

九三門而入殿之柱裹以黃銅鏤以花獸其王之衣冠王之臣之衣冠俱回回製上下皆回回人婚喪一如其禮其民善富庶而淳好爲商賈其男子髠纏首白布服圓領長衫下圍色帨革履女子椎髻短衫圍色布絲綿珥寶鈿項珮瓔珞手足約以金鐲戒指其土氣恒燠其定歲以十二月國無閏刑止于流百職有印符行移掌軍者謂之巴斯剌兒有醫師卜人星官暨百工市肆咸備其語謂之榜葛俚亦善吧兒語樂工謂之根肖速魯奈凡夙興舉樂于富貴者之家擊小鼓一人擊鼙鼓一人吹篳篥一人其音節先徐而後促舉畢則子之酒物倘伽凡欵賓以檳榔凡宴享用樂婦歌舞以娛賓樂婦之飾也服淺紅線布之花衫下圍色絲帨肩項佩五色硝子珊瑚琥珀珠之纓絡腕約青紅硝子之釧鐲其俗有虎戲鐵索拽虎而行其戲也解索虎蹲而據人躶以擊虎虎乃咆哮作勢與人而對躍人時捽臂于虎口戲而畢則虎伏于地閱戲之家飼虎以肉與人以倘伽其交易以銀錢名曰倘伽以海𧴩名曰考嚟其利布帛其穀宜五種歲二穫其畜宜六擾（銀錢重官秤三分徑官寸一寸二分底面有紋）

（海𧴩計斤）其酒之品有四一曰椰子酒二曰米酒三曰桐子酒四曰茭蔁酒其布帛之品有六宓布謂之卑泊廣二尺長五丈六尺匀細而白黃布謂之滿者提廣四尺長五丈緊而密布羅謂之沙納巴付廣五尺長三丈狀如生平羅布紗謂之忻白勤搭嚟廣三尺長六丈纏首用之如三梭者謂之沙塌兒廣二尺五寸長四丈兜羅錦謂之驀嘽驀勤廣四尺長二丈背面有絨起可四五分其土物有珊瑚珎珠水晶瑪瑙翠羽多芭蕉子波羅蜜石榴酸子甘蔗多酥蜜多瓜葱薑芥茄蒜有駱駝有桑

皮紙有木焉弱條而青葉朝花而暮斂如夜合其子如
李其名曰菴摩勤一曰餘甘食之已丹石毒其接天詔
之日明甲馬隊千餘設于左右長廊明光甲巨漢秉劍
持弓矢以侍孔雀翎之蓋百具設于丹墀象隊百設于
殿上其王陞八寶座橫劒于膝廼有持銀杖者二人引
導五步一呼至中則止復有持金杖者二人引導如前
其王肅恭拜迎詔敕叩首而加額其開讀賞賜之訖也
是陳絨毯於殿以宴天使以牛羊爲燔炙以薔薇之露
諸香之釜水而爲飲其朝貢無常永樂六年其國王靄牙思丁遣使來朝貢

九年至太倉命行人往宴勞之十二年又遣其臣把一濟等來朝貢麒麟等物正統三年貢同表用金葉其
貢物馬馬瑙金銀事件戧金琉璃器皿青花白磁撒哈
剌者扶黒荅立布洗白苾布兜羅錦糖霜鶴頂犀角翠
毛鸚哥乳香龞黃熟香烏香麻籐香烏爹泥紫膠籐竭
烏木蘇木胡椒
論曰榜葛剌其饒富多儀之國也夫觀其于天朝正使
有金盔繫腰盆瓶之獻于副使有銀盔繫腰盆瓶之獻
于行人有金鈴紵絲長衣之獻于兵士有銀錢之獻非
饒富多儀曷克若此云

西洋朝貢典錄卷中

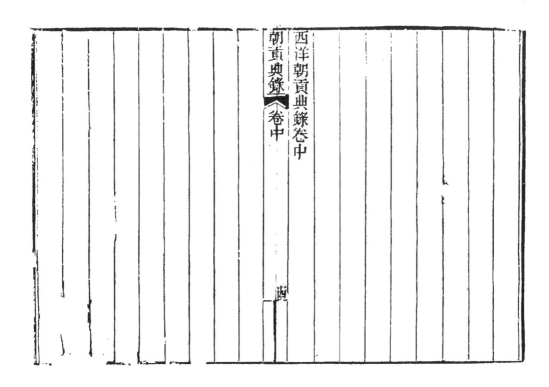

西洋朝貢典錄卷下

小葛蘭國第十七

其國在別羅里西北可一千二百里由是而歸南巫里也鍼位第一之日丁未丁午第二之日丙午第三之日丙[illegible]第四之日丙巳第五之日巽巳第六之日辰巽第

七之日乙辰乙卯以求南巫里焉其地東連大山西南北濱海其王倘浮圖教其俗重象暨牛其風俗與錫蘭山大同其和飯以酥日二食其交易以金錢重官秤一分其利蘇椒其穀宜稻其畜宜牛羊牛黃毫羊青毫其朝貢無常永樂五年附蘇門荅剌國來朝貢　其貢物环珠傘白綿布胡椒

論曰小葛蘭星槎編又云小唄喃云其國山連赤土日中爲市而赤土者扶南之別種也西則婆羅娑國東則波羅剌國南則訶羅旦國不知何者爲小葛蘭也

柯枝國第十八

其國在小葛蘭西可二百里柯枝之港水可四托其地東倚大山西南北濱海其王纏首以黃白布上無衣下圍紵絲帨壓腰以色紵絲其男女椎髻服以短衫圍以單布其民之居用椰子木以椰葉緝而蓋其藏百物以庫以磚爲之其爲人五種一曰南昆是爲王族二曰回回是爲仕族三曰哲地是爲富族四曰革令專是爲牙保五曰木瓜是爲賤類居限三尺衣限臍膝途遇哲地以上則伏任負是事其狀如儺人其王修浮圖教敬象暨牛國有梵宇其佛像鑄以銅座以青石爲之座之周

咸砌水溝溝傍鑿井夙興必鳴鐘鼓汲水以灌佛頂羅拜而退其出家者名曰濁肥而蓄妻其髮出胎不理不剃澤以酥捏而爲縷被于後灰牛糞以塗體以黃簾束腰幅布掩形時常吹海螺妻隨以行其土氣恒煥無霜雪其雨以半載晴以半載二月雨起即乘屋脩蓋備米物五月六月日夜下滂沱大雨街市成河至七月晝止八月始晴次年又復如是其交易以金銀錢金曰法南銀曰荅兒金重官秤一分一厘銀重四厘大如螺靨金錢一換銀錢十五其利胡椒珎珠珊瑚椒園種之富者居以待商以觔而易爲斤一十有六而爲封剌二十有五而爲播荷凡播荷以金錢

一百易之視銀之爲兩者五环珠以分而易凡分至三
以上以金錢一千八百易之視銀之爲兩者百珊瑚以
兩而易倩工剪旋以成珠磨淨而售其穀宜黍稻稷菽
其畜宜六擾是多象其朝貢無常永樂三年其國王可亦里遣其臣完者荅
兒來朝貢十年復遣使來請封其國之山詔封爲鎮國山御製碑文賜之
論曰柯枝凡雨半載而霽霽半載而雨不知大化胡爲
其然也昔魏徵敘赤土言其國冬夏常溫雨多霽少理
庶幾矣必曰半載其果親目之乎然赤土今與小葛蘭
爲鄰其卽爲柯枝章章矣

古里國第十九

其國在柯枝西北可六百里東至坎巴夷替國西臨大
海南連柯枝國北接狠奴兒國地方千里其王脩浮圖
敎殿而事之佛像謂之乃納兒以銅爲之殿覆以瓦以
銅爲之甃井于傍凡晨起王汲以浴佛是敬象牛王每晨浴
佛禮拜訖取黃牛淨糞盛以銅盆水調以塗壁地頭目
富家亦如之又燬成白灰盛以布囊水調以塗額股是
爲敬佛傳云昔有神人其名某些適他國時命弟撒没
槃以攝撒没槃鑄金牛矯誑國人曰此天神也國人遂
皆敬禮某些還銷金牛撒没槃乘象遁去國人思之而
冀其歸每月言月中必至及月中又言月盡必至逮今
未絕也南毘人之敬象牛由此其爲人五種南毘回回哲地革令專木
瓜南毘不食牛回回不食豕互以爲禁婚喪各如其類
其頭目二人是掌國事其男長衫纏首以白布女短衫
椎髻圍以色布珥金牌珠索項佩珠寶珊瑚瓔珞手足
倶約以金銀鐲以金寶戒指其容白而艷國人修回回
教者十之六有禮拜寺寺有三十餘凡七日一禮拜巳
而往未而歸權謂之法剌失量謂之党戛梨以銅爲之
其制倶倍中國十分之六權椒爲斤二百五十謂之一
播荷其價金錢二百權香貨爲斤二百謂之一播荷布
謂之揩梨其廣四尺五寸其長二丈五尺其價金錢十

五色絲帨謂之西洋手巾其廣五尺其長一丈二尺其
價金錢百筭人謂之米納凡筭之法計以四支十指其
交易而成也携手而誓無悔其交易以金銀錢金曰吧
南銀曰搭兒其錢面底有紋用六成金鑄造徑官寸三分八厘重官秤一分銀錢重三厘其
利椒椰椰子之種也富家千樹以爲恒業其資用也漿
爲酒肉爲糖飯穰爲索殼爲碗爲酒食器灰可廂金木
以架屋葉以蓋其穀宜稻其畜宜牛羊鷄鴨國有樂婦
以葫蘆絃銅絲而歌其位以女腹爲嫡傳之姊妹之子
無姊妹之子則傳之弟無弟則遜于有德其刑有罰金

斷手足斬族之等不服者探之沸膏而驗之以右手二指置油鍋黑而取出封裹下獄三日開視如爛壞卽加刑否則鼓樂送回其國有鹿兎能畜良馬凡定價以金錢千其土物有薔薇露有金縷寶帶其造也赤金三觔抽絲如髮綴結而成間以珠寶有珎珠珊瑚珠哲地居之公讐而取稅多萊菔胡荽薑蒜四時冬瓜其狀如小指其長二寸味如青瓜紫皮而大葉曰紫皮瓜多芭蕉子波羅蜜有樹焉其高丈餘結如綠柿內子數十熟而自落者其名曰木鼈子有蝙蝠如鷹者在樹而懸宿有鷹鴇燕鷺多孔雀家畜之其朝貢無常永樂三年遣使朝貢詔封爲古里國王給印及誥五年七年復遣使來朝貢其貢物寶石金繫腰珊瑚珠琉璃瓶琉璃碗拂郎雙刃刀寶鐵刀蘇合油阿思摸達塗兒氣龍涎梔子花花氈單伯蘭布苾布紅絲花手巾番花人馬象物手巾線結花靠枕木香乳香檀香錫胡椒

論曰昔扶南俗事天神以銅爲象而有訟者以金環鷄子投沸湯中令探取之若無情者必焦爛焉而今之古里亦有天神之談探手之法又云扶南去林邑七千餘里今校之亦合余疑古里卽扶南之地云

永樂三年鄭和統大䑸寶船賚詔勅封爲古里王及頒誥命銀印陞賞頭目品級冠帶建亭刻石其略曰其國去中國十萬餘里民物咸若皞熙同風刻石于兹永垂萬世

寶船至彼王遣頭目哲地米納几見正使擇日論價將中國錦綺百貨議定乃書合同價數各存之頭目哲地與正使衆手相挐其牙人言曰某月日衆手拍一掌無悔哲地始携珊瑚珎珠寶石來議價二三月方定原經手頭目米納几算番物若干該紵絲等物若干照原打手之貨交易

祖法兒國第二十

其國在古里西北可二千里西北倚山東南臨海以石爲城爲屋層起如浮圖其民容體偉長而性朴其王纏首以白布服錦袍間服青花絲嵌圓領足有花靴其出入以輿馬前列象駝後吹叭喇鎖㖒擁行其民男纏首以色布服長衣足不跣女蒙首面以布其上下崇回回教有禮拜寺禮拜之日咸罷市塗體以薔薇露以沉香油薰衣以沉檀俺八兒香其將禮拜也浴而塗體乃服淨衣爇香于跨下薰而往街市爲之芬芳不歇其婚喪

悉行回回禮其土氣溫和其交易以金錢以紅銅錢金曰倘伽（金重官秤二錢徑一寸五分一面有紋一面人形銅徑四分）其穀宜五種其畜宜六擾多血竭蘆薈沒藥乳香木鼈子多芥瓜有雙峯駱駝有金錢豹有禽焉長身而鶴頸足四尺而二爪其狀如駱駝其名曰駝鷄是食五穀有香焉其樹高可三丈葉有四角黃花而碧心其膠如飴其名曰安息食之已鬼疰其味篤耨其色如紫檀其汁濃淨而無滓其名曰蘇合油塗之已風其朝貢無常（永樂中遣其臣朝貢方物）

論曰自柯枝而西去天方益近而流風沾被修回回教者益謹至薰沐其身而始禮拜其眞信習之篤也哉

忽魯謨斯國第二十一

其國在古里西北可五千里其地倚山臨海其國富以石爲城是多番商其王修回回教有禮拜寺日五度而禮拜恒齋沐其俗淳厚其人白身而魁偉其男卷髮長衫善騎射女編髮四垂黃漆其頂服長衫出則色布蔽首紅紗蔽面耳絡索金錢以黛飾眉花紋飾唇頂佩珠寶珊瑚瓔珞四腕俱約金銀鐲其婚喪用加的禮掌禮之官謂之加的（凡婚禮男家先宴加的親族媒氏然後二姓述三代譜系爲之書而後成禮不則以衮論喪禮以細白布爲大小殮衣瓶盛淨水三濯屍以麝腦塡口鼻服衣入棺壙以石砌壙藉淨沙五六寸棺至出屍入壙石板蓋土築成隆阜）其書記用回回字其市肆咸備國有酒禁飲者棄市其國勝兵良馬醫卜技藝皆冠于西洋其民有羊猿之戲（羊戲用木尺許頂平正可容羊四蹄者樹地一人拍手念誦羊依拍鼓舞近木前足搭木項後足跳上似舞狀人將木段五六次接上高丈許於中推斷接羊置地羊臥作死狀令舒前足卽前舒之令舒後足卽後舒之猿戲以三尺黑猴演弄畢令一人帕縛猴眼別令一人潛擊猴首雜于衆中解縛猴于千人中徑取出擊首者）其交易以銀錢名曰那底兒其利玉石其穀宜稻麥其畜宜六擾（銀錢徑官寸六分面底有紋重官秤四分）其土氣有寒暑有霜雪少雨多露春而花開秋而葉零有

山焉其陽多紅鹽其陰多白堊其東多丹雘其西多黃堊其珍寶之類有八一曰五色雅姑刺石二曰祖把碧三曰祖母喇四曰猫睛石五曰金剛鑽六曰珊瑚七曰五色玉器皿八曰大珠狀如龍眼者有之諸珀謂之撒白植其類有五一曰金珀二曰并珀三曰珠神珀四曰蠟珀五曰黑珀織之類有四一曰十樣錦剪絨絨起一分長二丈濶一丈二曰五色梭幅三曰撒哈喇氊紗四曰青紅絲嵌手巾羊之類有四一曰九尾羊二曰大尾羊三曰猗尾羊四曰鬬羊（一等尾濶尺餘拖地重二十餘斤一等猗尾羊加山羊尾

長二尺餘一等闘羊高二尺七八寸前半截留毛後剪
淨頭似綿羊角彎向前上帶鐵牌行動有聲此羊快闘
好事者蓄之以物錢物有獸焉其狀如猫質如玳瑁黑耳而性仁
出則百獸伏地其名曰草上飛番名曰昔雅鍋失其葡
蘿狀如藕而紅色其胡桃質薄而白其松子長寸許其
葡萄四等有如蓮子色白而無核者有如白豆圓而白
者有紅者有紫者有果焉狀如胡桃尖長色白內仁甘
美者名曰把聃果其石榴花如拳梨如鍾有林檎桃甘
蔗西瓜其萬年棗一名曰琭沙布凡三等有狀如拇指
小核而結霜味如石蜜者有按爛而成軟塊味如柿者

有狀如南棗而味澁是用養牲者其朝貢無常永樂五年遣其
臣將麒麟等物并備金葉
表文跟隨同洋寶船進貢
論曰西洋葬埋之禮微舉者鮮矣此獨能行焉且往往
符情合制可尚也已然居中國彛倫之地有火其親者
不有愧於斯耶不有愧於斯耶

阿丹國第二十二

其國在古里西可六千里其國濱海以石為城其民庶
而勇騎步兵可二萬威振鄰國其上下修回回教其語
似阿剌畢其王尚禮永樂辛丑正使太監李[redacted]等賫詔
賜其王鎮到冠服蘇門答剌國分
綵段[redacted]寺領寶船往彼王率頭目迎入王府
甚肅門讀賞賜畢王諭國人有珍寶者許易王冠金冠
服黃袍帶以金寶有禮拜寺其王日一禮拜金冠易以
白布纏首項有金錦飾黃袍易以白車而往其臣服有
等其國人纏首以色布服撒哈喇梭幅錦繡足有靴鞋
其女長衣項佩珍寶纓絡珥寶環四腕約寶鐲手足指
約以金環蒙首以絲嵌帨僅露其面其金銀之工精巧
為西方之冠其食造以酥蜜其民以石為屋石之名曰
羅股以磚覆之高五丈而三層有浴室有酒壚有綵帛
典籍之肆其交易以金錢以紅銅錢金曰哺嘞銅曰甫

嚕斯其利玉石其穀宜五種其畜宜牛羊鷄犬金重官秤一錢
底面有紋其土氣溫和其定歲以十二月為一歲以哉生明
為一月其美歷如神某日而春暨期枯者敷華某日而
秋暨期榮者凋落蝕而蝕潮而潮風而風雨而雨靡有
違忒其貿採之物異者十有二品一曰猫睛之石二曰
五色亞姑三曰大珠四曰珊瑚文五曰金珀六曰薔薇
露七曰麒麟八曰獅子九曰花福鹿十曰金錢豹十一
曰駝鷄十二曰白鳩土物多紫檀木薝葍花多萬年棗
把擔乾白葡萄松子榴杏有象有千里駱駝九尾羖羊

其白毫無角角處有兩圓黑毛項如牛狗毫而盤尾者名曰綿羊有獸焉其狀如騾白身白面而青紋其名曰花福鹿其足前高九尺後高六尺蹄三跲匾口而長頸奮首高一丈六尺首昂後低二肉角牛尾而鹿身其名曰麒麟是食五穀其狀如虎元質而無紋巨首而潤唇其尾黑長如纓其吼如雷百獸見之伏不敢起者其名曰獅子其朝貢無常永樂間遣使齎金葉表來朝貢

論曰國初天監外設回回司天監取回回人世官之用本國土板歷並兼推算乃知聖主御世一善弗遺者矣嘗聞之長老云月蝕非回回歷算安得不謬如此今回回人所算春秋候是尤奇也

天方國第二十三

其國在古里西南可二萬里古里西南申位行善風三月至鎭番名秩湝守以頭目秩湝西行一日至王城本名默伽國而又謂之天方　其王修回回教其俗和美而富見月之初生也上下皆稽首而禮天其容貌偉正紫色男纏首長衣足有皮鞋女蓋首面不露其語用阿剌畢國有酒禁其婚喪悉行回回禮其禮拜之寺曰天堂其堂四方而高廣謂之愷阿白以黃金爲佛像以玉爲座堂之周如城以五色石壘砌城之門四百六十有六其堂以沉香爲梁梁有五以黃金爲閣以黃甘玉布地以薔薇露龍涎香日塗堂之四壁馨香不絕以白玉爲柱柱凡四百六十有七前之柱九十有九後之柱一百有一左之柱一百三十有二右之柱一百三十有五其堂之幔以紵絲色用皂其守堂獅子二色咸黑他國至堂而焚香也歲一至不遠萬里而來以十二月十日爲期每年此日諸國回回人雖遠行一二年遠道者亦至此堂禮拜皆割取堂內皂幔一方去爲記憶盡則王又以幔代之　其堂之左有古佛墓是爲緑撒卜泥寶石之所築其長一丈二尺高三尺廣五尺其墓之垣以泔黃玉高五尺其城四隅咸有寶塔禮拜者登焉有授法之堂皆五色石爲之其土氣恒燠無雨電霜雪四時玉燭草木常不零落其甘露日降國人承露以食其交易以金錢名曰倘伽其利玉石其穀宜五種其畜宜六擾錢徑官寸七分重官秤一錢　其國西行百里曰驀底納城城之東曰謨罕驀德神人之墓墓頂有五色光旦夕煇煌不絕墓後有泉其名阿必糝糝其味甘美其泉能息波濤泛海者必汲藏于舟遇颶風而灑之也波濤隨息其土物有

薔薇露俺八兒香有豹麂草上飛麒麟獅子羚羊多龍馬有駝鷄駱駝騾驢鳧鴿其花有纏枝花樹如大桑高二丈歲二收有葡萄萬年棗石榴林檎梨西瓜巨桃一桃而用二人以舉其朝貢無常宣德中使鄭和王西洋遣通事七人賫麝香磁器綵疋同本國船至國一年往回易得各色奇異寶石并麒麟獅子駝鷄等物并畫天堂圖一册回京其天方國王亦遣其臣沙瓛等將方物隨七人來朝貢

論曰天堂之諺久矣葢慕其樂土也今觀其國所有廼知諺語爲不虛焉但國史以默德伽別于天方而歡云即其地余詳考之謨罕驀德默德伽王也而天方之西有其墓焉則一國二名者矣

西洋朝貢典錄卷下終

道光二十一年歲次辛丑金山錢熙祚錫之甫校梓

東夷圖像一卷東夷圖説一卷嶺海異聞一卷嶺海續聞一卷

〔明〕蔡汝賢撰

《東夷圖像》一卷《東夷圖説》一卷《嶺海異聞》一卷《嶺海續聞》一卷，明蔡汝賢撰。汝賢字用卿，一字思齊，號龍陽，松江華亭（今屬上海）人。隆慶二年（一五六八）進士，官至南京兵部侍郎。《東夷圖像》、《東夷圖説》撰成於萬曆十四年（一五八六），以圖文形式，描摹朝鮮、琉球、安南、占城、西洋、真臘、暹羅、滿剌加、蘇門答剌、三佛齊、回回、錫蘭山、渤泥、彭亨、百花、吕宋、天竺、咭呤、甘坡寨、順嗒、爪哇、佛朗機、日本、黑鬼等國之人物形象、服飾、位置、風土、物産及與中國交通之情形等。所附《嶺海異聞》、《嶺海續聞》，係抄撮古今記載而成。據中國國家圖書館藏明刻本影印。

東夷圖總說

蓋聞明王慎德四夷咸賓予之圖說獨詳於東南夷何也貢由粵入職所掌也朝鮮非由粵也何首乎密邇京邑有禮義之遺風亦海國也琉球何以次朝鮮也地不當中國一大郡而奉職惟謹以向中國則進之也

夷則夷之也占城西洋真臘暹羅滿剌加蘇門答剌三佛齊回回錫蘭山皆大國也囿于夷莫能相尚列而存之昭無外也浡泥彭亨百花呂宋小夷也序于爪哇佛朗機日本之上蓋嘗事我中國有獻琛之誠焉天竺咭吟芊坡寨順嗒不通貢而通市安知無慕華之思原之斯錄之也爪哇戕我天使佛朗機獵我華人夷而殘矣退之示創也日本橫矣海上其心叵測沿邊二十六郡憂殷哉黑鬼微乎微矣亦得附於諸夷之後均覆載也或曰是則然矣東南夷談此乎曰未也雜見於杜氏通典集事淵海星槎勝覽羸蟲錄吾學編諸書蕃乎夥矣存而弗論可也所圖狀貌習尚審乎曰千里殊風百里異俗中國且然矧夷乎

彼此互見論而弗膠可也然則所圖之意何居夷之盛衰中國安危之繫也唐有王會圖宋有四夷述職圖大中祥符間史館張復上言乞纂朝貢諸國錄付史官蓋自古記之矣粵有香山濠鏡澳向為諸夷貿易之所來則寮去則卸無虞也嘉靖間海道利其餉自浪白外洋議移入內歷年來漸成雄窟列廛市販

不下十餘國夷人出沒無常莫可究詰閩粤無籍又竄入其中纍然爲人一大贅疣也昔伊川被髮以祭識者憂之五胡内訌江郭交章欲徙況遲速大小之說又可鏡誡有經世之責者試思之國九二十有四貌之者二十間有輿圖說左衽在中國則服然識所見也餘闕焉嶺海多奇聞因輯古今所睹記者二卷并附以諗博雅君子旹

萬曆丙戌孟冬日東海蔡汝賢書

蔡汝賢

占城
東夷圖像
二
西洋

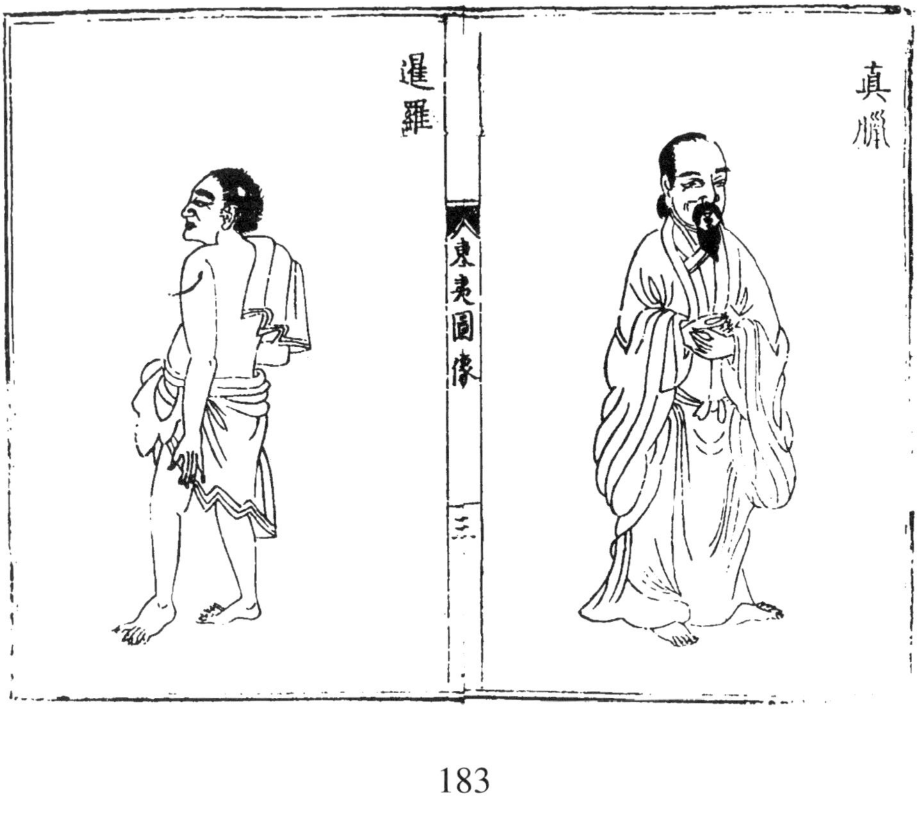
真臘
東夷圖像
三
暹羅

滿剌加
東夷圖像
四
三佛齊

回回
東夷圖像
五
浡泥

彭亨
東夷圖像
呂宋

天竺
東夷圖像
咭呤

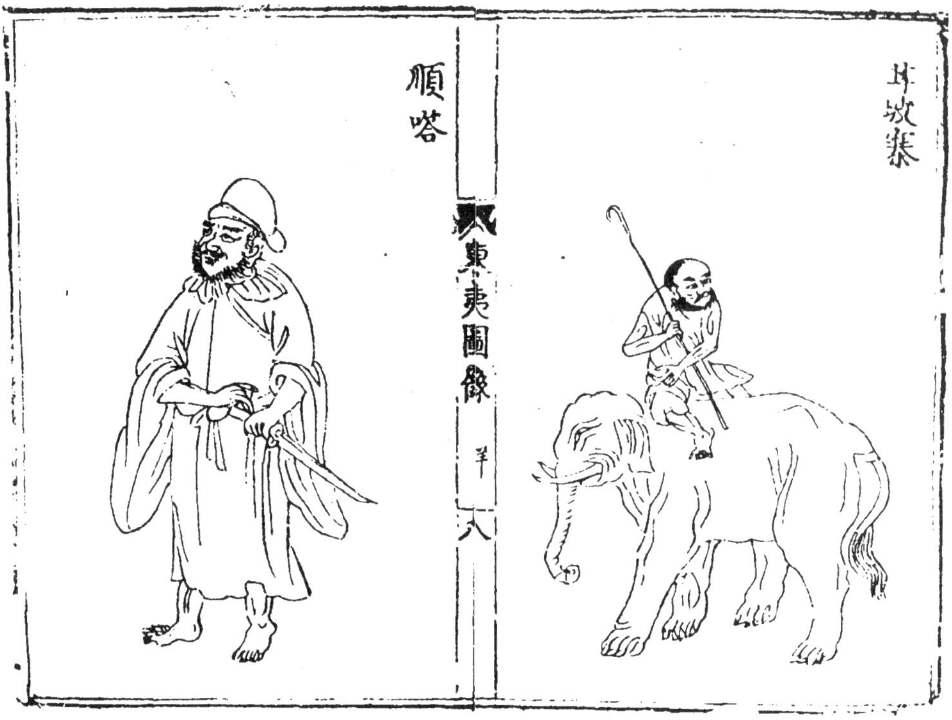
柬埔寨
東夷圖像
八
順嗒

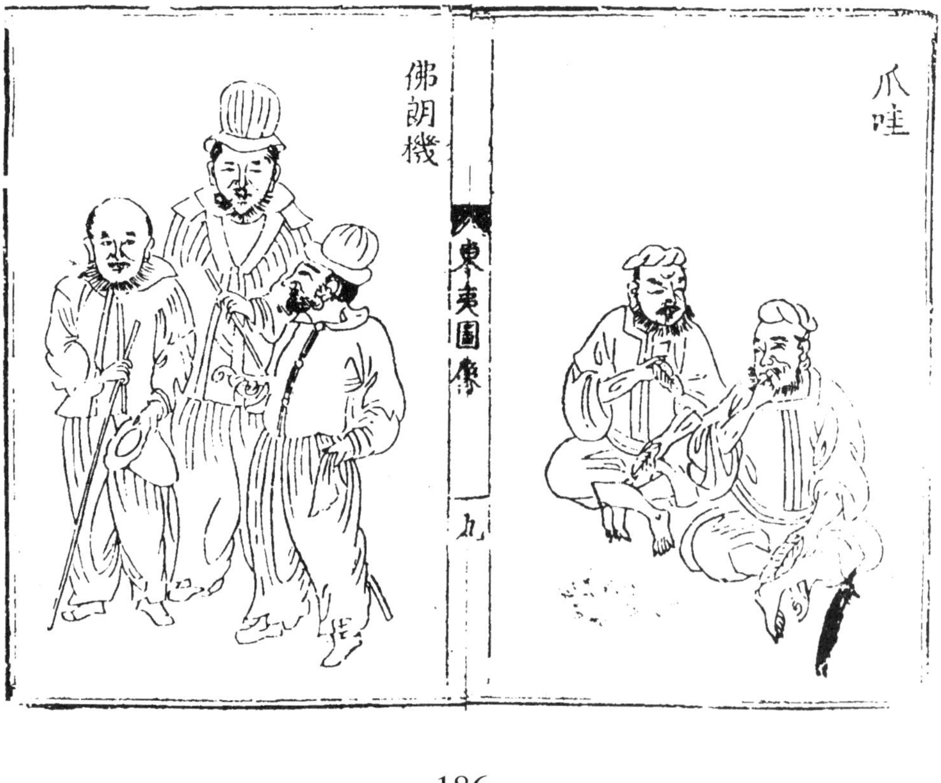
爪哇
東夷圖像
九
佛朗機

日本

黑鬼

東夷圖像　廿

近人云高麗六姓更继為王王有六相文武官員子孫世襲民耕田交稅以歲豐歉相加二十歲交稅二歲如至六十歲交稅六歲老者不能以子代絕者人繼之八他鄉元牧馬有養餘年夫死妻為鬼妻人無娶者鬼妻有子則為人奴終其身而已

朝鮮

朝鮮周所封箕子國也典午時并於高麗高麗故扶餘別種後王建又襲之蓋不止一姓云其國東西南三面濱海北鄰女直西北至鴨綠江東西相距二千里南北四千里分八道統府州郡縣其俗柔謹知文字喜讀書崇釋尚鬼而惡殺戴折風巾服大袖衫男女相悅為婚死三年始葬飲食用俎豆官吏閑威儀居皆茅茨衣多麻苧有朴儉遺風以田制俸以秔釀酒法無苛條刑不慘毒鎮國者九都神嵩北岳其名山也海鴨綠江其大川也金銀鐵水晶鹽紬苧布白硾紙狼尾筆果下馬長尾雞貂豽海豹皮魞鮹榛松人參其物產也洪武二年王遣使表賀即位賜金印誥命文綺大統曆用為高麗國王十年以其貢使煩數諭遼東守臣謝絕之遂定三年一貢著為令由是如期遣貢不數不睞二十四年其相李仁人子成桂篡立請更國號曰[illegible]

永樂元年復賜冕服九章圭玉珮玉宣德初賜五經四書性理大全諸書正統間賜遠遊翼善等冠絳紗袍龍衮玉帶等服以高麗去神京不遠人知經史文物禮樂畧似中國非他邦比故列聖寵優如此嘉靖入繼大統遣使朝貢三十六年王請改正大明會典所載成桂篡逆事詔從之萬曆初遣翰林院編脩韓世能吏科左給事中陳三謨告即位隨遣使朝賀至今貢獻不絕道由遼東山海關入亦海國也故得並書

琉球

琉球在大海東南自福建梅花所開洋順颿利船七日夜可至其國歷漢唐宋不通中國其俗視盈虛為晦朔驗草木為冬夏人皆窅目高鼻狀類胡人男去髭鬚轉鳥羽為冠裝以珠玉赤毛婦女黥手為龍蛇文撚白紵繩纏髮從項後盤繞至額以羅紋白布為帽織鬪鏤皮并雜毛為衣以螺為飾下垂小貝其聲鏗然若珮馬飲食用手耕無鐵器無釜甑器用螺殼煮海為鹽釀米為酒子為親喪數月不肉食人死浴屍取骨纏以布常埋土中王及諸臣家用匣骨藏山穴歲時祭掃啓視之信鬼畏神國多女巫淫褻矯誣無論君臣皆稽首拜跪殿宇無金碧之飾家富貴考厇屋不過二三楹餘皆茅土不知醫藥貿易用錢官民分土為祿食亦無征斂盜竊用刖劓之刑兵甲驍健堅利進退亦有金鼓鄰國視為勍敵其人好爭喜鬪輒刃殺人度不能免即剖腹自斃其性然也洪武初[illegible][illegible]十五年用為中山王二十五年王遣子姪及陪臣子入國學賞賚甚厚永樂以來朝貢不絕嘉靖十一年遣左給事中陳侃行人高澄冊立因琉請乞留詔勅為鎮國寶許之其國自奉正朔設官職服衣冠通文習禮雅慕華風日視三朝群臣拱手膜拜為敬凡官以曾學於國學者為之地無貨殖商賈不通山無猛獸[illegible]

野牛馬豕鬪鏤木胡椒餘非所産每當中國
冊封必儲蓄數年亦僅僅給王居左右夾以
梵宮頗為華麗私宴使臣出宮庖歌女亦稱
精潔昔傳壁下多聚髑髏為美觀妄也萬曆
七年復遣左給事中蕭崇業行人謝杰冊封
隨遣謝貢燕饗有禮朝貢以時華人為風漂
彼國皆資給送還海外言盡臣職者必曰中
山王云此蕭公為余言也又有小琉球近泉
州閩人言霽日登鼓山可瞭而見并入琉球
鳥語鬼形肝睢非人類故不敘

安南

安南古交趾國東起欽州西歷左江北至瞎
安元江龍州其孔道憑祥其要害也若從天
涯驛放洋經猫尾港涌淪佛淘一日夜可抵
其國秦隸象郡漢置交州歷唐宋而叛服不
常其地瘴暑其俗夷獠雜居不知禮義獷悍
喜鬭不解耕種其人皆剪髮跣足窅目昂緣
平居不冠卑人呼為夷鬼云有貌類人者乃
馬援平交趾兵之遺種一年再稻一歲八蠶
徧桑麻富魚鹽立常叉手坐則交足以故得
名男喜剽掠女不耻淫奔初隸占城王遣少
子治其國好讀書作字故今沿襲能書其名
山佛跡勾漏其大川海富良江其物産金珠
冊砂珊瑚玳瑁羚羊犀象蚺蛇翡翠紙扇之
屬有狒狒似人能食人有猓猓似猱善捕鼠
亦中國所希聞也入明來
高皇帝封陳日煃為安南王既而賊臣黎季犛
弒立
成祖命張輔討平之復置郡縣以黃福為布政
使兼掌其事後中官馬騏激變成山侯王通
擅和致奸人黎利陳暠相繼叛亂馴至嘉靖
初莫登庸暨子方瀛篡位請降詔去其僭號
封伊孫福海為都統使以其十三路各置宣
撫司俾世守以奉正朔未幾福海復為黎寧
所逐仍據其國莫氏竄居海島詭云福海卒
子宏瀷襲今轄領其衆者宏瀷子茂洽也以

不係中國置不問焉萬曆六年遣使入貢十四年茂洽越請故疆朝廷允總督議以吟邦峕米等四村給與管業仍令行文以宣示之所以柔遠人者至矣使㕥廣東布政司管待如列國儀

占城

占城古越裳氏秦曰林邑漢曰象林唐元和中改號占城在海西南自東莞縣放洋歷獨豬交趾洋收新州港入其境國人多姓翁出入乘象坐馬喜戰鬬尚釋教殺牛祭鬼驅象逐邪亦獷悍俗也地不產絲綿男女以白氎布纏其胷垂至足衣衫短窄攏髮椎髻散垂為髻于後粒食亦鮮土多白沙禾稻收成甚薄釀椰為酒煮海為鹽有城郭屋宇藥鏃刀標兵仗以備不虞門墻用磚灰甃砌刻堅木為獸形官房覆瓦民舍編茅即門限高下亦分等級冬無氷雪氣候常暄人不辯正朔視月弦為初月缺為盡如此十次盈虧方為一歲不置閏月八更為節晝夜各分五十刻晝非午不興夜非子不寢見月飲酒歌舞為樂魚不腐不食釀不蛆不為美酒以竹管插甕餂而咂之不用杯勺國無紙筆以羊皮搥薄薰黑削細竹為筆蘸白灰為之字皆縈曲若春蚓然歲取人膽入酒與家人共飲并以浴身謂之壯膽氣若人為虎鱷所噬以狀詣王王命國僧持咒書符投人死所虎鱷自赴伏罪訟不能决令兩造過鱷魚潭理負者輒食之直則否其產犀象玳瑁火珠龍腦孔雀薔薇水猛火油之屬伽南香惟此地有之價亦高貴若烏木降香供爨燎而已洪武二年入貢封為占城王賜大統曆金綺永樂七年遣太監鄭和詔諭諸番其酋長首戴三山金冠身披錦花手巾四腕俱貫金鐲足穿玳瑁履腰束八寶裝帶如金剛狀擁象郊迎復通朝貢正德五年遣給事中李貫行人劉廷瑞齎冊往封上元夜宴作樂爇沉檀火樹高燃鑾

姫旋舞亦足賞也嘉靖年再至使回令廣東布政司管待以示寵異焉

西洋

西洋在海西南與[illegible]迦密邇自錫蘭山放洋順風利舶十晝夜可抵其國當巨海之要衝乃諸番總會之區也其俗傍海為市聚貨通商貿易以金銀為錢以絹段青花白磁器燒珠水銀為貨男子髡首穿長衫頭纏白布婦人素足穿短衫腰圍色布兩耳懸金墜絡索數枚其項上珍珠寶石珊瑚連掛纓絡四腕貫金鐲手足指皆帶金鑲嵌寶戒指髻鬌腦後容白髮黑與中國婦女不殊氣候常熱風俗近古尚信義行者讓路道不拾遺以葫蘆為樂器紐銅絲為絃歌聲相協鏗鏘可聽刑無鞭笞輕斷手足重則誅其人沒其產其酋長好浮屠建寺範金為佛敬象牛飲其乳不食其肉煆牛糞為囊佩之每朝乃水調抹額及股而禮佛民皆屋居粒食山多地瘠稻穀薄收宜麥多駿馬入山而樵涉水而漁各贍生業善織綿布獨幅既潤且長瑩潔如紙中國亦頗重之土產蘇木胡椒薔薇露波羅蜜印花被手巾各貯之以待商販若珊瑚琥珀珍珠金寶諸種異香皆来自別國雖非所產而市舶羅列爍然溢目足稱富饒故今稱富商大賈必曰下西洋采云洪武初通貢中國永樂七年遣太監鄭和詔諭諸番賜王誥命錦綺有錫蘭山國頭目不共謀害舟師鄭和潛備先發擒其王獻俘闕下詔赦還國由是西洋諸夷無不感服向化累朝貢獻方物使回廣東布政司遵會典以管待焉

真臘

真臘一名占臘故扶南屬國在東海中隋時始通中國唐貞觀初并扶南而自立宋宣和時封為真臘王自東莞縣放洋經交趾占城過崑崙洋乃其國都也城周可二十里立五門東向為上右手為潔王居環列[illegible]

一說其地最熱富貴家各有浴池日三四浴[illegible]貧者三五家一池男女同浴不耻也至北城外大河日有男女數百脫衣岸上下河同浴有水作中合者不禁也浴畢各歸婦女有立而溺者可笑也

皆以金為之極其壯麗諺云富貴真臘以此其内中一金塔王寢其上官民房舍服飾器用各有等差亦有文字俗重僧教以事天誦經呪王衣純花布首戴金冠如金剛狀項掛珍珠索手足皆貫金鐲鈠以猫睛寶石出則手持寶劍幡幢象馬擁衛甚盛三日一視事捲簾作樂亦如王者之儀以下男女皆椎髻袒裼以布圍腰出加大布一條為飾民色甚黑至宫人大家女其白如玉身嘗塗以香藥婚

娶尚奢女未滿十歲必先擇僧道陣毯破其童身取朱點額然後人争娶之其俗以十月為歲首張燈燃火樹四月拋毬五月迎佛七月燒稻八月挨藍聚伎樂舞九月壓獵聚衆教閱王亦出觀與民同樂刑法小事罰金重則引囚生瘞實之土石其次則斮趾劓鼻姦賭不禁故婦女多淫破身早故顔色易謝死喪王以塔葬餘則裹以布葬畀之郊外今亦漸知焚化父母無服制男髠首女人薙顖門髮為孝過則蓄髮

如初天熱土饒不宜菽麥視力耕種稻可數收貿易多婦人以金銀為尚縑帛次之得中國針梳鍋蓆磁漆等器甚貴之若犀象翠毛孔雀香寶藥材其産也洪武六年表獻方物賜大統曆文綺二十年遣使貢象景泰二年王率妻子來朝使回令廣東布政司管待以示柔遠之義云

暹羅

暹羅本暹與羅斛二國在南海中元至正間

暹降羅斛合而為一故曰暹羅自東莞縣放洋歷占城向西南行七晝夜入暹羅港少進為一關再進為二關即國都也群山環繞峭板崎嶇地土沮洳氣候嵐熱無城郭王宫據大嶼稍如中國殿宇之制覆以錫瓦頗為壯麗貴者樓居各夷散處水棚版閣蔭以茭草習尚侵掠人皆髠首煑海為鹽其國右僧凡王子習梵字梵禮皆從貴僧用刑輕則皮鞭差重斷足十趾[illegible]重斷手十指罪至殊死者

一說暹羅富貴男子自幼嵌珠以金玉於陽必如此貴家方競尚之不則衆以貧賤目之　女子未嫁之先必延僧取其元紅點於婿額上爲吉利

腰斬或以象擽之貴僧祈請宥爲僧奴建巳月始作農事建酉月禾乃登賦役省薄男女先私媾而後聘婚婦人多智慧諸事皆令决之剌繡織紝工於中國能釀秫爲酒故暹酒甲於諸夷婦飾必以諸香澤其體髮日夕三四浴與中國人私不禁喪禮富者灌水銀養屍以葬民間舉屍筏浮於海迎僧呪群大鳥食之頃刻而盡謂之鳥葬其產多寶石片腦翡翠犀象珊瑚玳瑁六足龜銅鼓貿易用海

東夷圖說　二三

𧴩故民豪富諸國異產奇貨輻輳其地匠藝工緻嵌寶指環時至中國一枚可直數金地廣兵强好習水戰嘗侵掠占臘而私其貢賦以不繫中國置不問焉洪武四年始來朝貢永樂十五年復貢方物賜烈女傳金綺量衡宣德中稍減賜物著爲令使回令廣東布政司管待以送之

滿剌加

滿剌加在南海中不通中國其初隸暹羅歲輸金四千兩後奉我正朔始建碑開國不屬焉自東莞縣放洋至崐崘收龍牙門港二日程至其國爲諸夷輻輳之地亦海上一小都會也王居僭擬殿宇以錫箔爲飾俗尚醇樸教習回回男女皆椎髻黑膚淘錫網魚爲業屋如樓閣而不鋪板用木高低層布床榻厨厠俱在其上文字皆梵書貿易以錫地瘠不產五穀米稻皆暹羅所貿鬻禁食豕肉富夷以酥酪和飯而啖鷄犬鵞鶩常仰販於他國

東夷圖說　二四

故一物之價五倍於華民性獷暴重然諾鉅鏃不離頃刻稍忤即戳刃其胷死刃者逃匿不復尋讎貧者頗事剽掠舶商假館主者必遣女奴服役少不知戒腰纏悉爲所有矣婚嫁論財婦女以夜爲市過二皷遇巡徼姑郎伽啷即執而戮之輕刑鞭撻罪至死者斷木爲高椿而銳其末貫囚大孔輾轉洞腹而死喪事民間火化富者以樟腦實棺中焚之土產犀象玳瑁瑣袱片腦鶴頂紅薔薇露之屬

嘗侵掠爪哇正德中被佛朗機伇殺王退休陂隄兵去復國永樂三年始通貢七年冊封為王賜銀印袍服九年王卒妻子来朝至正統間封貢不絕成化末遣給事中林荣行人黄乾亨往封溺海自是不通每貢使回廣東布政司餞之遵會典也

蘇門答剌

蘇門答剌即古蘇文達那在南海中自東莞縣開洋至滿剌加復向西南行順風九晝夜可抵其國東南大山西北距海商賈輳集之地西洋之要會也國無城郭有大溪入海海口波濤瀿湧常至覆舟風俗淳厚言語和柔室廬婚喪刑罰俱與滿剌加同男子髮纏白布腰圍稍布婦人椎髻裸體腰圍色帨手巾天氣常熱粒食亦鮮田瘠五穀少收地産胡椒附樹蔓生纍纍如櫻櫚子而小巨室一家有積至數千百斛以待商販民間以網魚為業朝駕獨木船張帆出海日暮乃回煑海為鹽釀茭樟子為酒以金錫為錢貨用青白磁器銅鐵絹布之屬商舶往来財貨充牣頗為富饒然非所産貿易指天為約即千百鏹不立文字終不敢負惟酋長好殺每殺人取血浴身謂之通身是膽蓋夷性獷悍俗使然也洪武中遣使朝貢永樂三年冊為蘇答剌王已而與花面王戰死子弱不能報其妻令於國曰能復此讎者我以為夫有漁翁如其言遂從為偶無何有故王假子殺漁翁其子奔峭山時時互相讎殺十一年太監鄭和至其國客擒假王子械京伏法立其子蘇幹利為王感再造之恩累朝貢獻方物廣東布政司於貢使回管待如列國儀

三佛齊

三佛齊即舊港又名浡淋初隷爪哇在東南海中多以蒲為姓蓋南蠻之别種也自東莞縣開洋先至爪哇復向南行順風八晝夜可抵其國地有十五州東距爪哇西距滿剌加

南昆大山西北濵海田土膏腴宜稼穡古云一年種穀三年生金言穀盛而貿金多也人好賭博習水戰服藥刀箭不能傷臨敵敢死以此雄於海上鄰國畏之其處水多土少將領陸居周遭皆僕從環住民多架筏水中蓋屋其上以木樁拴閘水長則浮不能淹沒或欲他徙起樁連屋而去不勞餘力番舶輻輳半為閩廣人市用錢布字用梵書一互市而金寶錯陳稻米狼戾足稱富饒他國未有其餘語音服食刑罰婚喪種種與爪哇同蓋夷俗使然不甚相遠也洪武來累遣朝貢詔賜大統曆錦綺三佛齊王印國王感激非常會有廣東亡命陳祖義避難其國父之得為將領永樂十三年太監鄭和統海船下西洋至三佛齊國祖義欲犯我舟師鄭和潛伏擒殪之由是薄海內外罔不震疊地產鶴頂火鷄神鹿水晶珊瑚鸚鵡龍腦犀象猫睛石薔薇水之屬鶴頂鳥[illegible]腦骨厚寸餘外黃內

佛経三千六百餘卷惜不得傳之中華其人讀盡三千藏経能呼風喚雨知天地之盈虛高下四海之方隅醫筭方技無不精妙信乎有奇書可遇也

吏有煉汞之術其銀用之不盡

赤鮮明可愛火鷄大于鶴而頭足亦似鶴軟紅冠銳嘴毛如青羊色爪甚利傷人腹致死食炭神鹿大如巨豕高可丈餘短毛豕喙蹄三跆皆物之異者故特表之貢使回廣東布政司管待以華其行

囬囬

囬囬即默德那國地接天方王生而聖靈臣服西域諸國諸國翕然敬事之傳有佛經三十藏凡三千六百餘卷字兼篆草楷三體能習陰陽星律醫禱諸技靡不精究而收奇功又善鑒識多於賈胡海市中廉得奇貨故今稱識寶者必曰囬囬其教專以事天為本自隋開皇中始入中國至今流衍四方其國寒暑應候土脉膏腴有城池宮室田園市肆大類江淮間民物阜蕃衣服整潔人皆宵目胡鼻以白布纏頭不問可知為色目中人以蜜為酒以牛為菜好歌舞為樂男女自相嫁娶不與俗家連姻夫婦好合詰朝必取水淋沐

再三雖天寒不免人知重五穀亦有牛羊雞鵞非自殺不食惟不食豕肉相傳其始自驢豕交構而生故累世不敢更易一或破戒非病即災矣其種散居海内出外不挾行資隨所至必飲食之到處建禮拜寺為祝釐受戒之所亦頗宏敞壯麗遇節香花供養燃燈誦經無禁也親死用布囊屍入棺鼓樂導送至墳抽去棺底以土掩屍妻子每至以水潑之祈速朽為孝蓋習于墨氏之流以薄為道者地產織文雕鏤器皿極其精巧餘皆與西洋國同宣德中遣使貢獻方物使回廣東布政司管待令附舶香山濠鏡澳貿易

錫蘭山

錫蘭山國古狼牙須也在西洋大海中與柯枝國對峙自蘇門答剌順風駛舶十二晝夜可抵其國相傳釋迦從翠藍嶼來登此山猶存足跡山下有寺貯釋迦涅槃真身側卧及舍利子故其俗尚釋重象牛煅牛糞灰塗體飲牛乳而不食其肉殺牛者罪死王宮民居旦必調牛糞塗地而禮佛其民上裸下纏帨加壓腰去鬚髯留髮以布纏之女人椎髻于後下縈白布飲食不令人見其氣候常熱宜稻不宜麥市用金錢重麝香綺絹青磁等器海洲有珍池日映光浮起閃閃射日間歲一淘珠諸番賈争来市販地廣人稠貨物多聚亜于爪哇亦富饒之國也其產青紅黃鴉鶻石水晶珊瑚金戒指西洋布諸香之屬永樂七年遣太監鄭和等齎詔勑持金銀供器綵裝織金寶幡施于寺及建石碑其王負固不恭和即潛備生擒歸獻闕下上釋而遣之命擇其支屬賢者封為錫蘭國王後又遜位十四年遣使貢獻方物正統天順間猶来朝貢使回廣東布政司管待令附舶香山濠鏡澳貿易

浡泥

浡泥本闍婆屬國在西南海中統一十四州

俗以板為城以銅鑄甲煑海為鹽釀秫為酒喪葬有棺飲食無器室宇弘敞田原豐利習尚奢侈愛敬華人王服頗效中國之製產片腦諸香象牙吉貝玳瑁鶴頂洪武四年遣使朝貢永樂三年冊為浡泥國王六年王率妻子來朝表獻方物賜宴奉天門賞賚有差是年王卒會同館謚恭順葬石子岡樹碑祠祭冊其子遐旺嗣為王封其國後山賜名長寧鎮國上為文刻石遣使送歸每貢使回廣東布政司管待令附舶香山濠鏡澳貿易

彭亨

彭亨在東南海中左暹羅循其道可至其國石崖周匝崎嶇遠望如寨內多平原禽獸稀少草木蕃茂土沃宜稼穡氣候常溫尤饒蔬果人皆粒食好誦佛經上下親狎恥為寇盜煑海為鹽釀椰為酒男婦椎髻繫單裙富家女子金圈四五餙于頂髮其餘五色燒珠穿圈而已其俗尚怪刻香木為人殺人血祭禱以祈禳災此其夷風也洪武十一年遣使朝貢賜以綵幣永樂十二年復獻方物地產片腦諸香花錫使回廣東布政司管待令附舶香山濠鏡澳貿易

百花

百花在海之東南依山為國天氣常煖如春無霜雪國多奇花嘉樹四時不凋蒼茂葱欝以故得名民俗富饒尚釋教產紅猴龜筒玳瑁孔雀胡椒又有倒掛鳥形如雀而羽五色日焚好香則收而藏之於翼間夜則張翼倒

掛以舒香氣令絪氳滿室芬芳襲人亦珍禽也洪武十一年遣使朝貢賜以錦綺使回廣東布政司管待令附舶香山濠鏡澳貿易

呂宋

呂宋在海之西南其風俗服食婚姻與佛朗機大同小異國小而產黃金人勤而稱富庶且質朴不喜爭訟交易不立契書身衣衫褌足穿皮屨出入佩刀自衛時常禮佛誦經犀

角象牙、珊瑚珠貝、諸香品料，其方物也。永樂三年遣使朝貢，賜以文綺，使田廣東布政司管待，今附舶香山濠鏡澳貿易。

天竺

天竺即古身毒國，有五天竺，在海之西南，距中國遠甚。人多奉佛為僧，不茹葷，不殺生，每七日一禮拜天，食輒誦經，食已復誦，謂謝天也。王與大臣服錦罽，為螺髻于頂，餘髮剪之使垂蓄，有聲伎，宣唱梵音，鐃鈸鈴螺雜然並奏，以為樂。男子髡首穿耳，懸鐺跣足，服色尚白，製如袈裟。敬禮人極，必舐足摩踵而後致詞。有字文，無簿籍，以瞿曇為學，以貝葉為書。以慈悲廣大為心，以貪嗔媱佚為戒。雖有刀箭甲兵，怯於戰鬪。工天文星曆之數，善沉溼幻化之術。貿易用貝。國有宴會，恐酒亂性，以薔薇露和蜜水飲之。左右前後坐，卧器皿各置。天主為惺惺法，其一念精專，行亦苦矣。地產獅、象、珊瑚、珠璣、瑯玕、金罽、白氎、氍毹之屬，

其所尚者二：曰火齊，如雲母而色紫，裂之則薄如蟬翼，積之則如紗縠重疊；一曰金剛，色似紫石英，可以切玉，亦奇種也。先是嶺南香山有澳曰濠鏡，為諸番互市之地，夷商雜處，財貨充溢，其勢必至于爭，矧夷性嗜利尤易狺也。天竺僧自彼國渡海遠來，歷三年始達濠鏡。諸夷信其法，遂奉之以要束諸夷。諸夷事之惟謹，不敢或違，固怵於輪迴果報之說，乃僧之戒行，亦足動人哉。以不通朝貢，故廣東布政司不列管待，蓋來不拒，去不追，王德之體然也。

東夷圖說

咭呤

咭呤小國也，居海島中，不通朝貢。其人以白布纏頭，身穿白小袖長衣，食多牛羊雞魚，以手不用匙箸，惟不食豕肉。見華人食者輒惡之，謂其猷穢也。地產胡椒、蘇木、荳蔻、象牙，時附舶香山濠鏡澳貿易。

丼坡寨

丼坡寨小國也居海島中不通朝貢其人飲食用蕉葉裝盛以手撮食婚姻不論同姓苟合者多酋長死妻妾皆以殉葬地産降真荳蔻象牙犀角時附舶香山濠鏡澳貿易

順塔

順塔小國也居海島中不通朝貢其人醜而黑以布帛為衣飲食生熟相半婚姻不論貴賤意合則從地産胡椒象牙丁香荳蔻時附舶香山濠鏡澳貿易

爪哇

爪哇即古闍婆國又名莆家龍元稱爪哇在海東南自東莞縣開洋至占城由占城順風二十晝夜即至其國也王城磚甃高踰三丈方三十餘里宮宇高四丈地鋪板蒙以藤花蓆頗為宏麗民居編茭樟葉以覆王蓬首頂金葉冠冒綮㡛絲帨腰束錦綺佩短刀跣足跨象或乘牛其國地廣人稠甲兵為東洋諸夷之最男女黝色猱頭椎髻上衣長衫下帨

直纒至膝坐卧無椅榻飲食不用匙箸以本葉手盛撮食凢蟻蚓蛇虫蠕動之物無不啖之不為穢也釀椰為酒列行為市貿易用銀葉錢量衡倍于中國婚姻無媒妁納黄金于女家即迎之金鼓刀盾珠飾寶裝前後甚都夫死其妻不顧而去未旬日適人矣士人有名無姓酗酒信巫輕生好鬬出入必佩匕首極其精巧一語不合即挾匕相刺刑無鞭朴罪不問輕重以藤縶刃戮之喪有水葬火葬犬葬惟死者所欲主翁死婢妾皆簪花送屍海濱畀群犬食盡為喜不則哭泣悲號環坐積薪縱火自焚死蓋狥葬之遺也村埠多西番賈胡閩廣流寓曰杜板曰新村曰蘇魯馬益各千餘家服食頗潔番舶至此互市金寶充溢米穀豐盛商旅輳集道不拾遺他國未有洪武初遣使朝貢已而我使至三佛齊爪哇要而殺之詔諭切責絕其貢使永樂七年遣太監鄭和詔諭諸國後來通貢給銀印賞

賚有差正統八年定三年一貢著為令土產
金珠瑪瑙犀象玳瑁猫睛鴉鶻石倒掛鳥紅
白鸚鵡之屬使回令廣東布政司管待以示
柔遠焉

佛朗機

佛朗機在海西南以不通中國未詳何種與
滿剌加同道循之可至其國民多富饒巨室
一家胡椒有至數百斛犀角象牙珠貝香品
蓄貯無筭其俗不尚鬼信佛喜誦經每六日
一禮拜佛先三日食魚為齋至禮拜日則雞
猪牛羊不忌國人髡首貴者戴冠賤者頂笠
見尊者撤去之為敬薙髭鬚貌類中國上著
衫腰穿長袴下垂至脛足有皮屨衣服極褻
用瑣袱西洋布瑣哈喇或中國絲綿紬段為
之顏色惟意手持一紅杖而行其他則否飲
食不用匙箸富者食麵貧與奴僕食米婚娶
論財無媒妁家世相敵即詣佛前相配以一
僧為證謂之交□□婦歸男聘以十四貢

女之奩資常數倍奴囯有五六房者故外家
非千金不以嫁女構木為居設舶為市牙儈
交易搦指節以示數千金貿易不立文字指
天為約卒無敢負相會則交搦其心誤搦其
首則勃然忿爭罵詈止及其身雖甚辱不校
若罵子孫及其父祖罵奴及其家長輒以死
鬬故傭奴以土著為上為其能扞主也貧民
頗事剽掠獨客過殺而奪其貨邏巡徼官執
而戮之王亦不詰人積家財臨死時遺囑若
干與妻孥若干捨入廟悉如其言若無囑書
即一半付子一半歸王無有競者大都夷性
兇狡嗜利善製火銃一發中人無不立死名
曰佛郎機中國倣其製以禦敵正德間假作
貢獻來至近廣恃火銃設柵自固擄嬰孩烹
食之守臣率水兵攻之乃遁又與滿剌加互
市爭鬨恨其因執哪嗹歸愬治兵突至滿剌
加大被殺掠整衆滿載而歸其產有星象珊
瑚眼鏡瑣袱天鵝絨瑣哈喇蘇合氊段之屬

入明來以不預朝貢故廣東布政司亦無管待蓋疎而不覩聖王制馭蠻夷之道如此

日本

日本即倭奴在東海中世以王為姓地分五畿七道三島倭王最為雄長居邪馬臺歷漢以來皆朝貢唐咸亨初惡倭名更號日本其俗男子髡頭斷髮黥面文身裙襦橫結不施縫綴女人衣如單被貫其首而穿之以丹塗身為飾如中國之傅粉也飲食手搏見人以蹲踞為敬人死有棺無槨親喪不飲酒食肉戚屬臨屍以歌舞為樂既葬則群浴於河以祓除不祥婚姻不娶同姓婦入夫家必先跨火然後相見惟會同男女雜亂無別其人嗜酒信巫輕生好殺性貪且譎惟以劫掠為生刀劍弓矢極其犀利裸身赴鬬慣舞双刀輕僄跳躍能以寡勝衆至刼官設伏華人每墮其術中其王自謂泰伯之後以天為兄以日為弟稍通華音知文字唐時有黠夷入中國不識葵花或給之曰一丈紅即口占曰花如木槿花相似葉比芙蓉葉一般五尺欄干遮不盡還留一半與人看亦有風趣國初雖來朝貢其實暗通奸人胡惟庸謀為不軌

太祖貽訓絕其貢使改市舶于粵東召信國公湯和等築登萊浙直閩廣衛城抽兵戍守其慮深矣永樂二年遣使貢獻冊為日本國王自後宣德弘治間隨貢隨掠嘉靖中徽人王直誘之入寇十餘年沿海一帶二十六郡被其荼毒較之正統時大嵩桃渚之禍尤烈後總督胡宗憲計擒王直漸次剿平浙西江東稍稍始息至今橫行海上飄忽千里出沒不常即島夷無不畏之春秋二汛常為戒嚴地產金銀水晶琥珀珠玉螺鈿倭屛倭扇犀象之屬人得中國絲綿錦綺磁器針線等物喜不自勝以不許通貢故廣東布政司亦無管待蓋思患預防以示外而不內之意云

黑鬼

黑鬼即黑番鬼號曰鬼奴言語嗜慾不通性慤無他腸能扞主其色如墨目圓髮鬈而黃有牝牡生海島中食生物腥穢與以人肉生啗之火食則洞泄過此則易畜矣絶有力一人可負數百觔臨敵不畏死入水可經一二日嘗見將官買以衛鋒其直頗厚配以華婦生子亦黑父畜能曉人言而自不能言爲諸夷所役使如中國之奴僕也或曰猛過白番鬼云

嶺海異聞

犺音寵

犺人屬出於暹羅之㟮巃短小精悍圓目而黃睛性絶專慤不識金帛木食如猿猱古樾蒙密者率數十巢盖舉族所聚也語咿嚶不可辯山居夷獠每諳其性常馴擾以備驅使蒙以敞粲食以鯆音鴟鮁音貝夷言小鱵魚可治痢疾下顆粒即愈飲以漓酒服之忌醋犯則絶腸矣即躍然喜似謂得所主者舉族受役至死不避雖歷世不更他姓

嘗役以採片腦鶴頂皆如期而獲其山多犀象主者利其齒角授以毒鏢犺挾以歸遇犀或象輙往刺之升木而匿犀象或怒且索毋得也犺刻毒發而殪犺乃群聚叫嘯若誇其捷者相戒聚以守經月犀象且腐所遺如牙如角齒則負以數犺角乃一犺肩之以輸其主遇奪他姓亦至死弗畀也舶人編竹為籠紆深其制置所必由之徑機而取之以獻於夷王王大愛玩酬以蘇方木至數千斤猶衣

瓶以番錦飼以嘉實置之爽塏瓶以非其土終不附也然稍近煙火淚目死爾

象

象嗜稼凡引類于田必次畝而食不亂蹂也未旬即數頃盡矣島夷以豘豚縛籠中懸諸深樹豘豚被縛喔喔不絕聲象聞而怖又引類而遁不敢近稼矣夫體巨而力強者物莫象若佛書言菩薩之力譬如龍象是匹龍也豘豚之聲乃怖而遁之島夷之術奇矣象足骨直無屈曲處隨四時周流四腿鼻端有爪可拾針耳後有穴薄如鼓皮一刺而斃認其子之皮則逆惟牙為世所用

海犀

海犀間出海上類野兕而額鼻有角與陸犀同所遊止處水為分裂夜則淵面白光熒熒此其異也島夷以是候之然竟無獲者遂為希世之物矣舊說温嶠燃犀照水神怪莫遯晉書温嶠傳嶠還武昌至牛渚磯水深不可測世云其下多怪物嶠遂燬犀角而照之須臾見水族覆火奇形異狀或乘馬車著赤衣者嶠其夜夢人謂已曰與君幽明道別何意相照也意甚惡之後以齒疾終即其角也錢吳寶庫有水犀帶一具國亡流落人間不知所終云又野犀有名通天者角表夜光如炬亦奇物也夷堅續志凡其角遇山川日月草木隨寓成影月與魚筆其是常有獨宋韓魏公犀帶中央一片乃鹿銜花也是總奇宋孝宗居德壽宮光宗上壽以塵紙賂海商得犀角一片是南極老人星像所扶杖稍短類泣杖或以為不祥之物遂卻之今具是像者絕不可見鹿銜花則貴家爾有之又廣州志犀角有烏犀花犀通天犀復通犀花犀者白地黑花通天犀黑地白花復通犀則通天犀白花中復有黑花此皆希世之寶也攷之宋仁宗以通天犀帶賜冦萊公萊公竟待以瞑目不為不重矣其辟寒犀駭鷄犀則傳聞亦罕開元天寶遺事開元

二年冬至交趾國進犀一株色黃如金使者請以金盤置於殿中温温然有暖氣襲人上問其故使者曰此辟寒犀也上甚悅厚賜之

開元交趾辟寒犀

海馬

海馬色赤黃高者八九尺逸如飛龍山食而宅海蓋龍種也東南島夷老於泛海者間一見云丗人有得巨獸骨者以問沙門贊寧贊寧宋初僧為寺主太祖至寺行香問曰朕見佛拜是不拜是曰見在佛不拜過去佛太合帝意遂為定禮贊寧曰是為海馬骨水火俱不能毀惟漚以糟腐即爛矣試之果然前代緇流博

雅乃爾則名為大儒者其可及哉外一種藥亦名海馬異物志云生西海大小如守宮蟲形似馬或云乃石形似馬者竊恐初為生物遇泥沙銜漬久漸成石如石蟹本生蟹所成耳以海馬有二名故著之

海驢

海驢多出東海狀如驢舶賈有得其皮者毛長二寸許晴則毵毵下垂陰則毿毿整整也或以制卧裀善人御之竟夕安寢不善人枕藉遝乃數驚矣島夷詫其靈不敢蓄也

海狗

海狗純黃形如狗犬乃如猫嘗群遊背風沙中遥見船行則沒海漁以技獲之盖利其腎也方書或謂豽狗腎謂以此物置之卧犬之側則驚駭而奔醫工以為即膃肭臍云按本草膃肭出西戎豕首魚尾而二足圖經云黃毛三莖一竅恐別種也

獴獖

獴獖或作俱有白有黑有黃有狸狀酷類猫而大亦高足而結尾捕鼠捷於猫也諸國皆產惟暹羅者良舶賈挾至廣州常猫見而避之

豪家每十金易之一云

海鼠

海鼠大如豕重亦百觔目正赤然猶畏猫或獻於夷酋畜之別囿遇獴獖噬其目死焉海鮎魚每涉沙際佯不動海鼠以為彼失水且死齧其尾鮎轉首囓之從水去

海鷗

海鷗似鵝而大不識人舶過嘗集人肩頂人輙捕而烹之傳曰海上之人有好鷗鳥者每旦從鷗遊至者百數其父曰取來吾玩明日之海上鷗舞而不下此似寓言之意也○晉書張華傳人有得巨鳥毛長三丈者問之華華愀然曰此海鳧毛也出則世將亂予以鷗鳧類近附之

海雞

海雞毛色如家雞惟雙足驚類爾海濱居民雞栖于野每與異種交接伏雛多有異狀者

海鶴

海鶴大者脩項五尺許翅足稱是吞常鳥如啖魚鱔成化間有至漳州者漳人射殺之得有以頂貨者類淘河而銳咮淘河即鵜鶘亦名逃河詩云維鵜在梁不濡其咮是也雄大雌乃留各小畫啄于海藻宿

巖谷閒島夷豫以小鏢付彘月夕則伏於鶴常宿所擇其大者而刺之平旦有獲五六頭者島夷乃剥其頂售于舶賈比至閩廣價等金玉海鶴頂亦可製帶真者極貴重但僞售者多甚難辨耳記云海上之鶴千歲為玄或云鶴有玄黃白蒼不等而白者最良堪入藥穆天子傳云天子至巨搜二氏獻白鶴之血以飲天子注云血益人氣力蓋不特可充玩好而已

海鸜哥

海鸜哥黑喙綠羽足亦鷩也若禽類則亦有真鸜鵒具五色者閩以充貢

海鷺

海鷺小如鳩春田巢於古巖危壁葺壘乃白海菜也島夷伺其秋去以脩竿接鏟取而鬻之謂之海鷺窩隨舶至廣貴家宴品珍之其價翔矣海旁俱沙磧無淤泥海菜脂瑩軟膩鷺以營巢綢繆日久味加於本菜洗濯時尚有鷺毛粘著其上也

火鷄山鳳

火鷄出滿剌加國名大如鸛多紫赤色能食火澤州英鷄能食碎石子西夷駝鳥能食生鐵物性之異如此吐氣亦煙骸也九鷄類多能吐氣記云錦鷄吐綬五彩成文爛然可愛瞬息漸收入口矣如鵝胎殼厚踰重錢或斑或白島夷採為飲盞見者多珍奇之山鳳喙首如鶴頂足率七八尺翅翮過之能吞衆鳥敵人而啄其腦若刀斧然予大如椰瓢近時暹羅哪噠挾一以餉盤繖悅之倩巧匠裁為酤飥市井誇謂僅見也夫明王之世不貴異物而杜淫巧此何為者哉

海鯊

鯊有二種魚麗之鯊蓋閩廣江漢之常産海鯊虎頭鯊體黑紋鷩足巨者餘二百斤牛以春晦骸於海山之麓旬日而化為虎惟四足難化經月乃成矣或曰虎紋直而踈且長者鯊化也炳炳成章者常虎也本草云沙魚出南海形如鼈無足而有尾山海經云可以飾劎廣中亦有沙魚其皮可以磨器及作劎室又傳云魚虎背有刺皮如蝟頭如虎生南海亦有變為虎者此疑同類異名但不云有足草木子曰鱗魚皆卵生獨海鯊胎生故為魚也最巨

海龜

海龜鷹首鷹吻大者方徑丈餘春夏之交遊卵於沙際島夷遇而捕之輒垂淚歔氣如人遭困厄然或諭之曰汝□垂淚歔氣當解汝縛龜便應聲潸然□□□牛島夷昇至海濱釋之龜比入水引頸三躍若感謝狀而逝晉書毛寶傳寶在武昌軍人有於市買得一白龜長四五寸養之漸大放諸江，邾城之敗養龜人被鎧持刀自投於水中如覺墮一石上視之乃先所養白龜長五六尺送至東岸遂得免焉○富春志孫權時永康樵人入山得大龜名元緒將獻之吳王夜泊舟於越石里桑木下中夜聞木呼曰勞乎元緒何事乃爾龜曰遊不擇時為人拘繫木曰將烹耶龜

曰雖盡南山之木不能爛我木曰諸葛元遜博物之士也爾至則禍必及我王既得龜烹之積薪萬束莫能爛諸葛元遜果入曰宜用老桑木煮之樵人因言越石所聞之語王伐木煮之立爛云○夷堅續志楊安撫炎正與其弟夢信皆以世科官至安撫家蓄一龜大二尺餘作龜室于堂與每日飼以飯或餅餌之蜀二楊偶有除擢或有他喜小跳躍而出若有凶事則出而淚下夫載籍所記龜者多矣即此數事其性之超悟特為夐絕蓋非獨海龜為然也記曰龍鳳龜麟謂之四靈又曰守以靈龜是故龜不物矣

海鰉

鰉有二種常鰉類鱘魚而小河海皆產之海鰉身首差短歲二八月群至數百□於□□

移時化為鳥俗呼火鳩是也海濱居民候其上也譟而驚之化者纔十五鱗鬣全不開者不全化矣居人羞者市者瀕海皆足即所謂鷹化為鳩雀入大水為蛤者也大抵造物變化無窮層不盡載耳晉書張華傳武庫雉雛旁有蛇蛻宋楊文公談苑都下盛賣鶉是月絕無蛙聲凡此類也惟段成式所記補闕張周見壁上瓜子化為白魚徐聞陳司訓見一榕葉墜地轉動不已拾之半化為蜻蜓古今所傳耳目所受不可殫述矣

海鰌

海鰌長者亘百餘里牡蠣聚族其背曠歲之

積崇十許丈鰌負以遊鰌背平水即牡蠣峰屹水面如山矣舶猝遇之如當其首輒震以銃砲鰌驚徐徐而沒猶漩渦數里舶顛頓久之乃定入始有更生之賀蓋觀甚奇而災甚切也瓊州舊誌趙忠簡公鼎謫吉陽軍即今崖州雷州守臣走使泛海通問使者晨望極遠處隱隱如十里紅旗出沒疑為番寇柎示舟子舟子搖手戒勿語乃披髮持刀割舌血滴水中食頃方不見問之曰此海鰌也無數紅旗者背翅耳此舟幾為所壞矣乃舉酒相慶于水物之害有如是乎披髮裂舌蓋厭禳之誌云此魚長或千里

鰻鱺

鰻鱺大者身徑如磨盤長丈六七尺鎗嘴鋸齒遇人輒鬭數十為隊常隨盛潮陟山而草食所經之路漸如溝瀆夜則鹹涎發光舶人以是知爲鰻鱺所集也燃灰厚布所開路執鏢戟諸器群譟而前鰻鱺循路而遁遇灰體澁不可竄移時乃困舶人恣殺之皮厚近寸食之美於肉也圖經云鰻鱺似鱓是蛟蜃之類海鰻最大予嘗見釣獲者形甚可怪亦堪入藥如稽神録所載治勞疾婦人功用非小猶不及歙州五色者為上品

印魚

印魚出南海中似青魚而脩廣過之頭骨中拆如解顱之嬰顖後垂皮方徑三寸許若道巾之披餘然上有黒文儼如篆籀島夷間有獲者必珍藏之不知其何謂也

河豚

河豚出於江河者皆不盈尺海中大者如豕服雜紅黄文彩可玩常魚率順水而遊此則旋迴戲躍噴沫之狀烏烏如訓狐服鳥也似鴞賈誼有長沙作服賦狐作胡服或作鵩或舶人聞其聲知其下有河豚也以小絙繫乂鏢擲而獲之有重數十斤者云此河豚背有紅黄圈文腹脹者烹飪失節能殺人梅聖俞詩所謂入口生鏌鎁者也其江豚如豕形隨水上下鼻中有聲能噴水舟人以占風雨今楊子江多有之許渾詩所謂江豚吹浪夜還風是也海亦多此種其形更大味如水牛而腥本草謂為江㹠海㹠即此也

蜘蛛

海蜘蛛巨若丈二車輪文具五色非大山深谷不伏也遊絲隘中牢若絙纜晨輝照耀光燄煒煒虎豹麋鹿間觸其網蜘蛛盃咥綵如縞霞纏糾卒不可脫俟其斃腐乃就食之舶人欲樵蘇者率百十其徒束炬而往遇絲輙燃紅遍山谷如設庭燎蜘蛛潛愈遂窘摧恐其及也或云取其皮為履不舶而涉豈其然歟陶隱居云蜘蛛有數十種今觀爾雅所載七八種耳皆無所謂海蜘蛛方書云凡五色者不入藥則知具五色者海內俱有之但不及海外者為極大耳埤雅曰蜘蛛義者也然則海蜘蛛其專大巧而竊物權者乎

猛火油

猛火油樹津也一名泥油出佛打泥國大類樟腦第能腐人肌肉燃置水中光燄愈熾蠻夷以制火器其烽甚烈帆檣樓櫓連延不止雖魚鱉遇者無不燋爍也一云出高麗之東（高麗亦番國即唐太宗所伐者）盛夏日初出時烘石極熱則液出他物遇之即為火此未必然恐出樹津者是也

酴醾露

酴醾海國所產為盛出大西洋國者花如中州之牡丹蠻中遇天氣淒寒零露凝結著他草木乃氷澌木戒殊無香韻惟酴醾花上瓊瑶晶瑩芬芳襲人若甘露焉夷女以澤體髮膩香經月不滅國人貯以鉛瓶行販他國暹羅尤特愛重競買略不論直隨船至廣價亦騰貴大抵用資香奩之飾耳五代時與猛火油俱充貢謂薔薇水云（晉書賈謐傳外國貢異香著人則經月不歇武帝甚貴之惟以賜侍中賈充及大司農陳騫海外諸香木雖芬烈然不甚著人亦罕經久據所云知即此香也）

片腦

片腦產暹羅諸國惟佛打泥者為上其樹高者三二丈葉如槐而小皮理類沙柳腦則其皮間凝液也好生窮谷島夷以鋸付就谷中尺斷而出剥而採之有大如指厚如二青錢者香味清烈瑩潔可愛謂之梅花片鬻至中國擅翔價焉復有數種亦堪入藥乃其次耳（按本草有龍腦醫家專云片腦皆以為眼科之藥蓋即一也圖經云龍腦香出婆律國今惟南海番舶賈客貨之相傳云其木高八丈大可六七圍如積年杉木狀旁生枝葉正圓而背白結實如荳蔻酉陽雜俎云木有肥瘦瘦者出龍腦香其香在木心波斯斷其木剪取之肥者出婆律膏其膏於木端流出斫木作坎而承之或云南海山中亦有此木唐天寶中交趾貢龍腦皆如蟬蠶之形此老木根節方有之極為難得也今海南龍腦多用火塥成片中亦有雜偽入藥惟貴生者狀若梅花瓣甚佳也詳觀所記與圖經大同小異雖所出之處不同意海外之國俱有之總則謂之龍腦其成片如梅花者則謂之片腦耳）

石蜜

凡海山巖穴野蜂聚房釀蜜無收採者其間石罅在在泛溢[illegible][illegible]日久必宿虵虺之毒船

人還難入山者錐草木魚鰕之屬糝以胡椒熟而食之無害也脫渴石蜜以為丼而過食必大霍亂而死可不慎諸（桐鄉摘集海外四月檳榔花盛開蜂採之卒多醉死惟冬時少衰餘月皆盛方書云遠方山郡僻處出蜜所著巖石壁非攀緣所及惟於山頂藍轝自懸挂下遂得採取蜂去餘蠟著石鳥雀群飛來啄之盡至春蜂歸如故海上千巖萬岫四時和暖百花醖釀故蜂蜜勝於他境）

伽南香

香品雖出海上諸山蓋香木枝柯竅露者木立死而本存者氣性皆溫故為大蟻所穴蟻食石蜜歸而遺於香中歲久漸漬木受蜜氣結而堅潤則香成矣其香本未死蜜氣復老者謂之生結上也木死本存蜜氣凝於枯根潤若錫片謂之糖結次也其稱虎斑結金絲結者歲月既淺木蜜之氣尚未融化木性多而香味少斯為下耳諸香惟此種不堪入藥故本草不録（廣州志云沉香有黃沉黑沉至貴者蠟沉削之則卷嚼之則柔皆樹枯其根所結伽南木乃沉之生結者大抵諸香無異種但分生死結久近粗細耳如青桂香馬蹄香棧香速香之類各有次第而伽南為上沉次之餘再次之）近世士

近世有得之大竹之內者

夫以制帶銙率多奏合頗若天成純全者難得耳

辟珠

辟珠大者如指頂次如菩提子次如黍粟質理堅重如貝辟銅鐵者銅鋏不能損辟竹木者竹木不能損犯以他物即毀矣常附胎於椰子檳榔果穀之實之內通謂之聖鋏（一名雖實）島夷能辯（鋏人有善鼓琴於月夜者鋏自池荷中躍出其前名為聖鋏無忝也）之攻以為寶也夫威喜辟兵（抱朴子茯苓萬歲為威喜之辟兵試以帶於鷄首雜群鷄中射之則帶者終不傷）舍利拒火（僧有舍利云血氣精華之所凝結火化之後炳然獨存天竺沙門僧康會對孫權曰舍利威神豈有光相而已此乃刼燒之火所不能焚金剛之杵所不能碎）而此珠出於草木乃能制犀利之物無亦庶類精華之所融結邪然皆中國未之或見也所謂鍾於物而不鍾於人者茲亦一佐邪

蓬蓬柰

蓬蓬柰華言破肚子蓋果實也產於暹羅之崛隴如大棗而青島夷日乾以附遠漬以沸

汁其皮自脫圓滿如大李肉潤膩如紅酥甘美可餤亦珍味云南方草木狀所載廣南巢實精美備矣海外所傳如波羅蜜石栗海梧海松子蓬蓬柰雖稱珍奇要之皆在枝圓橘柚之下惟海松子入藥極為難得○波羅蜜桉隋書四夷傳百濟有異樹名婆羅婆兩湯注沮唐段成式著異木篇云婆羅婆樹其實大如甕又云出波斯國呼為阿菩鞞樹長五六丈皮色青綠葉極光淨冬夏不凋無花結實從樹莖出有殼褁之殼上有刺瓤至甘甜可食核大如棗一殼褁中有數百枚核味如栗崖州凡家園皆有之味甜而頗腥氣仁頗甘不如栗名獨盛矣○石栗樹與栗同但生於山石罅中花開三年方結實其殼厚而肉少其味似胡桃仁熟時或為群鸚鵡至啄食畧盡故彼人極珍貴之出日南○海梧子樹似梧桐色白葉似青桐有子如大栗肥甘可食出林邑○海松子與中國松同但結實絕大形如小栗三角肥甘香美出林邑新羅

崐屯山

山在大佛靈南凡七嶼七港是謂七門唐書廣州東南海行二百里至屯門山或疑即此山計之道里不同恐非也其旁洲嶼皆翼然環列適諸國者此其標也其山多兕犀野馬巨鼊異蛇大木復平川沃壤數百頃椰樹駢生墮實彌谷冬瓜延蔓蒼藤徑寸實長三四尺大踰一圍海上無人之境產物魁碩朱崖何首烏天南星二藥皆三倍於常品氣味自別固知有棗如瓜非誕語也糜腐若泥淖然舶欲樵蘇非百人不敢即往老佸嘗鑱崖壁識嶮以示防云

分水

分水在占城之外羅海中沙嶼隱隱如門限延綿橫亘不知其幾百里巨浪拍天異於常海由馬鞍山抵舊港東注為諸番之路西注為朱崖即今瓊州府所屬大約總稱朱崖儋耳即今儋州之路天地設險以域華夷者也朱崖儋耳之境縱觀于海則見洪濤駭浪勢如沸鼎色類藍靛遙望不極問于居民此外當為何所咲而不答嘗聞崖州老蛋云每取魚遠出界夜半畧聞鷄聲此為占城國而島夷志又云占城至崖州七日程盖海直抵天際朱崖與諸番皆在海中如浮卮然地理圖所載是也由外羅歷大佛靈以至崐屯山自朔至望潮東旋而西既望至晦即西旋而東此又海中潮汐之變也惟老於操舟者乃能察而慎之余子華講正蒙及潮汐以余忠襄海潮圖為是蓋主月之所臨潮必從之之說及遊朱崖讀王桐鄉摘集又以長短星為驗再檢嶺外錄云江浙之潮自有定候欽廉之潮則朔望大瓊海之潮半月東流半月西流潮之大小隨長短星不係月之盛衰始知王之說蓋祖此

萬里石塘

萬里石塘在烏潴獨潴二洋之東陰風晦景不類人世其產多琿璖蛤蚌之屬海南人以鋸解之磨礱為硯極可珍玩本草以為玉石類者非也其鳥多鬼車九首者四三首者鬼車晦冥則飛鳴能入人室收人魂魄一名鬼鳥此鳥昔有十首一首為犬所噬今猶餘九首其一常下血滴人家則凶夜聞其飛鳴則捩狗耳猶言其畏狗也亦名九頭鳥荊楚歲時記云姑獲夜鳴聞則捩狗周禮庭氏以救日之弓救月之矢射之是也漫散海際悲號之音聒聒聞數里雖愚夫悍卒靡不慘顏沾襟者袉帀脫小失勢誤落石

汊婁百軀皆鬼録矣

萬里長沙

萬里長沙在萬里石塘東南即西南夷之流沙河也尚書曰西被于流沙弱水出其南風沙獵獵晴日望之如盛雪舶誤衝其際即膠不可脫必幸東南風勁乃免陷溺宋玉招魂篇西方之害流沙千里

鐵板沙

成化二十一年乙巳　憲廟遣給事中林榮行人黃乾亨倩封冊之禮以如占城官治大

舶一艘凡大舶之行用小艚船一選熟於海道者數十人駕而前謂之頭領大舶之後繫二小船以便樵汲且以防虞謂之快馬亦謂脚艇是役也軍民之在行者千人物貨太重而火長又昧於經路次交趾之占璧羅誤觸鐵板沙船壞二使溺焉軍民死者十九艘伴中有麥福者同七十餘人奪一脚艇棹至崖側巨浪簸蕩衆懼捨舟而登山回望大舶覆處近如席前洪濤瀾汗惟敗篋破甑出沒于

其間數百人者滙滅無跡衆皆長慟於是晝行夜伏捕蛇鼠拾草木之實而啖風雨晦冥石妖木魅千奇萬怪來侮來狎悉難名狀且已忘甲子惟視月弦望以驗時日曾未浹旬死者強半存者二十四人復已缺食二日蹣跚冥行悵入空谷谷中石窟寬坦如堂有草葉如廣之水蕉掘之根類蹲鴟而大競取以食喉間微覺苦澁餘味如葛識者曰此非惡草也第未經風日水土氣作苦澁味耳乃曝

之日中衆亦偃息石窟已皆酣寢比覺曉矣煌煌矣遲明敲火燃草取所懸日中者煨而食之味轉香滑晨進一枚饑渴俱弭相率肆力而採頃之根裔都盡窟居二日體力完健乃人負數枚復沿水際而行俄聞谿中人語至見島夷數輩乘三小船循谿搜撈叚帛諸物有諳夷語者詢之乃交阯占城二國之交徼巡船也二船酋長聞是覆溺之餘為之隱惻各取十二人共載以歸二國夷王謂天朝人民館穀如禮於是占城遣人以二使來訃廣中始知大舶汨沒守臣以聞二使均荷䘏蔭二使以死勤事聞其孫子甲科世盛朱紫相襲天之右功不為晚矣紹興毛鳥崗題其家輓冊有白骨已沉恩似海錦袍其柰夜如年之句又踰年二國始具海舟資送諸人以還蓋同日達廣也逆計阽危之日至是已二年矣麥福自言向在占城旅次月夕夢還其家見三道士設水陸醮聞其妻哭聲而寤禱福於枕上亦哭同寢詰之語之夢無不酸鼻者次年抵家見其妻髽而麻衣莚几儼然夫婦相持悲喜交集詢其妻云函問至時為丙午六月晦初猶未信既而審然七月望始倩道流招魂而葬月夕之夢無乃是乎吁人之遊魂夕數千里不既神乎

海和尚

海和尚人首鱉身足差長而無甲舟行遇者卒虞不利弘治初廣東督學僉憲淮陽韋彦質先生將視學瓊州陸至徐聞方登海舟此物升鷁首而蹲舉舟皆泣謂有魚腹之憂議將襍之先生方嚴人不敢白也詰旦抵瓊留十許日試士都畢泛海而還若履平地後遷福建憲副考終于家語曰妖不勝德草木子邵子曰陸生之物水中必具計必有海人嘗聞之海賈云有海人出形如僧人頗小登舟而坐至則舟人寂然不動少頃復沉水否則大風翻舟

海神

風柔浪恬島嶼晴媚倏然紅旗整整擁浪而馳迅若徹電火長即焚香長跪率衆而拜曰此海神遊也整整紅旗者夜叉隊也遇者吉

矣南海神最靈驗勑賜廟宇春秋一祭國有大事天子為遣使進香廟舊有波羅樹一本海中大槃魚一歲間歲來朝民間舟中所事海神不一廣州有天妃祠亦受勑封王祭昌化有峻靈王祠蘇子瞻謫海南為作碑記餘不盡錄

鬼舶

海舶相遇火長必舉火以相物色日影向西或三或兩帆檣樓舵首尾間缺下上欹側掠浪衝突此舉火而彼不應者知鬼舶也亟乃披髮擲米拋紙而厭勝之遊魂為變則覆溺所亡者似為鬼矣所操之舶果何所化耶未可知也

飛頭蠻

飛頭蠻亦海山中鬼物也居處嗜好與人無別夜則其首飛去頋實穢物歸則身首屬而蘇之惟頷下微痕如紅線耳暹羅島夷有娶婦得此者其夫惡之或教以俟其首去置身于地以小刀刺喉頸間頃之首歸不合宛轉而死夷僧云是必素違誓約鬼罰乃爾然乎偶記小說云某人家生一子自然無首則飛頭者豈亦沴氣適然[illegible]有人嘗言海外[illegible]

婦者婦每夜從床前入地去飽食魚蝦而返衣循沾濕其夫欲逐之不果後生子如常亦無他異祭酒泰泉黃公志云嘗見香山縣深林中有物如嬰孩而裸自藤蘿中攜手魚貫而下相挽不斷見人輒笑至地而滅土人謂之赤蝦亦無所怖及閱雙棲集所載亦與此合又鹽商高氏言伐新清遠縣山中見一小孩奔走衆逐入枯樹中以火熨之出走死視之儼如人形惟脇下多兩翅耳二縣乃廣州屬邑已希異如此是知六合之中無所不有而海外神怪為多矣

人魚

人魚長四尺許體髮牝牡人也惟背有短鬣微紅耳間出沙汭亦能媚人舶行遇者必作法禳厭惡其為祟故也昔人有使高麗者偶泊一港適見婦人仰卧水際顱髮蓬短手足蠕動使者識之謂左右曰此人魚也山海經曰西海中近列姑射山有陵魚人面人手魚身慎毋傷之令以楫扶置水中嬰波而逝

蛇異

弘治間有舶欲販於占城者舶中二十人將即山而薪是夜舶主夢神語之曰明日薪山須多畏塭也寤而異焉[illegible]

不信舶主曰第八頁十許斤何礙衆從之乃乘二快馬即山山麓石潭深不可測二十人者分明而攻日影西下山聲殷殷如雷衆謂天日高晴何以有此是必有異升木而伺俄有巨蛇蜿蜒幾五里許其色正黑兩目如炬山巖奮迅而下沒于潭如雷者乃觸石崩隕之聲也有蜈蚣長可七尺騰躍而逐之旋潭䁛嗳昆端毒沫時時射潭內水色變如油抵暮潭面火燄高尺許舶人熟視乃自蜈蚣甲間出夜分循山而去光燁燁燭山谷遲明下山觀之蛇蜷踞死潭間衆方驚喜曰累塊之蔓實神虬也乃以藤纜聯巨鐵鉤引蛇出平野剥其皮厚如黄牛之革骨節中蠹臼醃其肉殆滿船腹衆乃輟薪載蛇以回舶島夷之船或過而見其皮問何從得之為價幾何舶主紿曰五十金島夷付之不較復問肉價幾何曰百金又付之不較易載将發舶主謂島夷曰君何急此為也島夷笑曰漢兒不識寶耳

是乃龍也其皮鞔鼓聲聞二十里[龍皮亦可製扇開元天寶遺事元寶家有一皮扇子製作甚質每暑月宴客即以此扇子置於坐前使新水灑之颯然風生巡酒之間客有寒色遂命撤去明皇亦曾差中使去取愛而不受帝曰此龍皮扇子也]此皮中七鼓一鼓即償今值易易也肉以為鮓貨于國中且不知值又幾倍矣舶主懊恨自謂其不善賈也[人有見小蜈蚣逐尺餘小蛇于池塘蛇但沒水蜈蚣于水面布毒沫蛇不禁自浮出蜈蚣乃齧殺之并去其兩目如八云蜈蚣寄種于虻日是以毒也凡蜈蚣極大則有實珠雷每擊之或云惡其善傷龍也又沈存中筆談云見一蜘蛛逐蜈蚣蜈蚣循籬竹裂隙而入蜘蛛以腹磨竹隙再三而去少頃破竹視之則蜈蚣斷爛不屬矣蓋蜘蛛有法以殺之也物之以小制大理實運之耶]

龍變

岡瀬海州也環海皆崇山其氓多以樵採為業昔有樵者三十餘輩駕二白艚涉海而薪薪午将及岸遥望巨物青黒如蛇垂首山脊其角觿觿也諸衆人驚相召曰蚺蛇吞鹿矣[蚺蛇長數丈大亦數圍善吞鹿鹿角難進乃伏水中俟其将腐變登木自絞則角脫骨盡出矣楚詞辯證疑巴蛇食鹿出骨事以廷誕而蚺蛇已有然者膽入藥最良本草以為産於高雷而海外尤盛]彼利得鹿吾屬利得蚺耳棹歌踴

躍而前維舟山麓以梃與刃譟而爭先比至山半陰雲四合雷電大作雨雹石注樵者怖散莫知所之頃之天日開豁崩崖拔木彌溢山谷樵人血額裂趾者纍纍而集顧見二白艚閣置樹杪攀木而升則雨雹滿載惟米壚衣被略無所損乃取米若釜為糜而食越數日別艚踵至衆乃得歸此或龍運天變之期也頗海居民每值龍運則屋宇人畜頃刻半空無論舟楫也易曰龍戰于野郄陽號曰神龍驤首奮翼則浮雲出流斷際也天地且易位人孰得而嬰之○深山大澤神物所居切不可觸犯續搜神記云昔有三人共在山中伐木忽見石窠中有二卵大如升取煑之始湯熱便聞林中如風雨聲須臾有一蛇大十圍長四五丈徑來於湯中啣卵去三人無幾皆死

石妖

妖出崐屺山疑亦陰精也昔漳人有販舶者偕伴數十薪于山中崖間石壁可鑑漳人袒負石立俄有婦從石隙出姿態姝麗殊非蠻島所有漳人與語媚之迷惑忘返遂伉儷焉婦日獻草木實殊形異色味皆甘脆遂已饑渴乃導漳人葺茅以居繞舍蒔美竹踰時即長林鬱鬱無復寒暑漳人時從婦陟巘求食每遭猛獸鬼物婦身為蔽翼習見毋怪亦毋恐也婦又教之驗草木榮落以記時歲漳人安之是生二子不自知其流落海嶼間也所閱草木凡五榮落婦或他出漳人獨居忽聞伐竹聲往視乃舶樵也中有舊侶二輩即鄉思油然向舶人道所以請共載以歸舊侶乃匿之舟中婦挾二雛追至沙漵侏儷之聲如詈擲二雛於水號噭而去漳人登舶竟瘖不能語夷堅續志廣州有商人輿同伴泛海往諸國經紀偶中流得病力別同伴登岸歇泊至一洲間結茅居止遂相與約云若回舟如見竹竿標記衣物可來相接若無標記即已不諦不必泊船恐阻風利也越半年舟經前地則竹竿衣物並無矣衆相望欷歔而回○昔有富商漂海舟折抱一板至岸得熊毋挽之而上登石竅甚深窈其中以草芥毛羽為巢頗温煖菓木具設商安焉與熊合而生子狀類俟後有賈舟經其下商抱子登舟有珠數顆極為珍美熊見商去亟緣崖而下攀附不可投水死商攜子歸本姓之子不容遂養于別所長分以財帛俾店于公安而姓之曰熊今其遺種猶存

嶺海續聞

猺

本五溪槃瓠之後自荆南以來皆有之隨谿峝群處而生亦獠獞類也椎髻跣足有梂捕無賦役各以遠近為伍不屬于官嶺海間號曰山民又呼為白衣山子按胎髮不薙除長大而無櫛篦不裹巾蓬垢猙獰是為椎髻

獠

依山林而居無酋長版籍年甲姓名以射為生凢蟲豸能蠕動者皆食之惟有事力者曰郎火餘但稱火舊傳有飛頭鑿齒鼻飲白衫花面之屬二十一種今蕃衍有百種云

黎

海南四郡隝土蠻也隝中有黎毋山諸蠻環居四旁號黎人山極高常在霧靄中久晴海氛清廓時或見翠尖浮半空云人皆椎髻跣足婦人繡面加銅環耳墜垂肩多王符為姓供賦役者為熟黎不供者為生黎又名乢音岐

人

蛋

海上水居蠻也以舟楫為家捕魚為業且生食之入水能視見水色則知龍故曰龍戶齊民目為蛋家合浦珠池蚌蛤惟蛋能沒水採取傍人以繩繫其腰繩動摇則引而上先煑毳衲極熱出水急覆之不則寒慄而死或遇大魚蛟鼉諸海怪為鬐鬣所觸往往潰腹折肢人見血一縷浮水面知蛋死矣

長人

河池州近山地牧童十餘人聚而嬉戲或歌或舞懽如也忽見山半一人約長二丈面横三尺餘皆倍之被髮鳥喙背有双肉翅俯觀群童為樂嘻然而笑聲振林樾火頃舌垂長過腹群童見而駭之良久乃去不知何物又不害群童意乃夷方別一種人哉

盧亭盧循遺種

盧亭人屬胎生黄睛短髮出沒海洋以魚鰕

為食惟雄者後有小尾長寸餘其牝牡則人也語侏儒不可辯蛋人諳其性得其小者育之衣以樹皮木葉長令捕魚採珠取珊瑚極便捷其性專慤與山貌等乃身腥穢不可近嘉靖間備倭黑孟陽捕海寇得一於舟中呈鮮粵省因飡火食死馬識者謂為盧亭無乃鮫人之類也乎能伏水一二月正德間香山漁者罾中曾獲一人

珊瑚

珊瑚產西南海相傳濱海人織鐵網沉之海中必久而後生有長寸餘者有高尺許者融結鮮紅入中國製為器飾其價翔矣或曰以鐵網取之有高至三尺者西陽雜俎載漢積翠池中珊瑚樹高一丈二尺一本三柯有四百六十二條是南越王趙陀所獻號為烽火樹夜有光彩常似欲燃晉太康三年王愷石崇競富愷嘗以珊瑚樹高二尺許者示崇崇便以如意碎之愷以為疾已之寶崇曰不足為恨今還卿令左右取其家珊瑚樹高三四尺者六七株如愷者甚衆集異記光武時南海獻珊瑚婦人帝命植於殿前謂之女珊瑚柯葉茂盛

瑇瑁

玳瑁形似龜黿背甲十二片黑白斑文相錯以成其邊襴闕齧如鋸齒無足而有四鬣前長後短其上皆有鱗甲以四鬣櫂水而行海人養以鹽水飼以小鱗以俟取用海槎餘録玳瑁產于海洋深處其大者不可得小者時時有之狀如龜鼈背負十二葉有自然文藻取用時必倒懸其身用器盛滾醋潑之逐片應手而下製為器皿其價頗翔

金剛石

產深水中人不可取以肉投澗底有鳥如水鳧食其肉糞中得之名金剛鑽亦寶石也貞觀中有婆羅僧言得佛齒所擊前無堅物觀者雲聚傳奕謂其子曰是非佛齒吾聞金剛石至堅物莫能敵惟羚羊角可破汝可往試之應手而碎觀者疑釋至今理玉石者用之

七星珠

合浦村有老嫗晨往海濱汲水獲巨蚌剖之得一大珠歸而藏之絮中夜輒飛去及曉復還嫗懼或失以火煑之至夜有光燭天鄰驚競往赴之見光自釜出乃珠也明日聞之官珠如彈丸狀類水晶其中隱隱露北辰之象經煑色黯郡不敢貢南越志端溪俚岑班入山遇一寶珠徑五寸取還夜光明燭國俚人懼以火燒之雖小損猶照一室

龍涎香

南巫里洋之中有龍涎嶼浮灔海面波激雲騰當春明景和群龍來集於上交戲而遺涎沫夷人駕獨木舟登嶼採之歸而市之番舶其香初若脂膠黑黃色聞之頗覺魚腥然能收斂腦麝清氣雖經數十年不變以少許和香焚之則翠烟浮空芬芳凝結不散番中每香壹兩准金錢十二枚價甚翔矣按香有三品一曰汎水輕浮水面善水者伺龍出沒隨而取之入香用二曰滲沙凝積多年土滲中三曰魚食為魚所食散糞於沙磧俱不甚入香其色有褐黑色者採在水也褐白色者採在山也諸香中惟龍涎最難得乃番中一禁榷之物當其採時或遇風濤則人俱下海一手附舟一手把水方得抵岸噫險哉

珠熟

珠出合浦海中有珠池蛋户投水採蚌取之歲有豐耗多得謂之珠熟相傳海底有處所如城郭大蚌居其中有恠物守之不可近蚌之細碎延於外者始得而採北户錄西南海有羅子國採珠人盛以革囊止露兩手腰絙石墜入海手取蚌并泥沙貯滿囊中撼絙舟人引出遇惡蟲以酢噀之即去然往往有死者

紫綃

紫綃帳得於南海溪洞中酋帥盖鮫綃之類也輕疎而薄如無所礙雖屬凝冬而風不能入盛暑則凉自至其色隱隱焉不知其帳也亦奇物哉搜神記南海之外有鮫人水居如魚不廢絹織其人能泣珠所謂紫綃或其織也

蠻鼓

俚獠鑄銅為鼓相傳有是鼓方為都老群情推服每有攻擊輙鳴此鼓以聚衆頗自貴重華形金質中空無底鈕垂四懸款製奇古隱隱皆科斗八卦紋周遭蹲蝦蟇十二唐僖宗朝鄭絪鎮番禺高州守林靄獻之初因村兒聞鳴蛙之變得于蠻酋大塚中今南海廟尚存惟蝦蟇殘缺聞正統間海寇謀取將出門鈕斷得不去扣之猶鏗然有聲亦神物也溪蠻叢笑蠻地多古銅有銅柱馬希範江水中掘得銅鼓如大鍾長筩三十六乳重百餘觔其紋環以甲士中空無底虞衡志銅鼓古蠻人所用南邊土中往往有掘得者相傳為馬伏

波所遺其製如坐墩而空其下滿鼓皆細花紋極工緻四角有小蟾蜍兩人舁行以手搏之聲全似鞞鼓瓊州志永樂中黎兵挖引多㹀溪水得一鼓長三尺面圍五尺凸二寸許沿邊皆科斗各蝌綫延臍束腰麥尾擊之聲如鵝鸛聞數里○隆慶間大征九綵撫臣獲銅鼓數具以獻時江陵當國欲納於太廟禮卿以為不可暫置朝房余見狀之若敬者矣若釜者矣若鼓者矣質樸紋麁擊之聲若牛鳴相傳云諸葛遺製

石梅

生海中一叢數枝橫斜瘦硬形色頗似枯梅雖巧工造作所不能及根所附著如覆菌或云本質為海水所化如石蟹石燕石蝦之類大抵皆海水融結而成久之亦化為石矣俗呼為海枇杷者是也

青螺

狀類田螺其大如拳揩磨去其麁皮有翡翠色琢為酒杯又有鸚鵡螺狀如蝸牛頭淡青色身白色周遭間赤色數稜磨治出其精彩亦琢為杯鑲以黃金頭頸足翅宛然亦可玩也

石鷰

石鷰本海中水沫融結成形歲月既深遂氣化為石蓋陰精也當霧雨瀰漫亦能行能飛許渾詩石燕拂雲晴亦雨謂此出牂牁江今海南亦有之治產難虞衡志云石蟹生海南形似真蟹乃海沫所化治癰腫醋磨碗碟中尚能蠕動又有石蝦亦其類也亦奇矣

人面子

子大如青梅核如人面兩目鼻口皆具肉甘酸宜蜜核中仁白如榛松點茶頗清

椰子

木身兼悉類棕櫚子生葉間一穗數枚皮即大腹堪入藥子殼可為器子中瓤如玉瓤中漿如飴伽藍記所謂酒樹是也子有人為六稜者製酒杯佳愈小而直愈昂矣

桄榔

木直如杉又類棕櫚有節似大竹一幹挺上無旁枝高數丈開花數十穗綠色釀木皮出麪伽藍記所謂麪木是也心可為炙近以其

木鏇為棋罐香盒諸器蔚有斑紋可愛

猪肥子

洲木蔓生葉類土瓜花于春而秋實之狀似猪腰子差小殼堅有斑斕色去皮炙之多脂味如肉可食土人呼為猪肥子云余謂酒樹椰也麪木桄榔也并猪肥名曰肉果可乎三者皆產炎嶠亦一奇也

羅望子

殼長一二寸形如肥皂又類刀荳色丹内有三四實熟之味如栗土人呼為水浪子望浪聲相近蓋誤云

波羅

木高數丈不花而實如瓜皴外膚磊砢像佛髻實中子大於龍眼可蜜熟之味與栗同相傳種從天竺來達摩弟達奚司空携植中國云

菩提

梁天監元年智藥禪師自天竺來手植菩提一株于王園寺後六祖以菩提悟性傳衣鉢遂祝髮於此今為光孝寺云樹至今存其徑合圍虬然蒼古葉似楓而大冬夏菁葱僧取其葉漚之質輕如蟬翼好事者製為燈篝火于中晶熒洞達視之若無有馬頗得禪宗清澹之趣

紅蕉

葉類蘆箬心中抽條條端發花葉數層如菡萏日拆一二葉色鮮紅每花瓣首有翠綠一點尤為可愛春夏開至歲寒猶芳俗名美人蕉是也又有一種根出土處特肥如膽餅名膽餅蕉又有芭蕉大者㕎冬不凋中抽幹長數尺節節有花花褪葉根有實去皮取肉軟如綠柿味甘性涼或以飼小兒名蕉子柚其絲可為布

象

月山叢談象性最靈皆來自安南過水則浮以鼻向天若植桅然其候以秋七八月至食人禾稻村民設象囮以誘之其家預掘坑以待象囮引野象陷坑中飢三四日為假人以

篙懸下乘坐初時大躍漸以草拔之入則[illegible]狎然後坎地出而縶之其牝牡相交在水傍泥淖中藉以樹葉如人道若人見則羞起逐之人須環嶺走乃得逸不爾樣之成糜矣比户録雷州產黑象牙小而紅土人捕之爭食其鼻云肥脆甚為炙蓋象身有十二肖肉惟鼻是其本肉梁翔法師云象一名伽那占訓云象孕五歲始生

小龍

羅池人計巡檢山居嘗出行獲一巨卵使鷄伏之乃產一蛇長不盈尺四足蒼色鱗甲究然昂首步行若獸家人以米汁豢之數月漸大好飲生血行止隨人甚為馴擾呼為小龍因放之溪潭數年後一夕風雷暴作雲霧中有蒼龍自潭起長數百尺乘空而去

大龜

政和中路公馮奉使三韓舟行海中忽見黑山湧起波間山頂有光如兩日並出官吏大恐舟師曰此大龜出游兩日者其雙目也當作法禳之良久乃沒宋太宗時萬州獻六眸龜洪武四年暹羅國進六足龜皆異物也

五色龜

番禺鹿步都之小坑村去海不遠而有巖巖下有石石下有水深三尺許聚亂石為池上有一石徑約五尺可坐卧下瞰池水水中有龜大小計二三十枚青黃紅白交錯於澄波遊人至梭以餅餌其大者率群龜趨食之馴擾可愛或萌欲取心即瞥然不見矣北户録云粵中有金龜甲蟲也五六月生于草蔓上大如榆莢細視之如金貼龜背行則成雙其蟲死則金色隨滅如螢火然

蚺蛇

蚺蛇大如柱長稱之其膽入藥腊其皮可以鞔鼓常出逐鹿食之蠻人數輩滿頭插花趨赴蛇蛇喜花必駐視漸近競树其首大呼紅娘子蛇益俛不動壯士以刀斷其首亟奔散遠伺之有頃蛇覺奮迅騰擲小木盡拔力竭乃斃數十人舁之以歸一村咸飫北户録蚺蛇大者長十餘丈圍可七八尺多在樹上[illegible]鹿過者吸而吞之至鹿消即纏大樹上出其骨角乃不

復動夷人伺之以竹篾穀之取其膽也異志蚺蛇牙長六七寸土人尤重之云辟不利遠行一枚直牛數頭○嘉靖間電白有弁家人婦往樵于山為蚺蛇所蟠亟聚衆之蛇含之去婦人尚有微氣灌以雄黃稍蘇竟毒發而死盖蚺蛇性淫見婦人裹衣輒盱其上故人得而臨之肉白味佳能解諸風毒膽有二一真一水被逐急自裂水膽與人入藥無効以真膽著男陰即消縮不舉或以葛藤尺許擊其首伏不敢動貫其鼻牽之即行不知物之相制乃如此

鈇蛇

鈇蛇産固戍海百里内深秋浮於水面漁人網得之蠅頭筋頸腹臂尾鰻口有毒涎齒利傷人膏肉温補能療諸風或入藥或釀酒或臠而囊懸酒甕中服之說者謂功不在白花蛇下

嶺海續聞　二三

紅蛇

雷州對岸見群小兒簇二尸蛇各長丈餘一如孔雀尾鱗色金翠奪目一真紅色鮮明若血又有十餘頭白蛇前後相次若導從然俱入一榕藤竅内竟不復出

山獺

焉之淫獺者獸之淫者獺唐之武后鵠也金海陵獺也獺無偶則抱木而枯何無尾生倚倚而没也

出蠻中溪峝俗傳為補助要藥獺性淫毒山中有此物凡牝獸皆遠遁獺無偶抱木而枯若人中藥箭磨其骨少許傅之立消其價甚翔得殺死者尤効武后時方海陵獻

風生獸

炎洲在南海中地產風生獸似豹青色大如貍張網取之焚之不燬毛亦不焦以石菖蒲塞其鼻即死焉取其腦和菊花服之益壽又有火林山生火光獸大如鼠毛長三四寸或赤或白晦夜有光取其毛緝以為布所謂火浣布是也衣污以火燒之振去風垢潔淨如新海西富浪國產食火鳥駝蹄蒼色鼓翅而行高丈餘食火

嶺海續聞　二四

山鳳

狀如鵞鴈嘴如鳳巢深林中伏卵時雄者以木枝雜桃膠封其雌于巢獨留一竅雄飛求食以飼之子成即發封不成則窒竅殺之亦物之異者與前所記山鳳同而補其未備

孔雀

羅州山中多孔雀雄者生三年有小尾五年成大尾春生秋凋與花萼俱榮衰捕者候雨甚往擒之尾霑雨重不能高翔且惜尾恐傷不復奮也雖馴畜頗久見炎婦人衣服華麗必妬而啄之芳時美景聞管絃笙歌必舒張翅尾盼睞而舞土人欲取其尾持刀隱於叢林伺過急斷不則回首一顧金翠無復光彩矣虞衡志孔雀生高山喬木之上人探其雛育之喜卧沙中以沙自浴呴呴甚適雄者尾長數尺生三年尾始成歲一脫尾春夏復生翎不可近能損目人以豬腸及生菜飼之惟不食菘

鱷魚

鱷魚如鼉而喙長半其身鋸其齒有四足如獸行尾有三鉤極利見鹿豕即以尾戟之以食生卵甚多或為魚為鼉其為鱷不過一二大者如船占城恃之以決訟昌黎為文遣之則一夜率種類西徙六十里蓋物之戾而靈者

劍鯊

海鯊有變為虎者具見前說又有一種劍鯊俗呼為鋸鯊云其大者鼻衝長丈餘濶尺許黃黑色其直似劍其旁排列戟刺㨗業如鋸齒然力能破舟裂網橫行海中群魚遠避稍不及即磔而食之莫敢攖其衝也

緋猿

高涼青山鎮其山多猿有黃緋者緋者絕大毛彩爕鮮亦奇獸也又傳有青白玄黃能伏鼠善啼其音凄入肝脾方知當一部鼓吹豈

獨鼃聲然哉

長鳴雞

西京雜記成帝時交趾越裳進長鳴雞長距善鬭伺晨雞即下漏驗之晷刻無差每鳴則食頃不絕洸懷遠讚曰翠冠繽苕碧距麗陳就昏別夕望旭譍晨

大魚

有人至補陀山望見海中數十里外有旌旗如軍行數萬騎者湧躍東下其人駭之舟師

曰此大魚耳旌旗狀者其鱗鬛也須臾稍近山石為之震動久之獲寧西京雜記有人汎東海既而風惡舟漂不能制隨風浪莫知所之一日夜得至一孤洲共侶懽然下石植纜登洲晨炊炊未熟而洲沒死者十餘人在船者亟斷其纜船復漂蕩向者孤洲乃大魚也楊鬣吐浪而去疾如風雲釋氏書謂海中有魚其大如山背産大樹業風鼓撼痛苦難禁宋史載罽賓國天神祠前有一魚骨竅中可通騎馬往來泛海録云洋中之物莫巨于魚其背鬣矗然山立弥亘不盡所經海波兩拆不合者數日山菴雜録云有魚從海中過揚鬣露脊枝南而行凡四日夜始盡其身乃知莊子千里之鯤非寓言也

番車魚

海槎餘録載昌化屬邑儆海洋中有二大魚

遊戲水面决起烟波中約長數丈離而復合者數四每一跳躍聲震里許土人曰此番車魚也間歲一至蓋交感生育之意耳今中州樂肆中懸大魚骨乃其脊骨云

風貍

狀似黃猨食蜘蛛晝則拳曲如蝟遇風則飛行空中其溺及乳汁治大風疾奇効

紅蟹

儋州出紅蟹大小殼上多作十二點臙脂色其殼與虎蟹堪作疊子一名蛫音詭廣雅云雄曰蜋螘雌曰博帶抱朴子曰山中稱為無腸公子古今註云小蟹一名長卿廣志云鋪音脯小蟹大如錢又蟹奴如榆莢在蠣腹中生死不相離山海經載千里蟹洞冥記有貢百足蟹長九尺四螯

蛤蚧

首如蟾蜍背綠色上有黃斑點若古錦文長

尺餘尾絶短其族則守宮蜥蜴蝘蜓多居古木竅間自呼其名聲頗大又有名十二時者自旦至暮變十二色亦其類也齧之傷人

璅蛣

璅蛣一名沙螺好事者以其茸美細嫩又名西施舌云産於海類蟶而差大與蟹合體共生當潮長時腹中各出一蟹僅如榆莢螯足具全散食于沙汭飽則仍歸鮭縱横千百無一誤入他腹者蟹或不歸璅蛣則餧而槁矣

然亦有無蟹而璅蛣未嘗不生理不可詰郭景純江賦璅蛣腹蟹類說蠣殼中有小蟹名蠣奴皆可謂體物之妙矣

海粉

海中有物若水母形小而圓無頭足其色灰隨潮往來飽則脂漫至淺沙散粉從後竅溢出若蚕之吐絲匀停柔細狀類米粉初浮於水久則糾結於沙漁人拾而陰乾市為海粉云腹空復入深水化去不知所之海中又有石髮纖長如絲縷

饞燈饞燈

天寶遺事南海有魚多脂束以為油點燭紡績則暗照宴樂則明佛書謂之饞燈或云懶婦所化豈其然乎又谿峒間有獸名懶婦當七八月禾熟時群来掠食土人患之度所經行處交置機杼織作之具懶婦見之宵遯與此相類并附之

龍蝦

水經注晉滕修為廣州刺史其鄉人語修蝦鬚有長尺許者修不以為然其人至東海取蝦鬚長三四尺者示修修始信厚遺之余近見蝦形甚雄赤色突目鬚甲猙然土人取其殼懸之其猶龍乎故曰龍蝦北戶録潮州出紅蝦大者長二尺土人多理為杯王子年拾遺大蝦長一尺鬚可為簪洞冥記載有蝦鬚杖爾雅有鰝蝦出海中長二三丈游行則竪其鬚高于水面鬚長數尺可為簾

文魮朱鼈

南越志海中有文魮鳴似磬鳥頭魚尾而生玉海中多朱鼈狀如肺四眼六足而吐珠

龜曆鰲光

唐堯之世越裳獻千歲神龜方三尺餘背上皆科斗書有五行八卦二十四氣記開闢以來帝令録之謂之龜曆于頓在南海夜忽曉如日初出移時復晦後海客言其日夜海中大金鰲浮出目光照耀如白晝與其日正同方知鰲光

蚊母扇

新州有鳥類青鵁嘴大常在池塘間捕魚為食每作一聲則蚊子群出其口矣廣志云蚊

毋此鳥吐出蚊也其翅堪為扇揮之可以辟蚊

維摩經

宋呂端奉使朝鮮過海洋祝神曰四日無虞當以金書維摩經為謝比四忘之風濤大作遂取經投之聞絲竹之聲起於舟下音韻清揚非人間比經沉隱隱而去吟齋夜話王棨老嘗宦覩州渡江阻風七日父老曰公舟中必有奇物此江神極靈當獻之可濟棨老以黃麈尾獻之風如故又以端石硯獻之風愈作夜卧自思有黃魯直書滁州西澗詩扇持以獻之必須水天相映如展鏡南風徐来帆一餉而濟觀江且然況東海為龍宮寶藏之所豈無神以司之維摩經之取非誣也然其事亦奇矣

梅花夢

開皇中趙師雄遷羅浮一日醉遊憩于麓之林舍俄見一女澹妝素裳氷肌玉骨逍遥焉于時月色熹微雪光掩映真天人也師雄訝之與之語祗覺言詞超俗芳氣襲人無何有一綠衣童來笑詠婆娑亦有意態久之清寒漸播醒然起視乃在梅花樹下上有翠羽啾嘈已而月落參横不勝惆悵

遊仙枕

開元中海國進枕一具色類瑪瑙温潤如玉其製甚樸雅若枕之則十洲三島四海五湖舉在目前恍疑身之與遊也玄宗愛之自名為遊仙枕

記事珠

燕公張説為相時有海商售珠一顆紺色有光名記事珠或有遺忘以手持弄此珠便覺心神開悟事無鉅細豁然通明燕公寶之惠州天馬山每歲當大比夜有驪珠如斗瑩然光彩謂之驪光視其多寡占舉子之名數又有賈胡自異域負其國之鎮珠逃至五羊國人載金寶贖之以歸比至中途珠復走還徑入石下不出至今此石往往有光夜發掘即走珠之祥

龍角釵

大曆中林邑獻龍角釵二枚類玉而紺色上刻蛟龍之形巧麗精奇非人工所製上以賜獨孤妃一日與妃同遊龍舟池有紫雲自釵上生俄滿舟楫上亟命置之掌中竟化二龍

而去

樹兒

大食國中有一方石石上有樹幹赤葉青枝生小兒長六七寸見人皆笑動其手脚若着樹枝其使摘取一枝兒即槁死

人異

昔有波斯入粵相古墓有寶氣乃謁墓鄰以錢十千市之比發而棺衾肌肉俱銷惟心堅類石鋸開見山水青碧秀麗如畫傍有一女艷妝凭欄凝眸垂睇盖此女生時有愛山之癖朝夕吐吞清氣故能融結如此亦異矣哉

土怪

夷堅志鄭安恭為肇慶守有直更卒每夜見城上亭中火光往視之乃十餘人聚賭卒戲伸手乞錢諸人争與明日辨之真銅錢也夜復如是所積甚多會庫失錢并銀或疑卒近多妄費試檎之具道所以鄭意必土偶為祟乃押卒使人徧索至一廟中有土偶狀貌類所見者碎之腹中或銀或錢合此卒用過之數相符盡毁其怪遂息雷州府誌舊州治前立石人十二執牙旗兩傍忽一夜守宿軍聞人争博聲趨視乃石人也次早聞于官郡守閲視庫藏封鑰宛然而所失錢與所得錢數無差命分散石人其怪遂止二事相類并附之

咸賓録八卷

〔明〕羅曰褧撰

《咸賓録》八卷，明羅曰褧撰。曰褧字尚之，江西南昌人。萬曆十三年（一五八五）舉人。是書撰於萬曆間，分八卷，計有《北虜志》一卷、《東夷志》一卷、《西夷志》三卷、《南夷志》三卷。以明朝爲主，四夷爲賓，取四夷通貢者入録，故名《咸賓録》。然檢核其書，並非皆記通貢之國，所記周邊各國及邊疆少數民族亦詳。於其方位歷史、人物事蹟、風俗山川物品，一一擇其尤稱殊異者録而存之，而特詳於各國與中國往來之記載。至叙萬曆以前邊將用兵事，尤爲一朝掌故。全書徵引浩繁，正史、地志而外，博採筆記小説及佛經，達三百四十餘種，多罕傳、亡佚之書。凡正史所略，則取稗史逸聞以爲補苴；凡正史所詳，則略而不論。其詳閲略採如此。據《豫章叢書》本影印。

咸賓録序

咸賓録者録四夷之事也曷取乎四夷之事胪列衆卑以承一尊而已經之以天儀陳之以地紀建之以帝制揆之以聖符而六合之尊不分四夷時叙則是録之成也淳維逖矣漢高文實為兵主攘夷之威隆于建元晉唐不戒孽芽于内宋剥而南攘肌及骨崖山之事方之永嘉天寶蔑矣爰

有大聖憤發其雄大都應昌至于捕魚之海莫我敢承龜食庚廣夏啓以光其三犁之烈乎九世柔服越成順豢河湟蠢蠢是厘小琖作韃靼志東胡之族慕容為梟代興者耶律夘翼石晉以有河北厥州十六陰始凝矣馴致其道金元出爲兀良哈載其忠順

帝劃三衛畀之而不疑予之貢衛百而不貳惟我實制其命降是之代利用金柢作兀良哈志鴨緑並海維朝鮮用夏變夷時維父師通道于顓閉關于桂治以不治嵎夷攸服奄有三韓遂叢東國作朝鮮志肅慎苦窳勇于公鬭開皇觀舞而有戎心耶律安淂而虐用之爰攻殺機自觀魚之役仰天務面以怒戰士而東封遼遂東封宋二帝不台為世所懷亾殷鑒也

大聖起之厥貢惟弩矢作女直志倭嶮而驕以桀詐尭鬩越登萊五十九城東甌之營在焉今圖修先臣之勲而令富都賈竪乘其奇羸以私海市政吏駢悪驅群失職之民以為羽翼一旦引蔓安淂獨咎島夷也曰商是常琉球有焉作日本琉球志漢通西域匈奴爭車師伊吾廬國初西封亾有七衛高昌柳城是稱屬國羔麻之亂以

勤祈父而弗克遂師老財匱棄之何以示
遠人令稱漢兵若日月哉今
天子西顧而重右地安淂定遠之臣無替
舊勲以北踦胡西通大夏罽賓絶遠貢其
珍獣旅獒戒爲作哈密諸屬國志西方之
聖見自由余穆王與化人神遊何異今之
言浮屠者自金人見夢于明皇老胡世容
于樂府而迦維之教靡然海隅至梁武甘

心于佛家奴唐憲屈萬乘之尊以逆枯骨
則傳矣韓愈之論未為失之真君建德推
波助瀾從風止燎亦有味乎其言之也我
德西暢貢其嘉瑞有麟儀儀君子之態作
天竺默德那志騫雖鑿空而不睹崑崙河
源星宿信而有徵闐風層城金母居之其
華山之博乎厥土維膏厥産維饒採珠于
秦貢玉于闐獻鳥于夏驅馬于宛其餘犀

象羽毛齒革涉于流沙同于玉門觀于王
會九賓祈祈有殺于庭我德則可謂允懷
矣作佛菻于闐三十一屬國志漢苦四姓
築令居之塞克國留屯金城諸羌死解唐
寔不競宗女再辱金城之降湯沐何為誘
以近塞啖以美地荐草乳貢之無忘甥舅
奉香火遵約束亡具甚矣我守其鍵而持
其鐔蒙須其茶馬之利乎作吐番志南交

曰暘谷羲叔所宅
神宗赫怒命征孰與
文皇之師二十五將扶義而南新城之威
三致僞主不以此時鞭弭使之至
天子蓧塞休吏士丞相襲富民之號而萬
里之外數扑數起宜其不以介鱗易冠裳
也莫氏之亂不頓一戟非廟算何以臻茲
作安南志王者雖不治荒服而天寔全付

所覆梯航所至悉主悉臣越裳九譯以海波知中國之聖大邦九小邦十四貢其珍賮三國之君去夷即華精英留于侯甸帝有悼焉作占城三十三屬國志夜郎不知有漢而漢兵至于境梁王戮我介使而虎螭之師四面而集戡定于頴安集于黔二百餘年以不震驚都望邑屬營如内地麓川之勋以大武而涉遠宅緬酋匪茹不以

邊簺而寇令焉亦封疆之過也作南中諸夷志蜀之南陲滇之北際中央曰羅鬼不合如礪

高皇謬權于幽不褻信臣以全一方之命二田交戟自遺敗滅溪刺香鑪普安蜡尔撫勦之政参而由焉作貴南諸夷志槃瓠之裔散于五溪淫于三江伏波而降有郴桂之征有大藤之師其餘黎獞之族蛋蜑與居鴝鵲與栖鳥夷獸夷以勞王師我

國家不為也作五溪三江七種夷志為卷凡八為篇凡百有奇其山川背負長城塹山堙谷西有崇山限蠻隔夷東南際海謹守二汛此其大者其土物胡弓粤鎛是稱用物東鶼西鰈南茅北黍王者之嘉祥在焉其遐陬珍怪則百家九流稗官野史之所自出聖不語怪而九牧之金百物而為

之備使民知神姦山澤川林不逢不若于傳載之其彛則稽統者觀其常防微者觀其變懷柔者觀其仁駕馭者觀其智賔貢者觀其禮文告者觀其信兵戎者觀其武此羅尚之氏所為成文數萬以自當于不朽之事矣録之創造歳在寔沈成在壽星在大火閼伯之辰而授之剞劂傳之博雅君子

萬曆辛卯仲夏月豫章劉一焜元丙父撰

凡例

一古今書史所載四夷最廣名亦最多如言十州則云遠者去中國百萬里言九州則云中國爲赤縣神州如此者九言五印度則云中國特印度之一是爲南贍部洲也而佛告阿難海中有三千洲正中大洲凡二千三百大國每小洲中或各二三百國若釋家所繪形容有類禽獸然者今一切不載何也葢是編爲咸賓而志非爲四夷考也故凡通貢者載之若通貢前朝而當代不通雖紀名正史之國亦且削去況諸書務爲怪異者耶諸凡四夷

異域無關貢獻者更有別錄可考

一所紀四夷事有以種落者有以地者如韃靼蠕蠕回紇本皆匈奴種也故系載之至於鮮卑契丹雖得匈奴故地彊盛如之第韃靼志太多又二種出自東胡故載在兀良哈志中以便覽也比以種類載也若西域南蠻惟論其前後大概不盡分其族類此殆以地載也

一本志所載事跡世次輒與正史不合如史紀以匈奴特淳維之後熏粥爲唐虞之虜今則以爲熏粥桀之子也至於契丹唐書五代史第云東胡之種

先無可考今則有男女相遇木葉山事西戎南蠻如此例者甚多葢因正史所略故特採之稗史以補遺云

一今好古之士博覽者多獵名者亦不少讀漢以前書者多讀漢以後書者少況秦漢以前奇書秘記無慮充棟今學者稍涉左國經史諸書遂覗然自以爲博殆井蛙之見而未覩夫大海也以故本志於正史所載如匈奴突厥諸夷事余獨畧之而出自他書者稍詳至於事之眞誕說之詭正非所較矣

一今通貢之國雖大明會典一統志吾學編諸書俱列其名第世系事跡絶無可稽而風俗山川物産又太略而不詳今稍得其大概矣亦有自古未通世系無可考者則列於各卷之末其在洪永間間一通中國者尚多但地與俗諸書罕見譯使無聞故不暇録其名姑置之以俟異日考証云爾

一南中以下俱中國郡縣衛司之地與化外諸蠻不同乃一切置之南夷中何也葢自滇至緬原屬雜蠻而川廣之間多爲羈縻州峒今皆奉我正朔或供命納輸或聽調奉貢王化遠矣第其土人負悍好殺天性固然稍失經畫卽雲貴省地已爲可虞況遠之而軍民府衛乎又遠而緬甸木邦等司乎故編爲西南夷二卷以彰我　國家闢地之廣而牧守其地者毋徒尸位素餐可矣

一外國雖夷然探厥所元則皆中國帝王及貴臣之苗裔矣如韃靼始自夏后兀良哈始自高辛朝鮮始自箕子吐蕃始自三苗諸如此者難以具述非虛語也葢高辛氏以前大抵人類盡若禽獸散然無主天育異類必使中國人顯赫其地以開創之始知君臣上下相沿至今矣惟韃靼吐蕃出自夏

桀三苗故於諸夷中最爲悍戾至於兀良哈內屬朝鮮向化未必不自其先世淳風之所遺也卽此四國觀之而他國有敘爲中國裔者可無疑矣

一前引用羣書其中所載人物事跡并風俗山川物産甚多雖累牘充車不能殫紀本志於事跡惟採其重且要者於風俗惟採其各國不同者於山川物産惟採其奇異悅目者葢取什一於千百爾如必欲覩其全惟有志者閉戶下帷無辭搜閱之勞可矣然所得海內諸名公墓誌行狀有限或於人物不無所遺餘皆得於詳閱而畧採之者

凡例終

引用諸書目錄

史紀　前漢書　後漢書　三國志
晉書　南史　北史　宋書
齊書　梁書　陳書　隋書
魏書　北周書　唐書　北齊書
五代史　宋史　遼史　金史
元史　綱目　戰國策　左傳
國語　新論　容齋隨筆　爾雅
埤雅　廣雅　爾雅翼　小爾雅
釋名　山海經　拾遺記　武帝故事

〈咸賓錄引用書目　一

十洲記　古本家語　聖政記　大唐統記
搜神記　武帝內傳　外傳　神異經
大明官制　草木子　異物志　海物異名記
遼疆宇圖　平番始末　朝鮮紀事　朝鮮賦
異苑　雙槐記　述異記　遊天竺記
資世通訓　南裔志　涅槃經　法行經
維摩經　楞伽經　楞嚴經　五燈會元
法華經　壇經　周書異記　益州耆舊傳
紀年通譜　齊東野語　浮屠記　齊民要術
續齊諧記　酉陽雜俎　周禮注　疆域志

尚書　詩經　穆天子傳　岳陽風土記
三輔黃圖　伽藍記　輿地圖　藝文類聚
初學記　稽古錄　續稽古錄　鴻烈解
呂氏春秋　海濤志　奉天錄　嶺南異物志
文昌化書　漢雋　島夷志　吾學編
燕南錄　諸蕃志　徵吾錄　九國志
洪猷錄　大唐新語　皇明通紀　金獻備遺
手鏡　魏略　杜陽雜編　李膺蜀記
文獻通考　大明會典　北夢瑣言　大明一統志
類說　金鑰　異聞錄　奇聞錄

〈咸賓錄引用書目　二

三國典略　帝紀　水經　文選註
江南野史　圓覺經　華嚴經　綠珠內傳
修辭指南　天全遺事　五國故事　大業雜記
皇明祖訓　史腴　太平廣記　太平御覽
虞初志　林氏野史　夷堅志　今言
事實類苑　雍錄　談苑醍醐　金薤琳琅
卮言　北遼遺事　秋林伐山　草木疏
弇州集　委宛餘編　瑣碎錄　華夷花木考
路史　幸蜀記　四夷館考　揮麈錄
建隆遺事　集事淵海　野客叢書　困學紀聞

平夷賦　白虎通　風俗通　西京雜記
萬曆録　高氏小史　諸皐記　渡江遭變記
獨斷　華陽國志　尚書大傳　眞臘風土記
松漠記聞　陷蕃記　北邊備對　樂彥括地譜
金志　遼志　異域志　平交賦
嶺表録異　汎聞録　申鑒　異域歸忠傳
潛夫論　滇載記　古今注　益州草木記
石田雜記　汴都記　東觀漢紀　梁四公子記
明皇雜録　太和野史　備忘小抄　金人犯闕記
輿地廣記　立齋閑録　金虜節要　古今政事録

名山記　秘閣閑談　喎厮羅傳　金華子雜編
樂府雜録　諸蕃志　宋方域志　帝王歷紀
擢兇記　蘇談　炎徼紀聞　襄陽耆舊傳
瀛涯勝覽　五虫録　北遼遺事　河圖
抱朴子　南裔志　白孔六帖　交州異物志
大戴禮　說苑　新序　青溪暇筆
國朝典故　憲章録　安南事宜　高麗圖經
博物志　續博物志　博異記　桂海虞衡志
楮記室　北平録　九朝野記　竹書紀年
吳越春秋　交趾事跡　安南奏議　玉海

駱丞集註　北征紀實　方言　冀越集
蔡中郎集　塞語　遊名山記　埤雅廣要
燉煌故事　廣韻　兩漢博聞　宣和遺事
論衡　尚論編　古雋考略　北征紀
秘閣閑談　朝野僉載　古今異苑　古今事物考
輿地紀勝　古今全韻　羅浮山志　合璧事類
北狩録　南詔録　國老閑談　雲南志
緬甸志　辰州志　湖廣志　貴州志
四川志　廣西志　廣東志　占城國録
虜廷集事　東征紀行　東游記　星槎勝覽

金獻彙編　朱梁遺編　劇談録　錦綉萬花谷
事文類聚　平蠻録　海槎餘録　經濟録
否泰録　文恪筆記　王氏雜說　玉門譯
蓬軒類記　陷虜記　前漢紀　後漢紀
北盟會編　丹鉛總録　中鑒録　羣書類録
琴操　剪勝野聞　九域志　筆記
菽園雜記　病逸漫記　平交録　香譜
册府元龜　北征前録　北征後録　天臺秘要
古今記　馬公三記　殷芸小說　賈氏談録
草木記　清異録　皇明惇史　殊域周咨録

日本考略　震澤紀聞　平夷賦　白獺髓
稽神錄　開元遺事　前聞紀　皇甫司勳集
異人錄　異域圖說　鹽鐵論　四夷朝貢錄
玉屑　瑣綴錄　地理沿革　遼四京志
歷代紀年　翰墨全書　國初事蹟　蒙韃備考
皇明本紀　燈下閑談　盧氏雜說　歷代疆域志
使琉球錄　南畨香錄　備忘錄　太狩龍飛錄
聞見錄　政監錄　欵塞錄　焦氏筆乘
一統賦

〈咸賓錄引用書目　五

引用外夷姓氏

北虜
獯鬻　淳維　頭曼
冒頓　稽粥　軍臣
伊稚斜　烏維　詹師廬
句黎胡　且鞮侯　狐鹿姑
壺衍鞮　呼韓邪　郅支
囊知牙斯　輿　比
咸　烏達鞮　蒲奴
莫　屯屠何　於除鞬

〈外夷姓氏　一

安國　師子　檀
拔　休利　兜樓儲
於扶羅　須卜骨都侯　呼廚泉
去卑　車紐　繖王
劉淵　劉聰　劉曜
石勒　石虎　沮渠蒙遜
赫連勃勃　拓拔猗盧　骨閭
車鹿會　地粟袁　匹候跋
縕紇提　杜崙　大檀
阿奴壞　吐門　阿史那

俟斤　佗鉢　沙鉢略
羅侯　處羅侯　雍虞閭
染干　步伽　泥利
始畢　處羅　頡利
突利　骨咄祿　點啜
默棘連　白眉　闕特勤
暾欲谷　骨力裴羅　葛勒
牟羽　也速該　鐵木眞
窩闊台　忽必烈　安懽帖木兒
脱古思　坤迭木兒　愛猷識里達剌

鬼力赤　本雅失里　脱脱不花
小王子　脱思　不及兒台吉
木華黎　耶律楚材　哈只吉剳剌
阿兒禿　黑的　哈散
闊里台思　趙良弼　忻都
范文虎　楊祥　吳志斗
阮鑒　張浩　伯顏
兀良合台　徹徹都　唆都
陳仲達　劉金　張顥
忽都虎　陳奎　周達觀

史弼　高興　史高
信苴日　脱羅脱孩　李德輝
張思孝　劉繼昌　把匝剌瓦爾
達里麻　脱脱　觀音保
買禮的八剌　擴廓帖木兒　地保奴
猛可帖木兒　納速剌丁　太卜
怯烈　賀天爵　賽典赤
馬哈木　太平　阿魯台
把禿孛羅　脱歡　也先
伯顏帖木兒　鐵頸元帥　孛來瘸王子

滿魯都　乩加思蘭　火篩
亦卜剌　阿爾倫　俺答
吉囊　青台吉　把汗那吉
襖兒都司　黄台吉　扯力良
老把都　打兒漢　土骨赤蒙古
厭越　偏何　投鹿侯
檀石槐　達和　魁頭
步度根　軻比能　乞伏國仁
禿髮烏孤　慕容廆　莫護跋
涉歸　吐谷渾　夸呂

伏允　慕容順　諾曷鉢
忠　宣超　慕容復
慕容皝　慕容儁　慕容暐
慕容沖　慕容德　慕容永
慕容超　慕容垂　慕容熙
廼阿特　喎阿　畫里昬阿
孫敖曹　窟哥　李盡忠
李懷秀　遙輦　阿保機
述律　德光　兀欲
璟　明記　隆緒

宗眞　洪碁　延禧
淳　突欲　述軋
蕭翰　趙思溫　劉六符
蕭禧　蕭嗣先　蕭奉先
張琳　李處溫　左企弓
花當　把兒孫衛三

東夷
突地稽　倪屬利稽　乞乞仲象
乞四比羽　祚榮　亟普
阿古廼　保活里　烏魯

斡魯　思板　胡
龕福　楊割　阿骨打
吳乞買　守緒　承麟
粘罕　銀木割　移烈
婁宿　闍母　王樞
粘沒喝　斡離不　東旺佟
董山直攵　準　衛滿
右渠　南閭　朱蒙
如栗　莫來　東明
高宮　尉仇台　遂成

伯固　伊夷模　位宮
高釗　高安　高璉
高湯　高元　建武
高藏　寶元　桓權
蓋蘇文　高延壽　高惠眞
男生　男建　男産
淨土　浮屠信誠　王建
王武　王昭　王伷
王治　王誦　王詢
王徽　王運　王楷

王敬　王楨　王顓
王禑　王昌　王瑶
王珽　金行成　崔罕
王彬　金柱　金緣
吴季南　姜仁裕　李仁人
李成桂　李芳遠　李衙
李坦　鄭集朝鮮　御天中主
天材雲尊　彦瀲尊　神武天皇
卑彌呼　壹　讃
多利思比孤　孝德　天智

天父　總符　白璧
栢武　良懐　源義植
難升米　栗田　仲滿
興能　橘免勢　裔然
寂照　誠尋　祖義
如瑶　高貴　宋素卿
內藝興　宗設　王直
徐海　毛海峰日本　脫歡渴剌兀
察度　承宗　怕尼芝
思紹　尚思達　尚眞

尚清　王茂　蔡承美琉球

西域

仲雲　安克帖木兒　脫脫
孛羅帖木兒　母溫答力　罕慎
陜巴　拜牙哈密　闕爽
闕伯周　義成　首歸
張孟明　馬儒　麴嘉
麴堅　伯雅　文泰
智盛　智湛　麴昭
崇俗　師子王　法淵高昌

阿力　阿黑麻　滿速兒
牙木蘭　火者他只丁土魯番
瓦赤剌魯陳　烏頭勞　陰末赴
昭武順達　帖木兒　哈里撒馬兒罕
貴霜王　月愛　屈多
尸羅逸多　沒徙曩　一不剌金王
靄牙思丁　陳釆　竺羅達
阿羅那順　盧伽逸多　那羅邇娑婆寐
薩蒲多　曼殊室利　光遠
寄怛羅　法吉靡　善稱

淨飯夫人　摩訶迦葉　寶歷菩薩
吉祥菩薩　淨光童子　月明童子
達摩（天竺）　賴丹　絳賓
丞德　白純　白震
蘇代疊　阿那支　布夫畢
素稽　孝節　姑翼
鶡獵相那利　孝義　納黑失只寧
歪思（亦力把力）　安敦　滅力伊靈改撒
波多力　捏古倫（佛菻）　波斯匿王
屑和　繳密莫末賦　摩訶來

〈外夷姓氏〉　八

末換　伊疾　阿蒲羅拔
摩阿來　摩幾　蒲羅牟
行勒　寧夜堅阿必丁
蘇幹剌（蘇門答剌）　休莫霸　廣德
王畢示　尉遲屋密　伏闍信
尉遲勝　曜　李聖天
打魯哇亦不剌金　輸棘
素月伽　韓羊皮（于闐）　謨罕驀德（默德那）
阿史那　骨咄祿頡達度
亞里（祖法兒）　建　成

兆題　忠　金滿城
安國　安定　裴國良
臣盤　和得　昔里馬哈剌扎（覽邦）
母寡首　昧蔡　底失盤佗
那俱車鼻施　沙哈魯　麼賚
哈只（哈烈）　沙米的（古里）　亦速福（蝶幹）
昌吉剌（[illegible]阿）　殊旦麻勒（蘇文達那）
卜納的（瑣里）

西番

爰劒　忍　舞

〈外夷姓氏〉　九

卬　燒當　滇良
滇吾　滇岸　東吾
東號　麻奴　迷吾
號吾　滇零　零昌
狼莫　號封　雕何
姚弋仲　姚襄　姚萇
姚興　姚泓　鶻提勃悉野
樊尼　弄贊　器弩悉弄
棄隸蹜贊　乞黎蘇籠臘贊
挲悉籠臘贊　乞力贊　可黎可足

達磨 乞黎胡 薛祿東贊
欽陵 贊婆 悉多
勃論祿 素和貴 論巖
坌達延 名悉臘 乞力徐
尚結贊 論莽熱 論集熱
尚恐熱 張義潮 潘羅支
角厮羅 董氈 瞎氈
磨氈角 阿里骨 瞎征
隴㧟 木征 李立遵
尚延心 厮鐸督 李巴全

失剌思 把沙吐蕃

南夷

趙佗 胡 嬰齊
興 建德 呂嘉
曲顥 曲承美 劉隱
劉龔 劉玢 劉晟
劉鋹 吳權 昌濬
梁克貞 丁璉 丁璿
黎桓 龍鉞 龍鋌
李公蘊 德政 日尊

乾德 昊昰 昭聖
陳日煚 光昺 日烜
日燇 日㷃 日熞
陳叔明 陳煓 日焜
黎季犛 胡奃 添平
簡定 陳季擴 黎利
黎琱 黎譓 黎寧
莫登庸 方瀛 福海
陳翁挺 同時敏 段悌
黎世安 阮汝亮 杜舜卿

黃晦卿 梁民獻 祭伯樂
鄧悉 鄭惟鐐 陳眞
阮淦 阮汝桂安南 區連
范雄 范逸 奴文
佛 文敵 諸農
陽邁 咄 梵志
范幼 頭黎 鎭龍
諸葛地 阿答阿者 孛田補剌者吾
占巴的賴 補的 寶脫禿花占城
質多斯那 栴葉 混滇

混盤況　盤盤　范曼
范旃　范長　范尋
當根純　憍陳如　古龍
婆彌　忽兒那　蘇勿(眞臘)
悉莫　孛人之達哈　都馬板(爪哇)
怛麻沙那　麻者巫里　陳祖義
施進(三佛齊)　參列烈昭昆牙　謝文彬(暹羅)
利富多塞　鳩摩羅(討來思)　茶羅
娑里三文　剌丁剌者望沙(百花)
多須機(答兒密)　狠牙王　娑伽達多

佛喝思羅　阿撒多(淡巴)　亞烈若奈兒(彭亨)
耶巴乃那者(錫蘭山)　西利八兒速剌
拜里迷蘇剌(滿剌加)　向打
麻哈剌惹答饒(渤泥)　錫理麻諾
馬合謨沙　遐旺　麻那惹加鄢乃
都麻含(蘇祿)　哇來頓本(古麻剌)

西南夷

莊蹻　雍闓　孟獲
李雄　仁果　龍祐那
張樂進　細奴羅　牟苴蔦

羅晟　晟羅皮　皮羅閣
閤羅鳳　鳳伽異　異牟尋
尋閤勸　勸龍晟　勸利
豐祐　酋龍　法
鄭回　尹輔酋　段酋遷
趙隆眉　楊奇混　段義宗
鄭買嗣　仁旻　趙善政
楊干貞　段思平　段和譽
段與智　段功　段寶
段明　段眞　李紫琮

楊淵海　僧奴　阿榼
楊苴　思倫發　刀賔玉
思任　緬檢　銀耙莽
思機　思任　司歪
罕𣙁　曩罕弄　罕空
周賔五　倫索(南中)　爨瓚
震玩　弘達　歸王
蓋聘　波衢　張尋求(曲靖)
沙壹　九隆　扈栗
抑狼　阿必　呂凱

王伉金齒　刀攬那八百　木浪周
的立普陸拿阿廸提牙　阿提犯
不速速古里緬甸　招攬章老撾
竹王　三郎神　典
禹　俞　耻
謝龍羽　楊端　楊昭
楊延昭　克廣　貴遷
文廣　謝選　宋化朝
楊鑑　楊洪　楊俊
楊信　楊愛　楊友播州
外夷姓氏　十四
唐繒黎州　牧根　長貴
高定元　隗渠　苴嵩
苴驃離　苴夢衝　苴那時
阿伏　黎在　苴尅
厓韈　部庫建昌　雙會
蒙和　楊盛　楊歛
蒙羽　旺烈松潘　火濟
阿佩　普貴　阿察
阿畫　靄翠　奢香
安匀　貴榮　萬銓

宋景陽　宋欽　劉氏
田祐恭　茂安　仁智
田琛　宗鼎　富盎
韋同烈　米魯　阿溪
阿剌　車枕　阿傍
阿背　阿革　阿義
阿黎時　阿玆　阿犵
龍許保　吳黑苗　麻德盤
吳老獐　吳旦逞　田興邦貴南
盤瓠　單程　桓誕
外夷姓氏　十五
桓暉　叔典　秦再雄
田洪贇　彭允林　又勇
儒猛　龔福全　劉福典
李斌　高仲仁　黎穩
藍友貴　彭世麒　楊禮
李仁方　龐濤　劉德才
梁景聰　彭世驗　田興爵五溪
黃乾曜　武承美　方子彈
張侯　夏永　王國良
黃少卿　少高　少度

黃昌曜　儂金勒　儂全福
阿儂　儂智高　建侯
志忠　宗旦　夏卿
儂亮　黃英棨　岑伯顏
儂大狗　岑鐸　李公主
扶賓　岑猛　邦彥
邦佐　邦相　岑璋
芝芳　盧蘇　王受
侯勝海　公丁　黃貴
韋香江三　符護　王文滿

承閒　用賓　用休
用存　承福　仲文
仲朗　陳顏　黃二娘
王賢祐黎人

目錄

北虜志卷之一

韃靼　熏粥　獫狁　匈奴
南北匈奴　劉氏　石氏
沮渠氏　赫連氏　拓拔氏
蠕蠕　突厥　西突厥
拔野古　回紇　蒙古
兀剌　小王子　河套
扳升

兀良哈　東胡　鮮卑　乞伏氏
禿髮氏　慕容氏　契丹
吐谷渾　唐松漠都督府
朶顏　福餘　大寧

東夷志卷之二

朝鮮　嵎夷　於夷　方夷
淮夷　貊人　穢

沃沮　高句驪　漢玄菟樂浪郡
夫餘　馬韓　辰韓
弁韓　新羅　百濟
王氏　唐諸都督府　李氏

女直　肅愼氏　挹婁　勿吉
黑水靺鞨　渤海　唐黑水府
生熟女眞　黃頭女眞　建州
山東　江東　海西
奴兒干諸司衛

日本　倭奴　秦王　蝦夷
瀚海　朱盧　尸都
不彌　奴國　投馬
邪摩維

琉球　毗舍那　小琉球　沙華公

西夷志卷之三

哈密　伊吾　唐伊州　胡盧磧
安定　阿端　曲先

南夷志卷之七

南夷志卷之八

咸賓錄北虜志卷之一

明豫章羅曰褧尚之父著

韃靼

韃靼北胡也昔三代之熏粥獫允漢之匈奴魏之蠕蠕唐之突厥宋之蒙古種類迭熾大抵皆夏后氏之苗裔也昔夏桀無道湯放之居於中野士民犇湯桀南徙千里止於不齊不齊民犇湯北徙魯魯士民復犇湯桀曰海外有人乃與其屬五百人徙北荒沙漠間桀死其子獯粥妻桀之妻隨畜遷徙因以成俗謂之匈奴古公居豳獯粥攻之遂去豳居岐山武王即位逐戎夷涇洛之北以時入貢名曰荒服其後不知幾傳而至淳維又不知幾傳而至獫狁當周宣王時獫狁作難宣王伐之詩曰薄伐獫狁至于大原出車彭彭城彼朔方美宣王也自是部落日蕃或興或廢難以盡紀而秦昭王趙武靈王燕昭王俱拓地築城置列郡縣以距胡人及始皇與使大將蒙恬益增築之以故匈奴不敢入趙邊而單于頭曼不勝秦徙去千有餘里者幾數十年蒙恬死中國擾亂諸秦所徙適邊者皆復去用是匈奴得寬復稍度河南與中國界于故塞云後頭曼之子冒頓以鳴鏑射其父破東

胡收復故地而匈奴遂强盡服從西北諸夷而南與華夏爲敵國昔白登之圍漢高幾殆矣（桓譚新論云時陳平說單于閼氏言漢有麗女將進單于閼氏跡矣閼氏遂語單于歸漢高馬）孤憤之誚呂后恚焉然終冒頓之世卒從劉敬之議和親結約賴以稍安茲其計畫蓋亦得失相半者也及冒頓死子稽粥立而中行說降匈奴教以中國虛實於是遂寇邊馬至武帝時馬邑人聶翁壹者陽爲賣馬邑城以誘單于已而單于覺之遂引兵還自是後匈奴絕和親寇邊愈甚武帝亟興邊略赫然命將候列郊甸火通甘泉衛青霍去病李廣韓安國等連年出師取河南封

咸賓錄卷之一　二

狼居臨瀚海而幕南無王庭威稍振矣至于窮極武力單用天財虜雖頗折而漢之府庫虛耗士馬物故亦略相當自武帝北伐二十餘年匈奴代爲單于者曰軍臣曰伊穉斜曰烏維曰詹師廬曰句黎湖曰且鞮侯凡更六單于俱數入寇漢亦深入窮追不絕天漢初且鞮侯初立恐漢襲之廼曰漢天子我丈人行也盡歸漢使郭吉路充國等帝嘉其義遣蘇武持節與張勝常惠等送匈奴使留在漢者會緱王謀劫閼氏歸漢事發覺事引張勝勝見殺廼留武劫之降不應遂幽武大窖中天寒齧雪踰年得不死及盛熱又

以氊裘束武暴武日中武持節愈堅乃徙北海上使牧羝羝乳乃得歸皆衛律之謀也（後託鴈書事歸漢人少知天熱承氊事故詳錄之）且鞮侯死子狐鹿姑立死子壺衍鞮立是時匈奴稍罷困以故終昭帝之世希犯寇馬及宣帝即位遣將田廣明范明友趙充國常惠等出兵以護烏孫公主大破匈奴於是匈奴愈衰弱諸國羈屬者皆瓦解攻盜不能理滋欲鄉和親邊境少事矣自此三傳而呼韓邪單于立嚮化彌深會五單于爭立相攻擊不休呼韓邪遂款塞來朝漢寵以殊禮位在諸侯王上贊謁稱臣而不名留月餘遣歸國單于自請願留

咸賓錄卷之一　三

居光祿塞下有急保漢受降城無何郅支單于呼韓邪單于俱遣使奉貢漢待呼韓邪有加元帝即位郅支怨漢擁護呼韓上書求侍子漢遣谷吉送之郅支殺吉陳湯發兵即康居誅斬郅支於是呼韓益强呼韓入朝自言願壻漢氏時有宮人王昭君者姿貌甚麗因畫工毀其容遂不得幸有怨心至是帝問後宮欲至單于者昭君喟然請行帝見而悔之乃窮案其事畫工陳敞劉白龔寬樊育毛延壽等一時伏誅（雖從虜生子然志亦未嘗忘漢虜地草黃昭君卒塚草獨青而向南亦奇事也）呼韓歸上書願保塞請罷邊備塞吏卒以休天子人民郎中侯應習

邊事議不可遂止凡四傳而囊知牙斯立累世來朝遣子入侍以爲常及王莽秉政因使風諭單于更名曰知莽篡位復遣使易單于故印曰新匈奴單于章單于以爲去璽言章與臣下無別大怨恨是後寇盜殺掠無忌矣莽欲立咸乃遣將大討之亦不肯內附及光武興其單于輿驕倨如初而南匈奴單于比者呼韓邪之孫囊知牙斯之子也自呼韓邪後諸子以次立知死而曰咸曰輿曰烏達鞮曰蒲奴者俱非呼韓嫡支業已相繼嗣立矣而竟不及比以故比大憤恨而密遣漢人郭衡奉地圖求內附無何八部大人

共議立比爲呼韓邪單于以其大父嘗依漢得安故欲襲其號於是款五原塞願永爲蕃蔽扞禦北虜帝許之詔比入居雲中匈奴之有南北自比始也而北單于輒爲比擊破却地千里亦遣使求和親皇太子言南北匈奴不可兩通故勿許南單于比立九年薨弟莫立漢遣中郎將段彬弔祭并授璽書冠服繒綵等物其後單于薨弔祭慰賜以此爲常至鄧太后時北虜大亂降者迭至而南單于屯屠何新立因上書言願請漢兵并力破北匈奴併爲一國令漢家永無北念太后用耿秉議遂以耿秉竇憲耿夔合南匈奴

兵擊之大破北虜北單于逃亡不知所在其弟於除鞬立爲北單于自蒲奴至於除鞬北匈奴更數單于其名不可得而紀也南單于屯屠何立六年薨從子安國立時谷蠡王師子强衆皆附之後遂格殺安國而自立效順如初師子薨屯之子檀立薨弟拔立薨弟休利立永和五年左部句龍王吾斯車紐等背叛數數入寇攻沒城邑中郎將陳龜以單于休利不能制下逼責之休利自殺龜亦坐下獄死會兜樓儲在京師漢已先立之至是遣使送歸南庭立五年薨凡五傳而於扶羅立即晉劉淵之祖也是時南匈奴亂

共立須卜骨都侯爲單于而於扶羅詣闕自訟會靈帝崩天下多故遂與白波賊合兵寇郡竟以不利歸國國人不受乃止河東未幾須卜單于亦死南庭遂虛以老王行國事於扶羅死弟呼廚泉立先同於扶羅被逐止河東及帝遷許乃得歸後復來朝曹操因留于鄴而遣右賢王去卑歸監其國頃之分匈奴爲五部處之內地至晉武時而左賢王劉豹之子劉淵起焉淵幼而穎異與子聰族子曜俱博涉經史膂力過人淵爲侍子在洛陽王渾王濟薦之晉以爲匈奴北部都尉五部豪傑幽冀名儒多往歸之於是稱大

單于尋稱皇帝國號曰漢亂華之胡自淵始也及淵卒而子聰立遂克京師因執懷愍青衣行酒戎服前驅剃棘銅駝江河頓異自古夷狄作虐未有如是其熾也未幾劉氏亡而迭興者有石氏國號趙凡二世秦滅之有沮渠氏其先匈奴左沮渠也國號北涼凡二世魏滅之有赫連氏右賢王去卑之後也國號大夏凡三世魏滅之有拓拔氏漢降將李陵之後也國號元魏傳國最久茲皆以匈奴遺種丁二晉及五季之衰運蹂踐中華幾吞併矣而故匈奴之地盡屬鮮卑鮮卑東胡種也詳見兀良哈考中鮮卑衰而蠕蠕

强盛蠕蠕者以其無知狀類蟲也先是有卜骨閭者爲拔拓猗盧騎卒坐後期當斬亡匿廣漠谿谷之間收合逋逃得百餘人至其子車鹿會雄健始有部衆凡三傳至地栗袁之子部分爲二長匹候跋居故地次縕紇提別居西邊元魏攻之遯竄而縕紇提之子杜崙兇狡有權略率其私屬襲破匹候跋恐魏之侵奪也乃遠遯漠北侵高車破拔也稽并諸部盡有匈奴故地自稱可汗立軍法千人爲軍軍有將百人爲幢幢有帥先登者賜以虜獲退懦者以石擊首殺之其法令嚴明大抵若此也驕桀寇邊元魏苦之杜崙

死魏大發兵襲擊其主大壇西竄山谷不敢南侵者凡十主矣至阿那瓌立頗復驕大而齊人單于覃爲其謀畫遂立官號擬于中國天子後突厥酋土門破之阿那瓌自殺蠕蠕遂亡而突厥與焉突厥者兜奴也以兜牟名國明其出於兵也相傳其國先於西海之上鄰國滅之殺無醜類惟小兒未殺乃刖足斷臂棄大澤中有牝狼銜肉養之遂得不死及壯乃與狼交狼因負之居於高昌西北洞穴中得平壤茂艸地方二百餘里後狼生十男各自爲一姓阿史那最賢遂爲君長故突厥旗纛上建金狼頭示不忘本也世

屬蠕蠕傳至吐門始滅蠕蠕稱可汗焉吐門卒而其子俟斤立俟斤卒而其弟佗鉢立二人者俱勇而多智威服諸國地廣數十萬里控弦數十萬中國憚之周齊爭結姻好傾府庫事之弗辭也及沙鉢略立其妻乃宇文氏女自傷宗族滅絕陰有報隋之志輒言之沙鉢略以故大寇隋邊隋文帝怒乃詔河間王弘高熲虞慶則竇榮等出塞擊之沙鉢略敗去沙鉢略與西突厥有隙西突厥者俟斤之子邏便封地突厥之分西北自此始也二突厥相攻擊不休各遣使詣闕求和請援隋遣虞慶則往馬初沙鉢略稱病不能

起拜虔則宜之禮稍屈還表稱臣隋帝大悅賞賚有
加沙鉢略卒弟處羅侯子雍虞閭相繼嗣立而突利
可汗染干者亦沙鉢略之子也居北方與雍虞閭有
隙隋和解之尋遣使求婚隋妻以宗女義安公主欲
離間北狄故特厚其禮染干以尚主故南徙度斤舊
鎮賜賚優厚雍虞閭怒曰我大可汗也反不如染干
於是朝貢遂絕數爲邊患舉兵攻染干染干來奔隋
拜染干爲意利珍豆啓人可汗而於朔方築大利城
居焉部落歸者甚衆是時雍虞閭死步迦自立尋亦
大亂西突厥泥利可汗爲鐵勒所敗奚霫五部內徙

啓人并有其衆勢滋强盛煬帝幸榆林啓人朝帝大
喜作詩曰呼韓稽顙至屠支接踵來何如漢天子空
上單于臺禮賜啓人益厚啓人卒其子始畢可汗立
以隋誘殺其謀臣怨恨不朝且舉兵入寇圍隋帝於
雁門援至引去是時隋亂始畢遂臣服西域而薛舉
竇建德王世充劉武李軌高開道之徒雖僭尊號亦
北面臣之勢凌中夏盛於啓人時矣始畢卒其弟處
羅可汗立未幾而卒義成公主廢其子而立處羅之
弟吐苾是爲頡利可汗又立始畢之子什鉢苾是爲
突利可汗頡利承父兄之藉兵騎强衆有憑凌中夏

之志會唐高祖初定太原未遑外略每優容之賞賚
不貲頡利愈驕大舉入寇尋乃貢魚膠詒云膠固二
國之好也時李大恩擊虜敗沒唐帝大怒遣太子建
成秦王世民出兩道擊之頡利聞秦王威名引去無
何頡利突利合舉入寇秦王拒之乃馳騎與頡利語
復馳騎與突利語縱反間二虜因自相猜懼遣使請
和然而頡利鈔掠如故也貞觀初突利討薛延陀回
訖拔野古諸部敗丞頡利怒因之十日突利怨望遂
擁衆來奔唐遣李靖擊破頡利生擒以俘斬獲無算
漠南遂空至乎永淳之間突厥骨咄祿復興骨咄祿

者頡利之疎屬也先從頡利歸唐後鳩種人剽掠九
姓羊馬遂致蕃庶自稱可汗數寇邊唐遣將崔智
辯淳于處平蒲莫黑齒常之爨寶璧等率兵討之俱
弗克頃之骨咄祿死而其弟點綴更强勇攻破契丹
兵衆漸盛初遣使來朝武則天冊封之點綴表請爲
武后子并請和親又請突厥降戶及單于都護府之
地索農器種子武后皆從之而以武延秀聘其女爲
妃點啜怒其非唐天子子也於是入寇郡縣焚廬舍
掠財畜殺戮大慘唐將沙吒忠義李多祚霍獻可吉
頊等皆顧望不敢戰獨狄仁傑以兵追之不及點啜

負勝輕中國有驕志大抵兵與頡利時略等地縱廣萬里諸蕃悉往聽命至玄宗時黠戛斯老昏衆部落怨畔來降者甚夥頃之黠戛討九姓拔野古野古大敗黠戛輕歸不爲備道大林中拔野古殘衆突出擊黠戛斬之乃與入蕃使郝靈佺傳首京師而骨咄祿之子闕特勒殺黠戛子及諸弟并所親信立左賢王默棘連爲毗伽可汗即蕃所稱小殺是也更召衛官暾欲谷爲謀主是時小殺仁而愛人衆爲之用闕特勒驍武善戰所向無前暾欲谷深沈有謀老而益壯三虜協心動無遺策威名大振諸蕃畏焉寇掠涼州

官軍大敗唐遣裴光庭往諭之於是連年遣使入朝吐蕃以書約同寇邊小殺不從封上其書帝嘉之詔朔方西受降城許互市歲賜帛數十萬小殺死自此四傳可汗俱爲臣下所殺而白眉可汗立是時回紇可汗骨力裴羅者殺白眉併有其地突厥遂亡而回紇益盛矣裴羅死其後葛勒可汗從廣平王俶郭子儀等滅慶緒收復東京牟羽可汗從藥子昂僕固懷恩等滅史朝義悉平河北皆回紇之力也然放兵剽掠焚祠盜殺罪亦相當唐累世妻以公主而其倡獗自如也至唐末五代之際回鶻役屬吐蕃突厥微弱

而契丹據有其地契丹東胡種也語具兀良哈志中至宋時而蒙古鐵木眞起焉蒙古者北虜韃靼之小部落也鐵木眞世爲蒙古部長至其父也速該始强盛征塔塔兒部獲其部長鐵木眞適元太祖生手握凝血如赤也速該異之因以所獲鐵木眞名之志武功也也速該死鐵木眞立威望隆重諸部皆降遂即位於斡難河稱帝號馬木眞深沈有大略用兵如神平西夏定西域拓地甚廣選舉刑賦綽有華風大抵其臣木華黎耶律楚材之力也鐵木眞卒子窩闊台立是爲太宗遣使至宋議并力攻金許成功後以河

南地歸宋宋遂遣孟珙帥兵會元師蔡州共擊金金亡獨許割陳蔡爲界而河南之議遂寢宋大恚焉而宋臣趙范趙葵者孱而寡謀乃首建收復三京之議及一遇元帥未戰先逃搆怨挑禍自此階矣後三傳而忽必烈立（元世祖）改號曰元英明雄武過於定憲二宗値宋理度之世荒淫無度而權奸賈似道怙寵賣國陰已乞和而反僞爲獻捷自樊城失守諸郡縣日危月削如火消膏雖有李廷芝陸秀夫張世傑文天祥之輩攄忠效義無計保全及恭帝蒙塵而益王昰廣王昺相繼即位寄身海島勢莫能支厓山之沈千

古聞之殞滂濟濟良臣如姜才李廷芝之憤罵而死張世傑之瓣香祝天而死陸秀夫之抱帝赴海而死文天祥之悲歌慷慨從容南向而死迹異心同雖與日月爭光可矣夫以堂堂大宋一賈似道敗之而有餘以文天祥衆賢扶之而不返豈非天命然耶宋亡而元威振萬里兼有華夷夷狄之盛古未聞也忽必烈卒凡八傳而妥懽帖木兒立是爲順帝性柔少斷荒於淫樂而奸臣伯顔哈麻相繼秉權於是羣雄蜂起紅巾倡亂時韓林兒據中原陳友諒據湖廣方國珍據浙東張士誠據浙西陳友定據福建何眞據廣

東劉益據遼陽毛貴田豐據山東分割海内稱王稱帝垂二十年天畀我　大明復歸一統國祚永享萬萬年矣我　太祖洪武元年既下山東河南等郡遂議取元都大將軍達曰臣慮進師之日元主北奔將貽患於後必發師追之　上曰彼天命厭絶自當澌盡不必窮追但出塞後固守疆圉爾達既受命六月迺督諸將會兵發陳橋七月遂至元都敗其兵河西務又敗之於通州元主得報大懼集后妃太子等議北避兵遲明召羣臣會議端明殿門開有兩狐自殿上出元主歎曰宮禁嚴此物何從來殆天所以啓告

我也遂決意北徙八月抜其城元主妥懽帖木兒攜其后妃太子遯去及李文忠擣應昌獲元主孫買的的八剌始知元主卒於應昌　上遣使致祭以其能達變推分也謚曰順帝而封買的八剌爲崇禮侯是時元太子愛猷識里達剌稱帝於和林而王保保佐之兵稍稍振立數寇邊王保保者元右丞相擴廓帖木兒也元滅擴廓擁兵不降　上在江東時屢致書幣甚恭不答後招之亦不顧　上以是壯其節及達克太原擴廓走入和林故遂與元主會焉久之達三道出塞討擴廓不克又數年擴廓卒六年元主殂

次子脫古思帖木兒立我亦以是年遣其長子歸矣二十一年永昌侯玉出大寧至慶州襲破虜脫古思遁去獲其子地保奴以歸時有言玉私元主妃者脫古思聞之惶懼自盡由是地保奴有怨言　上曰是豈可以久居内地遂遣使護送至琉球居焉自脫古思死凡五傳坤迭木兒未幾而弑永樂初鬼力赤立非元裔也衆不附復弑之太師阿魯台統有部落乃迎順帝後本雅失里爲王稱可汗而當洪武時强臣猛可帖木兒據瓦剌死衆分爲三曰馬哈木曰太平曰把禿孛羅不肯與可汗朝會上表貢方物仍請封

詔封馬哈木爲順寧王太平賢義王把禿孛羅安樂王永樂七年遣給事郭驥賚詔諭本雅失里見殺　上大怒勑淇國公丘福等討之與戰虜輒佯敗去福輕信諜者銳意乘之不爲備全軍皆没　上益大怒明年遂自將出塞而以皇長孫留守北京駕行至清水源其地水鹹苦不可飲人馬皆渴明日營西北二里許有泉湧出甚甘冽軍中賴以不困　上取親嘗之賜名曰神應泉頃之至長清塞地極北夜南望北斗云及至斡難河元太祖始興地也本雅失里率衆拒戰　上麾先鋒逆擊敗之本雅失里棄輜重牛羊等

畜遁去遂班師至靜虜鎮阿魯台復來戰　上率精騎衝虜陣大呼奮擊阿魯台敗走攜其家屬遠避時熱甚乏水軍士有饑渴死者遂收兵還營師次玄石坡　上製銘刻石曰惟日月明惟天地壽玄石勒銘與之悠久次擒胡山又勒銘曰瀚海爲鐔天山爲鍔一掃胡塵永清沙漠次清流泉又勒銘曰於鑠王師用殲醜虜山高水清永彰我武會軍士乏食　上令以所儲供御糧炒散給之　上在軍中每日暮猶未食大官請御膳　上曰軍士未食朕何忍先飽其仁愛士卒如此九年阿魯台遣使來納款且請得部署

女直吐蕃諸部　上以問左右多請許之黃淮獨不可曰此屬狼子野心使各爲類則易制若併爲一則勢大難圖矣　上顧左右曰黃淮如立高崗無遠不見諸人如處平地所見惟目前耳乃不許阿魯台之請當是時阿魯台爲馬哈木攻敗窮蹙以其妻孥部落南奔保塞外稱臣奉貢詔封爲和寧王數年生聚蕃富遂肆驕桀時時寇掠塞下　上復自將出塞討之至殺胡原諸將請急追之　上曰虜非有他計能譬諸狼貪得所欲即走追之徒勞少俟艸青馬肥出其不意擣其巢穴未晚也阿魯台遁去未幾阿魯台

殺其主本雅失里而自立時馬哈木死子脫歡嗣王稍稍併有太平孛羅之衆遂急擊殺阿魯台欲自立恐衆不附求元孽脫脫不花立爲可汗居漠北脫歡仍居瓦剌自宣德至正統初寇邊不絕然亦未爲大害及脫歡死子也先益强盛自稱大師數遣使貢馬賞賚金帛厚久漸驕桀不恭所司或約減賞物通事輩又利其賄告以中國虛實也先求結婚通事私許之朝廷不知也答詔無許婚意也先愧怒十四年大舉入寇勢甚猖獗永寧懷來龍門諸守將皆棄城走太監王振導　上親征從之命郕王居守　駕遂行

至宣府駙馬都尉井源等與虜戰敗沒及至狼山成
國公朱勇西寧侯宋瑛武進伯朱冕遇虜鷂兒嶺又
敗沒　上班師至土木日尚未晡去懷來僅二十里
欲入保懷來振顧私重留行遂駐土木旁無水泉士
饑渴甚明日虜來議和上移營會暴風連日飛塵蔽
天人馬不相見虜騎蹂陣而入奮長刀以擊矢下如
蝟我軍號呼解甲投刃蓬首袒身踰山墜谷罷夫僵
仆尸枕籍於道路虎賁侍衛束手莫支大將張輔曹
鼐等皆沒內官喜寧降虜駕遂北狩時巳巳八月十
五日也二十二日虜奉　上至大同城索金幣約歸

駕先是郭定襄登守大同與寇相拒大小數十百戰
未嘗挫衄及　上班師登語曹鼐當從紫荊關入鼐
然之後竟從居庸當虜衝也故敗是日登知虜詐謀
拒之曰受命守城不敢擅自啓閉竟不出校尉袁斌
以頭觸門於是劉安孫祥霍瑄出見虜索城中犒軍
錢括公私金銀萬餘兩既賜虜受之無佗言　上復
自大同出塞居伯顔帖木兒營伯顔俯伏跪拜執臣
子禮甚恭十月虜復入寇大同廣昌破紫荊關遂犯
京師喜寧爲之鄉導拜喉也先邀大臣于謙王直胡
濙等出議和謙力言虜詐不可許而以王復趙榮二

人出見時虜益四面剽掠焚三陵殿寢祭器遍宣武
門逾蘆溝橋分掠下邑而徐有貞者謬以占候倡南
幸議太監金英面叱沮之于謙志在討虜曰有主異
議者斬於是人人惴恐爭赴敵矣是時謙知　上皇
營遠遂督諸軍力戰發大砲擊虜歿無算殺其酋鐵
頸元帥而石亨王通孫鏜等戰皆大捷虜勢少阻遣
使請和謙恐虜詐尋諜知虜情果實遂遣楊善趙榮
等使虜時景泰元年七月也會也先知中國勤王兵
集而袁斌又以計殺喜寧失其鄉導虜稍厭兵　上
皇在虜廷時天容穆然未嘗少降辭色虜以女入侍

竟不納虜異之會大雪　上所止穹廬上雪不凝虜
益異之時袁斌與衛士哈銘者臥起不離晝斧薪伐
冰夜則以背承　上足而臥又有沙狐狸者亦衛士
在侍一日也先與以六羊曰你可持此以供　皇帝
御膳也沙裂衣爲二長帶繫負以行至　上皇前跪
伏復命往數里外取薪藁亦跪伏復命三人者備極
勞苦所弗辭也虜覘知之乃大驚歎謂中國有人愈
退却矣頃之楊善等至虜營與也先相見也先因問
土木之役南朝將士何以不戰并問減馬價拘留使
人及市釜事善一一對之甚悉且言累朝厚恩不可

怨天道好生今縱兵殺掠上干天怒反覆辨論數千百言皆中肯綮也先大服於是效順之謀益決引會見　上皇明日也先奉餞又明日伯顏奉餞俱執禮甚恭曰我人臣也敢與天子抗禮哉明日　上皇發迤北也先伯顏率諸酋送之至野狐嶺慟哭而別仍命數酋送入關駕至京　上迎拜　上皇答拜相抱而泣遂入南宮羣臣就見而退二年也先遣人貢馬三年又遣人貢馬當是時也先使至京每幾千人出入驕恣殺掠人畜至欲騎入長安門我以通好故不欲與戰虜益驕東結朶顏西交哈密脇赤斤蒙古往往

窺塞下四年也先攻殺脫脫不花自稱田盛大克汗田盛華言天聖也自是也先新立恐衆不附欲通好天朝始不復深入及也先被弒諸子分部西北離合不常瓦剌世次莫得而考矣當是時虜大酋以十數惟小王子最雄立為可汗小王子者乃故元君裔也尋為孛來瘸王子所弒而虜大酋毛里孩阿羅出等復弒孛來而共立故小王子從兄脫思為王遂以小王子為君號云至成化初有大酋滿魯都者入河套僭稱可汗而癿加思蘭佐之稱大師叔阿羅出併其衆結毛里孩等寇我榆林寧夏固原宣大諸塞迄無寧日于是總督王越有捜河套議朝廷從之遂勑武靖侯趙輔總制各路軍馬捜套輔尋以疾還葉盛行邊上方略言不可議遂寢未幾滿魯衰弱不知所終而河套猶然為虜有也弘治初許進巡撫大同貽書小王子言通貢之利小王子聞進威名遣使二千餘人貢馬三年三貢自貓兒庄入比至塞皆下馬脫弓矢入館進亦嚴兵待之於是宣大河曲遂無虜患至弘治中火篩大舉入寇我輒討之不利火篩滅邊患復息是時故小王子孫名不及兒台吉者嗣立稱小王子其分地介西北間善水艸以故甚富而饒厭兵

不為寇射獵自娛而已其二從父曰吉囊曰俺答吉囊分地河套次饒俺答分開原上都最貧以故最喜為寇抄而小王子雖稱君長不相攝嘉靖中吉囊及俺答連歲入山西抵太原圍之十六日諸將皆觀望不戰惟偏帥張世忠張宣張臣以力戰敗歿頃之吉囊死諸子各分居西邊而俺答日益強盛二十九年俺答復大舉入寇時仇鸞總兵大同密遣其黨時義賄虜令別寇宣府薊州無犯大同境虜遂東去知宣府有備乃寇薊鎮薊鎮無重關山外即虜境所恃三衛為藩籬會三衛稍有叛志故反陰為嚮導遂越二

衛犯京城焚刧至德勝西直門旬日乃出關京師震
恐始議守禦許徵召諸邊將勤王而仇鸞首以大同
兵至薊御史楊守謙以保定兵至人心稍安自是河
間宣府大同山西諸將各以兵先後至勤王入衛兵
凡七鎮約五萬餘人乃命文武重臣各十三人分守
都城九門四隅而王邦瑞蔣貴總督之令城中居民
拜四方入應武舉官生登陴列守以兵尚丁汝夔兵
侍楊守謙督戎務郎軍中拜仇鸞平虜大將軍總督
諸路勤王兵分道禦虜鸞軍無紀律頗驕縱往往入
村落反辮髮詐稱虜刧略民財被捕獲或自詭爲遼

陽軍蓋軍中呼朶顏爲遼陽軍云時鸞方被寵任故
掠獲大同兵殺掠者明知實非遼陽軍然竟不敢置
之法也疏聞上令付大將軍鸞撫處而鸞殊不爲禁
汝夔亦以　旨故下令勿捕大同兵故大同兵益無
忌民苦之甚於虜矣乃民間不知故遂謂汝夔山東
人於遼陽爲疵鄉曲故人人歸罪汝夔時守謙營城
外東北隅亦爲鸞節制按兵不得戰　上誤聞謂鸞
遂出禦虜而汝夔守謙俱懷怯不出師故遂下二人
獄而以王邦瑞艾希淳代之頃之汝夔守謙梟首棄
屍而汝夔妻流嶺南子謫戍遼陽聞者莫不爲之殞

涕時刑侍彭黯左都屠僑大理卿沈良才以議汝夔
等獄緩俱逮繫廷杖削秩給事張侃等如例覆讞汝
夔等以沮撓逮繫侃仍削籍時虜漸退白羊口守將
禦之不得出鸞帥兵尾之虜騎蹂入我兵不能禦死
傷千餘人鸞幾爲虜獲自是後士卒滋怯矣乃鸞不
督諸路進兵仍遣時義輒與虜通許以互市而時義
與虜俺答義子脫脫結爲兄弟朝士私銜之莫敢發
也時逆鸞者則有兵尚王邦瑞總督商大節主事申
旞皆恃法不爲鸞屈上言侵鸞鸞擠之邦瑞申旞以
落職歸而大節論死繫獄中於是人心洶洶恐變出

不測會主事楊繼盛者力言互市不可狀且歷數鸞
欺罔罪下獄貶秩於是遂開馬市於宣大矣而虜之
寇掠如故遂復罷貢市無何鸞發疽死虜稍稍引去
至隆慶四年俺答之孫青台吉之子把汗那吉降先
是俺答有外孫女美而豔業已配許襖兒都司矣俺
答納馬而奪把汗那吉所聘兀愼女易之把汗那吉
恚甚故扣關請降巡撫方逢時具疏上聞　詔授那
吉錦衣千戶於鎮安城置馬俺答屢擁衆宣大索那
吉甚急宣府總兵趙苛與戰大敗之俺答懼自是稍
稍謀效順矣乃定議欲得我降虜叛人呂老祖趙全

李自馨周元劉四等與相易也於是遣部下鮑崇德往崇德小字官保舊役虜中與虜相狎及至虜營俺答大悅請如命久之果縛送老祖等至京磔於西市我遂遣那吉北還呂老祖者以白蓮敎惑人因追捕逃入虜中而趙全等千餘人從之虜處之板升地全桀黠多謀俺答親信之輒詢以中國虛實并攻取之策後全有衆至萬餘故虜如虎傅翼所過無堅城完壁皆全等爲之也已而俺答感我恩信請款塞效順且乞封貢總督王崇古巡撫劉應箕列其事以聞時朝議洶洶不定崇古等抗疏極言虜情無僞封貢交

市可行　朝廷許焉往使再三仍遣鮑崇德往崇古應箕以書諭虜（書稱你們我們稱俺答爲老官人辭淺且直率欲虜易曉也）與虜定約崇德至與俺答爲鑽刀誓鑽刀誓者虜中信且憚之其詞曰天王佛祖証我盟誓兩家有違遭此鋒利誓畢俺答乃遣其心腹打兒漢土骨赤還報仍答崇古應箕書（稱大賢德軍門王都府劉二位老先生臺下自稱侍生俺答頓首不下數語辭鄙陋不通）并具疏稱臣願歸附內向自比屬國奏聞　詔可遂封俺答爲順義王其弟姪子姓老把都黃台吉等六十五人各授都督指揮千百戶等官有差開市交易悉如督撫議於是虜酋利於互市以故二十年

不黃台吉扯力兒父子俱奉約束邊鄙稍寧其地本皮三寸冰厚六尺食肉而飲酪隨畜薦居有徵會則刻木封箭爲信挾其長技上下山谷飄忽如風雨其輕生好殺篡弑蒸淫天性然也其譯語天爲騰吉里地爲蛤札兒日爲納藍月爲撒剌其山川則陰山（草木盛茂多產禽獸漢武奪其地匈奴過之則哭）浚稽山（李陵敗北虜處）燕然山（竇憲勒銘處）金微山（去塞五千餘里竇憲大破匈奴）不兒罕山（昔有蒼白狼遇蒼白鹿於此山生子名巴塔赤罕後爲蒙古部元之祖也）撒撒兒山（本朝周興破胡於此山）大產角端（狀如牛一角在鼻上可作弓能曉四夷語）貂鼠銀鼠（毛色如銀價數倍於貂）黃鼠（人見則拱前腹如揖味極佳元時有玉食之獻置官守其處）白翎雀（雖極寒亦不南飛）旱金

花（金色六出如掌）青囊花（色如翠可愛）花羊角（染油不[illegible]作刀靶佳）貃（猴屬）鼲（二物皮毛柔俱宜爲裘）東牆（子似蓬艸實如葵十月始熟）沙雞（黃冠青綏常在樹下）渾脫（殺小牛自脊上開一孔旋取出肉皮臟皆完以肉揉軟用乳并酒漬食之味佳）爲奇

論曰天道恢恢不絕異類四夷爲患北狄甚焉其隼質難羈狠心自野先王禽獸畜之不比爲人良有以也雖叛服靡常蓋亦由中國之盛衰焉當漢唐之盛也呼韓稽顙突厥稱臣何其屈也洎乎厄運則晉有劉石宋有遼元均之蹂躪中原竊據華夏遂使冠裳化爲椎結禮樂變爲腥膻瓦解土崩天墜地裂夷狄作虐古罕聞矣恭遇聖明重新宇宙以　太祖之勇

胡迨夏　成祖之絕漠犁庭使幽雲之民獲覩天日辟猶枯楊再華白骨更肉殆開闢以來未有之功也故雖强如也先桀如俺答始則叫號終則馴伏固國運之昌使然毋亦　二祖之餘威有以奪其魄而喪其膽乎慶曆以來效順彌篤致令借箸請纓之士卷舌不談擁旄授鉞之臣韜戈不用於都盛哉郎剖南山之竹揭西山之兎曷足爲今日揄揚也然而安者危之兆也福者禍之媒也決堤之水始自涓流焚宇之燎由於隙火昔俺答受封而其子黃台吉且心銜之也幸而其早隕也時扯力艮尚猶黃口也今齒牙

已就食牛之氣已壯能不爲當時痌瘝哉班固有言介冑之夫則主征伐縉紳之士則守和親今之互市亦與和之遺意云夫豺貙無厭蜂蠆有毒徒以和羈之而遂忘議戰非計也盖戎狄猖獗之時與戰則能和不與戰則不能和漢唐以戰爲和故窮征之後累世稱藩宋朝以和爲和故納賄未幾宗社尋喪今雖名爲效順而小小寇邊未絕也謂宜廣儲修堡練卒備械俾我强而彼弱順則輕利啖之逆則全師剿之何也欵塞而賞則一幣而當百恩甚渥也寇掠而賂則百幣而不當一其貪心不可長也故戰出於喜事者危而和出於畏事者亦危彼當事者可輕議耶

兀良哈

兀良哈古東胡地高辛氏之裔漢之鮮卑唐宋之吐谷渾契丹皆是也昔高辛氏遊海濱過棘城閼顓頊之墟樂之歸封其子猒越（左傳高辛氏才子八人其中一名猒越）居馬邑於紫蒙之野號曰東胡匈奴冒頓時東胡强索寶馬冒頓與之索閼氏冒頓與之已而復索匈奴棄地千餘里於是冒頓大怒曰地者國之本也奈何與人遂發兵擊東胡東胡初輕冒頓不爲備及冒頓以兵至大破東胡滅其國東胡遺種保鮮卑山故遂以鮮

卑爲號云無世業相繼百千邑落各自爲一部凡勇健能理決鬬訟者則推以爲大人有所召呼則刻木爲信雖無文字而部衆不敢違犯自國破後未嘗通中國馬至光武初匈奴强盛輒率鮮卑寇邊太守祭肜擊破之斬獲殆盡由是震怖及南單于附漢北虜孤弱鮮卑始通驛使於是大人偏何於仇賁滿頭等率種人詣闕朝賀慕義内屬復從擊北匈奴烏桓有功封侯一歲間青徐二州給錢二億七千萬以爲常明章二世保塞無事和帝時竇憲擊破匈奴北單于逃走鮮卑因轉徙據其地匈奴餘種留者尚有十萬

餘落皆自號鮮卑鮮卑由此漸盛而數寇邊矣迨桓帝時有檀石槐者其父投鹿侯初從匈奴軍三年其妻在家生子投鹿侯歸怪欲殺之妻言嘗仰天視雹入其口吞之遂有孕鹿侯不信棄之妻私取養焉名檀石槐年十四五勇健有知略異部大人抄取其外家牛羊檀石槐單騎追擊之所向無前悉還所亡者由是部落畏服推以爲長東西部大人皆歸焉因南抄緣邊北拒丁零東卻夫餘西擊烏孫盡據匈奴故地東西萬四千餘里自是寇邊不休朝廷不能制乃遣使持印綬封檀石槐爲王卻之而寇抄滋甚緣邊

諸郡受其大毒靈帝時夏育議擊鮮卑蔡邕上言不可帝勿從擊之竟大敗光和中檀石槐死子和連代立才力不及父衆畔者半後出攻北地爲廉人射中死兄子魁頭立死弟步度根立自檀石槐後諸大人遂世相襲云魏文帝初步度根遣使貢馬帝拜爲王後部衆稍弱爲軻比能所滅軻比能者鮮卑小種也公平服衆推爲大人自袁紹據河北中國人多畔亡歸之教作兵器鎧楯頗學文字建安中與烏桓寇邊後復貢魏封爲附義王兵騎强盛諸部憚之然猶未能及檀石槐也青龍初幽州刺史王雄遣勇士韓龍

刺殺比能衆遂離散在隴西爲乞伏氏國仁稱王二傳至孫慕末元魏滅之在河西爲禿髮氏烏孤稱王二傳至弟傉檀乞伏氏滅之在燕爲慕容氏其後最盛當魏初渠帥有莫護跋率諸部入居遼西後從司馬懿討公孫淵有功拜率義王建國於棘城之地以慕容爲氏至孫涉歸魏封爲鮮卑單于遷居遼東於是浸有華夏之風矣涉歸有子二人長曰吐谷渾次曰慕容廆涉歸之嫡嗣也初吐谷渾與廆鬬馬而廆馬傷廆讓之渾怒率其部落西遷河湟之間其後廼以吐谷渾爲國號云自渾十五傳至夸呂始稱可汗

數爲侵害隋擊破之夸呂遠遁故地皆空隋置爲西海且末河源郡馬大業末夸呂子伏允孫慕容順收復故地唐將李靖滅之伏允死順降封爲西平郡王嗣是衰弱而吐蕃滅之併有其地順子諾曷鉢降唐高宗置安樂州封爲刺史卒子忠立卒子宣超立則天時吐蕃復取安樂州而吐谷渾殘部徙朔方河東唐復以慕容復爲青海王襲可汗號吐谷渾自晉永嘉時有國凡三百五十年及此封嗣絕矣而慕容廆

命世才略以大棘城爲顓頊之故墟因移居紊法制同於中國永嘉初自稱鮮卑大單

于因晉亂招撫華夷刑政修明流亡歸之甚衆乃立
營丘唐國冀陽城州四郡統之徵辟儒生以爲參佐
而奉晉室朝貢不闕廆卒子皝嗣益雄毅多權略自
以強盛遂稱燕王請命於晉晉許之遷都栁城皝卒
子儁嗣封巳而稱帝建都於鄴儁卒子暐立而莫容
垂輔之垂爲人多知略燕太傅評忌之垂因奔秦初
秦符堅素有圖燕之志憚垂威名不敢發及聞垂至
大喜郊迎執禮甚恭拜爲冠軍將軍堅乃遣王猛等
伐燕燕軍大敗猛乘勝長驅入鄴門執暐詣堅釋之
燕遂亡識者皆曰天未絕燕必中興其在莫容垂乎

後丁零翟斌起兵畔秦堅使垂將兵討之垂至安陽
遂與翟斌合兵進攻鄴秦符丕退走垂入而稱帝亡
何燕分爲三莫容冲卽位阿房是爲西燕一傳至永
垂擊殺之莫容德卽位廣固是爲南燕一傳至超劉
裕滅之而莫容垂亦以三傳至熙而亡鮮卑之入中
國者自此絕矣而當軻比能時其餘種逃潢水之南
黃龍之北者始不可考至元魏號曰契丹自此通中
國焉古昔相傳契丹之先有男子乘白馬浮土河而
下復有一婦人乘小車駕灰色牛浮潢河而下遇於
木葉山合流之水與爲夫婦此其始祖也是生八

子各居分地爲八部落凡則立遺像於木葉山祭之
必刑白馬殺灰牛用其始來之物也舉兵亦然後有
一主曰廼呵特一髑髏在穹廬中覆之以氊人不得
見國有大事則殺白馬灰牛以祭始變人形出視事
巳卽入穹廬復爲髑髏因國人竊視之遂失所在復
有號曰喎呵戴野猪頭披猪皮居穹廬有事則出退
復隱入穹廬如故後因妻竊其皮莫知所如又一主
曰晝里昏呵惟養羊二十口日食十九留其一次日
復滿二十口事極怪異其實不可得而詰也魏太武
時八部各以其名馬文皮入獻皆得交市於和龍密

雲之間齊受魏禪入貢不絕隋開皇末有別部四千
餘家背突厥來降唐武德中其大酋孫敖曹遣使來
朝而君長或小寇邊貞觀以後其君長亦入朝有常
貢矣突厥不欲外夷與唐合請以梁師都易契丹太
宗不許梁師都者唐臣叛入突厥者也無何契丹長
窟哥率其部內屬乃置松漠都督府以窟哥爲都督
封無極男賜姓李通天初窟哥曾孫松漠都督李盡
忠攻殺營州都督趙文翽舉兵反陷營州自號可汗
以誠州刺史萬榮爲將縱兵四略所向輒下武后怒
詔曹仁張言遇李多祚等二十八將討之唐軍敗績

無何盡忠死詔遣婁師德沙叱忠義率兵二十萬討
破之萬榮亦沒其黨遂潰附於突厥自是勢力稍弱
而其長李失活吐干李懷秀等相繼降矣唐悉拜爲
都督封以王爵在開元天寶間使朝獻者無慮二十
故事以范陽節度爲押奚契丹使自至德後藩鎮擅
地務自安障戍斥候益謹奚契丹亦鮮入寇而朝獻
不絕矣契丹俗八部大人三年一會於各部内選雄
勇者立之爲主舊主退位例以爲常阿保機者不知
何部人也爲人多智略而善騎射是時大人遙輦不
任事衆推阿保機代之無何阿保機請居漢城自爲

一部諸酋許焉遂徙居漢城教人耕種漸致饒足久
之與妻述律謀召諸部大人至伏兵其旁酒酣伏發
盡殺之而併有其衆稍臣服旁諸小國故益強盛制
文字置官號僭稱皇帝起東西南北四樓極侈麗相
去各千餘里往來射獵於四樓之間好鬼而貴日每
月朔日東向而拜日其會聚視國事亦以東向爲尊
四樓門屋皆東向先與晉王李克用約共滅梁後倍
約遣使至梁奉表稱臣約共舉兵滅晉克用大恨之
臨卒以一矢屬莊宗期必滅契丹後唐臣王郁以鎮
州獻契丹爲之向導契丹空國來寇攻幽州中山莊

宗擊破之契丹雖無所得然自此有窺中國之志矣
已而阿保機死德光立會石敬瑭反唐遣張敬達
等討之敬瑭求救於德光德光曰余夜夢石郎召我
今果然耶親督兵來戰敬達敗沒德光遂立敬瑭爲
晉天子而北歸是時鴈門以北一十六州皆德光有
也置幽州爲燕京改元會同國號大遼百官制度皆
依中國晉稱臣納輸德光稱晉曰兒皇帝終高祖世
奉之甚謹及出帝即位德光怒其不先以告又不奉
表不稱臣而稱孫遂傾國入寇晉劉知遠杜重威等
擊之契丹敗德光引去亡何趙延壽降契丹詐晉約

爲應兵晉遂遣杜重威等擊之不勝被圍糧絕重威
亦降於是德光遂入京師晉出帝與太后爲降表自
陳過咎出郊奉迎德光止之曰豈有兩天子相見於
道路耶及入封出帝爲負義侯遷於黃龍府德光既
立糧艸不贍日遣數千騎分出四野劫略人民謂之
打草穀民被其毒遠近咨嗟會漢高祖劉知遠起所在
州鎮多殺契丹守將降漢德光大懼遂以蕭翰守汴
而偕其官屬妃妾將卒數千人北歸行至殺胡林得
疾而卒契丹破其腹去其腸胃實之以鹽載而北晉
人謂之帝羓焉兀欲者東丹王突欲之子也先是突

欲亡降唐故其子兀欲立祖母述律勿欲也曰畔人之子安得立兀欲怒遂幽述律於木葉山竟致死其慘毒如此述律為人亦多智而忍阿保機死盡殺從行諸將妻百餘人曰可往從先帝我寡若安得有夫大將趙思溫以事忤述律使送木葉山思溫曰親莫如后何不行述律曰我本欲從先帝以子幼中國多故未能也乃斷一腕而釋思溫不殺無何鎮州失守而兀欲為燕王述軋等所弑遂迎德光子璟以立璟有疾不能近婦人好畋獵飲酒達旦日中輒睡國人謂之睡王不與國事以故不復南寇顯德六年周世

宗發兵北征取瀛漠定三關兵不血刃璟曰漢地還漢余何惜耶後因醉而為庖人所弑國人共立兀欲之子明記稱天贊皇帝是時宋太祖新興保境息民不欲生事夷狄而契丹亦或貢或寇畔服無常至太宗時數寇州縣然亦輒為宋敗去明記卒子隆緒立年幼小母蕭氏當國內行不修於是諸臣議者請以此時收取幽薊上然之遂遣將曹彬田重進潘美楊業等三道出塞彬等兵勢甚振所向克捷多所虜獲業已下數州矣而彬部下諸將貪功競盡進取之策彬不能制遂至軍無行伍士卒疲乏未幾而所下諸

州旋又復失第虜主殘而虐下苦斂重役來降者甚夥雖嘗舉兵入寇竟未能大得志於宋也會宋將王繼忠戰敗陷虜虜授以官繼忠嘗為虜言和好之利且致密奏達闕下請和宋乃遣曹利用往利用至虜營許以歲給絹二十萬疋銀一十萬兩議遂定虜主請以兄事宋帝自是宋遼修好少交兵馬隆緒卒子宗眞立時夏國元昊未平宗眞知中國厭兵用劉六符議聚兵幽涿聲言入寇遣使致書索晉陽關南地而其指實欲邀歲賂而已仁宗重用兵遣富弼報書諭之遂議歲增銀絹至五十萬然契丹實惜盟好特

為虛聲以動中國宋方困西師而宰相呂夷簡持之不堅許之至厚其後遂滋無窮之敝云宗眞卒子洪基立遣使蕭禧致書以河東地界為言往返再三議久不決禧必欲以分嶺水為界而故相文彥博富弼韓琦曾公亮上章以為不可與地獨王安石言於上曰將欲取之必固與之於是詔從禧言禧乃辭去往時界於黃嵬山麓宋可以瞰其應朔武三州既以嶺與之虜遂反瞰忻代凡東西失地七百里洪基卒子延禧立號天祚皇帝為人貪縱不道諸國附從者皆有離心於是女眞首領阿打骨遂畔集所部甲馬三

千犯東京境寧江州延禧方射鹿秋山聞亂輕之不爲介意遣高仙壽討之敗焉遂陷寧江初州有榷易場女真以金珠密蠟爲市率爲州人賤直强買且拘辱之謂之打女真至是遂憾恣殺民無噍類及遼將蕭嗣先之敗也其兄蕭奉先恐弟獲罪詒延禧言潰兵不戢將爲腹心重患延禧遂詔一切勿問於是出征者皆曰戰則有死而無功退則有生而無罪故士無闘志遇敵輒奔矣頃之女直陷東京延禧懼即日出居庸關率禁衛五千奔雲中趍漁陽嶺入陰夾山時遼國無主張琳李處溫共立延禧叔淳爲主稱天錫

皇帝未幾淳卒而契丹之地盡入金矣延禧計窮乃遯走小鶻縣未幾與金將婁宿遇婁宿下馬跪于前捧觴而進遂俘以還吳乞買封爲海濱王處之長白山東踰歲而死遼亡自阿保機至延禧凡九代及元滅女直即奚都地置大寧路契丹屬之爲大寧之北境也　我朝洪武初中東夷遼王惠寧王朶顔元帥府元帥各遣使來朝於是即古會州地置北平行都司封寧王權鎮焉後因北胡來降者衆分兀良哈爲三衛曰朶顔曰大寧曰福餘以處降胡設都督指揮等領之與遼東宣府東西並列以爲外藩命其長爲指揮使同知官各領所部自是每歲朝貢馬靖難兵起召兀良哈諸部落從行有功遂以大寧畀三衛從寧王於南昌徙行都司於保定令三衛一歲二貢自是三衛之地與遼宣隔聲援絶矣永樂中　上既攻殄阿魯台乃諭諸將曰所以翼阿魯台爲逆者兀良哈之寇也當還師剪之遂簡步騎分五道擊之抵其巢穴斬首數百級擒斬酋長數十人盡收其牛羊駝馬十餘萬而還然三衛中朶顔據地最險其兵騎亦稱最强已巳福餘大寧結也先爲之嚮道朶顔獨拒險不從也先竟不能入塞而去天順成化間三衛通

毛里孩虬加思蘭等入寇頃之謝罪國家輒撫納之而彼亦小小爲寇抄不絶迨弘治中守臣楊友張瓊燒荒出塞掩殺甚衆邊釁遂起自是雖名爲捍衛而陽順陰逆累肆侵略花當則脅求添貢把兒孫潛入虜掠動稱結親逓非恐嚇中國我將士前後陷沒者甚夥即庚戌之變亦三衛導之也隆慶以來修守城堡虜稍知避斂入貢如初其俗及譯語與韃靼同其山川則有黑山（云北人死則魂歸此山每年冬至日酋長殺白馬白羊各取其生血和酒北望拜祭此山甚嚴非祭則人不敢登此山）馬盂山（廣袤千里）七金山（山有七峯爲）大其產惟青羊（毛色青）黃豕（毛色黃）契兎（即鼲兎爲邛邛距虛嚙草者也）

瑪瑙（色青黑或青赤中間以紅色如珠絲者爲紗與南方者不同、）白葡萄（紅白二色）爲奇

論曰東胡天性忿鷙不下匈奴故其後裔輒與匈奴相爲盛衰如鮮卑契丹等國難得而制非一世也惟我　太祖龍興韃靼遠遁而兀良哈納土制爲内外二邊（内邊起古北口至山海關外邊在三衛地有山邊延亘千里外環以江其險足據故北虜不敢侵犯）永爲藩籬即金湯之險弗踰此矣自棄大寧之後止守内邊失外邊三衛遂肆猖獗俄而寇抄（自爲剽掠）俄而引導（導韃靼入寇）是爲韃靼傳其虎翼而爲中國自噬也豈不殆哉第三衛各爲部落其强易詘其合易分激之則入爲虜役寬之則因而爲我間諜夫固中國之耳目也倘當事者治以不治薄責其貢而厚給其賞直稍撫綏之則藩籬之固奚必待形勝耶

咸賓録北虜志卷之一終

吳郡錢世傑書　熊昇三刊

咸賓録東夷志卷之二

明豫章羅曰褧尚之父著

朝鮮

朝鮮東夷大國也昔堯命羲仲宅嵎夷曰暘谷孔子欲居九夷夏后相時於夷來賓少康時方夷來賓及周公所滅淮夷大抵皆東夷種也武王伐紂釋箕子囚箕子既陳洪範義不臣周而武王亦不欲臣之也故封之於朝鮮其初國俗未聞及箕子教以禮義田蠶又制八條之約故其風淳厚與三方異至有邑無淫盜門不夜扃者傳四十餘世至朝鮮侯準稱王漢初大亂燕人衛滿避地朝鮮遂擊破準而自稱朝鮮王會孝惠高后時遼東太守奏約滿爲外臣保塞外蠻夷許之滿遂得以兵威財物侵旁小邑凡穢貊高句驪沃沮眞番辰國皆服屬焉傳子至孫右渠負固不服又雍閼他國來朝者元封初襲殺漢使涉何漢於是遣楊僕荀彘誅右渠以兩將不相能故久無功頃之尼谿相參迺使人殺右渠來降先是穢君南閭等二十八萬口降置蒼海郡及定朝鮮復置爲眞番臨屯樂浪玄菟四郡而以高句驪沃沮爲縣至昭帝時罷臨屯眞番二郡而幷於樂浪玄菟焉高句驪者

其先夫餘種也夫餘嘗得河伯女因閉於室爲日影
所照遂孕生一卵大如五升破而得一男爲及長字
之曰朱蒙其俗言朱蒙者善射也王令養馬蒙私以
馬賢者減食令瘦駑者善養令肥王以肥者自乘瘦
者給朱蒙王待給朱蒙一矢殪獸甚多夫餘王謀殺
之朱蒙遂棄其母與馬達等二人東遇河難濟追者
又追朱蒙曰我日之子河伯外孫也今奈何俄而魚
鼈成橋朱蒙得渡魚鼈乃解朱蒙遂至普述水遇見
三人一着麻衣一着衲衣一着水藻與朱蒙至訖升
骨城遂居馬號曰高句驪因以高爲氏朱蒙歿子如

栗立如栗歿子莫來立其人性凶急習戰鬪好寇鈔
沃沮東濊皆屬馬武昭雖置爲縣後稍驕不服王莽
初發句驪兵伐胡不行郡縣强迫之遂亡出塞莽令
嚴尤誘句驪侯騶斬之傳首長安於是寇邊愈甚及
光武興罷兩郡都尉官仍以穢及沃沮地封其渠帥
爲侯而遼東太守祭彤威信素著於是高句驪濊貊
倭韓夫餘諸國來獻倭即日本詳見日本志中韓有
三種曰馬韓國五十四曰辰韓國十二曰弁辰國亦
十二合方四千餘里皆古之辰國也馬韓最大其諸
國王盡馬韓種人佩服屬馬昔朝鮮王準爲衛滿所

破遂將餘衆千人攻入馬韓爲王準後卒韓人復自
立辰韓耆老自言秦之亡人避苦役適韓相呼有似
秦語風俗尚禮勝於馬韓弁辰國近倭故頗有文身
者三韓自漢晉以來朝貢不絕後爲新羅百濟所倂
夫餘東明之裔也其事與朱蒙同漢晉以來朝貢及
阿保機滅夫餘改東丹府遂絕後高句驪王宮勇壯
數犯邊境元興初寇遼東耿夔擊破之元初建光時
輒與濊貊馬韓鮮卑人入寇圍玄菟城殺掠吏人時
遼東太守蔡諷戰沒官屬幷軍卒歿者數千人夫餘
王乃遣子尉仇台將兵來援與州郡幷力討破之是

歲宮歿子遂成立詣玄菟降遂成歿子伯固立其後
濊貊率服東垂稍安及桓靈失政復入寇掠玄菟太
守耿臨討之伯固降乞屬玄菟云伯固卒子伊夷模
立建安中公孫度擊破之有其國伊夷模更作新國
於丸都山下居焉伊夷模歿子位宮立（一名宮慕祖風烈故襲其
名）有勇力便鞍馬善獵射從晉擊公孫氏有功勢遂
滋盛魏正始初寇遼西安平幽州刺史毋丘儉往擊
之位宮敗走儉使王頎追之絕沃沮千餘里到肅慎
南刻石紀功而還是時頎問其耆老海東復有人不
耆老言國人嘗乘船捕魚遭風至一島語言不相曉

俗常以七月取童女沈海又一國在海中純女無男扱地而孕胷前無乳項後生毛中有汁乳于百日能行三四年則成人矣又海岸邊有兩面人項中復有面生得之與語不通不食而死又得一布衣從海中而出身如中國人衣其兩袖長三丈盖沃沮東界之極也晉時立宮五葉孫釗爲王慕容皝擊破之掠萬餘口焚其宮毁丸都城而釗亦尋爲百濟所殺於是遂徙都平壤平壤即樂浪也（元東寧路今仍屬朝鮮）及慕容寶以句麗王安爲平州牧封遼東帶方二國遂略有遼東郡勢復振立至晉安時安孫高璉獻赭白馬晉封

爲高麗王樂浪郡公璉壽百有餘歲而死凡四傳而湯立自東晉宋至於齊梁後魏後周其主皆受南北兩朝封爵分遣貢使隋時其國漸大及隋平陳湯懼陳兵積穀爲守拒之策高祖曉諭之遂上表謝罪湯卒子元立元率靺鞨兵寇遼西既而煬帝徵元入朝元不至煬帝大怒遂親征之高麗嬰城固守隋食盡師老轉輸不給諸軍多敗績乃班師還頃之高麗亦困弊遣使乞降隋末天下喪亂仍徵元入朝元竟不至也元死子建武嗣唐高祖初兩遣使入朝唐拜建武爲上柱國封高麗王頃之新羅百濟上書言建武

閉道使不得朝且數侵入詔使朱子奢持節諭和是時太宗已擒頡利建武懼請與二國平且賀滅突厥拜上封域圖久之復遣太子桓權入朝獻方物帝厚賜賚詔使者陳大德持節答勞且觀釁大德入其國厚餉官守悉得其纖曲大德還報太宗大喜於是遂有征服高麗志矣高麗有盖蘇文者姓泉氏自云生水中以惑衆性忍暴嗣父爲東部大人殘凶不道諸大臣與建武議誅之盖蘇文覺悉召諸部詒云大閱兵列饌具請大臣臨視賓至盡殺之凡百餘人馳入宮殺建武殘其尸投諸溝更立建武弟之子藏爲王

自爲莫離支專國柄猶唐兵部尚書中書令職云太宗聞建武爲下所殺遣使弔祭不欲因喪伐罪乃拜藏爲高麗王會新羅遣使者上書言高麗百濟來攻請天子哀憐太宗以書讓高麗且使止勿攻使未至而盖蘇文已取新羅二城矣會李勣勸上討之帝意遂決乃遣將張亮李勣李道宗契苾何力等二十人往征之又發契丹奚新羅百濟諸君長兵悉來會上次定州坐城門過兵人人慰撫疾病者親視之敕州縣治療士卒大悅人人願爭先赴敵矣於是勣攻卒城拔之以其地爲盖州孫伐音攻白崖城拔之以其

地爲㢠州勣遂圍遼東城帝至城見士卒塡塹分負之重者馬上持之羣臣震懼爭挾塊以進帝與勣會甲光炫日會南風急士縱火焚西南樓延城中屋幾盡人死於燎者萬餘衆登陴虜蒙盾以拒士卒長矛舂之礟石如雨城遂潰以其地爲遼州遂引軍次安市城進兵攻之會高麗南北部傉薩高延壽高惠眞率靺鞨之衆十五萬來援於安市城東南八里依山爲陣上令所司張受降幕於朝堂之側夜召文武躬自指麾是夜有流星墜賊營中明日及戰大破之延壽惠眞降上悉以其酋長授以戎秩命還以平壤靺

鞨三千人並坑之所獲無算因名所幸山爲駐驆山命許敬宗爲文勒石紀功焉太宗崩高宗立藏遣使者奉慰後新羅訴高麗靺鞨奪三十六城詔程名振等率師討擊勝之無何蓋蘇文死子男生代爲莫離支與弟男建男產相怨男生入朝求援而蓋蘇文弟淨土亦請割地降乃詔遣將契苾何力薛仁貴龐同等討之皆受李勣節度會侍御史賈言忠計事還帝問軍中云何言忠對曰必克高麗秘記曰不及九百年當有八十大將滅之高氏自漢有國今九百年勣年八十矣虜仍薦饑人相掠賣地震裂狼狐入城蚡

穴於門人心危駭是行不再舉矣未幾勣圍平壤藏遣男產率首領百人樹素幡降且請入朝勣以禮見而男建猶固守出戰數北大將浮屠信誠遣諜約內應遂入火其門執藏男建等收凡五部百七十六城戶六十九萬詔勣便道獻俘昭陵凱而還勣等數俘於庭高宗赦之各授以職諸將加爵有差剖其地爲都督府九州四十二縣百復置安東都護府擢酋豪有功者爲都督刺史而以薛仁貴爲都督總兵鎮之藏以永淳初死葬頡利墓左由是高氏絕王矣至垂拱中以藏孫寶元爲朝鮮郡王唐末中原多事遂自

立爲君長而其名號史失不紀矣至後唐明宗時權知國事王建承高氏之位并有新羅百濟以平壤爲西京遣使朝貢封爲高麗國王建卒子武立武卒子昭立王氏三世終五代常來朝貢其立也必請命中國中國常優答之周世宗時王昭進別敘孝經一卷越王新義八卷皇靈孝經一卷孝經雌圖一卷別敘者敘孔子所生及弟子從學之事新義者以越王爲問目皇靈述延年辟穀雌圖載日食星變皆不經之說宋太祖建隆初昭遣使朝貢昭卒子伷立伷卒弟治立先高麗遣國人金行成崔罕王彬等詣業國學

後俱登第於是朝貢不絶請命受封如常無何遣使言契丹寇境宋以夷狄相攻固其常不可輕動干戈爲國生事使還自是受制於契丹朝獻中絶矣治卒弟誦立誦卒弟詢立會契丹攻陷高麗六城詢徙居避之尋結女眞設奇邀擊殺戮契丹殆盡勢稍得振於是復入貢焉因言爲契丹羈制之狀宋厚答之詔登州置館於海次以待使者詢卒其後不通中國者四十餘年至詢孫徽立輒遣使入貢表求醫藥畫塑之工詔募願行者往高麗俗病不服藥惟咒詛厭勝故不知醫自徽來請醫後始有通其術者宋以其國

尚文每賜書詔必選詞臣著撰所遣使者必召赴中書試以文乃往而高麗之待中國使者亦甚恭謹云徽在位三十八年而卒治尚仁恕稱爲東夷良主然猶循其俗王女不下嫁臣庶必歸之兄弟宗族貴臣亦然次子運諫以爲既通上國宜革故習不從及運嗣遂稍稍變其夷風矣運仁賢好文每賈客市書至則潔服焚香對之貢使至輒市太平御覽文苑英華并諸書甚衆運卒凡四傳而楷立貢使接踵賞賜不貲而郡縣供頓擾民殊甚蘇軾謂高麗入貢無絲毫利而有五害旨哉言也高麗自王徽以降雖累年遣

使於宋然受契丹封册奉其正朔上朝廷及官文書蓋有稱甲子者歲貢契丹至於六而誅求不已常云高麗乃我奴耳南朝何以厚待之使至其國尤倨暴館伴及公卿小失意輒行捽箠我使至必假他事來覘分取賜物云初女直奴事高麗及其强也高麗反臣事之高宗即位初即遣胡蠡等往使高麗宋益恐其通金人而金亦以是時遣王樞持用往高麗則亦憂其爲我用也蠡回復募能使絶域者而楊應恍奉詔請行上言由高麗至女眞路甚徑請身使三韓結雞林以圖迎二聖詔可遂由杭州浮海行三月抵高

麗諭其王楷以往女直意楷有難色遣其臣且言金人見造舟將往二浙若引使者至其國異時欲假道至浙何以答之高麗之辭果如宋臣翟汝文所料者應恍留兩月餘楷終不奉詔不得已受其拜表而回自三韓發舟凡六日至明州益遇順颷故歷險如夷云後高麗亦輒遣使入貢然勢逼於金其奉中國不及元豐以前時矣及元初契丹人六哥等領衆九萬餘竄入其國元太祖遣哈只吉剳剌等領兵征之高麗王名缺奉牛酒出迎且遣其將趙仲共討滅六哥剳剌與仲結爲兄弟仲請歲輸貢賦自是後元每遣使

遐其入貢而後進方物焉元太宗時征高麗復遣阿
兒禿與高麗降人洪福源招其主王㬚㬚遣其弟王
倎請和許之置京府縣以達魯花赤七十二人監之
遂班師頃之㬚盡殺元所置達魯花赤七十二人以
叛尋率衆竄居海島元遣將命福源領其衆㬚復攻
之福源遂遷居東京而元賜佩金符命同將唐古攻
㬚㬚於是畏威獻琛矣至乎憲定之間歲貢不入元
凡四命將征之㬚遣世子禃入朝㬚卒元命禃歸國
嗣王兵衛送之禃以元册封故終世祖之三十一
年其國入貢者凡三十有六焉是時元欲通日本以

高麗與日本鄰可爲鄉導乃遣兵侍黑的等使日本
先至高麗輸旨禃遣使導往日本不至而還元與高
麗從此隙矣而其歲貢如故也後禃世子愖入朝奏
言本國邪臣林衍廢禃立淐之事元大怒發兵征之
而復王禃故位詔西京內屬改爲東寧府禃死子愖
立後更名昛以尚元公主故賜以駙馬高麗王印而
加號特進上柱國開府儀同三司征東行中省左丞
相駙馬高麗王云成宗時哈散使高麗還言昛不能
服其衆宜遣官共理之遂復立征東行省命闊里吉
思爲高麗行省平章政事未幾復罷而奉命惟謹矣

昛卒凡三傳而王昌嗣王氏自建立國至昌凡二十
八王歷四百餘年云　我朝洪武二年王王顓表賀
即位遣符寶郎偰斯賜金印誥命大統曆金綺封爲
高麗國王幷賜王母妃相國諸陪臣文幣有差仍以
祝文牲帛祭高麗境內山川云未幾復遣陪臣金柱
來朝柱頗知書出清宴閣識記自言其八世祖金緣
所作乃宋徽宗識蔡京事不知蔡京爲中國所鄙云
五年王顓遣其禮尚吳季南等貢方物表言暹羅國
恃其險遠不奉朝貢蒙古人留居其國宜徙之蘭秀
山逋逃所聚亦恐爲寇患乞發兵討之　上賜璽書

言暹羅隸爾國蒙古亦人類蘭秀山逋寇示以朕詔
一呼可至勿用兵使十年以高麗貢使頻數遣故元
樞密使延安答里諭意顓遣使姜仁裕表謝貢方物
十七年　上因高麗使來不遵臣禮以賄結逆臣胡
惟庸事覺遣其使還以勅諭遼東守將唐勝宗葉昇
令絕高麗未幾高麗果遣使至勝宗昇以聞　上復
以勅褒獎之二十年遼東守將濮眞以高麗叛服不
常引兵攻之兵敗被執自刺死顓懼上表請罪歸眞
喪顓卒封禑爲高麗王非顓親子國人所共立也二
十二年指揮高家奴等市馬高麗還言高麗王禑表

請不受馬直　上令擇可用者以直償之餘駑弱者
量減其直仍勑高麗還遼陽瀋城民昔避亂於其國
者禑遂遣使以遼瀋流民奈朶里不歹等戶四十五
口三百五十十人來歸頃之國相李仁人廢禑而立王
昌仁人子成桂復廢昌而立王瑤久之竟廢瑤而自
立也王氏自五代至今數百傳而始絕成桂遣人請
命　上以其遠夷故置不問成桂更名旦徙居漢城
遣使請更國號詔更號朝鮮旦遣使請印誥　上覽
表怪旦不遜詰使者使者言表鄭集撰　上盡却方
物索集旦懼送集至京安置雲南自是遂令遼東絕

高麗矣永樂初旦請老子芳遠嗣聞朝廷欲廣屯田
於遼東遣使貢牛萬頭於遼東命戶部每牛一頭酬
絹一疋布四疋賜其王文綺表裏各百疋仍勑以其
牛分給屯田芳遠卒子祹嗣遣使貢海東青詔諭祹
珍禽異獸非朕欲也其勿獻以後聖旦元旦及請封
慶弔使來無常期而朝廷有大政頒詔其國及王嗣
封亦皆遣使焉至嘉靖中王李峘疏乞改大明會典
中所載成桂篡逆事從之其地東西相距二千里南
北四千里分八道統府州郡縣俗崇釋尚鬼惡殺戮
折風巾服大袖衫男女相悅爲婚死三年始葬親不

視殮病不服藥好祀鬼神修宮室飲食用俎豆官吏
閑威儀以田制俸以秔醞酒法無苛條刑不慘毒其
諱語天爲哈嫩二地爲大日爲害月爲得其山川古
蹟則九都山伊夷模建都於此神嵩山王建都於此北嶽山李旦依此
山爲都葢馬大山郎古東沃沮國地鴨綠江源出靺鞨之長白山色如鴨頭綠故
名潤三百步大通江郎淇水也爲大其產則白硾紙狼尾筆海
豹皮稍魚昆布蒲花席草性柔折屈不損摺扇以竹多爲貴黃漆
漆物如金果下馬高三尺長尾雞尾長三尺紬苧布黑白二色石燈盞
紅白二色俱他國所無者
論曰朝鮮肇自箕子故稱東方君子之國及衛滿篡

入風稍變矣句驪併之遂益凌夷然性柔謹好文字
至今猶然豈非箕子之遺化耶若漢之右渠晉之高
宮隋之高元唐之葢蘇文代爲作逆雖窮兵討之猶
未帖然宋名通貢而實奴事契丹元以兵威劫之納
獻請封非其意也至我　聖祖登極未幾王顓奉表
稱臣累葉朝請遂爲定典適視前代不大相逕廷耶

女直

女直東夷也古肅慎氏在漢爲挹婁在元魏爲勿吉
唐爲黑水靺鞨宋爲女眞避契丹主諱更名女直今
因之昔武王克商通道於九夷百蠻使各以其方賄

來貢而無忘職業於是肅愼氏來貢楛矢石砮其長尺有咫王以分大姬配胡公而封諸陳漢興以後挹婁臣屬夫餘種類小而强健夫餘責其租賦重以魏黃初中叛夫餘數伐之弗克也畬弓矢便乘船寇盜鄰國畏之魏末貢楛矢石砮弓甲貂皮之屬晉元成間通貢頻之復貢於石虎虎問之答曰每候牛馬向西南臥者三年矣是知有大國所在故來入貢焉至元魏時有勿吉者凡七部落而黑水部最强卽肅愼氏也延興以後貢使相尋隋開皇初靺鞨遣使貢獻文帝因宴勞之使者及其徒起舞曲折多戰鬭狀帝曰天地間有此物常作用兵意也後煬帝與高麗戰輒敗其渠帥突地稽率其徒從每有戰功隋拜爲光祿大夫居之柳城未幾遯歸唐太宗征高麗靺鞨佐之甚力駐蹕之役高延壽高惠眞以衆及靺鞨兵十餘萬來降太宗悉縱之獨坑靺鞨三千人玄宗時其酋倪屬利稽來朝拜爲勃利州刺史遂置黑水府以部長爲都督刺史賜姓李唐置長史監之訖唐世貢使相尋獻物有鯨睛貂鼠白兔石砮楛矢亦奇物也貞元後渤海强盛靺鞨皆役屬之遂不與王會矣渤海者本粟末靺鞨初附高麗高麗滅通天中有舍利

乞乞仲象者與靺鞨酋乞四比羽及高麗餘種東奔樹壁自固武后詔封比羽許國公仲象震國公俱拒不受唐遣將李楷固斬之時仲象已死其子祚榮因幷比羽之衆自號震國王盡得夫餘沃沮弁韓朝鮮諸國地嘗通貢唐朝睿宗封爲渤海王自此遂稱渤海國云祚榮死以後叛附無常然數遣諸生詣京師太學習識古今制度故郡邑官號章服多倣中國者至阿保機興數侵擊之勢遂不振後唐時黑水兀兒及胡獨鹿兩部酋長遣使朝貢後不復見而女直之名始通中國云種類不一有生熟女直有黃頭女直生女直及黃頭女直勢微終未强盛惟熟女直僻處契丹東北隅臣服一百餘年世襲節度使自宋建隆以至天禧貢使不絕契丹怒其朝貢中國遂於海岸置三柵柵置兵三千絕其貢獻之路女直乃汎海入朝求發兵與三十首領共平三柵太宗不爲發兵後契丹征高麗道由女直女直遂與高麗合兵拒之大敗契丹自是女直勢稍振矣相傳宋初有亟普者新羅人也年六十餘別其兄阿古廼而與弟保活里適女直居於完顏部僕幹水之涯久之完顏部人有殺其族人者兩族交鬭衆莫能解亟普乃往諭解之部

衆信服謝以青牛一犇歸以六十之女亟普以青牛
爲聘而納之後生二男長曰烏魯次曰斡魯一女曰
思板其後爲金之始余觀松漠記聞所載金人歷代
祖無亟普之名第云完顔氏所妻六十女生二子長
曰胡來而宋史所載其酋有龕福者凡五傳而至胡
來二說雖異大抵胡來乃阿骨打四世祖也阿骨打
之父曰楊割者能用其人强於諸部遼主洪基時識
者知其必爲東方之患乃楊割多持金珠駔駿歲時
遺賂契丹用事臣如是者十餘年楊割死子骨打立
先是女直歲以海東青貢於契丹契丹酷愛之誅求

不已國人厭苦及遼主延禧嗣位責貢尤苛至遣鷹
坊子千餘越長白山羅取歲甚一歲不勝其擾凡銀
牌天使至女直必欲薦寢者初輪中下戶室女待之
後不論其有夫及閥閲高者於是女直人人有畔志
遼俗春冰泮時遼主必至女直地鑿冰釣魚放弋爲
樂女直人各以其所產來獻量輕重而打博謂之打
女直是時延禧釣魚於混同江凡女直酋長皆來會
酒酣命諸酋歌舞爲樂骨打獨端立直視辭以不能
延禧欲誅之遼臣蕭奉先諫乃止頃之骨打遂叛以
同族粘罕胡捨爲謀主銀木割移烈婁宿闍母等爲

元帥其軍法五十人爲一隊前二十人被重甲持戈
矛後三十人輕甲操弓矢每遇敵則兩人躍馬而出
觀陣虛實然後四面結陣馳擊百步之外弓矢齊發
勝則整陣緩追敗則復聚而不散其分合出入應變
周旋人自爲戰時延僖暴虐將士離心又輕女直兵
故女直甫起即五敗契丹師契丹大怒下詔有剪除
之語骨打聚衆以刀剺面仰天而哭曰契丹欲盡剪
除汝輩不如殺我一族而降可轉禍爲福耶諸酋拜
曰願以死戰無何破乾顯等州復得遼東長春兩路
始用鐵州降人楊朴議進稱皇帝國號大金以其地

產金故也而追尊龕福以下皆爲帝宋聞女直得遼
陽地童貫議欲倚之以復燕詔趙良嗣往聘約夾攻
契丹取燕雲骨打許諾遂議歲幣如契丹舊數明年
金人取中京至古北口延禧奔雲中居夾山而朔應
諸州皆陷金遂入燕會燕王淳已死妻蕭后遁出奔
宰相左企弓等迎降宋命趙良嗣等報聘金人但許
燕薊六州而猶欲自取六州租稅良嗣還復往議至
再三竟於契丹歲幣外增一百萬緡而求西京明年
童貫蔡攸入燕燕之子女玉帛職官富室皆席卷而
東所得空城而已骨打死弟吳乞買立是時中京被

圍延禧敗困遂奔西夏夏畏女直之威不敢納又以
赤幾杖林據事不敢奔宋遂乘小鞦韆復不納延禧
勢窮乃夜回欲之雲中未明遇婁宿軍婁宿下馬捧
觴爲祚前擒之俘以還封海濱王處之東海上契丹
遂亡無何金人入寇取朔武忻代四州遂圍太原明
年圍京師宋遣使約割太原中山河間三鎮之地以
康王構少宰張邦昌爲質發內帑金帛數萬皆從金
人之請也初李綱請伐金欽宗不聽金人銜綱宋遂
罷綱以謝金人而金之猖獗自如也無何李綱復用
下令能殺敵者厚賞衆無不奮躍金人懼稍稍引却

及欽宗詔往許三鎮地金人退師种師道請乘其半
濟擊之帝不許師道曰異日必爲國患呂好問亦曰
金人得志益輕中國禦敵之備當速講求而帝終弗
聽也未幾金將粘沒喝斡離不分道入寇尋圍京城
宋將郭京范瓊等禦之不能克京城遂陷帝聞城陷
慟哭曰不用种師道言以至於此於是遂遣使割地
矣金復索金帛甚急且邀帝至營帝有難色而何㮚
李若水力勸帝行如青城旲乞買得帝降表遂廢帝
及太上皇爲庶人更逼帝及上皇易服若水抱帝而
哭詆罵金人不絕口竟以裂頸斷舌而死議者謂若

水是舉也足以釋其勸帝出城之罪矣頃之金人立
張邦昌爲帝而擁二帝及太子后妃宗戚三千人北
去宋臣遂共奉康王即位而邦昌退位爲太保馬時
陝西山東河南淮陽相繼陷沒而高宗建國臨安雖
有宗澤張浚岳飛諸將勢稍得振久之澤卒浚飛爲
秦檜所排故地於是不復矣及乞買卒凡八傳而守
緒立是時蒙古鐵木真稱帝首謀伐金凡攻城對敵
所向皆克及金奔汴蒙古已取城邑凡八百六十有
二遣使命金去帝號稱河南王彼此罷兵金主不從
蒙古遂決意滅金鐵木真死子窩濶台立金遣使來

歸賵帝曰汝主久不降使先帝老於兵間吾豈能忘
也賵何爲哉却之敕蒙古民有馬百者輸牝馬一牛
百者輸牸牛一羊百者輸羒羊一爲永制始置倉廩
立驛傳命河北漢人以戶計出賦調耶律楚材主之
西域人以丁計出賦調台沒的滑剌西迷主之遂與
宋合兵擊金金主守緒懼遣使往宋借粮曰唇亡齒
寒我滅勢必及宋矣宋不許時圍城甚急守緒遂傳
位於東面元帥承麟承麟固讓守緒曰我以肌體肥
重不便鞍馬馳突卿平日趫捷有將略萬一得免祚
胤不絕此朕志也承麟因即帝位百官賀畢亟出捍

敵而南面巳立宋幟俄頃四面呼聲動天地守者棄門元兵入守緒自縊承麟亦爲亂兵所殺金亾而餘衆得脱者或奔歸女直故地元即其地設開元路領咸平府隷遼東宣慰司咸平乃古箕子所封地也我朝永樂九年遣將駕巨艦至混同江上召集諸酋豪餌以官賞於是東旺佟等四酋率衆降始設奴兒干都司以四酋爲都指揮賜勑印又置衛一百八十四所二十諸小酋爲指揮千百戸鎮撫官令三歲一貢仍置馬市羈縻之種類不一建州居中最强地最險虜人視爲咽喉本渤海遺孽喜耕種緝紡飲食衣

服頗有華風其近松花江者曰山夷皆山居即黄頭女直又北抵黒龍江曰江夷即生女直亦有室廬海西山夷即熟女直金人之遺種也永樂初專事撫綏諸夷漸爲邊患一歲間入寇者九十七殺虜吏民十萬餘正統景泰時附也先入寇勑印盡亾諸子孫不得請官以舍人入貢賞賜大減以故怨忿思叛成化二年酋董山遂糾衆入寇我遣趙輔王英等討之山降送京師誅之稍平未幾諸夷欲報山仇入寇而巡撫陳鉞欲掩降虜爲功又附汪直開邊隙出塞撲殺諸夷諸夷益大憤入塞殺掠無算遣馬文升往撫定

之諸酋遂解散直怒誣文升下詔獄謫戍重慶嘉靖間巡撫於敖減賞賜夷人大恨因數入塞遼東西大困自是邊衛益嚴稍無虞矣其俗勇悍喜戰鬭耐饑渴善射騎上下崖壁如飛濟江河不用舟楫浮馬而渡好畋獵每見野獸之蹤躡而求之能得其潛藏之所又以樺皮作角吹作呦呦之聲呼麋鹿而射之土氣極寒常爲穴居以深爲貴好養豕食肉衣皮有狗車木馬輕捷之便狗車形如船以數十狗拽之往來遞運木馬形如彈弓繫足激行可及奔馬嗜半生米飯漬以生狗血嗜酒醉則縛之不爾殺人其父母若

春夏死則埋之以其所寵奴婢所乘鞍馬殉葬秋冬死則以其尸餌貂故亦用是多得貂馬其親友死則以刀割額血淚交下謂之送血淚盜禁甚嚴惟正月十六日則縱偷一日以爲戲宋以前其國君民同川而浴肩相摩於道民雖殺雞亦召其君同食不知紀年但以草一青爲一歲以豕膏塗身以溺洒手面作厠於中環之而居東夷中最無儀法者也及金人入中國後稍稍變夷風焉其譯語天爲阿瓜地爲納日爲受溫月爲別阿其山川最多長白山（巓有潭周八十里南流爲鴨綠江北爲混同江東爲阿也苦河禽獸皆白）太山（俗甚敬畏之過者不得咳嗽有熊狠不害人人

亦不敢殺之爲大其產則赤玉紅如雞冠即瓊也殊角即海象牙魴鬚
明熒可爲簪鯨睛鯨魚目睛也即明月珠諸鷹種類不一惟海東青爲貴虎羆狐
皮有黃黑白三種失剌孫即土豹好剌即各色鹿海豹叢居水涯常以一豹護守
如雁奴之屬其皮可飾鞍褥海牛紫色無角龜足鮎尾見人則飛入於海膏可燃灯皮可爲弓韃
海驢常於秋日登島產乳製爲雨具水不能潤海狗大如貓其腎爲補助妙藥野猪野
驢野牛皆出山谷中者魚獸名似猪其皮背斑文腹下純青可爲弓箭矢服牛魚形如
牛長丈餘重三百斤無鱗骨肉脂相間味極佳海人剝其皮懸之其尾隨潮以爲起伏海人魚
形渾如人髮如馬尾皮肉極白陰形與男女無異土人鰥寡多畜之池沼中交合與人無異亦不傷人
水母一名蒲摶魚正白濛如沫無腹臓頭目二蝦負之其行如飛文林郎果也狀如李出
建州爲奇

論曰昔周德甚盛肅慎氏第間一入貢爾猶且須其
賂物訓示後人葢難之也在漢唐時挹婁靺鞨最小
及女直滅遼勢遂强大竊據中原僭號天子而元乘
其衰弱始能滅之然其故地酋長偃然南面自如也
至我　國家未煩介卒不費斗糧徒以　聖詔一呼
歸命納土遂設衛所定貢額永爲東北藩籬殆德過
成周遠矣

日本

日本古倭奴國在大海中於閩浙爲東北隅漢滅朝
鮮通使稱王者三十餘國初王都筑紫日向宮名御
天中主次曰天材雲尊其後王遂皆以尊稱傳二十
三世彥瀲尊少子神武天皇遷都太和州疆原宮其
後王遂以天皇稱建武初倭奴國奉貢朝賀光武賜
以印綬至桓靈間倭國大亂歷年無主有一女子名
曰卑彌呼年長不嫁能以妖術惑衆於是共立爲王
法甚嚴峻侍婢千人少有見者惟一男子傳令而巳
曹魏時既平公孫氏倭女王遣大夫難升米等來貢
獻魏以金印紫綬封卑彌呼爲親魏倭王難升米等
並拜中郎校尉自是貢使往來相尋矣女王死更立
男王國人不服相攻擊不休復立卑彌呼宗女壹嗣

爲王亂遂定壹立朝獻如初後復立男王並受中國
爵命歷晉宋齊梁朝聘不絕晉宋時倭王名讚讚後
有名珍名濟名興名武者其世次皆有可考至隋開
皇中倭王姓阿每字多利思比孤遣使詣闕上令所
司訪其風俗使者言倭王以天爲兄以日爲弟天明
時出聽政跏趺坐日出便停理務云委我弟文皇曰
此大無義於是訓令改之大業初復遣使朝貢使者
曰聞海西菩薩天子重興佛法故遣朝拜兼沙門數
十人來學佛法其國書曰日出處天子致書日沒處
天子無恙云云帝覽不悅謂鴻臚卿曰夷書有無禮

者無復以聞明年遣裴世清使倭度百濟所歷有秦王等十餘國惟秦王國其人同於華夏云先秦時遣方士徐福將童男女數千人入海求蓬萊仙不得懼誅止夷澶二州號秦王國世屬倭奴世清至倭王遣使數百人設儀仗鳴鼓角來迎既入其都國王多利思比孤與世清相見大悅曰我聞海西有大隋禮義之國故遣朝貢今清道飾館以待大使冀聞大國維新之化世清曰皇帝德竝二儀澤流四海故遣行人來此宣諭世清居倭未幾王命使隨清入貢唐貞觀中遣使朝貢唐亦遣新州刺史高仁表往諭之與王

爭禮不平不肯宣天子命而還久之其王孝德即位（自孝德以上至多利思唐書俱載有姓名）獻琥珀大如斗瑪瑙若五升器時新羅爲高麗百濟所暴高宗賜璽書令日本出兵援新羅孝德死二傳而天智立遣使者與蝦夷人偕朝蝦夷人亦居海島中其使者鬚長四尺其髮上指善弓矢珥箭於首令人戴瓠立數百步射無不中者天智死子天武立死子總持立咸亨初遣使賀平高麗後稍習夏音惡倭名更號日本使者自言國近日所出以爲名或云日本小國也倭併之故冒其號云長安初遣朝臣眞人[illegible]貢方物朝臣眞人者猶唐

尚書也冠進賢冠頂有華蘤四被紫袍帛帶其國初無冠於隋得所賜冠始制焉亦無文字刻木結繩於百濟國得佛書始制焉粟田好學能屬文進止有容武后授以司膳卿官還之開元初粟田復朝請從諸儒授經詔四門助教趙玄默即鴻臚寺爲師後悉所賞物貨書以歸其副朝臣仲滿慕華不肯去易姓名曰朝衡授以官職久之多所該識乃還後復入朝擢官如故建元初遣眞人興能來貢善書其紙似蠒而澤人莫能識也時王名白壁自總持後女王二男王五至此凡八傳矣貞元末王桓武遣使入朝其冑子

橘免勢顧留肄業歷二十餘年使者來請免勢等還詔然之大中中日本王子來朝獻寶器音樂王子善圍棊出楸玉局冷暖玉棊子楸玉文如楸木琢之爲局光潔可愛其王棊子不由制度黑白自然冬溫夏暖故名至宋雍熙初日本僧奝然與其徒五人浮海而至獻銅器十餘事幷本國職員令年代紀各一卷奝然善隸書而不通華語問其風土但書以對書言國王世以王爲姓文武官僚亦然所載世次名號甚詳第王世姓王氏與本史阿毎氏者不同奝然之來也帶有孝經一卷越王孝經新義各一卷皆金鏤紅

羅褾水晶爲軸孝經即鄭氏註者越王乃唐太宗子越王貞新義者記室參軍希古等撰也奝然求印本大藏經詔給之後隨台州商人船還其國數年遣弟子奉表來謝表辭頗工大略云傷鱗入夢不忘漢主之恩枯骨合歡猶亢魏氏之敵奝然誠惶云云望落日而西行十萬里之波濤難盡顧信風而東別數千里之山嶽易過得觀宇内之瓌奇敢辭荒外之跋涉遂使蓮華廻文神章出於北闕之北貝葉印字佛詔傳於東海之東伏惟陛下惠溢四溟恩高五嶽世超黄軒之古人直金輪之新在彼在斯只仰皇猷之盛越山越海敢忘帝德之深奝然縱粉百年之身何報一日之惠染筆拭淚伸紙揺魂上奏賜物遣歸咸平初建州海賈周世昌遭風飄至日本凡七年得還與其國使至世昌以其國人倡和詩來上其詞彫刻膚淺無足取也景德初僧寂照至熙寧間僧誠尋至宋待之加厚賜紫方袍自是連貢方物而來者皆僧也淳熙以後明州秀州泰州等地往往有日本海船爲風泊而至者其人衆無口食或行丐於途中上聞詔勿取其貨仍給常平米贍恤之候便風遣歸國宋亾終元之世不肯奉命元遣使黑的趙良弼等并高麗

使往諭之不至遂遣將忻都范文虎及高麗將洪茶丘等往征之至五龍山暴風破舟全軍皆沒而日本竟不至也及國初　高皇帝即位方國珍張士誠既滅諸豪悉航海糾島賊入寇以故洪武時數寇山東浙福蘇松旁海諸郡遣行人楊載招諭之其使未至於是復遣萊州同知趙秩賜璽書諭其王良懷秩至宣言中國威德責其入貢良懷以元嘗使趙姓者往欲襲之今秩復趙姓意將襲巳以謾語答之命左右刃秩秩不爲動徐曰聖天子生華帝華非蒙古比爾殺我禍不旋踵我朝之兵天兵也無不一當百其戰艦蒙古之戈船百不當一況天命所在人孰能違良懷聞之氣沮股栗禮秩有加尋遣僧祖義隨秩奉表稱臣入貢來朝然其剽掠如故也十五年明州備倭指揮林賢交通樞密使胡惟庸謀叛令日本使僧如瑶詐稱朝貢獻巨燭内藏火藥兵器伏精兵貢艘中計以表裹挾上即不遂掠庫物乘風而遁會事露悉誅而發僧使於陝西四川各寺中著訓示後世絕不與日本通於是遣信國公湯和江夏侯周德興等沿海規畫自南直隸山東浙江福建廣東西咸置行都司以備倭爲名大羊盤鎝矣永樂初太監鄭和等齎

賞下西洋諭諸海國日本首先歸附遣人來貢并擒
獻犯邊賊二十餘人卽付使人治之縛至甑中烝死
詔厚賚之封其鎮山曰壽安鎮國山　上爲文勒石
賜勘合百道與之期期十年一貢無何三千人犯遼
東爲總兵劉榮所破殺無噍類榮封廣寧伯自是歛
迹不敢大爲寇而小小抄盜亦不絕出沒海中得閒
則張其戎器而肆侵陵不得閒則陳其方物而稱朝
貢茵載而歸以爲常矣至正統中乃入桃渚犯大嵩
刼倉庾燔室廬賊殺百姓積骸流血如陵谷縛嬰兒
於柱沃之沸湯視其啼號以爲笑樂捕得孕婦則計

其孕之男女剔視以賭酒荒淫慘毒不可勝言嘉靖
初其王源義植幼冲不能制羣臣右京兆大夫高貴
使宋素卿貢亾何左京兆大夫內藝興遣宗設貢咸
强請勘合後先至寧波爭長不相下宗設衆盛於宋
素卿遂攻敗之追北至紹興躪諸郡縣殺掠以千計
都指揮劉錦及千百戶等官遇之皆死後有詔旨諭
且下宋素卿獄始肯聽徐徐解自是倭奴嘯聚益繁
桀驁孔熾而閩浙無賴之民爲之嚮導覘我虛實以
故敢於深入而中國亾命者若王直徐海毛海峰之
徒跳海聚衆變服稱王糾合倭船往來行賈而奸商

猾民覬其利厚私與互市違禁器物咸托官豪庇引
黠者又多取其奇貨匿去莫酧舶人怒輒肆殺害公
行剽掠於是吳粵之民食不暇炊臥不安枕農夫釋
耒紅女寢機甚則族類離散逃竄別邑故父子老弱
係虜相隨於路其死傷者首身分離暴骨草澤頭顱
僵仆相望於境沿海郡縣幾爲丘墟其禍慘於正統
時矣事聞　朝廷慮之乃特設閩浙巡撫開軍門聽
以軍法從事而所用撫臣朱紈素潔廉勇於任事往
則日夜練兵甲嚴糾察上章纂二三勢豪通番狀竟
爲勢豪詆劾以擅殺逮紈紈恚自殺其所置副使柯

喬都指揮俞鏜諸能任事有功者皆論死繫獄乃罷
巡撫不復設而舶主土豪益自喜爲奸浸甚官司視
以目莫之禁矣頃之賊犯台州破黃巖象山諸邑議
復設提督都御史用王忬爲之忬經略稍有斬獲賊
於是移舟而南犯蘇松二郡無何忬改大同乃以李
天寵代忬而兵尚張經督其事時中外忻忻謂賊旦
夕可平會工侍趙文華以海道猖獗請禱海神遂遣
文華往禱公私勞費不貲皆歸橐槖而文華素忌經
經亦以材望自負文華恚則疏連劾經謂其才足辦
也特家閩避賊讐故嚄唶縱賊爾　上怒甚趣使捕

徵經經時已大破賊於嘉興斬首三千級溺水死者彌是兵科言宜留經以賊平自効不聽併巡撫李天寵皆論死文華既已攘其功即奏趙巡按御史胡宗憲代天寵督臣亦有更置由是中外文武皆束手歛迹惴惴重足立憂不在倭矣文華俄還朝進太子太保工部尚書而宗憲亦遂以兵部侍郎總督無何徐海入寇圍巡撫阮鶚躪浙地告急疏上趙文華請出督許之乃與宗憲誘徐海降而合兵掩捕平之徐海死進文華少保宗憲亦遷右都御史又明年獲王直王直者故徽人也以事走海上後爲舶主頗尚信有

盜道雖夷主亦愛服之有徽人羅隆文者豪俠士也故與直相識宗憲乃馳書命隆文往說之隆文至直所適直船中有二女見隆文泣數行下即之則隆文故妓爲寇所虜也隆文密使二妓先諭意明日謁直直大喜相敘讙若生平隆文曰朝廷不以足下作逆之故壞汝廬墓戮汝親戚德意良厚今總督胡公吾黨人也倘能效順投款盡殲夷醜以安百萬生靈足下之功良厚胡公必奏授足下官職高爵厚祿榮歸故鄉不猶愈於寄身海島朝不謀夕使萬世而下有逆賊之名乎直聞之神搖色動猶未決會二妓耳語

反覆勸之甚亟直瞿然曰願以死贖罪遂從隆文詣督府宗憲大悅優禮之即具狀聞廷議以直元兇不可赦棄市而餘黨數萬復寇淮陽遂越如皐逼泰州勢甚熾時淮陽巡撫李遂多智略度賊無深謀若以計紿之東至廟灣可以決勝乃命防海副使劉景韶參將丘陞守黃橋諸路而身當泰州之衝露宿野次激勵諸將士期以死戰士皆踴躍奮呼數合賊退却果從富安沿海堤掠而東遂喜曰賊在吾彀中矣復命景韶陞誘賊致廟灣縱兵擊之賊大敗無何賊自三沙至景韶陞與戰陞中鋒死景韶乃并陞衆遂又

飭諸路兵擊之賊復大敗賊間道走劉莊裨將劉顯聞賊據劉莊乃奮勇躍馬而前而景韶鼓其後遂搗劉莊賊潰追及白駒場賊無一人得免者捷聞進遂南京兵侍景韶浙江按察使自宗憲遂屢捷之後於是浙西江東稍得安然而溫台閩廣如故也至四十年賊破興化等郡縣巡撫譚綸總兵戚繼光募浙兵大剿平之自是絃轍一新武衛稍振而旁海諸郡始免倭患云其地去閩浙近去遼東遠故今入貢者不從遼路國內有五畿三島七道六十五州六百餘郡屬國百餘總以倭名曰狗邪韓（方五百里在新羅百濟東）曰[illegible]

方四百里多深林禽鹿成群戶無良田食海物自活曰瀚海方三百里多竹木差有田地食亦不給市糴他國曰末盧戶四千餘草木茂盛行不見前人好食魚鰒數十丈之下亦沒取之曰伊都曰不彌戶俱千餘曰奴國曰投馬戶俱三五餘曰邪摩維即今倭王所都曰秦王見前其餘諸國小者百里大者四五百里俱有名不盡錄各自專擅不相統攝其來寇者不知為何國也土氣溫煖宜禾稻麻桑無牛馬虎豹羊鵲兵有弓楯木弓竹矢或以骨為鏃人性嗜酒多壽考其至百餘歲者為常男女相悅為婚人皆多妻不淫不妒又俗不竊盜少爭訟犯法者沒其妻子大者滅其門戶其死喪無異中國灼骨以卜吉凶用中國古錢千

文價銀四兩倭不用開元永樂二種來寇多在清明重陽之後時多東北風久而不變故防寇者以三四五月為大汛九十月為小汛過此則不利於行矣若渡海時令一人不櫛沐不食肉不近婦人名曰持衰若在途吉利則予以財物如疾病遭害以為持衰不謹便共殺之男子魋頭斷髮黥面文身婦人披髮跣足閒用屨信巫好戲重儒敬佛其接見以蹲踞為恭以搓掌為悅飲食籍以槲葉手餔之或用籩豆坐臥無几案牀帳編草為薦文皮為表席地坐臥其尊盜輕生好殺天性然也其譯語天為唆喇地為只日為非祿月為讀急與日本考畧譯語不同其山川壽安鎮國山永樂初御製賜刻碑阿蘇山山石無故火起接天云其上有夜光珠其產如意寶珠青色大如雞子夜有光云魚目精也青玉硯扇細絹漆器俱極精巧金桃實重一斤為奇

論曰日本東海中大國也自後漢以來世世朝獻迺至元時獨絕蓋亦恥為虜下意云及元攻之不克志亦寖驕國初招之業已奉貢稱藩矣而寇掠如故太祖慮之乃絕其內款禁其互市瀕洋環島羅衛布堠而嚴為之防逖哉　聖謨貽謀深矣然久之安而忘危玩以生寇亭障弛而不設舳艫敝而不修倭奴

乃乘閒竊發始則歲旱薦饑奮臂掠食抹死扶傷而已迨後覘我阨塞諳我虛實遂至隳城屻邑斬將殺吏積尸成林蕭條千里顧不痛哉　皇上震怒委任重臣疇咨良將恩甚渥也然倭以丸合之眾航海而來勇略既疎背糧亦乏而我以百萬熊虎之士坐而制之是彼為肉我為斧謂宜詘指當以吉語聞也奈何騷然荼毒連年不解者其故何哉蓋立功顯名相成者什一而相傾者什九也昔當　皇上之特設督撫也首用朱紈事未竣而為勢豪抵於法次用張經李天寵事未竣而為貴臣抵於法自是朝臣結舌邊

將斂手而倭奴益得志矣人徒知倭寇之來胡惟庸爲亂首而豈知彼嫉賢誤國者罪亦不下胡惟庸也即有微功安足贖其罪哉曩非李遂譚綸戚繼光等前後勦平之事猶未可知矣

琉球

琉球東南海中大國也漢魏至唐宋不通中國隋煬帝令朱寬入海求訪異俗得河蠻言知有琉球遂與河蠻俱往其國言語不通掠一人而返明年令寬往撫之不從取其布甲而歸於是遣將陳稜等討之至其都焚其宮室虜其男女千餘人并雜物產得金荆

榴木數十斤色如眞金甚香遂班師歸是時其王㱮歡斯氏名渴剌兜不知其由來有國世次也自陳稜攻破之後絕無聞琉球旁有毗舍那者小夷也烏諦裸形殆非人類宋淳熙間其國之酋豪嘗率數百輩猝至泉之水澳圍頭等村肆行殺掠性喜鐵器及匙筯人閉戶則不入但刓其門環而去擲以匙筯則俯拾之可緩數步見鐵騎則爭刓其甲遂駢首就戮而不知悔臨敵用鏢鎗繫繩十餘丈爲操縱蓋愛其鐵不忍棄之不駕舟楫惟縛竹爲筏可摺疊如屏風急則羣舁之浮水而逃此夷之最小而險者也元至元中海船副萬戶楊祥請以六千軍往降琉球不聽命則遂伐之元主從其請繼有書生吳志斗者上言生長福建熟知海道利病若欲收附且就彭胡發船往諭相水勢地利然後興兵未晚也元遂命楊祥吳志斗阮鑒等並給金銀符往使琉球竟不能得其要領而還及元貞初遣鎮撫張浩等討之禽生口百餘竟不服也我　朝洪武初遣行人楊載招諭日本還復遣往琉球琉球遣使者隨載入朝貢獻部所貢方物俱於福建行省驗入頃之其國分中山山南山北稱三王各遣使請命詔賜中山王察度山南王承宗山

北王怕尼芝印幣永樂中中山王思紹遣使入貢表言長史王茂中國饒州人也輔臣祖察度四十餘年不懈於職今年已八十請命還鄉從之中山王遣子侄及其陪臣子弟入國學上喜禮遇獨優賜閩人三十六姓善操舟者令往來朝貢三王嗣封皆請於朝以爲常至景泰時山南山北爲中山王尚思達所并遣使朝貢嘉靖初國王尚眞卒世子尚清上表請封我遣給事中陳侃行人高澄往弔尚眞并封尚清中山王至閩尚清遣長史蔡承美等來迎以五月朔日祭海登舟自是風濤浩蕩幾溺舟者數矣越十八日

至熱壁山山去琉球三百里夷人曰至此始可免憂遂泊焉頃之尚清遣法司官具羊酒菜果等物來迎言天使遠臨世子不勝忻踴聞風伯爲從者驚懼遣小臣奉迓侃等以其詞雅受之踰旬日方抵其國先須祭禮畢至七月二日乃頒冊封詔勑尚清冠服之餙跪拜之儀悉如中國蓋其先期習之熟也其宴使者禮甚恭仍用金鼓笙簫樂凡烹調之味皆假使者庖人惟奉餞則出自宮嬪親製以表獻芹之意者精潔芳旨但不過數十品而已侃等以九月十三日回舟王及陪臣送至江滸無不相泣重別者行數日颶

風驟作桅折舵壞舟人失色但呼天妃求救頃之有紅光燭天舟人曰天妃至矣舟果得安至二十六日忽一蝶飛繞舟中復有一黄雀立於桅上時舟人有識者曰蝶雀神類天妃遣來告我風也宜善自防是夕果大風作浪濤驚天舟漏齊呼天妃尋有蝶數萬銜泥塞舟舟復得安次日遇順颷舟行如飛又次日遂行至定海泊焉出使外國者惟琉球最險而其神亦最靈故詳録之未幾尚清上表貢獻言大明一統志中所載琉球有落漈及聚髑髏事皆非實杜氏通典集事淵海嬴虫録星槎勝覽所述亦傳者之妄乞下史館從之落漈者琉球

水也其水最險舟到彭湖遇颶風作漂至落漈回者百無一二聚髑髏者言其國王所居壁下多聚死人枯骨以爲佳而民間門戶上亦安獸頭骨角此言出自寰宇記諸書而隋史北史亦載之故其國欲攻去云其地居海島中多山洞國有四五帥統諸洞洞有小王往往有村村有鳥了帥並以善戰者爲之各理一村之事其初國俗以盈虛爲晦朔以草木爲冬夏人皆去髭鬚手羽冠毛衣無禮節好剽掠自相攻擊鬭死者收取聚食之仍以髑髏獻至王所王則賜之以冠使爲隊帥犯罪者輕則用杖重則繩縛以大鐵

錐鑽頂而殺之人死氣將絶時舉至庭浴其屍纏以布帛裹以葦草襯土而殯其南境有人死邑里共食之者男女相悦爲婚婦人產子必食子衣年老者髮多不白事山海之神祭以酒肴鬭戰殺人即以其人祭神此皆其未通中國時俗也迨今遣人入國學者習稍變有華風焉凡司刑法錢谷等官皆土人爲武職其大夫長史通事官司朝貢爲文職皆三十六姓人及學於國學者爲之信鬼神女巫最尊女巫之魁曰女君白日呼嘯聚輒數百人攜枝戴艸騎步縱横時入王宮褻遊狎戲一唱百和音聲淒慘倏忽往來

矯誣禍福王及世子陪臣皆頓首拜跪云國人不軌神卽夜以告王昔倭奴有欲謀害中山王者神卽禁錮其舟水變爲鹽米變爲沙寇尋就戮惟其守護斯土故國中敬且憚之第未嘗殺人而祭之也王居山巔宮殿朴素亦未聞聚斂事富貴家稍有瓦屋餘皆茅茨地不產鐵故以螺殼爨炊無釜耕無鋤人皆耐饑渴勞苦寒暑不能侵亦無殘疾疲癃者不知醫藥而亦不夭札不生疾疫蓋其薄滋味寡嗜慾之驗也男子結髻用五色布纏頭以辨貴賤女人上衣外更加幅布如帷見人則取以蔽面下用細褶長裙以覆

其足無去鬚毛衣羽冠之飾亦無產子必食子衣之事也賦法畧如井田王及臣民各分土爲祿食無征稅國有事然後取之此皆近日風俗得王化之漸陶者第刑嚴峻盜竊卽刵劓人皆[illegible][illegible]佼恣善射鄰國視爲勍敵然好爭狠鬭輒刃殺人度不能脫卽剖腹自斃其譯語天爲甸尼地爲只尼日爲非祿月爲都及其山川黿鼉嶼古米山（最險損舟）彭湖島（近福泉漳與四郡界天晴望之若烟霧中）其國旁有沙華公國肆行劫掠商舶漂至則擒人燒食之又有小琉球亦近泉州霽日登鼓山可望而見其人麤俗少入中國其產無牛羊驢馬惟鬭

鏤樹以（撝條細可織）木皮布（緝木皮爲布潤三尺餘）金荊（磨可爲几訛賸於沈香）雖入貢時或有諸物皆自他國貿易來者非本國所產也

論曰琉球僻居海島雄視東南自以爲鶻巢之固也用是歷代以來不襲朝貢隋元臨之以兵卒不奉命至我　國家向化獻琛胄子就學其殆可以德綏未可以威劫者耶俗本夷也今變華風其漸染深矣語云夷進中國則中國之余謂琉球有馬

咸賓錄西夷志卷之三

明豫章羅曰褧尚之父著

哈密

哈密西域諸胡往來入貢要路也在漢時爲伊吾盧地昔漢明帝征匈奴取伊吾盧以爲屯田西域遂通葢其地高腴宜五谷桑麻蒲桃故漢數與匈奴爭車師伊吾以制西域焉及明帝崩焉耆龜玆攻沒都護陳睦匈奴車師復圍戊巳校尉章帝不欲疲敝中國以事夷狄乃迎還戊巳校尉不復遣都護罷屯田以故伊吾遂爲匈奴有矣後班超定西域復得故伊吾

地鄧太后時西域畔超子班勇往平之於是龜玆等十七國皆來服從漢以伊吾傍近西域匈奴資之以爲鈔暴復令開設屯田如永元時事置伊吾司馬一人統之隋初商胡雜居有勝兵千餘人附於鐵勒人甚驍悍厥田良沃隋末內屬置伊吾郡屬天下亂又臣突厥唐貞觀初以頡利破滅遂舉其屬七城來降因裂其地爲西伊州自是遂爲唐郡縣矣至石晉時其地爲仲雲所據仲雲者小月氏之遺種也其人勇而好戰瓜沙之人皆憚之晉遣高居誨使于闐經其地仲雲遣宰相都督等官候迎云牙帳居胡盧磧者卽其地也宋王延德使高昌歷伊州地州將陳氏其先自唐開元初領州凡數十世唐時詔勑尚存葢舊非都城無君長名號可紀故諸史無伊吾傳云元末族屬威武王安克帖木兒居之我　朝永樂四年哈密遣使入貢詔封安克帖木兒子脫脫爲忠順王賜以金印所統有回回畏兀兒哈剌灰三種各以其酋目爲都督佐之并前洪武時所設關外衛共有七衛曰哈密曰安定無城郭地廣千里曰阿端分安定地俱洪武八年置曰赤斤蒙古永樂二年置古月氏地也曰曲先永樂四年置曰罕東曰罕東左二衛皆洪武三十年置地在沙用其國勢極弱俱在嘉峪關西而哈密又

在六衛西東去肅州西去土魯番各千五百里北至瓦剌數百里凡西域天方等三十八國貢使至者咸置哈密譯文具聞乃發脫脫卒三傳而孛羅帖木兒嗣尋爲其臣下所殺王母努溫答力主國事嚴毅有威國人畏服有謀弑之者見其酋則戰慄失措劍器皆墮成化中土魯番酋長阿力調其衆掠赤斤蒙古不從恚卽以兵劫王母及金印去哈密及三種夷無主遂散居苦峪諸山谷或歸附居甘肅州亦有隨土魯番去者甘州守臣上其事遣通政劉文高陽伯李文往經略之竟不能得其要領而還甘肅守臣犒間

請以王母甥罕慎襲王哈密時阿力死阿黑麻代之罕慎貪而殘失衆心弘治初阿黑麻挾詐殺罕慎據其城上言罕慎非王裔請自王哈密馬文升議不許言非得元之遺裔不足以攝服諸番因命通事於諸番中訪忠順裔派得王佺陝巴上聞遂封陝巴忠順王主國事未幾阿黑麻復虜陝巴及金印去時兵侍張海以經略哈密在嘉峪關外表言請閉嘉峪關絕西域貢令諸夷歸怨阿黑麻而馬文升亦同此議乃西域諸夷怨朝廷賞賜大減又沮其由海道貢獅子反相率從阿黑麻阿黑麻遂復入哈密自稱可汗大

掠罕東諸夷已而阿黑麻西去留其將牙木蘭守哈密精兵不過四百騎撫臣許進師臣劉寧諜知之乃用馬文升議效陳湯故事以副總兵彭清率番漢兵三千襲破哈密牙木蘭遁去（許見許襄毅公平番始末）無何阿黑麻送回陝巴及金印而陝巴復故封陝巴卒子拜牙立時阿黑麻亦卒其子滿速兒立乃令其酋目火者他只丁襲破哈密遂拜牙而以數萬騎掠我肅州兵備陳九疇媾瓦剌達兵掠土魯番頗有斬獲而兵尚王瓊中傷之遂下九疇詔獄未幾復起巡撫甘肅滿速兒入寇九疇奮勇力戰土魯番大敗墳之九疇竟

爲瓊中傷論戍而拜牙勢窮從土魯番其同回畏兀兒哈剌灰三部亦皆歸附於是兵尚胡世寧上言哈密諸族已自歸土魯番餘入居肅州者已久欲驅之出不可也然則哈密將安興復哉即求其嫡派立之誰與爲守不如閉嘉峪關置哈密不問會尚書桂萼議亦同朝廷從之時王瓊發兵境上土魯番稍却又爲瓦剌所攻不獲爲寇至嘉靖初滿速兒遣使同天方諸國通貢然哈密不復城而金印失矣其地自陝西蘭州渡河千五百里至肅州肅州西七十里爲嘉峪關關外竝稱西域而陝西以南直四川抵雲南徼

外竝稱西番其關之最西則爲哈密俗獷悍好利居惟土房諸夷雜處故衣服異制飲食異宜其山川天山（一名雪山虜過此者皆下馬拜）馬騣山（有碧鄉嶺嶺上有李陵題字處）合羅川（乃唐回鶻公主所居城基尚在）產鑌鐵（剖礪石中得之爲鑌鐵中有自然花紋價直過銀）四味木（其實如棗以竹刀則甘鐵刀則苦木刀則酸蘆刀則辛出天山）大尾羊（尾重者三斤小者一斤肉如熊白味甚佳）野蠶綿（蠶生苦參上絲可爲綿帛）爲奇

高昌

高昌卽火州以其地勢高敞物[illegible]盛故名高昌又山色如火天氣常熱故亦[illegible]本漢車師前王故地所謂交河城是也西[illegible]戊巳校尉竝居焉其

地有漢時高昌壘故以爲國號晉以其地爲高昌郡呂光張軌沮渠蒙遜據河西皆置太守以統之魏世祖時有闞爽者自稱高昌太守尋爲沮渠無諱奪據之無諱死其地又爲蠕蠕所幷立闞伯周爲王高昌之稱王自此始也伯周死子義成立其從兄首歸殺義成篡之首歸又爲高車王阿伏至羅所殺尋爲張孟明馬儒相繼王之俱爲國人所害遂共推馬儒長史麴嘉爲王會嚈噠破焉耆焉耆衆不自立請王于嘉嘉以第二子爲焉耆王高昌由是始大元魏時朝貢不絕俗好書故遣使奉表自以邊遐不習典誥求

借五經諸史幷請國子助教劉燮以爲博士許之嘉死子堅立梁武帝時遣使貢羊刺蜜上遣杰公迓之杰公曰平城羊刺無葉蜜色明白而味甘鹽城羊刺葉大蜜色青而味薄是蜜乃鹽城產者詢之使者果如其言頃之獻鳴鹽枕蒲桃良馬氍毹等物隋開皇中突厥破其四城有二千人來歸中國時堅死子伯雅立以大業五年來朝從擊高麗還隋以宇文氏女華陽公主妻之唐武德中遣使獻狗雌雄各一高六寸長尺餘性甚慧能牽馬銜燭云生佛菻中國始有佛菻狗矣貞觀初其王文泰來朝文泰伯雅子也後

與西突厥連結諸國朝貢者路出高昌文泰稍遏絕之太宗下詔讓其反覆遣使李道裕往問狀文泰遣使謝太宗引使責而王數年朝貢不入無藩臣禮我使人往文泰狠曰鷹飛于天雉竄于蒿貓遊于堂鼠安于穴各得其所豈不快耶明年當發兵以擊而國而王當自圖尋復諭入朝文泰稱疾不至乃遣將侯君集薛萬契苾何力牛進達等帥兵討之文泰聞王師至悸駭無他計發病死子智盛立君集等以兵薄其城智盛降君集分兵略定凡三州五縣二十二城戶八千口三萬馬四千先是其國人謠曰高昌兵如

霜雪唐家兵如日月日月照霜雪幾何自殄滅文泰捕謠所發不能得也捷書聞太宗大悅宴羣臣班次策功赦高昌所部披其地爲西州而置交河天山柳中蒲昌高昌六縣初西突厥遣其葉護屯兵於可汗浮屠城與高昌爲影響至是懼而來降以其地爲庭州置蒲類縣時魏徵褚遂良皆諫言宜立高昌人爲王書上勿納君集遂勒石紀功凱還獻俘徙高昌豪傑于中國智盛幷弟智湛俱封郡公麴氏傳國九世凡百三十四年而亾智湛有子昭好學有鬻異書者母顧笥中金歎曰何愛此不使子有異聞乎盡持易

之昭歷司膳卿頗能辭章弟崇裕有武藝永徽中爲右武衛翊府中郎將封交河郡王及安史之亂其地陷没後自爲國然其地頗有回鶻故亦謂之回鶻宋建隆中來貢乾德初西州回鶻可汗遣僧法淵獻佛牙琉璃器琥珀盞太平興國中其國王師子王遣使來獻宋遣王延德至高昌會師子王避暑於北庭去高昌治所千餘里乃邀延德至北庭王及王子侍者皆東西拜受賜待延壽甚恭雍熙初延壽還敘其所歷來獻云語詳見宋史中　國朝號火州永樂七年土酋遣人朝貢十二年吏部員外郎陳誠至其國還

言其國風物蕭條市里民居僧堂過半亦皆零落東有荒城故址云古高昌國治自宣德以來或三年五年朝貢不絕其地城東七十里曰柳陳即唐柳中縣也西百里曰土魯番即唐交河縣也其人貌類高麗目深鼻高辮髮後垂衣尚錦繡俗婦人戴油帽名蘇幕遮唐以爲曲名有城郭田畜兵器書史婚姻喪葬與華夏同蓋其先爲唐朝郡縣故也事天神信佛法字亦有眞艸頗似韃靼亦常僭用回回語音好騎射時節潑水爲戲地無雨雪每盛暑人皆穴地而居飛鳥羣聚河濵或起飛則爲日氣所爍墜而傷翼其山川奇秀者最多有靈山石皆黑紋如毛髮貪汗山夏有積雪火焰山出烈火常有烟氣涌出至夕光焰若火照見禽鼠皆赤天山即祁連山唐天山縣蒲類海一名鹽澤瀚海地沙深五人若大風行者人馬相失其產羊刺草也其上生蜜味佳白疊子草實也如繭中有細絲取織爲布名曰氎布砂鼠鷙禽捕食之赤白鹽白者如玉赤者如金火蚕綿絮衣一襲止用一兩稍過度則炎烝之氣不可止禁矣爲奇

土魯番

土魯番亦車師地昔漢武帝遣使通西域樓蘭車師當道苦之攻劫漢使王恢等又數爲匈奴耳目武帝遂遣趙破奴擊破車師至宣帝時分以爲車師前後王歷魏晉唐宋皆總屬高昌詳具見高昌志中元屬

畏兀兒部我　朝永樂二十年吏部陳誠至其國宣德五年始遣使來貢以後不絕弘治間番酋阿力阿黑麻父子擾我西鄙虜我哈密忠順王即是時專倚哈密至正德間遂數犯我甘肅語在哈密志中弘正間土魯番十三人入貢稱王者一人嘉靖初稱王者十五六人禮部議回勅旨宜但稱王一人五年一貢爲便從之當是時土魯番殘破我嘉峪關外七衛及城郭諸國地廣人衆非復陳驗封奉使時矣其地峻鑿窮崖天巧奇絕氣候燠少雨雪不生艸木少禽獸性最好狡西夷諸種不如去哈密千餘里中經黑風

水州俱乏勢難遠據黠虜之計徒欲挾此以要利其人皆屋居土宜麻麥其產瓜菓羊馬之類

魯陳

魯陳古柳中地我　朝宣德五年魯陳萬戶瓦赤剌遣人來貢其地中經大川砂磧無水草牛馬過此輒死道傍多骸骨有鬼魅行人失侶白日迷亾夷人謂之旱海西行出流沙河北出火焰山山色如火氣候和煖風俗淳朴居人有回回畏兀兒二種土宜穄麥麻豆物產惟小蒲桃甘甜無核為佳

論曰昔漢通西域當時以為斷匈奴右臂然必得伊吾柳中車師諸地而後西域可通則哈密高昌之為中國利害甚明也我　國家封護哈密蓋亦漢帝之遺意云及土魯番殘破七衛之後遂議棄哈密閉關絕貢余謂此權宜之術非久安之策也昔漢立都護匈奴世世稱藩今倘於伊吾車師故地設以督府鎮以重臣而屯田置員若漢家故事諸夷酋長仍封其爵第令之受我節制永為外臣使西戎北虜兩不相通則邊陲可永無虞而國家之固如盤石矣

撒馬兒罕

撒馬兒罕漢為罽賓隋為漕國西域中大國也去嘉

峪關萬里漢武帝通西域罽賓自以絕遠漢兵不能至其王烏頭勞數剽殺漢使者烏頭勞死子代立遣子奉獻漢使關都尉文忠送其使忠因與其國容王子陰末赴共謀殺罽賓王而以漢印綬立陰末赴元帝時陰末赴復殺漢使趙德等七十餘人上書貢謝漢欲遣使者報送其使杜欽上書說王鳳乃止魏晉以後無聞至元魏復通焉其王都善見城遣使朝獻在隋更名漕國其王姓昭武字順達康國王之宗族也國法嚴整其俗淫祠有順天神祠渾以金銀為之祠前有一魚脊骨其孔中通馬騎出入大業中遣使貢方物至唐復名罽賓王居修鮮城武德中遣使貢寶帶金鎖水晶頗黎盞貞觀中貢俱物頭花丹紫相間其香遠聞又貢名馬太宗語大臣曰昔魏徵勸我修文德安中夏今中夏安四夷貢獻皆徵力也乃遣使厚齎賜其國王使至罽賓王再拜受命仍遣人導至天竺頃之獻褥特鼠喙尖尾赤能食蛇螫者嗅且尿瘡即愈顯慶三年以其地為修鮮都督府拜其王為修鮮都督開元天寶間屢遣使朝貢獻天文書及秘方奇藥又獻上清珠光明潔白可照一室視之有仙人玉女雲鶴之象搖動於其中及代宗即位寶

庫中往往有神光異氣上今檢出之每有水旱兵革之災禱之無不驗者蓋奇物也宋時未通我　朝洪武中國王帖木兒遣使貢駝馬詔厚賜之帖木兒者故元主駙馬也後復貢馬貢海青歷洪武朝凡四遣使奉貢馬而我遣給事傅安郭驥至西域留撒馬兒罕以其國豐腴偉麗宜居故也永樂初安等還言帖木兒歿孫哈里嗣　上遣使祭帖木兒賜哈里璽書銀幣哈里貢謝復遣傅安報使至洪熙元年安始還國正統十二年貢玉石成化十九年阿黑麻王貢二獅子夷使請大臣出迎郎中陸容言獅子之爲獸在郊廟不可以爲犧牲在乘輿不可以備馭服理不宜受禮尚周洪謨亦以爲不可命官出迎詔遣中官迎之獅子日食生羊二醋酣蜜酪各二瓶官養獅人光祿日供給馬弘治二年遣使貢獅子夷人所過橫爲侵擾給事韓鼎上言珍禽異獸非宜狎玩且供費不貲宜罷遣之未幾廣東布政陳選上言撒馬兒罕使臣泊六灣貢獅子欲從廣南浮海往滿剌加更市獅子入貢不可貴異物開海道利賈胡貽笑安南諸夷三年由南海貢獅子禮官倪岳言南海非西域貢道請卻之自後貢皆從嘉峪關入嘉靖中其國稱王者

五十三人皆遣人入貢地宜五穀王居高廣市肆稠密頗類中原西南番貨多聚於此其民巧彫文刻鏤織罽刺文繡尤善治室市易銀錢泥金書經山川景物頗類中原大抵如漢書所載今其俗尚未改也國東有養夷（國小處孤城中四面蕭然）沙鹿海牙（民依崖谷居頗蕃庶有極臭草熬汁爲阿魏有細草熬膏如蜜）賽籃（五谷蕃殖有黑蜘蛛嚙人致疾中者以薄荷枝拂毒遍身擦以羊肝方愈）達失干（地狹人稠宜五谷民饒足）迭里迷（居民僅千百滋畜蕃息河西有蘆林多獅子）諸城皆隸馬其山川曰鐵門峽曰哈剌卜蘭河其產有鬱金香（色正黃與芙蓉花相似）罽苾思檀（樹葉類山奈實類銀杏而小）水晶鹽（堅明如水晶琢爲盤以水濕之可和肉食）花蘂布大尾羊（見前）狻猊（生七日未開目時取之易調習稍長則難馴伏以其筋爲琴弦一奏餘弦皆斷取一滴乳弃他獸乳同置器中諸乳皆化爲水）瓦矢實（香草辟蠹）可爲異

論曰昔旅獒之訓禽荒之戒龜鑑昭然撒馬兒罕萬里貢瓔足徵內治修矣第貢惟獅子夫獅子日食萬錢一咆哮卽虎豹皆伏茲固猙獰之獸也以中人數十口之費日給一不可馴馭之物謂緩急何況中國所貴外夷賤之故南越以孔雀珥戶昆山以玉璞抵鵲中國得之以爲奇物夫獅象亦若是已倘四夷開之各以所賤易其所貴殆非所以實內帑而撫遠人也陸容諸臣之論慮且遠矣

天竺

天竺一名身毒大國也地方三萬餘里分中東南西北五天竺國即所謂五印度也國各有王地各數千里東印度與扶南占城鄰但隔小海爾南印度際大海西印度與罽賓波斯接北距雪山四面皆山惟南通一谷爲國門其中印度則據四印度之中有別城數十皆置長別國數十置王曰舍衛曰伽尸即波羅奈也曰伽毗黎曰蘇摩黎曰斤施利曰摩伽陁曰婆羅門曰婆黎等國皆屬中天竺者而四天竺亦各有屬國數十難以盡紀矣自漢張騫見蜀布邛竹杖身毒之名始通中國遂獻白玉連環羈馬腦石爲勒白光琉璃爲鞍鞍在闇室中常照一十餘丈如晝日自是長安盛飾鞍韉競加彫鏤由身毒之獻始也後爲大月氏貴霜王所滅遂屬月氏焉至和桓時復遣使貢獻世傳明帝夢見金人遣使天竺求佛於是佛教遂傳中國圖畫形像焉楚王英始信其術而桓帝好神數祀浮屠老子百姓稍有奉者後遂轉盛魏晉絶不復通惟吳時扶南王范旃遣使蘇勿至其國天竺王驚曰海濱極遠猶有使者來乎即遣使陳宋等以月氏馬四匹報旃勿往四年方得還國是時吳遣中

郎康泰使扶南及見陳宋等具問天竺土俗言其國人淳龎土沃饒王號茂論習尚靡麗大有華風宋文帝元嘉時天竺屬國伽毗黎國王月愛遣使奉表獻金剛指環摩勒金環寳物赤白鸚鵡各一明帝時復遣使至以其使爲建威將軍以後蘇摩黎國斤陁利國婆黎國俱入貢矣梁武天監初天竺王屈多遣長史竺羅達奉表獻琉璃唾壺雜香吉貝等物魏宣武時南天竺遣使獻駿馬云其國出師子貂豹犎橐駝犀象有火齊如雲母而紫色列之則薄如蟬翼積之則如紗縠之重沓有金剛似紫石英百練不消可以切玉餘玳瑁琅玕諸香器物不可勝紀多與大秦安息扶南交趾貿易往來蓋西番之一大都會也隋煬帝遣使裴矩通西域諸國惟天竺佛菻不至爲恨唐武德中中國大亂天竺王尸羅逸多勒兵戰象不馳鞍士不釋甲因破四天竺皆北面臣之會唐浮屠玄奘至其國尸羅逸多召見曰而國有聖人出作秦王破陣樂試爲我言其爲人玄奘粗言太宗神武四夷賓服狀王喜曰我當東面朝之貞觀中遣使上書帝命騎尉梁懷璥持節慰撫尸羅逸多驚問國人自古亦有摩訶震旦使者至吾國乎皆曰無有摩訶震旦

者華言中國也王出迎膜拜乃受詔書戴之頂復遣使
者隨入朝獻火珠鬱金菩提樹頃之唐遣長史王言
策使其國會尸羅逸多死國人亂其臣阿羅那順自
立發兵拒言策時從騎纔數十戰敗皆沒言策挺身
奔吐蕃西鄙檄召諸鄰國兵吐蕃以兵千人來泥婆
羅以七千騎來言策部分進戰於茶鎛和羅城中天竺城
也濱恒河三日破之斬獲無算遂擒阿羅那順俘送闕下
唐擢言策朝散大夫得方士那羅邇娑婆寐自言壽
二百歲有不死術帝改館使治丹遣使者馳采怪藥
異石後術不驗竟死長安是時摩伽陁國獻波羅樹

咸賓錄卷之三　十五

那揭國獻方物烏荼國獻龍腦香天竺屬國多入貢
矣烏荼國者地方五千餘里人工禁術其國有神化
爲土蟒以濟饑渴又與孔雀啄滄泉以愈衆疾蓋神
異之國也高宗時盧伽逸多者烏荼人亦以術進拜
懷化大將軍自後天竺來使皆曰蕃夷以袍帶爲寵
唐輒以金帶錦袍賜焉乾元末河隴陷沒遂不至矣
至周廣順初僧薩滿多復入貢名馬宋乾德後來獻
不絕矣天竺之法國王死太子襲位餘子皆出家爲
僧不復居本國有曼殊室利者乃其王子隨中國僧
至焉太祖令館于相國寺善持律都人傾嚮之財施

盈溢衆頗疾焉以其不解唐言卽僞爲詔求還本國
詔下曼殊室利不得已附南海賈人而歸後不知所
終太平興國間益州僧光遠至天竺以其王沒徙曩
表來上表稱唐天子爲支那皇帝云自是後僧啓怛
羅僧法吉祥僧善稱等凡四來朝獻或貢梵書或貢
佛骨銅牙菩薩像宋皆賜以束帶紫方袍焉元太祖
西征滅回回國其王走死遂進次西印度國遇大獸
高數十丈角如犀牛作人語曰此非帝世界宜速還
耶律楚材曰此名角端旄星之精靈異不可犯也遂班
師還我　朝有詔納樸兒亦印度之一也永樂中遣

咸賓錄卷之三　十六

太監侯顯等賫詔往諭之至其境國王一不剌金王
遣金銀桂杖各二人奉迎引導桂杖者其國大臣名
也至則其王拜詔叩謝甚恭及畢鋪羢毯於殿地待
我天使宴我天兵燔炙牛羊禁不飲酒恐亂其性惟
以薔薇露和香蜜水飲之宴畢復贈正使副使及諸
官兵金銀盔甲瓶盆盞盋等物有差尋置金筒銀葉
表文遣使隨顯等貢獻方物又有榜葛蘭卽西天東
印度也永樂六年國王靄牙思丁遣人朝貢十二年
王賽弗丁遣使貢麒麟禮部請上表賀　上曰卿等
但當竭心輔治以惠天下天下既安雖無麒麟不害

爲治其兒貿以後二國久不通貢其地土廣人稠財物豐衍市用銀錢海𧴩民好耕植一歲二收王居極侈禮法森嚴男女皆黑男剃髮白布纏之身服從頭套下下圍以帨女短衫下圍色布絲綿不施脂粉惟嬌艷者生而白色耳垂寶鈿項挂瓔珞腕金鐲手足戒指甚可觀也傳言先時人性獷悍以戰死爲吉利以善終爲不祥至周老眲惡其彊纍出關化之作浮屠法令其內外剪除不傷形體後卒托生爲佛仍修老子之道以故至今俗甚淳美不相殺伐亦有文字交易雖萬金亦價定量平略無怨悔賦有十二刑有

咸賓錄卷之三　十七

笞杖流徒陰陽醫卜藝技大類中國有一種人不食肉味夫死妻不再嫁夫不再娶若孤寡無倚一村之家輪養之不容別村求食其義氣如此亦有女人稱衒衒者粧服華麗人家飲宴亦來侑觴口唱番曲對舞又有人曰根肖速嚕奈者蓋優人也能作百戲弁伏虎日往人家索錢其山川古蹟則𤩽水能止風濤番人以琉璃乘之遇風酒之即止其產細布有五六樣貴賤不同兠羅錦潤四五尺厚五分背面毛毿絨番名驀黑驀勒白樹皮紙滑澤光潤如鹿皮然波羅蜜大如斗味佳奄摩勒香酸甚佳稍割牛角長四尺十日一割不割則死人飲其血壽五百歲牛壽如之龍腦香狀類雲母色如冰雪絲緜鑌鐵鎗剪極巧且利漆器磁器俱極精巧爲奇

婆羅門

婆羅門即古師子國東晉時通焉天竺屬國也其地西海之中延袤二千餘里多出奇寶四時和適無夏冬之異五穀隨人所種不須時節其國舊無人止有鬼神有龍居之諸國商賈來共市易不見其形但珍寶明其所堪價商人依價取之諸國人聞其土樂因此競至或有停住者遂成大國晉安帝義熙初遣使獻玉佛像高四尺二寸五色潔潤形制殊特殆非人工歷晉宋代在建康瓦官寺其後宋元嘉梁大通唐

咸賓錄卷之三　十八

總章天寶間朝貢不絕獻有大珠鈿金寶纓等物宋淳化中闍婆國使來言其鄰國有婆羅門者其人善法察人情人欲相危害者皆先知之至大觀中婆羅門遣使來貢詔禮之如交趾及今我　朝永樂中遣使貢眞珠玳瑁瑪瑙車渠等物賜王及妃文綺其地負山面海念佛素食風俗土產大略與天竺同

論曰昔列子言西方有聖人由余言化人石佛霍去病得祭天金人漢哀時博士景慮口傳月氏人浮屠經佛之興其來久矣張騫西通身毒第言其地多暑濕乘象而戰略未及奉浮屠事豈其未之察耶夫恒

星不見咎徵也而或以周莊之十年恒星不見爲佛生之始謬矣彼道家流乃謂周莊十年老子遣尹眞人喜乘月精白象下天竺於淨飯夫人口中託生爲佛蓋詆釋也釋氏亦謂摩訶迦葉下生世間號曰老子蓋詆道也而釋氏甚且詆聖言寶歷菩薩生爲伏羲吉祥菩薩生爲女媧淨光童子生爲仲尼月明童子生爲顏淵茲愈不經之說矣大抵三代以前已有佛法故關市譏而不征特其名自漢明時始著其教自達摩西來始盛爾余因志天竺諸國事故敘及之以俟博識者考正焉

亦力把力

亦力把力漢龜茲也昔昭帝以扜彌太子名賴丹者爲校尉田輪臺輪臺與龜茲地相連也龜茲貢人姑翼與王謀共殺賴丹宣帝時常惠使烏孫還便宜發諸國兵攻龜茲執姑翼斬之語在惠傳會烏孫公主遣女至京師學鼓琴漢遣使樂奉送主女過龜茲龜茲王留不遣公主遂妻之元康初龜茲王絳賓與主女入朝自以爲漢外孫壻也漢厚賜之留一年遣歸後數來朝賀自是衣服宮室侍從周衛出入傳呼撞鐘鼓如漢家儀然時胡人皆曰驢非驢馬非馬若龜茲王所謂驘也絳賓死其子丞德自謂漢外孫成哀間往來尤數漢待之亦甚親密王莽時絕東漢初復通以後或通或絕無常主矣魏文帝即位遣使貢獻晉武初遣子入侍及惠懷之亂朝貢絕矣秦苻堅遣將呂光伐西域至龜茲龜茲王白純載寶出奔光入其城城有三重外城與長安城等室屋壯麗飾以琅玕金玉光立白純弟白震爲王而歸白震之後惟周保定初隋大業中遣使朝貢方物唐貞觀初其王蘇伐疊獻馬太宗賜璽書撫慰之後臣西突厥郭孝恪伐馬耆龜茲乃遣兵與馬耆影援太宗怒議討之是

夜月食昴詔曰月陰精用刑兆也昴胡分數且終乃遣將阿史倫杜尔及契苾何力郭孝恪等發鐵勒十三部兵十萬討之杜尔分五軍掠其北執馬耆王阿那支龜茲大恐王及酋長皆棄城走杜尔遣伊州刺史韓威擊破之王計窮保撥換城杜尔圍之閱月執王及其將羯獵相那利詣軍杜爾凡破五大城男女數萬遣使者諭降小城七百餘西域震懼乃立其弟葉護爲王勒石紀功而歸獻俘闕下太宗喜謂羣臣曰夫樂有紀朕嘗言之土城竹馬童兒樂也金翠羅紈婦人樂也貿遷有無商賈樂也高官厚秩士大夫

樂也戰無前敵將帥樂也四海寧一帝王樂也朕今
樂矣遂徧觴之初孝恪之擊焉耆也龜兹有浮屠善
數數曰唐家終有西域不數年吾國亦亾果如其言
太宗赦其王布夫畢罪拜中郎將遣歸國頃之龜兹
亂唐復破之以其地為龜兹都督府更立布夫畢子
素稽為王授都督職長壽初王孝傑破吐蕃復四鎮
地置安西都護於龜兹以兵三萬鎮焉於是沙磧荒
絕民供貲糧苦甚議者請棄之武后不聽都護以政
績著者杜進田揚名郭元振張孝嵩云開元中王孝
節遣弟孝義來朝獻遊仙枕枕之而寐則九州三島

咸賓錄卷之三　二十一

皆在其中蓋奇物也以後未通宋自祥符至熙寧中
入貢者凡九云其國王自稱師子王衣黃衣寶冠與
宰相九人同治事紹聖三年遣使以表章獻玉佛至
洮西熙河經略使以其罕通使請令於熙秦等州博
買而估所齎物價答賜遣還從之元時名別失八里
宣慰司領之我　朝洪武永樂間三入朝貢吏部陳
誠至其國後歪思弒其國王納黑失只罕自立為王
號亦力把力宣德二年脫歡阿魯台歪思各遣人朝
貢賜金幣加賜歪思金刀甲冑正統後來貢不絕其
地逐水草住牧地寒淺山大谷六月飛雪俗獷戾服
用污穢上下無紀律性多淫置女市收男子錢以入
官土多孔雀人取食之西北有大山有泉如膏流出
成川行數里入地狀如餳餬甚臭服之齒落更生每
元日鬪牛馬駝為戲七日觀勝負以占一年羊馬之
繁息衰耗其山川白山（亦出硇砂）金嶺（嶺多雨雪）熱海（氣候常熱）產
犛牛氍毹白氎布銅鐵等物

論曰龜兹本西域城郭大國元時始以北虜居之故
其習俗亦異如本志所載昔則土著今則遷移昔則
修麗今則污穢何哉蓋鳥窠獸窟各安其性雖元竊
據中原乎而衣皮飲血猶不能盡革夷風何怪亦力

咸賓錄卷之三　二十二

把力之不若龜兹也

佛菻

佛菻唐書云卽漢大秦國也一名犁軒武帝遣使至
安息安息獻人二皆蹙眉峭鼻亂髮拳鬢長四尺五
寸是其國人也元封初大秦貢花蹄牛高六尺尾環
繞其身角端有肉蹄如蓮花善走多力帝使輦銅石
以起望仙宮足跡皆如花形自後遂絕其國在海西
之西又名海西從條支西度海曲萬里去長安蓋四
萬餘里地方萬里城四百勝兵百萬小國役屬者數
十十里一亭三十里一堠路無盜賊但有猛虎獅子

爲害行者非羣則不得過其國其王都城廣八十里門高二十丈釦以黃金宮殿以瑟瑟爲柱水精琉璃爲棁異寶飾門香木梁黃金爲地無陶瓦白石壁屋堅潤如玉盛暑引水上流氣爲風有貴臣十二共治國事國有大災異輒廢王更立賢者亦無怨言其人長大平正頗類中國故謂之大秦或曰本中國人也有幻人能額上爲炎燼手中作江湖舉足而珠玉自隳開口則幡旄亂出有善醫能開腦取虫以愈目眚其王輒欲通漢而安息欲以漢繒帛與之交市故遮閡不得自達昔班超遣掾甘英使大秦臨大海欲度

而安息西界船人謂英曰海水廣大入海人往來皆賫三歲粮海中善使人思土戀慕數有死亡者英乃止及桓帝延嘉初大秦王安敦遣使自日南徼外來獻象牙犀角玳瑁始乃一通焉其所表貢並無珍異疑傳者隱之也至晉太康時復遣使貢獻唐貞觀中佛菻王波多力遣使獻赤玻瓈綠金精下詔答賚時大食稍强遣大將軍摩拽伐之佛菻約和遂臣屬焉乾封以後凡再來朝獻開元中因吐火羅大酋獻獅子羚羊五代時無聞宋元豐時國王滅力伊靈改撒始遣其首領來獻鞍馬刀劍眞珠言其地甚寒土屋無瓦礫有箜篌壺琴小篳篥偏鼓皆國中樂也王衣紅黃衣以金線織絲布或五色布纏頭貴臣冠服亦如之每歲三月則詣佛寺坐紅牀使人舁之元時其國人多居中國者我　朝洪武初遣其國故民捏古倫賫詔諭之尋遣使朝貢其俗不尚戰鬭鄰國小有爭但以文字相問大則加兵賦稅但以治事小大爲差刑罰輕者杖數十重者至二百大罪則乘以布囊而投諸江其候時日懸大金秤以十二金丸係之每至一時金丸輒落毫髮無差鑄金銀錢無孔面鑿彌勒佛背爲王名禁民私造其產五色玉青黃赤黑白俱有夜

光璧木難珠碧色木難鳥口中結沫所成降眞香燒之引鶴駭雞犀通天犀也以盛米雞啄之至輒驚去賓似狗獷惡多力却火雀似燕置火中火滅其雀無傷云因浴沙水受卵故然西錦柰祇花取油塗身可以去風千年棗阿勃參油宜塗癬疥大效價極貴肉汁酒地有蠟虫剖其肉重疊以石壓之瀝汁取外國艸子釀於肉汁中經數日成酒飲之味佳龍種羊以羊臍種土中溉以水聞雷而生臍屬地中乃割必炙俗擊鼓驚之臍斷便行嚙艸至秋可食臍內復有種爲奇

論曰大秦西域之沃土也唐書以爲佛菻似矣顧其國自漢歷唐貢獻不絕而宋史以爲自古不通中國考之　國朝佛菻風俗土產皆類宋史而與漢唐二書所載者大相懸絕何謬盭之甚耶或者唐之佛菻

卽古大秦而宋與國朝之併菻與之名同而實異爾

蘇門答剌

蘇門答剌漢之條支唐之波斯大食皆其地也昔張騫通西域還爲武帝言條支在安息西海暑濕耕田田稻有鳥卵大如甕人衆甚多往往有小君長而安息役屬之以爲外國國人善眩安息長老傳聞條支有弱水西王母止日所入而未嘗見云以後漢使往來路至烏弋而止莫有至條支者章帝時國人來進異瑞有鳥名鵕鶘形高七尺解人言和帝時班超遣掾甘英使大秦抵條支臨大海欲渡不果乃還其後

條支故地爲波斯所據波斯者其波斯匿王乃大月氏别裔子孫以王父爲氏遂世爲國號前此未通至元魏神龜中其國遣使上書貢物云大國天子天之所生願日出處常爲漢中天子波斯國王居和多千萬敬拜朝廷嘉納之自此至梁隋俱遣使貢而隋亦遣使李昱至其國隋末西突厥葉護可汗討殘其國而不能有唐貞觀中獻水珠行軍乏水置土中水自出又獻活褥蛇狀類鼠色正青長八九寸能入穴取鼠是時條支遺種亦來朝貢獻金麥銀米各數十斛後波斯王爲大酋所逐大食復攻之遣使告難高宗以遠不可出師龍朔初又訴爲大食所侵時天子遣使到西域分置州縣以疾陵城爲波斯都督府拜其王爲都督俄爲大食所滅雖咸亨天寶乾元間遣使入貢然其地盡入大食不過臣屬大食而已大食王者其先亦波斯人也當隋大業中波斯國人牧於俱紛摩地那山有獸言曰山西三穴有利兵黑石而白文得之者王其人往果得石以爲瑞乃糾合其衆剽略貲貨聚徒浸盛遂自立爲王據有波斯國之西境地多砂石不堪耕種無五穀惟食駝象等肉後破波斯併菻及南侵婆羅門諸國始有粟麥倉庾於是遂

强地廣萬里勝兵至四十萬康安等四五十國皆往臣之其王嘗遣人乘船齎糧入海經涉八年未極西岸於海中見一方石石上有樹枝赤葉青樹上總生小兒長六七寸見人不語而笑手足皆動摘取入手卽乾黑其使度粮乏難極西界遂還持一枝見王此亦奇事也唐永徽初大食王噉密莫末膩復遣使者朝貢自言王姓大食氏波斯國人得國凡三十四年傳二世矣開元初復遣使獻馬鈿帶謁見不拜曰國人止拜天無拜王也其俗日五拜天故云有司切責之乃拜初大食族中有摩訶來者勇而智衆立爲王

闢地三千里號白衣大食傳十四世至末換殺兄伊疹而自立羣下怨其忍也將討之徇衆曰助我者皆黑衣俄而衆數萬即殺末換求故王孫阿蒲羅拔爲王更號黑衣大食遣使朝貢代宗取其兵平兩京者是也宋乾德初僧行勤遊西域因賜其王書以招懷之自是後終宋之世朝貢不絕貢物有揀香白龍腦白沙糖白越諾薔薇水琉璃瓶象牙賓鐵紅絲古貝五色襍花番錦乳香無名異膃肭臍龍鹽千年棗偏桃五味子駝毛褥錦襈番花簟金飾壽帶連環臂釧等物宋帝賞賚輒年其所貢之直初入貢路繇沙州

涉夏國抵秦州後輒爲西人鈔掠乃詔自今取海路繇廣州至京師政和中櫎州士曹蔡蒙休押伴其使入都沿道故滯留强市其香藥不償直事聞下詔獄治詔自今番夷入貢並選承務郎以上清强官押伴按程而行無故不得過一日乞取買市者以自盜論云我　朝洪武初國王遣使貢馬及方物永樂初國王宰奴里阿必丁遣使朝貢封爲蘇門答剌王賜印誥金幣既而國王與鄰國花面王戰敗死子幼有一漁翁奮志領兵攻殺花面王遂妻故王妻自稱老王而得其國遣使來貢無何故王之子長大陰與部目

謀殺漁翁復其故位而漁翁之嫡子蘇幹剌者逃鄰谷自立爲王率衆復父之仇會太監鄭和至其國發兵擒獲蘇幹剌赴京伏誅王子感　上德意貢方物甚夥至今不絕其地大抵從泉州西北舟行順風大約百日可抵其國田磽谷少男白布纏頭腰圍摺布女椎髻腰圍色布手巾其酋長人修一日之間必三變色或黑或赤或黃每歲必殺十餘人取血浴身云四時不生疾疹故民皆畏服焉王居以瑪瑙爲柱緑甘爲壁水晶爲瓦碌石爲磚活石爲灰帷幕之屬悉百花錦官有丞相太尉馬高七尺士卒驍勇民居與

中土同技藝咸精番商往來其鄰有故臨國人黑如漆好爲寇盜中國人往大食者必自故臨易小舟而去有默伽國其先荒野大食有祖師蒲羅哞徙居其地取妻生子曰司麻烟生時以足蹙地清泉湧出塡之遂成大井後泛海遇風波者以此水洒之無不頓止與天竺天方井同有那孤兒國即花面王國也國小僅比大村猱頭裸體如獸類然人皆黥面故名其屬國有勿斯里經八九十年始一見雨每二三年間必有老人自江中出國人拜問吉凶笑則豐稔愁則飢疫良久復入水中其塔項有神鏡若他國兵至則先照見勿斯離有天生樹其果名曰蒲盧可採食之次年復生名麻茶澤三年再生名沒石子吉慈尼地極寒春雪不消產雪蛆狀如瓜

食之味美大治內熱麻離拔貴人以金線挑花帛纏頭市用金銀錢黎伐國民僅二三千家語言動用與蘇門答剌同亦附蘇門答剌進貢白達地多珍寶人食酥酪餅肉白布纏頭兵强他國不敢侵犯其產美菜長六七丈偏桃其形偏肉苦難食惟子味佳尋枝瓜懸大十人方可共敢一枚石榴重五六斤臭果長八九寸開之甚臭內有大酥白肉十四五片甜美可食酸子大如梨其味香冽蒲桃大如雞子竹雞略煮便熟味美勝各處者鷲鳥高四尺足似駱駝卵大如二升敢羊名馬馬與龍交所產胡羊尾大如扇春剖腹取其膏數十斤以藥線縫合之羊如故不割則死螺子黛寳也每顆價直千金龍涎香龍閒所涎出國人以計取之和香極奇薔薇水洒衣經歲香氣不散爲奇

論曰蘇門答剌王日變三色取血浴身此島夷志所載也自條支既通波斯大食世貢中國前史未嘗紀

有詼奇詭譎之事而色數更豈人類耶況俗奉浮屠謹持五誡殺人取血冥業安在第自古著稗史者非假怪異不能膾炙人口惟是博覽之士無爲耳食則可矣

咸賓録西夷志卷之三終

咸賓録西夷志卷之四

明豫章羅曰褧尚之父著

于闐

于闐大國也去中國萬里張騫所窮河源一出于闐者是也光武末爲莎車王所幷後于闐王將休莫霸者反莎車自立爲于闐王休莫霸死兄子廣德立復滅莎車其國轉盛服從者十三國與鄯善並稱大國馬元嘉時于闐將輸棘等殺漢長史王敬漢欲討之不果于闐恃此遂驕晉太康中其國遣使貢古玉印上命緘而藏之至後魏時祖瑩所辨即此印也宋齊

未通後魏太武遣高涼王那討吐谷渾慕利延利延懼驅其部落渡流沙那軍急追之利延遂西入于闐殺其王死者甚衆顯祖末蠕蠕寇于闐于闐患之遣使素月伽上表請援公卿議于闐萬里蠕蠕性但野掠不能頓攻城卽遣師勢無及矣詔以此議諭使者遂止不發兵也先是魏遣使者韓羊皮使波斯道經于闐于闐中于王秋仁輒留之羊皮歸言狀魏復遣羊皮責諭之自是朝獻不絕矣梁武天監始通江左遣使貢方物頃之獻波羅婆步障獻琉璃罌獻刻玉佛蓋終梁之世凡四入貢馬周達德初獻名馬隋

大業中頻遣使朝貢時其王姓王氏字卑示錦帽金花冠髮不令人見俗云見王髮年必儉也唐時其王姓尉遲氏名屋密本臣突厥貞觀初遣使入獻後三年遣子入侍阿史倫杜尔之平龜兹也其王伏闍信大懼使子獻橐它三百長史薛萬備謂杜尔曰今破龜兹西域皆震恐願借輕騎羈於闐王獻京師杜尔許之至于闐陳唐威靈勸入見天子伏闍信乃隨使者來會高宗立授右衛大將軍賜賚特厚留數月遣之請以子弟宿衛上元初身率子弟酋領七十人來朝從擊吐蕃有功唐以其地爲毗沙都督府授伏闍

信都督歿凡五傳而尉遲勝立至德初以兵赴難因請留宿衛唐以其弟葉護曜權知本國事頃之進方圓二美玉徑各五寸光可鑑髮上以示道士言解言解曰此一龍玉一虎玉圓者龍也生於水中爲龍所寶若投於水必有虹霓出焉方者虎也生於嵓谷爲虎所寶若以虎毛拂之卽紫光迸逸百獸懾伏上令試之果驗詢問使者曰圓者得自漁人方者得自獵戶上因命藏之內府以後絕不復至矣及石晉時其王李聖天自稱唐之宗屬遣使貢紅鹽鬱金玉氂犂牛尾等物晉遣張鄴高居誨等入其國册聖天爲太

寶于闐國王七年乃還五代史載有居誨記皆往來所見山川而未及聖天世次也宋建隆初聖天遣使貢圭一以玉爲匣玉枕一本國摩尼師貢琉璃瓶二胡錦一段後自乾德以至嘉祐間入貢者無慮數十遠不踰二歲近則一歲再至地產乳香來者輒負私與商賈牟利不售則歸諸外府得善價故其來益多故元豐初詔于闐唯賫表及方物馬驢乃聽詣闕乳香以無用不許貢也元祐中以其使至無常令熙河間歲一聽至闕紹聖中游師雄言于闐大食拂菻等國貢奉般次踵至有司憚於供賫抑留邊方限二歲

一進此非所以來遠人也從之自是訖於宣和朝貢不絕先是太平興國中有澶州卒王貴者晝忽見使者至營急召貴偕行南至河橋驛馬已具卽乘之俄覺騰空而去頃之駐馬但覺室宇宏麗使者引貴入見其主容衛制度悉如王者謂貴曰汝年五十八當往于闐國北通聖山取一異寶以奉皇帝宜深志之遂復乘馬凌空而旋軍中失貴已數日矣驗所乘卽營卒之馬也知州宋煦劾貴以聞太宗釋之天禧初貴自陳年已五十八願遵前戒西至于闐詔許之貴至秦州忽遇一道士引貴登高原令貴閉目頃復令

開覩山川頗異道士曰此于闐北境通聖山也復引
實觀池中有仙童出一物授之謂曰持此奉皇帝又
令閉目少頃復至秦州向之道士已失所在矣發其
物乃玉印也文曰國王趙萬永寶州貴歸以獻元時
内屬丞相伯顔至其國鑿井得一玉佛色如截肪照
之皆見筋骨脈絡如生佛然此皆一奇事也我　朝
永樂二年頭目打魯哇亦不剌金遣使貢玉璞十二
年吏部陳誠至其國國主微弱鄰國交侵避居山谷
永樂以後西戎奉貢不相侵伐始得安息富饒桑麻
禾黍宛如中土土人機巧好歌舞紡績俗尚浮屠僧

尼尤多雖國王亦輒持五戒相見輒跪稍知禮節尊
卑凡人死者以火化之收骨共葬一塔各以長幼爲
序以沙爲冢居喪者剪髮長四寸云佛見雁死於地
以沙葬之胡人稱爲雁塔後佛涅槃循其故事亦以
沙葬而立塔焉自高昌以西諸國人皆深目高鼻惟
于闐貌不甚胡頗似華夏河源至于闐分爲三河曰
白玉河黑玉河綠玉河皆出玉而色異每歲秋水涸
國主撈玉於河國人始得撈玉其山川古蹟葱嶺贊
摩寺即昔羅漢比丘比盧旃爲其王造覆盆浮圖之所石上有辟支佛趺處雙足猶存比摩
寺是老子化胡成佛之所其產蒲萄酒胡錦花蕋布以花蕋 [illegible]砂

磧鼠膃肭臍前見芸輝香草也色白如玉入土不朽唐元載碎之以塗壁號芸輝堂
五色玉爲異

論曰太史公云禹本紀言河出崑崙今自張騫使大
夏之後也窮河源惡睹所謂崑崙山者乎蓋以証河
出崑崙之謬也後儒不達遂神其論謂崑崙或言此崑崙非
今大雪山環以弱水之深甘州西北四十里有水環合黎山謂之弱水禹貢導弱水至於合黎即此諸書所載者弱水必非此水無疑繞以炎火之山去中國四十
萬里是惟帝之下都神物生焉聖人神仙集焉其中
金城玉樓碧堂瓊室西王母之所治也其虛談詭論
不可勝紀蓋自山海經崑崙有神人面虎身之說起

云惟莫辨崑崙故河源歷代難究至元始祖使篤實
西窮河源始知其出於星宿海星宿海者在吐蕃朵
甘思之南地近百泓匯而爲澤登高望之若星宿然
直中國四川馬湖府之正西三千餘里雲南麗江府
之西北一千五百里自西而東合諸河水其流漸大
行二十餘日至大雪山即所謂崑崙山也繞山西南
折而東而北而西又繞崑崙之北又轉而東北二十
餘日歷雲中九原至大寧始入中國道今以禹貢參
考繹家河圖及河源志一一皆合然則河水經崑崙
山非河源出崑崙山也太史公辨之當矣況其山亦

[illegible]異哉彼不深究河源而誕稱崑崙以愚聾瞽著書何為徒用汚殺青矣

默德那

默德那即回回祖國也宣德中遣人隨天方來貢初國王謨罕驀德生而神靈臣服西域諸國尊為別諳拔爾華言天聖也國中有佛經三十藏書兼篆艸楷隋開皇中國人撒哈八撒阿的斡葛始傳其教入中國其地接天方城池宮室田園市肆大類江淮間寒暑應候地宜五谷亦有陰陽星曆醫藥音樂諸技藝人不食豕肉諸非同類殺不食織文彫鏤器皿極精巧土產貓睛祖母綠獅子梭甫撒哈剌西洋布押不蘆（藥名人少飲即死刃斧不入至三日投以別藥即活）火失剌把都（藥也形如木鼈子而小可治一百二十種疾）為奇

天方

天方古筠沖地一名天堂宣德五年大監鄭和等往各番國到古里差使諭天方國王王即遣使來貢方物并畫天堂圖以獻其地風景融四時皆春田沃稻饒居民安業人以馬乳拌飯故多肥美俗好善無科擾於民故無貧難無盜賊故自然淳化乃極樂之界也國內有禮拜寺寺分為四方方名元十間皆白玉為證黃玉為地地中有黑石一片方丈餘云漢初天降也遐寺墻壁皆薔薇露龍涎香和水為之馨香不絕上用皂紵絲為蓋罩之裔二黑獅子守其中門每歲十二月十日各番回回人雖萬里之外亦來禮拜皆將所罩紵絲割取一方為記而去剖盡復換年年不絕貨物甚多日中不市至日落之後方為夜市蓋其日色極熱故也其山川古蹟為底城（內有前國王墓墓頂日夜放光侵雲而起墓後一井名阿必滲水可止風與塋水同）其產珍寶獅豹名馬（高八尺許）駝雞羚羊艸上飛（俱詳見後）纏花樹（其花一年二開長生不枯）為奇

祖法兒

祖法兒漢之大夏隋唐之吐火羅是也昔漢張騫至大夏言其俗土著無大君長兵弱畏戰善賈市其都曰藍市城及匈奴擊破大月氏王以王頭為飲器其種人遂收餘眾過宛西擊大夏而臣之大夏遂臣屬月氏矣至隋唐時名吐火羅世次難考與嚈噠雜居勝兵十萬嚈噠者大月氏之遺種也大業中遣使朝貢唐初屬西突厥然武德貞觀中俱入獻也高宗時獻大鳥高七尺色黑足類駱駝人可乘鼓翅而行三百里能噉鐵俗謂駝鳥顯慶中以其阿緩城為月氏都督府析小城為二十四州授王阿史那為都督末

幾遣子入朝留宿衛俄乃貢瑪瑙鐙樹高三尺開元天寶間數獻馬驢異藥乾陀婆羅二百品紅碧玻瓈乃冊其君骨咄祿頓達度爲吐火羅葉護挹怛王其後鄰胡羯師謀引吐蕃攻吐火羅於是葉護失里忙伽羅請安西兵助討帝爲出師破之乾元初與西域九國發兵爲天子討賊肅宗詔隷朔方行營宋時未通我　朝永樂宣德中王亞里俱遣使朝貢國無城郭俗朴實尚回回教王以白細番布纏頭身穿青花細紬絹或金錦衣袍出入乘轎跨馬前後陳列象駝鼓吹氣候常熱市用金銀錢文如人形男拳髮穿長

衫女則以布兜頭面出見人亦不出露男多女少故兄弟通室婦人五夫則首戴五角十夫戴十角無兄弟者與他人結爲昆季然後得妻生子屬其長兄其民如遇禮拜寺日必先沐浴用薔薇露或沈香油塗其面更以新衣復以沈檀俺八兒香熏其衣體始往禮拜是日經過街市香氣旬日不散其山川則頗黎山有穴產神駒皆汗血其產福鹿周身俱白中有細青花如畫者駝雞即駝鳥也中有肉鞍可乘夷人殺之以責其肉名馬穴中產神馬爲奇

覽邦

覽邦漢踈勒國也明帝永平中龜茲王建攻殺踈勒王成自以龜茲左候兜題爲踈勒王漢遣班超劫縛兜題立成之兄子忠爲踈勒王忠後叛反超擊斬之耿恭爲戊已校尉屯車師後王金蒲城爲匈奴所攻恭引衆入踈勒城中乏水穿井十五丈不得水恭整衣冠向井拜拔刀刺山飛泉涌出賊遂退安帝元初中踈勒王安國以舅臣盤立爲王日以强盛數遣使貢獻靈帝建寧初爲季父和得所殺自立爲王其後連相殺害漢不能復禁至後魏文成末其王遣使送釋迦牟尼佛袈裟一長二丈餘帝以其審是佛衣當有靈異命焚之置猛火上終日不燃其王戴金獅子

冠每歲嘗供送於突厥其都城方五里國內有大城十二小城數十人手足皆六指產子非六指者即不育勝兵有二千人地多沙積少壤土俗尚詭詐生子亦束頭取褊其人文身碧瞳王姓裴氏自號阿摩支居迦師城突厥以女妻之隋大業中又遣使來唐貞觀初遣使者獻名馬太宗謂房玄齡等曰曩之一天下克勝四夷惟秦皇漢武耳朕提三尺劍定四海遠夷率服不減二君者然彼末路不自保公等宜相輔[illegible]毋進諛言置朕於危亾也儀鳳時吐蕃破其國開元中遣大理正喬夢松攝鴻臚少卿冊其君安定爲

[illegible]天寶十二年首領裴國良來朝授折衝都尉
[illegible]賜金魚宋時未通我　朝洪武九年國王昔里
哈剌扎　間輒附鄰國貢方物地多沙礫
[illegible]惟麻麥產無奇

哈烈

哈烈太國昔漢之大宛元魏之洛那隋之蘇對沙那
及石國皆其地也昔漢武帝欲伐匈奴聞月氏與匈
奴有隙欲通使月氏幷力共滅之乃募能使者張騫
以郎應募往月氏道經匈奴爲單于所得留十餘歲
與妻有子後與其屬亡鄉月氏西走數日至大宛大

宛聞漢饒財乃遣使導送至月氏踰二年張騫還漢
具爲武帝言大宛城郭兵衆及汗血馬其先天馬子
也帝聞宛多善馬即遣使者持千金及金以請宛善
馬宛王以漢絕遠大兵不能致遂殺漢使太初元年
拜李廣利爲貳師將軍期至貳師取善馬率數萬人
至其境攻郁城不下引還往來二歲至燉煌士卒存
者十不過一二帝怒其不克使遮玉門不許入貳師
因留屯燉煌又遣貳師率六萬人負私從者不與馬
十萬馬三萬匹驢槖駞萬數天下騷然益發戍甲
卒十八萬置居[illegible]以衛酒泉貳師至宛宛人斬

王母寡首獻馬漢軍取其善馬數十匹中馬以下牝
牡三千匹而立宛貴人昧蔡爲王約歲獻馬遂採蒲
萄苜蓿種而歸貳師再行往返凡四歲後漢明帝時
宛獻汗血馬後魏洛那國數獻馬隋時名蘇對沙那
國其王姓蘇色匿字底失盤陁而其北鄙爲石國亦
故大宛地隋大業初遣使朝貢唐武德貞觀間數獻
方物顯慶三年以瞰羯城爲大宛都督府授其王都
督開元初封其君長爲石國王頃之其王上言今突
厥已屬天可汗惟大食爲諸國患請討之天子不許
天寶初封王子那俱車鼻施爲懷化王賜鐵券久之

安西節度使高仙芝劾其無藩臣禮請討之王約降
仙芝遣使者護送至開遠門斬闕下於是西域皆怨
王子走大食乞兵攻怛邏斯城敗仙芝軍自是臣大
食寶應時遣使朝貢前史載其俗以蒲萄爲酒富人
藏酒至萬餘石久者至數十年不敗其良馬有肉角
數寸或有解人語及知音舞與鼓節相應者國城之
東南立屋置座於中正月六日七月十五日以王父
母燒餘之骨金甕盛之置于床上巡繞而行散以香
花襍果王率臣下設祭焉禮終王與夫人出就別帳
臣下以次列坐而饗宴宋時未通元時內屬我[illegible]朝

名哈烈一名黑魯元駙馬帖木兒之子沙哈魯居其地國人稱爲速魯壇猶華言君王也洪武二十五年遣使詔諭永樂七年頭目㬹賚等朝貢吏部陳誠曾至其國正統二年指揮哈只等貢馬玉石其地城方十里居平川川廣百里四面大山王居東北山壘石爲屋屋若高臺無棟梁墻壁窗牖皆金碧琉璃門扉彫刻嵌骨角屋傍設綵綉帳房爲燕寢所金牀重裀民土房或氈帳以雨少故上下相與直呼名雖王亦然相見稍屈躬道撒力馬力一語握手或相抱爲禮致意於人則云撒籃少炊爨飯食就肆無匕箸無正

朔時日年月男髡首衣尚白及喪反易青黑殁無棺槨人多善走日行三百里氣候常熱磁器及紈綺甚精巧過中國田多收穫宴會豐厚男女瀆亂無耻大抵西域城郭諸國哈烈俗最鄙陋然有學舍生徒講習經義好施予務農桑則又諸國所不及也隷國則有俺都淮八剌黑（二國俱平曠無險地沃人繁）物産有鎖伏花毯獅子水晶鹽酒杯藤（花堅明可愛國人用以酌酒賓如豆寇香美銷酒）爲奇

古里（以下俱西域小國無世系事迹可考第以其朝貢中國故詳録之）

古里乃西洋諸番之會去中國十萬里永樂元年王沙米的遣人朝貢五年遣太監鄭和賜王誥幣封爲

國王陞賞其將領有差王好浮屠族類分五種煅牛糞爲囊佩之或塗肢體其穢俗也尚信義行者讓路道不拾遺其美俗也海濵爲市通諸番國事皆決於二將領國人亦有南昆回回哲地革全木瓜五等與三佛齊同南昆爲王不食牛回回爲將領不食猪各從其俗其國王殁不傳子而傳甥無甥則傳弟其辨盜眞僞辨訟曲直亦以手置沸油中試之算法以手足二十指會計毫髮無差其產小瓜（大如小指長二寸味佳）蝙蝠（其大如鷹常于木上倒挂而歇）黄牛（人不食其肉殁則埋之重三四百斤）爲奇

溜山

溜山一名牒幹小國也洪武初國王遣人朝貢其地無城郭倚山聚居風俗淳美尚佛業漁男女體貌微黑男子白布纏頭下圍以帨婦人上穿短衣以帨圍頭止露其面以銀爲錢或用海𧴩其西有天生石門如城闕然中有八溜各有所主廣三千里云所謂弱水三千是也其人巢居穴處不識穀帛但食魚蝦以樹葉遮其前後爲衣商船倘遇逆風舟師不謹落入其溜其水漸無力而沈不復反矣溜山物産甚多惟龍涎香（見前）鮫魚（一名溜魚切塊淡乾賣與他國）絲嵌手巾（細密絶勝他處）織金手帕（絶精富家男子以之纏頭每幅價可値銀五兩）爲奇

阿丹

阿丹小國也永樂九年遣太監鄭和諭之賜命互市其王拜　詔待使禮俱甚恭隨遣使進金廂寶帶金冠鴉鶻諸寶石蛇角等物地近古里其俗國王金冠黃袍腰繫寶帶至禮佛則易細番布纏頭上加錦頂身服白袍其頭目冠服各有差男女服飾悉如溜山屋皆石壘交易有赤金錢紅銅錢以十二月爲一歲歲亦無閏每夜見新月即一月也其四時惟以花木榮謝定之自有推算毫髮無差國有馬步兵七八千鄰國畏之其產珊瑚樹薔薇露萬年棗大尾羊獅子麒麟福鹿駝雞白雉寶石以上物產俱各見前爲奇

南巫里

南巫里小國也洪武初遣使貢降眞香等物其地自蘇門答剌西風一日夜可至國民千餘家皆回回人王服飾略同阿丹宮室用大木高三四丈如樓樓上甚潔聽政寢食皆在其中下則畜牛羊等物矣民俗與蘇門答剌略同其山川帽山山下二三十餘各自稱王屬南巫里其產降眞香惟此國者爲佳黑珊瑚大如拇指其色如墨其潤如玉有椏枝婆娑可愛爲奇

白松虎兒

白松虎兒舊名速麻里兒先時有白虎出松林中遇獸不食遇人不傷旬月餘不見父老云此西方白虎降精故更今名永樂中遣使十六人來貢山川古蹟物產無奇

阿速

阿速西海中爲稍大國也永樂中遣使百十二人朝貢其地多撒馬兒罕天方諸國人俗敬佛惡鬬涼暄適節人無饑寒夜無寇盜物產無奇

乞力麻兒

乞力麻兒永樂中遣使十二人朝貢其國山坪水淺西南傍海東北林莽深密多猛獸毒蟲民不事耕稼喜射獵物產無奇

喋幹

喋幹在西海中永樂中國王亦速福遣使朝貢其地居皆回回人俗淳厚氣候常熱市用銀錢產龍涎香鮫魚織絲織金帨甚精

黑葛達

黑葛達小國也宣德中遣人朝貢其地土瘠民貧尚佛畏刑山川物產無奇

黑婁

黑婁小國也宣德七年朝貢其地近土魯番世相結好山川禽獸皆黑男女亦然故名

哈失哈力

哈失哈力一名阿力馬力宣德中來貢

阿哇

阿哇永樂中王昌吉剌遣使朝貢

麻林

麻林未詳其國所在永樂十三年王遣使貢麒麟厚賜之

加異勒

加異勒小國也永樂宣德間俱遣使朝貢其地民貧常傭鄰國物産無奇

敏眞誠

敏眞誠國稍大永樂中遣四十人朝貢俗日中爲市其産異香等物

八答黑商

八答黑商永樂間遣四十人貢織皮絨罽香木其國山川明秀俗尚佛西洋西域皆商販於此産無甚奇

天剌札

火剌札國弱産微四圍皆山山少艸木水無魚蝦俗尚佛永樂中遣使朝貢

蘇文達那

蘇文達那洪武十四年國王殊旦麻勒兀達盼遣使來貢或云即蘇門答剌非也

失剌思

失剌思永樂間來貢時遣內外官以綺幣磁器而馬於撒馬兒罕失剌思諸國宣德中復朝貢

納失者罕

納失者罕永樂中遣使朝貢其地去失剌思數日程皆舟行海中國饒水艸故産馬多俗敬僧喜鬬物産無奇

瑣里

瑣里小國也洪武五年國王卜納的遣馬牙茶嘉兒幹的亦剌丹八兒奉金字表來朝貢方物并上其土地山川圖　詔優禮之賜大統曆金幣等物永樂元年復遣使朝貢俗同西域其地近西洋瑣里勢力微弱西洋瑣里輒侵辱之物産甚微惟有撒哈剌諸布其貢物雖有珍異然皆自鄰國貿易來者非本國所産也

西洋瑣里

西洋瑣里比瑣里爲差大洪武三年遣使以金葉表
朝貢賜遇甚厚永樂元年來貢　上令勿征其番貨
二十九年西洋十六國遣使一千二百人貢方物至
京師西洋瑣里貢獨豐美其產惟布爲佳
論曰西夷諸國或在嘉峪關外或居西海島中限以
沙礫阻以風濤殆天所以隔絕華夷也乃有漢武隋
煬好大之主張騫裴矩喜事之臣一言相契如水投
石遂致越海扳山遣使絕域來則賄結逆則兵臨於
是流沙以西弱水以東莫不獻奇納質凡珠玉錦罽
珍果異香之屬充於後宮獅象駝駿猛獒火雞之羣

實於外囿貢琛之盛古罕聞焉然而賂遺師旅供億
莫貲一人未享其奉萬姓先罹其毒用是漢遂虛耗
而隋祚亦斬焉豈非作無益以害有益之明監乎唐
太宗英武蓋世威服諸夷卒之吐蕃作逆四鎮失守
西夷亦自此輕唐矣宋朝微弱封域以內且不能保
即遠人有貪賄而來者曷足爲宋重也元雖列置郡
縣徒虛名爾惟我　皇朝文命誕敷西戎即序日月
所入罔不率俾朝貢之國無慮百餘既無設官立鎮
之勞又無興師遣使之費如祖法見以下諸夷多有
自古未通者試與前代較德量力豈可同日語耶書
曰無有遠邇畢獻方物又曰不寶其物則遠人格其
殆今日之謂矣

咸賓録西夷志卷之五

明豫章羅曰褧尚之父著

吐蕃

吐蕃凡百餘種古曰西戎又曰西羌其先出自三苗國近南岳今荆楚溪洞中往往有竊發爲亂者詢之多爲苗姓大抵其遺種也舜時徙三苗於三危山三危去肅州數百里南接蜀漢徼外蠻夷西北接高昌諸國俗子妻母弟納嫂故國無鰥寡種類繁熾昔成湯伐畎夷武丁伐鬼方季歷伐西洛余無始呼翳徒諸戎在文王時戎狄賓服武王時羌髳率師會於牧

野宣王時戎殺秦仲秦莊公破之幽王時申侯與戎共攻殺王秦襄公伐之戎所從來久矣及平王遷都洛邑避犬戎難於是戎逼諸夏自隴山以東及乎伊洛往往戎夏雜居焉故有狄貆戎邽冀戎義渠戎大荔戎驪戎陸渾戎陰戎蠻氏戎伊洛間有楊拒泉皐戎春秋時間在中國與諸夏盟會邽冀戎晉莊公滅之驪戎晉獻公滅之是時伊洛戎强侵曹魯入王城秦晉伐之後二年復與襄王弟叔帶謀伐襄王齊桓公使管仲平之嗣後秦晉楚趙强盛穆公得由余而霸西戎悼公使魏絳和諸戎蠻氏從楚陸渾伊洛陰戎事晉趙滅北夷秦滅大荔戎其遺脱者皆逃走西踰汧隴於是中國無戎寇惟餘義渠種焉義渠勢方强悍築城稱王秦輒爲其敗困秦昭王時義渠王朝秦因與昭王母宣太后通生二子後宣太后誘殺義渠王因起兵滅之始置隴西北地上郡焉至兩漢時而西戎之種復盛先是戎人有爰劒者不知其出自何戎或云舜封少子於戎地此其遺裔非三苗種也秦厲公時執爰劒爲奴隷後亾歸偶與劓女遇於野遂爲夫婦女耻其狀被髮覆其面羌人因以爲俗相與亾入賜支河湟間諸羌推以爲豪於是教羌田畜種人依附者日衆爰劒

歿四世有曰忍曰舞曰卬者並多納婦子各十餘各自爲種自是苗裔漸熾至有百五十餘種或在賜支河西或在蜀漢徼北其名號難以盡述也而中惟燒當先零鍾羌參狼爲最强餘種特依之爲寇而已燒當者忍第十四世孫也最豪健故其子孫世以燒當爲種號云後始皇築長城及漢武築令居塞置張掖古匈奴昆邪王地漢置張掖郡今爲甘州衛酒泉古月支地漢置郡今爲肅州衛燉煌古瓜州地漢置燉煌郡唐分爲瓜沙二州元失瓜州置沙州路本朝初置沙州衛正統中徙其衆于内地但名存而已武威古匈奴休屠王地漢置郡宋西涼府今涼州衛四郡隔絶羌胡於是西垂得安而終燒當之身及其玄孫滇良累世服

從獨先零結諸羌數數爲寇抄不絕迨趙充國降先零煟奉世降彡姐等羌四夷賓服者數十年王莽篡位羌復入寇至附隗囂與漢相拒矣建武中來歙馬援等破降之徙置天水隴西扶風三郡中元初燒當羌滇吾與弟滇岸寇隴西塞滇吾者滇良子也輒討之不能克至永平初竇固馬武等大破之無何滇岸滇吾降詣闕獻見而滇吾子東吾東吾子東號東號子麻奴俱入居安定世世奉約束如故獨東吾諸弟迷吾號吾等結諸羌數數爲寇頃之或降或滅勢亦未至甚猖獗也至永初中諸降羌苦于豪吏徭役故

麻奴逃出塞而諸亡羌轉相嘯聚遂附滇零鍾羌諸種大肆寇掠揭木爲兵負柴爲械轂馬楊埃郡縣畏懦不能制更招集叅狼上郡西河諸種東犯趙魏南入益州遂寇三輔斷隴道破郡縣滇零自稱天子於北地雖鄧騭任尚任仁段禧段崇等討之漢兵輒挫殺掠大慘自西戎作逆未有陵斥上國若斯其熾也及滇零死子零昌立年幼小而同種狼莫爲其計策輒入寇我輒討之無功而任尚用虞詡計輕騎擊之又張喬招誘叛羌稍稍詣降時効功種名號封者刺殺零昌封王全無種名雕何者刺殺狼莫封侯而號

多與當煎勒姐共脅諸種寇掠巴漢者賴程信并板楯蠻兵擊破之於是諸羌瓦解三輔益州無復寇儆矣迨永寧以後諸羌復結麻奴入寇而鍾羌又數反覆之皆降馬賢之功居多及馬賢戰沒東西羌復大合而燒當先零沈氏牢姐諸種相繼入寇頃之或降或滅段熲之功居多自是厥後其種號世次莫可得而考矣至西晉懷帝時有赤亭羌姚弋仲者乃爰劒之苗裔也東徙榆眉戎夏襁負從之者數萬而子襄及萇俱豪邁多勇略弋仲病謂其子襄曰中原無主我死你亟自歸於晉無爲不義也及卒而襄遂率衆

來歸詔屯譙城會殷浩惡其强盛屢遣刺客刺之不諧又潛遣魏憬襲襄不克襄心銜之未發也無何浩伐秦以襄爲前驅襄僞遯伏甲邀之反攻浩於山桑浩大敗歸免爲庶人復以桓溫督諸軍討襄襄連戰敗退奔平陽招納叛民輒有圖關中之志秦遣兵攻擊斬襄襄弟萇以衆降秦先是燕莫容暐降秦秦遷暐并鮮卑衆四萬餘戶於長安及莫容泓起兵收集鮮卑衆其勢遂盛秦遣苻叡擊泓以姚萇爲司馬佐之萇諫叡曰鮮卑皆有思歸之志故起而爲亂宜驅令出關不可遏也叡勿從果敗歿堅大怒欲殺萇萇亡

遂奔渭北糾扇羌豪五萬餘家推萇爲盟主萇自稱爲秦王羌胡降者十餘萬會秦苻堅攻西燕敗奔五將山萇遣人縊殺之遂取長安稱帝號而勢赫然盛矣萇卒子興立興卒子泓立泓爲人孱弱無祖父風劉裕遣王鎮惡討之不戰而潰遂降裕至長安送泓詣建康斬之而姚秦氏亡在魏晉初西羌之地爲東胡吐谷渾所併語具兀良哈志中至隋吐谷渾衰時西羌地有党項有大羊同有鄧至有宕昌有悉立有章求拔有泥婆羅有蘇毗有白蘭有吐蕃惟党項吐蕃爲大唐初諸種盡爲吐蕃所併其地皆屬吐蕃矣

吐蕃者祖曰鶻提勃悉野未詳何種或曰南涼禿髮利鹿孤之後二子曰樊尼曰傉檀傉檀嗣爲乞佛熾盤所滅樊尼挈殘部臣沮渠蒙遜以爲臨松太守蒙遜滅樊尼率兵西濟河逾積石遂撫有羣羌云其俗謂彊雄曰贊丈夫曰普故號君長曰贊普不知幾傳而至弄贊亦名棄蘇農亦號弗夜氏其爲人慷慨才雄常驅野馬犂牛馳刺之以爲樂西域諸國共臣之太宗貞觀八年始遣使者來朝帝遣行人馮德遐下書臨撫弄贊聞突厥吐谷渾竝得尚公主乃遣使齎幣求婚帝不許使者還妄語曰天子遇我厚幾得公主會吐谷渾王入朝遂不許殆有以間我乎弄贊怒率羊同共擊吐谷渾吐谷渾不能亢走青海之陰盡取其貲畜又攻党項白蘭羌破之勒兵二十萬入寇松州命使者貢金甲且言迎公主謂左右曰公主不至我且深入都督韓威輕出覘賊反爲所敗屬羌大擾皆叛以應唐乃遣侯君集執失思力牛進達劉蘭等四道出兵討之斬首千級弄贊始懼引而去以使者來謝罪固請婚許之遣大論薛祿東贊獻黃金五千兩它寶稱是以爲聘十五年妻以宗女封文成公主詔江夏王道宗持節護送弄贊率兵次柏海親迎

見道宗執婿禮恭甚見中國服飾之美縮縮媿沮歸國自以其先未有昏帝女者乃爲公主築一城以夸後世遂立宮室以居公主惡國人赭面弄贊下令國中禁之遣諸豪子弟入國學習詩書又請儒者典書疏永徽初弄贊死無子立其孫幼不事故祿東贊相其國頃之破吐谷渾莫容諾曷鉢與弘化公主引殘落走涼州踰年祿東贊死其子曰欽陵曰贊婆曰悉多曰勃論祿兄弟竝當國自是歲入寇盡破有諸羌羈縻十二州復入羈縻十八州率于闐取龜茲撥換城於是安西四鎮竝廢詔遣將薛仁貴阿史那道眞

等出討吐蕃并護吐谷渾還國師凡十餘萬至大非川為欽陵所拒王師敗績遂滅吐谷渾而盡有其地高宗上元初遣大臣論吐羅渾彌來請和且求與吐谷渾修好帝不聽明年攻鄯廓河芳疊扶六州唐遣將李敬玄李孝逸劉審禮等擊之皆無功黑齒常之率死士五百夜斧其營虜驚自相轔藉而死者甚衆乃引去儀鳳初大首領贊婆素和貴率兵三萬攻河源屯良非川敬玄與戰湟川敗績黑齒常之以精騎三千夜擣其營贊婆懼引去遂擢常之為河源經略大使乃嚴烽邏開屯田虜謀稍折初劒南度茂州之

西築安戎城以迮其鄙俄為生羌導虜取之以守因并西洱河諸蠻盡臣羊同党項諸羌其地東與松茂巂接南極婆羅門西取四鎮北抵突厥幅圓餘萬里漢魏諸城所無也則天時遣韋待價閻温古討之兵逗遛坐死復遣岑長倩往無功則天怒明年詔王孝傑唐休璟阿史那忠節大發兵擊吐蕃破其衆復取四鎮更置安西都護府於龜茲以兵鎮守未幾合突厥兵南侵王孝傑敗走之明年攻臨洮又攻涼州殺都督遣使者請和約罷四鎮兵求分十姓地武后詔通泉尉郭元振往使道與欽陵遇元振曰東贊事朝廷誓好無窮今猥自絕歲擾邊父通之子絕之孝乎父事之子叛之忠乎欽陵曰然然天子許和得罷二國戍使十姓突厥四鎮各建君長俾其國自守若何使使者固請元振固言不可許后從之欽陵專國久常居中制事諸事皆領方面兵而贊婆專東境幾三十年為邊患兄弟皆才略沈雄衆憚之贊普器弩悉弄既長欲自得國漸不平乃與大臣論巖等圖去之欽陵方提兵居外贊普託言獵即勒兵執其親黨二千餘人殺之發使者召欽陵贊婆欽陵不受命贊普自討之未戰欽陵兵潰乃自殺左右殉而死者百餘

人贊婆遂率衆降唐封以王爵未幾贊普死諸子爭立國人立棄隸蹜贊為贊普始七歲其大臣數遣使求婚中宗不得已乃以雍王守禮女為金城公主妻之遣楊矩持節送即拜矩鄯州都督吐蕃外雖和而陰銜怒即厚餉矩請河西九曲為公主湯沐矩表與其地九曲者水甘草良宜畜牧近與唐接自是虜益張雄易入寇開元初其相坌達延將兵十萬寇臨洮入攻蘭渭掠監馬楊矩懼自殺玄宗遣薛訥王晙等并力擊之斬首萬七千級虜大敗衆奔突不能去相枕藉死洮水為不流詔紫微舍人倪若水流按軍實

戰功且弔祭戰亡士赦州縣弁瘞吐蕃露骼贊普及金城公主俱遣使上書請盟修好帝謂㠯已和親有成尋前盟可矣不許復誓禮其使而遣且厚賜贊普自是歲朝貢不輒犯邊久之隴右節度使王君㚟襲擊吐蕃遂復啓釁攻甘州入陷瓜州毀其城執刺史田元獻會君㚟爲回紇所殺乃以蕭嵩爲河西節度克平瓜州復城之時張守珪張志亮杜賓客等戰皆有功多所斬獲贊普懼遣使請和皇甫惟明亦勸帝約和從之敕惟明及中人張元方往聘以書賜公主惟明見贊普言天子意贊普大喜因悉出貞觀以來書

詔示惟明厚饋遣使名悉臘隨使者入朝於是崔希逸爲河西節度使鎮涼州故時疆畔皆樹壁守捉希逸謂虜戍將乞力徐曰兩國約好而守備不廢云何請皆罷以便人乞力徐曰公忠誠無不可恐朝廷未皆信脫掩吾不備其可悔希逸固邀乃許卽共刑白犬盟而後悉撤障壁虜畜牧被野明年傔史孫誨奏事妄言虜無備可取也帝釆之詔内豎趙惠琮同往按狀二人欲徼倖至涼州因共矯詔希逸發兵襲破吐蕃青海上斬獲不貲乞力徐遁去吐蕃恚不朝大入河西希逸拒破之鄯州都督杜希望又拔新城更號威戎軍項之節度兼瓊拔安戎城更號平戎城而吐蕃攻維州不得志攻承風堡臧希銳破之襲廓州攻振武軍皇甫惟明哥舒翰等破之虜勢稍却明年贊普乞黎蘇籠臘贊死子挲悉籠臘贊嗣遣使者修好詔京兆少尹崔光遠持節齎册弔祠還時安祿山亂哥舒翰悉河隴兵東守潼關而諸將各以其所鎮兵討難始號行營邊候空虛故吐蕃得乘隙纂掠至德初取巂州及威武等諸城入屯石堡其明年取廓霸岷等州及河源莫門軍使數來請和帝雖審其譎姑務紓患乃詔宰相郭子儀蕭華裴遵慶等與盟寶

應初陷臨洮取秦成渭等州明年入大震關取蘭河鄯洮等州於是隴右地盡亾進圍涇州入之降刺史高暉又破邠州入奉天副元帥郭子儀禦之吐蕃以吐谷渾党項兵二十萬東略武功渭北行營將吕日將戰盩厔西破之又戰終南日將死代宗幸陝虜入長安衣冠皆南奔上至陝因望鐵牛蹶然曰朕幼時宮中有尼言事頗驗屢撫吾背曰天下有災過牛方廻今見牛朕可廻也是月光祿卿殷仲卿率千人壁藍田選二百騎渡滻或詒虜曰郭令公軍且來吐蕃大震會少將王甫與惡少年伐鼓譟苑中虜驚夜引

去子儀入長安高暉東奔至潼關守將李日越殺之
吐蕃留京師十五日乃去天子還京會僕固懷恩反
自靈武遣其將范志誠任敷合吐蕃吐谷渾兵攻邠
州白孝德郭希嬰壘守乃入居奉天郭晞攻之吐蕃
引去圍涼州河西節度使楊志烈不能守跳保甘州
而涼州亡是時兵馬使渾日進屯奉天吐蕃逼奉天
日進以單騎馳之士二百踵進左右擊刺射皆應弦
仆虜大驚辟易日進挾虜一將躍出舉軍望而譟士
還無一矢著身者明日虜薄城日進發機石勁弩故
兵多死凡三日虜斂軍入壁日進知虜曲折即夜斫

其營斬千餘級生擒五百又戰馬嵬凡七日破賊萬
人斬首五千獲馬橐駝幟械甚衆會懷恩死虜謀無
主遂與回紇爭長回紇怒詣子儀請擊吐蕃自效子
儀許之使白元光合兵攻吐蕃於靈臺西大破之降
僕固名臣帝乃班師自是數寇靈邠涇隴黎雅諸州
唐將馬璘白元光郭子儀輒攻破之吐蕃皆不得志
而還及德宗即位以歲與虜确亡獲相償欲以德綏
懷之遣太常少卿韋倫持節歸其俘五百厚給衣褚
切敕邊吏護亭障無輒侵虜地吐蕃始聞未信使者
入境乃皆感畏是時乞力贊爲贊普尚結贊爲相即

發使者隨倫入朝相與結盟境上云朱泚之亂渾瑊
用論莽羅兵破泚將韓旻於武亭中初與虜約得長
安以涇靈四州畀之會大疫虜輒引去及泚平責先
約求地天子薄其勞第賜詔書償結贊莽羅等帛萬
匹於是虜以爲怨貞元初詔趙建往使而虜已犯涇
隴邠寧掠人畜敗田稼復攻鹽夏刺史杜彥光拓拔
乾暉不能守悉其衆南奔虜遂有其地天子以邊人
殘沒下詔避正殿痛自咎詔駱元光經略鹽夏結贊
復來請盟唐使渾瑊及兵尚崔漢衡往虜計以伏兵
擒瑊瑊遁去漢衡等六十人皆被執虜戍鹽夏涉春

疫大興皆思歸乃火其廬舍頹郛堞而去結贊歸漢
衡等而却其使結贊乃以兵犯鳳翔入寶雞焚掠而
去又剽汧陽華亭掠男女牛羊率萬計涇隴邠之民
蕩然盡矣諸將曾不能得一俘但賀賊出塞而已自
是數寇涇邠寧慶鄜麟等州韋皐輒大破之西南少
安不三年盡得巂州地而虜特小小爲寇不絕是時
可黎可足贊普立幾三十年病不事委任大臣故不
能抗中國邊候晏然死以弟達磨嗣達磨嗜酒好畋
獵喜內且凶愎少恩政益亂開成初遣使太子詹事
李景儒往使論集熱來朝獻玉器羊馬自是國中地

震烈水泉湧岷山崩洮水逆流三日鼠食稼人饑疫死者相枕籍鄯廓間夜聞鼙鼓聲人相驚會昌中贊普死無子以妃綝氏子乞離胡爲贊普其落門川討擊使尚恐熱叛吐蕃部多歸之贊普不能制唐乘隙遂得收復故地於是鳳翔節度使李洮復清水涇原節度康季榮復原州取石門等六關靈武節度使李欽取安樂州詔爲威州邠寧節度使張欽緒復蕭關收秦州山南西道節度使鄭涯收扶州羣臣奏言王者建功立業必有以光表於世者今不勤一卒血一刃而河湟自歸請上天子尊號詔上順憲二廟謚號

夸顯後世明年沙州首領張義潮奉瓜沙伊甘肅等十一州地圖以獻唐擢義潮沙州節度使河渭州虜守將尚延心亦獻款擢河渭等州都游奕使未幾恐熱爲僕固戰敗斬之傳首京師唐末中原多故甘州并於回鶻歸義諸城沒於嗢末而唐亦不能守也然吐蕃亦自此衰弱族類分散無復統一矣自儀渭涇原環慶及鎮戎秦州暨于靈夏皆有之各有首領內屬者謂之熟戶餘謂之生戶涼州雖爲所隔然其地自置牧守或請命於中朝五代時其首領朝獻不絕宋時部落甚衆而中惟潘羅支李立遵唃厮囉最爲雄傑勝兵六七萬潘羅支者西涼府六谷都首領也咸平初知鎮龍軍李繼和言羅支願戮力討夏國李繼遷請授以刺史從之羅支貢馬五千匹未幾繼遷入西涼府知州丁惟清陷沒羅支率衆擊之繼遷大敗中流矢死詔封羅支武威郡王而以其弟厮鐸督爲鹽州防禦使入貢不絕唃厮囉者贊普之後也而宗哥部李立遵爲論逋佐之論逋猶華言相也二人甚有威名諸部畏之祥符中入貢請討平夏以自效宋以戎人多詐勿許也頃之夏主元昊强侵略厮羅界地厮羅知衆寡不敵堅壁不出險間得元昊已渡

河插幟志其淺乃潛使人移植深處以誤元昊及大戰元昊潰而歸士視幟渡溺死十八九鹵獲甚衆自是數以奇計敗元昊遂不敢窺其境及元昊取西涼府羅支舊部多歸厮羅又得回紇種入數萬徙居鄯州地（今西寧衛漢金城郡破羌縣地）以故日益富强然亦受宋朝官爵治平初厮羅死少子董氈立母曰喬氏而厮羅別有二妻皆李立遵女也生子曰瞎氈曰磨氈角立遵死李氏寵衰斥爲尼錮其二子母族李巴全竊載其子奔宗哥磨氈角遂撫有其衆瞎氈逃居龕谷亦據其地於是唃氏地分

爲三而董氊最强倶歲入貢宋皆授以刺史元豐初
董氊從宋討夏有功進封武威郡王後夏人欲與之
通好董氊拒之且整兵以待神宗聞而嘉焉元祐初
董氊卒子阿里骨嗣本于闐人少從其母給事董氊
養爲已子阿里骨死子瞎征嗣頃之宋王瞻取邈川
青唐置湟鄯二州瞎征來歸國人遂共立隴拶爲主
隴拶者乃瞎氊之孫木征之子唃氏嫡支也夏人助
之攻破青唐據之宋遂弃棄邈川而以隴拶爲河西
軍節度使封武威郡公世世襲職而加瞎征檢校太
傅懷遠軍節度使崇寧中王厚復湟鄯二州遂建熙
河一道郡縣而置之功雖訖成邊患不息後金人取
熙河復求唃氏子孫立之及元滅金盡并吐蕃之地
置爲郡縣而以吐蕃僧八思巴爲大寶法王帝師領
之相承不絕至　我朝洪武六年令吐蕃諸酋舉故
官授職以攝帝師置都指揮使同知宣慰使元帥招
討等官以其地爲烏思藏等都指揮使司三朶甘等
宣慰司三朶甘思等招討司六沙兒可等萬戶府六
剌宗等千戶所十七自是番僧有封贊善闡教大乘
大寶王者倶賜印誥令比歲或間歲朝貢諸王嗣封
賜誥袈裟僧帽數珠鈴杵其在西寧黄河北者自四

川入在岷州黄河南者自陜西入凡陜西諸番畏宋
將軍即宋晟也洪永間久鎮西垂積功封西寧侯四
川諸番敬信丁大夫乃丁玉也國初爲御史大夫出
鎮四川最久威惠並行夷民安輯而　朝廷又設茶
馬司數以茶馬互市羈縻之以故朝貢不絕西鄙稍
寧天順間西番酋把沙作亂命總兵衛經僉都吳琛
等討之涇等率諸衛兵三萬餘人分五路以進追至
駱駝山俘斬二千餘人獲畜產無算成化中西番滿
松反侵內地馬文升討平之及正德時邊防大弛北
虜小王子太師亦卜剌殺其主長子阿爾倫遯居西
海吞食諸番勢漸吞併識者慮其交通結勾猖獗如
前代先零吐蕃故事十年調朔方勁兵勦虜避迯松
潘旋歸故巢費以萬計竟無成功至嘉靖初數乘虛
深入虜人畜焚廬舍殺掠大慘臨洮鞏昌騷動賴尚
書王瓊區處遣都督劉文游擊彭成等進兵且撫且
勦稍得安寧其俗地薄氣寒風俗朴魯然法令嚴整
上下一心議事自下起　人所利而行之故能持久
其國君贊普有城郭而不處聯毳帳以居號大拂廬
部人處小拂廬贊普與其臣歲一小盟三歲一大盟
其君臣自爲友者五六人號曰共命君死皆自殺以

狗其吏治無文字刻木結繩爲約其刑雖小罪必抉
目刖鼻其樂吹螺擊鼓其四時以麥熟爲歲首其官
之章飾最上瑟瑟金次之金塗銀又次之銅最下差
大小綴臂前以辨貴賤養牛馬取乳酪供食取毛爲
褐衣率氈韋以赭塗面婦人辮髮而縈之俗重浮屠
政事必以桑門參決貴壯賤弱重兵死以累世戰沒
者爲甲門敗懦者垂狐尾於首以示辱懷恩惠重財
貨交易用𦇯毯馬牛不知醫藥疾病召巫覡焚柴聲
鼓謂之逐鬼信詛呪或以決事訟有疑使詛之喜啖
生物無蔬茹醯醬民獷而好鬬其譯語呼天爲難地

爲薩日爲你麻月爲老瓦其山川崑崙山番名亦耳麻不剌山
一名大雪山雪經夏不消故名可跋海東南流至雪山南合西洱河號漾備水又東南出會川爲
瀘水黃河析支湟水爲大物產甚多惟犛牛腹肘下皆有赤毛長
尺尾大如斗羱羊重者數百斤其角甚大草上飛獸名形大如犬渾身似玳瑁斑貓樣
性純不惡若獅豹等猛獸等見之即伏於地乃獸之王也骨篤犀色如淡碧玉稍有黃扣之聲清
如玉嗅之有香能消毒并辨諸毒藥一名碧犀價高金剛鑽狀如紫石英生水底盤石上如鍾乳
以鐵鎚之不傷火燃之不毀以羚羊角扣之即碎可以切玉馬價珠青色一枚價與名馬價等
故銅佛烏思藏者爲上天鼠皮可爲裘氆氌五色如氈沙棠樹色黃實赤
食之使人不溺其木可以爲舟黑驢日行千里善鬪虎一跡而虎斃爲奇
論曰西戎爲患自三代已然矣蓋其散處河湟地近

關中故敢輒肆猖獗是體膚之患也然猶狗偷之謀
也及先零當煎作虐而趙充國馬援徙之三輔內地
如養虎自貽害者用是永初以後爲禍最烈是肘腋
之患也然猶烏合之衆也迨姚秦氏與竊據中原偃
然南面百官制度與中國同是腹心之患也然猶蝸
角之勢也洎乎唐初號曰吐蕃幅員萬里上下一心
殺戮吏民攻陷城邑甚且驅逐天子廢置官僚雖唐
納幣結婚莫厭其欲盟血未乾而寇馬已臨矣自非
郭子儀諸將威力唐之社稷不亦危乎五代以後內
相殘賊各分部落宋元乘其衰弱收復故地稍得安

寧此何以故也蓋西番之勢譬之夾河水然分之則
其勢微合之則浩蕩而不可遏我　聖祖見及此也
故登極未幾旋置烏思藏等司裂其地而封之簡其
人而官之復置茶馬司互市而羈縻之以故二百年
來西戎卽序自三代漢唐未之有矣顧今日所當防
者不在吐蕃而在亦卜剌也蓋自亦卜剌之西竄也
其跋扈者數矣第其勢弱而易制尤可無虞儻一旦
部衆彊盛近結吐蕃遠結韃靼未必不爲彊埸擾者
昔哈密地空議者欲徙亦卜剌以實之斷其北虜西
蕃之交此良策也今不可以他徙乎夫蒽菁之條久

而蔽曰螻蟻之穴久而決堤防危於安圖著於微則制蕃者當慮之矣

咸賓録南夷志卷之六

明豫章羅曰褧尚之父著

安南

安南堯典所謂申命羲叔居南交是也秦并六國略定楊越置桂林南海象郡以適徙民與越雜處迨乎秦滅南海龍川令趙佗即擊并桂林象郡自稱南越武王象郡即今安南地也漢高立遣使陸賈封佗爲南越王使和輯百越毋爲邊害及呂后禁越關市鐵器於是佗乃自尊號南武帝發兵攻長沙邊敗數縣復以兵威財物賂遺閩越西甌落役屬焉東西萬餘里乃乘黄屋左纛稱制與中國侔文帝即位復遣陸賈往諭之南越王恐乃頓首謝去帝制黄屋左纛因爲書稱蠻夷大長老夫臣佗陸賈還報文帝大悦然其居國竊如故號至武帝初佗薨孫胡嗣王胡薨子嬰齊嗣王嬰齊薨子興嗣王初嬰齊入長安宿衛取邯鄲摎氏女即興母也舊與霸陵人安國少季通及嬰齊薨漢使少季往諭王及太后來朝復與私通國人以是多不附太后太后恐亂起亦欲倚漢立威因使者上書請比内諸侯三年一朝除邊關武帝許之而其丞相呂嘉獨不欲内屬遂發兵反攻殺太后王

及漢使者終軍等而立嬰齊子建德爲王漢大怒遣路博德楊僕等四道出兵擊擒之南越平遂以其地爲儋耳珠崖南海蒼梧鬱林合浦交趾九眞日南九郡而儋耳珠崖二郡在海中馬武帝末中國貪其珍賂漸相侵侮故率數歲一反至元帝時納賈捐之議罷二郡諸郡雖屬中國而言語各異重譯乃通習俗頗惡男女同川而浴後徙中國罪人使雜居其間乃稍知言語漸見禮化光武中興錫光任交趾任延守九眞教民耕種嫁娶制爲冠履建立學校於是嶺南有華風馬其徼外蠻夷亦數貢獻建武中交趾女子

徵側徵貳反甚雄勇九眞合浦日南九郡諸蠻皆應之凡略六十五城自立爲王光武遣馬援破之斬徵側徵貳餘皆降散至建安初交趾刺史張津上表請改交趾爲交州詔從之遂拜津爲交州牧加以九錫彤弓彤矢禮樂征伐與中州方伯侔自錫始也桓靈以後蠻獠又據象郡象林縣遂爲林邑國矣魏晉宋齊爲州陳改爲郡隋廢郡置州煬帝復廢州置郡唐改交州總管府俄復改安南都護府自漢以來列置郡縣獠俗難理率數歲一反至五代時土豪曲承美據之已而并於劉隱劉隱者唐末爲封州刺史數有

功於嶺南朱梁封爲南海王隱卒弟龔立多勇略是時曲顥劉士政等分據嶺南諸州而龔出兵悉平之惟交州未克明年龔遂即皇帝位國號漢好奢侈悉聚南海珍寶以爲玉堂珠殿久之遣將梁克貞等攻交州擒曲承美至南海龔曰公常以我爲僞廷今反面縛何也承美頓首伏罪乃赦之承美者曲顥子也無何愛州吳權攻交州自立龔封子洪操爲交王出兵攻之敗歿龔收其餘衆而還龔卒子玢立玢卒弟晟立十二年吳權子昌濬稱臣求節鉞晟遣使慰諭之晟卒子鋹立交州大亂驩州丁璉舉兵擊破之鋹

授璉交州刺史號曰大勝王宋太祖與諭使鋹稱臣不從遂擊平之鋹素衣白馬以降封恩赦侯頃之而丁璉亦内附宋封爲交趾郡王自是後交趾代稱王矣璉歿弟璿嗣年尚幼而大將黎桓擅權劫遷璿於別第舉族禁錮代總其衆太宗聞之怒遣將孫全興等從水陸兩路討之稍失利桓志愈驕負阻山河屢爲寇害漸失藩臣之禮矣宋帝志在撫寧不欲問罪而桓亦時遣使入貢宋遂封爲交趾郡王桓歿子龍挺殺兄龍鉞而自立苛虐不法國人不附李公蘊遂殺龍挺自稱留後遣使奉貢李公蘊者龍挺所親信

臣也宋以黎桓不義而得公蘊尤而效之甚可惡也然以蠻俗不足責遂封公蘊王號如故公蘊卒子德政立卒子日尊立卒子乾德立會知封州劉彝聽偏校言以爲安南可取大治戈船交人來互市者率皆遏絶表疏上訴亦不得通於是大舉入寇連陷欽連邕三州屠其民五萬餘口神宗怒遣將郭逵趙卨等討之大破交兵乾德懼遂奉表乞再修職貢還所奪州縣尋約歸三州官吏千人久之方送民二百二十一口男子皆刺額年十五以上刺曰天子兵二十以上曰投南朝婦人刺左手曰官客悉載以舟而泥其

戶牖中設燈燭日行三十里則止而僞作更鼓以報凡數月乃至蓋以給示海道之遠也自是朝貢不絶矣乾德卒凡五傳而昊旵立昊旵卒無子以女昭聖主國事尋遂爲其壻陳日煚所有云自公蘊傳凡九世而亾其名曰日曰乾曰陽曰天曰龍皆有僭上之意而宋朝以其僻在海隅不復與較也元時遣將兀良合台攻諸夷之未附者先遣使二人往諭交趾陳日煚縳二使者以破竹束體入膚禁諸獄中兀大怒遣將徹徹都等分道進兵討之破其國而日煚竄海濵弱不能支久之歸附元封其子光昺爲交趾郡王

光昺歿子日恒立卒子日燇立自日煚後雖累世入朝而元責其貢物太重故多有時入寇掠者然終不能爲元敵也　我朝洪武元年遣漢陽知府易濟頒詔安南其王陳日煃遣陪臣同時敏段悌黎世安等朝貢請封　上即遣學士張以寧典簿牛諒往封日煃爲安南王以寧等十月至安南界聞日煃已先殂姪日熞嗣立以寧護詔印洱江上使牛諒入其國先諭旨安南遣陪臣阮汝亮來迎請即授詔印日熞以寧不許曰奉詔封爾先君耳非世子名爾國當遣使上請必得旨然後敢授於是日熞遣陪臣杜舜卿等

告哀請命于朝以寧留安南候命因教安南人行三年喪及稽顙頓首拜謁諸禮儀其後　上聞之大喜賜以寧詩獎諭之明年舜卿以日煃訃音來告且爲日熞請封　上乃自製祭文以翰林院編修王濂吏部主事林唐臣賫詔往封日熞嗣王并取以寧所護印詔賜物畀之使至日熞卒其臣郊迎及俯伏聽詔北面跪受稽顙如藩臣禮日熞遣使隨王濂等還朝入貢謝張以寧亦還卒於途未幾安南陪臣陳叔明以兵攻其王左右殺之使人弒王日熞遣使來貢表署叔明名主谷部咸受表尋取閲副封見其名異曰

此必有變亟白尚書詰之使者不敢諱直言曰㷆爲叔明所逼而死遂簒位禮部以聞　上曰島夷何敢狡詐如此却其貢不受久之叔明復爲宗人陳煓簒立遣使貢方物甚豐　上置之不問第勑諭其貢物過豐而已後煓攻占城病死海濱使來告哀　上遣使往祭之是時日焜嗣王日焜者叔明之子也踰年日焜爲其國相黎季犛所弑季犛改國曰大虞自稱太上皇使其子胡奃爲國王詐稱陳氏絶而奃其壻也求權署國事朝廷從之未幾老撾宣慰使刁線遣使護送日焜孫添平叅京愬其實季犛懼上表請添

平歸還以國詔遣廣西都督黄中呂毅前大理卿薛嵓等護送添平還及入境季犛遣陪臣黄晦卿等迎候禮甚恭具牛酒犒師中等遣騎覘之壺漿屬路無他也遂之渡雞陵關山路險峻林莽蒙密軍行不得成列會天雨季犛乃伏兵山谷中衆數萬鼓譟出斷橋後騎不得前遂刼添平擒殺之嵓亦死中等引還事聞　文皇怒四年以新城侯輔西平侯晟等二十五將軍率各省兵從廣西雲南兩道出討安南而以尚書劉儁黄福參賛軍務　上幸龍江誓師送之輔等至安南先傳檄數季犛罪二十諭其境內以立陳氏後裔然後師兵進之是時安南恃宣洮富良諸江爲固聞王師至遂緣北岸樹栅更築土城城栅相連亘九百餘里江南岸列置樁內諸江口俱下桿木以逆舟楫其土城高峻城外設重濠濠內密置竹簽外坎地以陷人馬輔下令軍中曰彼所恃此城吾輩報國立功在此一舉先登者賞不次於是將士踊躍期夜襲城以舉火鳴角爲號四鼓都督黄中等銜枚昇攻具越重濠薄城下以雲梯附城都指揮蔡福先登諸將士繼之火舉角鳴安南兵倉皇矢石不得發皆散奔師悉入城復巷戰列象爲陣輔等以畫獅蒙馬

衝鋭兵而前象皆股慄多中鋭箭傷遂退奔交軍衆潰亂殺其帥梁民獻祭伯樂等追至傘圓山死者不可勝計頃之遂克東西二都凡宣江洮江等州縣皆降自是季犛將士氣沮輒戰輒敗前後斬首四萬餘級溺水者不可勝計大獲其戰艦兵仗諸郡邑相繼來降季犛遁去我軍遂窮追季犛父子於奇羅海口悉獲之詔求陳氏後已絶乃郡縣其地置交趾布按都使司府十七州四十七縣一百五十七勑尚書黄福兼布按二司事勑輔晟求交趾有行能學藝者送京師擢用九月輔遣柳升露布獻俘季犛蒼及僞將

相下獄餘皆赦之進封輔英國公晟黔國公封沐升
安遠伯餘各陞賞有差時永樂六年七月也八月交
人簡定鄧悉反晟討之失利七年勅輔討之擒簡定
磔於京踰年而陳季擴復叛自稱大越皇帝季擴者
即簡定之從子也稱陳氏後以惑衆其勢重於定輔
復率衆往討轉戰連年始獲之自輔之下交南凡三
獲僞王威震西南夷中頃之召還而中貴人馬騏者
貪而殘苛失衆心黎利遂乘之反捕之不勝赦之不
服宣德元年遣王通柳升等師兵由廣西雲南兩道
出討之升等師至交趾隘留關黎利及諸大小頭目

具書遣人詣軍門乞罷兵息民立陳氏後主其地升
等受書不啓封遣人奏聞時利於官軍所經處悉列
柵拒守官軍連破之直抵鎮夷關如入無人之境升
勇而寡謀不嚴戒備前至倒馬坡獨與百數十騎先
馳渡橋既渡而橋遽壞後隊阻不得進交人伏兵四
起升中鏢死從升者皆陷沒副總兵梁銘參贊尚書
李慶郎中史安主事陳鏞李宗昉等皆死惟主事潘
原大脫歸通聞升死懼不敢出乃與利約和利遂上
書謝罪且乞封時　宣宗厭兵意欲棄交趾未決乃
集諸大臣議張輔等言不可而內閣士奇榮力勸

之遂然其言乃遣兵侍羅汝敬等赦利求陳氏後立
之又勅通等班師內外鎮守三司衛所各府州縣文
武吏士攜家來歸通至京羣臣劾通及馬騏論死繫
詔獄而利上表言陳氏已絕於是遣禮侍章敞通政
徐琦冊利權署安南國事然利已竊改元帝其國中
矣利卒凡六傳而瑂立鄭惟鐽與阮貢等共殺之而
立僞沱陽王譓是時僞武川伯莫登庸與兵柄久之
逐譓而自立國號大越無何傳位於其子方瀛而登
庸自稱太上皇譓恐遇害避居清華府登庸復出兵
攻之譓走老撾國以嘉靖九年九月憤悒死而譓故

臣共立其子寧居於清化府之木州漆馬江與老撾
隣界登庸屢遣兵攻之而老撾時爲援不能克無何
寧來請兵乃下兵部議以咸寧侯仇鸞尚書毛伯溫
等往討之會兩廣撫守臣厭兵而莫氏先已上表言
黎譓無子垂死時與羣臣議登庸父子有功於國召
登庸子方瀛入付以印章令嗣主國事黎寧乃亂臣
阮淦之子冒稱黎姓者也其所自列如此然大抵皆
誣罔辭也伯溫等至交趾與諸將經畫既定兵衆漸
集馳檄諭其臣以　朝廷興滅繼絕之義討罪止於
登庸父子有能舉郡縣降者即以郡縣授之擒斬莫

登庸父子來降者賞二萬金官顯秩又諭令莫登庸父子果能束身歸罪盡籍土地人民納款聽命亦待以不死於是伯溫等駐師安南境登庸懼遣使詣軍門乞降躬聽處分詞頗卑切伯溫等承制許之約以十九年十一月初三日來降守臣於鎮南關近地修設幕府將臺以待時登庸子方瀛已死乃留孫福海於其國至日登庸與侄莫文明并酋目阮如桂等四十餘人入關各尺組繫頸詣所設闕庭徒跣匍伏稽首跪上降表復詣軍門匍伏再拜盡籍國中土地軍民職官悉皆處分所侵四峒境土願以內屬仍請每

領正朔遵奉舊賜印章謹護守以候更定於是伯溫等宣諭　朝廷威德暫令歸國候命伯溫等疏上詔從之乃降安南國爲安南都統使司以登庸爲都統使從二品子孫世襲別給銀印舊所僭擬制度削去令三歲一貢黎寧仍令守臣勘訪果係黎氏之後授與所據四府境土以承宗祀否則已制下莫登庸已死伯溫等復上疏請以制命授其孫福海從之遂班師伯溫等進秩賞賚有差未幾福海復爲黎寧所逐黎氏仍據國莫氏竄居南海島朝廷置不問而黎氏朝貢至今不絕其俗夷獠雜居粗知禮義獷悍喜

闘壐宮輕貧一年三稻一歲八蚕地多魚鹽之利推交愛人倜儻好謀讙演人淳秀好學其譯呼天爲雷地爲得日爲霽月爲濫其山川佛蹟山景物清麗爲一方勝槩安鑊山出美石漢豫章太守范寧嘗遣吏於此採石爲磬艾山人跡罕至上有仙艾春開花漂落至水魚吞之至龍門江化爲龍龍門江其傍有穴出鸂鶒魚色綠口曲而紅此魚能化爲龍龍溪昔陳氏夜過江不能渡忽得一橋渡之回顧不見及有國改名龍溪富良江其產有蘇合油其樹生膏爲油或云合諸香汁爲之雞舌香可以口含不入衣服其木辛厲禽獸亦不能至花熟隨水出香乃釀花而成者都梁香似藿香浮沉藤蔄子藤實皆赤色可食人子藤其子如人狀燒之集象彼處極難得千歲子有藤蔓出土上子在下菴羅果中極品俗名香蓋石栗生山石罅中花開三年方結實土人珍之九層

皮脫至九層方見肉熟而食之其味類栗訶羅勒皮肉相著交愛州者爲佳楓樹子大如雞子燒之甚香古度樹一名杬不花而實實從木皮中出如綴珠然黃時即食時久則其中化爲紋蟻飛出木綿樹實如酒杯皮薄中有如絲綿者色正白破一實得四五斤穰木樹皮中有屑如白米可作餅食莎樹亦有米可食由梧竹長三四丈圍三尺可作梁柱如何九百年一實形如棗長五尺赤絜漆也有土赤如膠以木枝入其中則蟻出緣而生漆赤色堅明蟻子鹽醢溪洞人收蟻卵鹽爲醬甚珍貴之象牙簟抽牙絲織成者猩猩人面豕身能言嗜酒白鹿白雉俱純白色狒狒長臂黑身披髮見人則笑大蜈蚣皮可鞔鼓肉白如豕暴爲脯味佳紅飛鼠其毛肉翼每雌雄伏花蕉間得其一則其不去南中婦人採之以爲媚男之藥辟寒犀色黃如金以金盤置於殿中煖氣襲人唐開元中交南獻此物辟珠大者如指辟銅鐵者銅鐵不能損辟竹木者竹不能損犯以他物則毀矣常附胎於

[illegible]鈌[illegible]界　爲奇
[illegible]安南東至海西抵老撾南接占城北連思[illegible]
雄視南方之國也自漢武滅平南越之後列爲郡縣
叛服無常中國未嘗一世忘兵革矣後乘五代之亂
乃自稱王宋卒不能收復故境遂益恣睢偃然自據
及聞我　聖祖龍興貢使相尋稱臣請封始未嘗不
效順而後稍驕桀殺我使臣也　文皇勦平而郡縣
之豈非王法宜爾哉盎炎荒萬里之遠縱之則虎踞
其外守之則蠹耗其內余固謂　文皇之討天威也
宣宗之棄遠慮也二帝之識同一揆矣厥後王師南
至莫登庸係頸徒跣匍伏納款貽謀之善此足徵焉

占城

占城古越裳氏漢象林後爲林邑國唐環王國宋名
占城元與國朝因之周成王時越裳氏重九譯而獻
白雉以後罕通及漢定南越之後爲象林縣屬交趾
者數百年漢末大亂縣功曹子有區連者殺縣令自
爾林邑王子孫相承吳時通使其後王無嗣外孫范
雄代立雄死子逸嗣逸死奴文簒立文者日南夷帥
范幼家奴也嘗牧牛於山澗得鱧魚二化爲鐵因以
鑄刀刀成文向石呪曰若斫石破者當王此國因斫

石如斷芻藁文私心異之范幼嘗使之商賈至林邑
因教林邑王作宮室及兵車器械王寵任之後乃譖
言諸子各奔他國及王死無嗣文僞於鄰國迎王子
置毒於漿中殺之遂脅國人自立後稍攻破旁國并
有衆四五萬又陷日南襲九眞勢遂滋大文死子佛
立晉日南太守灌邃帥兵討之追至林邑佛請降自
佛五傳而至文敵爲扶南王子當根純所殺大臣諸
農平其亂自立爲王諸農死子陽邁立陽邁初在孕
其母夢生兒有人以金席藉之其色光麗夷人謂金
之精者爲陽邁若中國云紫磨者因以爲名宋初遣

使貢獻以陽邁爲林邑王陽邁死子咄立每獻使貢
獻獻亦陋薄而寇盜不已文帝忿其違傲遣檀和之
宗慤蕭景憲伐之景憲爲先鋒攻城尅之乘勝即克
林邑咄父子竝挺身逃奔獲其珍異皆是未名之寶
又銷其金人得黃金數十萬斤其後歷宋齊梁陳朝
貢不絶矣隋文帝既平陳天下無事羣臣言林邑多
奇寶者於是隋帝遣將劉方等擊之其王梵志率其
徒乘巨象而戰方軍不利乃多掘小坑草覆其上因
以兵挑之方與戰僞北梵志逐之其象陷軍遂亂方
大破之遂棄城走入其郡獲其廟主十八枚皆鑄金

爲之墟其有國十八葉矣方班師故地遂空梵志收
今遣人別建國邑更名環王唐貞觀初王頭黎獻馴
象鏐鎖五色帶朝霞大火珠其言不恭赦不問又獻
五色鸚鵡詔還之頭黎死子鎮龍立獻通天犀後鎮
龍爲其臣下所殺大臣共立頭黎女爲王諸葛地頭
黎之姑子也父得罪奔眞臘女王不能定國大臣復
共迎諸葛地爲王妻以女天寶中獻火環大如雞子
狀如水晶日正午時以艾藉珠輒火出云得之羅刹
國自後罕通周顯德中占城遣使來獻有通犀帶菩
薩石又有薔薇水灑衣經歲香不歇猛火油得水愈

熾國人用以水戰宋時四百餘年朝貢不絶貢物有
琉璃犀角象牙孔雀龍腦香大食瓶馴象獅子紅白
鸚鵡紫礦沉檀諸香等物地與交鄰數爲交趾所侵
故入貢時輒以討交趾爲請宋以交趾通不絶勿許
也淳熙間占城以舟師襲破眞臘慶元以來眞臘大
舉入占城復仇俘其王戮其臣僕勦殺幾無噍類更
立眞臘人爲王元至元中遣右丞唆都往諭占城王
明年其王遂表貢方物稱臣内屬元命唆都即其地
立省以撫安之既而王太子補的專國元使往暹國
及馬八兒國經占城者皆被執於是占城行省遣將

陳仲達劉金等率兵四面攻之占城大敗國王孛由
補刺者吾棄行宮焼倉廩與其臣逃入大州西北鴉
候山元兵攻大州王遣其舅寶脫禿花等詣行省來
降獻雜布二百匹大銀三錠小銀五十七錠碎銀一
甕來歸款又獻金葉九節標槍言國王中創病太子
補的被傷巳死俟王病少愈詣闕進見也行省尋遣
人覘之語皆僞情王實聚兵三萬餘於鴉候山遣使
交趾眞臘闍婆等國借兵期與元兵交戰於是行省
遣萬戸張顒等往攻王所棲之境其地山林阻險不
能進占城人旁出截歸路軍皆死戰得解還營頃之

江淮省遣萬戸忽都虎等至占城助唆都軍見巳班
師遂令百戸陳奎招其國王來降王遂奉表歸款元
自是不復加兵矣我　朝洪武二年遣吳用顏宗魯
楊載等使占城爪哇日本等國賜王璽書是年遣使
朝貢我遣使封阿答阿者爲占城國王未幾　上聞
安南占城相攻占城遣使來告乃命編修羅復仁主
事張福以詔諭之令宜畏天守分各罷兵歸國如互
執兵端禍不能逃詔至二國各聽命四年占城復遣
使奉金葉朝貢言安南數侵境乞賜兵器樂人俾安
南知我乃聲敎所被輸貢之地不敢欺凌　上憐之

命中書省咨言卽諭安南罷兵兵器不爾吝但以安南故賜爾是助爾搆兵也樂器有聲律華夷方言本異中國人不可遣遣爾國人能習華音者來習樂十六年遣子賀　聖節賜勘合文冊二十四年使至以臣弒君故絶之永樂四年勑王占巴的賴得黎賊父子及其黨惡卽械送京尚書陳洽在南交軍中馳奏占城國王占巴的賴奉命出兵討安南陰懷二心愆期不進及進至化州輒肆虜掠又以金帛戰象資季擴季擴亦以黎蒼女遺之復約季擴舅陳翁挺等三萬餘人侵升華府隷四州十一縣地驅掠人民罪下

季擴一等耳請發兵討之　上以交趾初平不欲窮兵遠夷遣使諭王歸我侵地命三年一貢正統六年國人請封其嗣王成化中遣使冊封正使卒海上副使論罪戍邊弘治中復遣使告安南侵據狀乞命官往正其罪　上欲從之徐溥等上言春秋王者不治夷狄今若遣使往至安南彼小必掩過飾非大必執迷抗命置之損威擊之貽患尤大宜勿聽乃止其國南距眞臘西距交趾東北際海自閩長樂五虎門西南行順風可十日至其地自廣州發舟順風八日可至俗獷悍果於戰鬭商船至卽差官監盤十取其二

外聽交易尚釋教王冠三山金花玲瓏冠衣白跣足乘象或黃牯車每視朝有美女三十人侍從官屬皆膜拜臣茭葉冠男蓬頭女後椎結所居茅茨不得踰三尺民衣紫衣衣玄黃罪死出入乘象馬粒食亦鮮食殺牛祭鬼驅象逐邪市用金銀焚衣祭天地性好潔日三五浴以腦麝塗體以諸香熏衣地不產茶惟以檳榔止渴釀酒甕中俟熟賓主繞甕坐筒而咂且咂且注水味盡而止文書用羊皮及黑木皮無閏月晝夜各分五十刻其刑罪輕者以四人拽伏於地藤杖鞭之罪當死者以繩係於樹用梭槍椿喉而殊其

首若故殺劫殺令象踏之或以鼻捲撲於地犯姦者男女各入一牛以贖罪負國王物者以繩拘於荒塘物充而後出之王當賀日沐人膽汁將領獻人膽爲賀第不用中國人膽傳云往年有用華人一膽者是日一甕之膽盡皆朽腐王卽病死故戒之王在位三十年卽入山茹素受戒令子侄攝國居一歲籲天誓曰我不道當充虎狼食或病死期年無恙復入爲王若民入山爲虎所噬或舟行被鱷魚之厄其家訴於王王命國師作法誦呪書符投名死所虎魚卽自投獄請命殺之若訟曲直難辨者令過鱷魚潭曲者魚

出食之直者雖過其前鰐魚自避（此與梁書所載扶南事同）國中人非日午不起非夜半不眠有婦人號屍致魚者目無瞳夜飛頭入人家食小兒穢氣頭返合體如故失其體不得合則死矣昔漢武時因墀國使者云南方有解形之民能使頭飛南海左右手飛東西海至莫頭還肩上兩手遇疾風飄於海外即此是也其譯語呼天爲剌儀地爲打納日爲仰胡銳月爲仰不藍其山川金山（山石皆赤其中產金夜則出飛狀如螢火）不勞山（犯罪則送此山令自死）爲大其產大火珠（與唐時所獻火環同）菩薩石薔薇水猛火油（見前）奇南香（惟產此國）生金（即金山所產者）吉貝（樹名也其華成時如鵝毳抽其緒紡爲布亦染五色）野牛（性甚很見人身穿青者必逐抵觸而死）海棗（樹如栟櫚實大如瓜九年一實味甚甘）觀音竹（如藤長二丈節長二三寸色黑如鐵）千步草（佩之香聞千步南海皆有之）婦人魚（狀如婦人形髮皆具出沒波中東海亦有之）海鏡（如蚌中有紅蟹子小如海鏡饑則蟹出拾食蟹飽歸腹則海鏡亦飽也）寶母（狀如美石每月望夜以置海邊可集諸寶世不一見）澄水珠（投濁水中則其水瑩然澄徹可愛）爲奇

論曰林邑占城故越裳氏諸史載之第考越裳氏之事則有大謬不然者蓋當周成王時越裳貢雉使者曰吾受命國之黃耇天無烈風淫雨海不揚波三年矣意者中國有聖人乎故越萬里來獻周公歸之王薦於宗廟久之使者欲歸迷路公錫以駢車五乘皆

爲指南之制使者載之由扶南林邑海際朞年而至國焉今占城之地路從閩廣順颿不踰旬日可至矣待期年且又云由林邑海際而行何也在秦漢既名林邑乃後漢及王莽時有書越裳貢白雉者此又曷以稱焉余本志中但列越裳之名而略其事蓋疑之也第以勢力孱弱之國地鄰安南輒受侵辱故入貢時輒以討安南爲請夫夷狄相攻中國之利也帝王馭夷如馴鳥然寧饑勿飽飽則搏風而逝矣儻助之兵而令占城得志安能必其後之向化如今日哉
聖祖知之故　詔諭安南罷兵勿從其請一以外杜夷奸一以內恤民事其神謨遠畧代罕儔焉彼區區越裳之獻又未足爲今日重也

眞臘

眞臘本扶南屬國漢成帝時獻萬年蛤夜光珠帝以蛤賜趙后以珠賜婕妤後久未通至隋復通中國唐初其王質多斯那并扶南其勢遂盛扶南者其先有女人爲王號曰柳葉年少壯健裸體披髮不制衣裳其南有徼國事鬼神者字混塡夢神賜之弓乘賈人船入海混塡晨起即詣廟於神樹下得弓便依夢乘船入海至扶南外邑柳葉人衆見船至欲取之混塡

即張弓射其船穿度一面矢及侍者柳葉大懼舉衆
降混塡混塡乃教柳葉穿布貫頭形不復露遂治其
國納柳葉爲妻生子分王七邑其後王混盤況以詐
力間諸邑令相疑阻因舉兵攻幷之乃遣子孫衆分
治諸邑號曰小王盤況年九十餘死立中子盤盤以
國事委其大將范蔓盤盤立三年死國人共舉蔓爲
王蔓勇健有權略復以兵威攻伐旁國咸服屬之自
號扶南大王乃治作大船窮漲海攻滅旁十餘國開
地五六千里後爲其娣子旃篡立蔓死時有乳下兒
名長在民間至年二十乃結國中壯士襲殺旃旃大

將范尋又殺長而自立吳時遣中郎康泰宣化從事
朱應出使其國國人猶裸唯婦人著貫頭泰應謂曰
國中實佳但人褻露可怪耳尋始令國内男子著横
幅大家截錦爲之貧者用布晉武帝穆帝時俱遣使
來貢其後王憍陳如本天竺婆羅門也有神語曰應
王扶南憍陳如心悅南至盤盤扶南久聞之舉國欣
戴迎而立焉復改制度用天竺法憍陳如死其後王
梁書具載有世次名號歷宋齊梁朝貢不絕梁大同
初遣使獻生犀又言其國有佛髮長一丈二尺詔遣
沙門釋雲寶隨使往迎之其髮青紺色以手伸之隨

手長短放之則旋屈爲蠡形案僧伽經云佛髮青而
細猶如藕莖絲佛三昧經云我昔在宮沐頭以尺量
髮長一丈二尺放已右旋還成蠡文則是眞爲佛髮
也頃之其國有人持一碧玻璃鏡來貿易者鏡廣一
尺五寸重四十斤内外皎潔置五色物於其上向明
視之不見其質問其價約錢百萬貫舉國不識莫有
酬其價者以示杰公杰公曰是上界之寶也當爲國
王及大臣所藏爾胡客何由得之必竊盜至此者胡
人逡巡不能對俄而其國遣使追訪果如所言隋時
其王姓古龍遣使貢獻唐貞觀中貢白頭國二人素

首白身如凝脂然未幾眞臘滅之據有其地扶南遂
亾眞臘自武德至聖曆間凡四來朝至神龍中分爲
水陸眞臘二國大曆中其副王婆彌及妻來朝獻馴
象十一擢婆彌試殿中監賜名賓漢是時德宗初即
位珍禽奇獸悉縱之蠻夷所獻馴象畜苑中元會充
庭者凡三十二悉放荊山之陽元和中水眞臘亦遣
使貢獻言屬國有道明國無衣服見衣服者共笑之
蓋幾與禽獸爲羣矣宋政和至紹興間朝貢不絕朝
廷封其王與占城等焉淳熙間占城襲破其國眞臘
人養精銳十有餘年大舉入占城更立眞臘人爲

王於是占城遂爲眞臘屬國矣我　朝洪武六年國王忽兒那遣使表獻方物賜大統曆文綺自是朝貢不絕昔元時周達觀出使其國著有眞臘風土記載其事甚詳其最異者其國王每夜臥一金塔上有九頭蛇精係女身來與國王同寢交搆二鼓方出可與妻妾同睡若此精一夜不見則王死期至矣若王一夜不往亦必獲災禍亦有儒釋道三種呼儒爲班詰於項上以白線挂之别其爲儒也呼道爲八思其國中道教少亦不甚尊呼僧爲苧姑其教最盛王公庶人皆敬畏之如神明然民家養女至八九歲必命僧

去其童身名曰陣毯益官司於中國四月內頒命陣毯之家先行申報然後行其事秘不令唐人見之陣毯後必用金銀布帛等物與僧贖身否則此女終爲僧有矣前此父母必與女同寢以後斥於房外任其所之刑無絞斬重罪則坑之次則斷手足耳鼻次則罰金而已其土地靈人多術法如辨盜眞僞置其手油鍋中眞爲盜者手即腐爛否則皮肉如故又辨訟曲直令兩家各坐一小石塔三四日其理曲者必獲證候或身生各病理直者略無纖事謂之天獄婦多淫國多雨形人每日十數成羣行於墟場間常有招

來唐人之意反有厚餽人死則擲野曠中俟有鷹犬類來食頃刻而盡則謂父母有福否則謂之惡報今亦漸有焚者男女椎髻以去髮爲服制國王仍用塔葬交易皆婦人唐商人到彼必先納一婦爲便其見唐人亦頗加敬長呼之曰佛云余觀通典通考各代史異域志諸書所載俱未有如此之異者但言其國地無霜雪自四月至九月日夕皆雨水高十丈巨樹盡沒民移入山居至十月絕無雨水民復還耕種王三日一聽朝坐五香七寶牀上施寶帳以文木爲竿象牙金鈿爲壁其冠履服制大都盡華飾也民俗亦

侈靡以錦圍身故諺云富貴眞臘官名與占城同輒與參半朱江二國和親數與林邑陁栢二國戰爭其人行止皆持甲杖王初立日其至戚兄弟竝刑殘之令别處供給不得仕進法無牢獄有罪者先齋戒三日乃燒斧極赤令之捧行七步番殺漢人即償其死漢殺番人罰金而已人死以五香木燒尸收灰以金銀盆盛之貯之水中貧者或用瓦亦有不焚送屍山中任野獸食者其鄰有西棚國天隅有一窽極明土人稱爲天門云女媧氏之所不至也其譯語父爲巴駝母爲米姑兄爲邦弟爲補溫莫山川則陵伽鉢羅

山上有神祠神名婆多利祭用人肉每歲以兵二千人守衛之王及國人甚加敬畏其產嘉果建同魚也鼻如象吸水上噴高五六十尺四足浮胡魚也嘴如鸚鵡八足大魚望之如山每五六月中毒氣流行即以白猪白羊祭之不然其歲荒災風母似猿打死得風即活惟以菖蒲塞其鼻則死不復生矣交趾亦有之却塵獸其皮不沾塵故名元載寵姬薛瑤英曾以爲褥高麗亦有之金顏香香乃樹脂有黃白黑三色白者爲佳能聚衆香番人以之塗身毗野實似楮婆田羅實似棗歌畢佗實似李鰐魚大者如船四足類龍特無角耳肚甚脆美美人酒美人口中含而造之一宿而成爲奇

論曰眞臘自古通貢俗同諸夷而周達觀所紀獨異羣書至辨盜辨訟事西南諸國多有此俗非特眞臘然此何故也葢地邇印度奉佛甚謹善惡報驗佛法

固然嘗讀内典見有阿闍王令醉象蹋佛佛以慈善根力舒五指成五獅子以伏醉象事又有西土龍樹與善呪婆羅門角力婆羅門化大池蓮坐其上龍樹化白象入池鼻舉蓮花高擲婆羅門事此惡驗也又有毗奢利國有人如馬裸露見王號哭王運神力分身爲蚕須乃得衣事又有波斯匿王收五百賊剜其兩目棄入坑中爾時羣賊苦痛念南無佛達摩以慈善根力吹藥令入賊目悉平事此善應也諸如此類不可勝述余恐士人以眞臘事爲誣故偶敘之末云

瓜哇

瓜哇漢晉以前未聞唐爲訶陵宋爲闍婆元爲瓜哇國朝因之唐貞觀中訶陵王遣使者貢金花等物至上元間國人推女子爲王號悉莫威令整肅道不舉遺大食君聞之齎金一囊置其郊行者輒避如是三年太子過以足躪金悉莫怒將斬之羣臣因請悉莫曰而罪實本於足可斷趾羣臣復爲請乃斬指以徇大食聞而畏之不敢加兵大曆中訶陵使者三至元和中獻五色鸚鵡頻伽鳥咸通中獻女樂又獻金花帳溫涼牀龍鱗席鳳毛褥玉髓香瓊膏乳宣宗陳之以迎佛骨自後罕通宋元嘉中奉表入貢淳化初國

王穆茶羅遣使貢方物甚夥使者言其國與三佛齊有仇怨互相攻戰山多猴不畏人呼以霄霄之聲即出或投以果實則有大猴二先至土人謂之猴王猴夫人食畢羣猴食其餘其鄰國名婆羅門有法善察人情人欲相危害者皆先知之詔賜金幣甚厚賜良馬戎具以從其請大觀後朝貢不絕尋以南郊事授中國官職封爲闍婆國王食邑二千餘戶自是宋每遇大禮加闍婆王官邑以爲常矣元至元中詔史弼高興等征瓜哇水陸並進軍會船中無水海水鹹不可食士饑渴欲死史入高拜天祝之畢以鎗插海灘中

清泉涌出因名聖水士卒得天賜遂大奮擊殺傷甚衆尋撫諭降之至我　朝其國分東西二王洪武時凡兩遣使來貢已而我使至三佛齊爪哇要而殺之置不問至永樂三年東王孛令之達哈遣使請印與之五年西王都馬板滅東王時我使過東王城西王殺我百七十人後懼遣使謝罪勑令償死者黄金六萬兩而爪哇遣使貢萬兩上蠲其金曰朕利金耶令遠人知畏爾十六年獻白鸚鵡令三年一貢其國天無霜雪四時常熱王居不甚麗民皆茅茨其國有四處王無常居往來四處之間一曰杜板民千餘家二

人爲長聖水在焉一曰新村原係沙灘之地因中國人來此居遂成村落民甚殷富各國番船到此貨賣一曰満者伯夷民二三百家頭目七八人以輔其王曰蘇魯馬益民千餘家亦有村主有大洲聚猴數萬惟一老雄猴爲主一老番婦人侍立其傍俗婦人求嗣者備酒肉餅果等物禱於老猴老猴喜則先食其物衆猴隨分食之尋有雌雄二猴前來交感爲驗此婦歸家便即有孕否則無孕且又能作禍故人家多備食物祭之傳言唐時其家人有五百口男婦兇惡忽一日有僧至其家取水噀之五百人俱化爲猴惟一老嫗未化今舊宅猶存此亦大奇事也其四處人亦有西番胡人唐人土人三種胡人久居服食雅潔唐人持齋受戒土人有名無姓髼頭赤脚無椅榻匙筯啖食蛇蟻虫蚓與犬豕同寢食不爲穢也男必佩刀刀極精巧不設刑禁輕者許以物贖重者縢繫殺之其民不爲盜道不拾遺諺云太平闍婆是也書同瑣里無紙筆惟以尖刀刻於茭蔁葉上亦有字法市用中國古錢病不服藥但禱神求佛其人死屍不朽喪有水葬火葬犬葬惟死者所欲女人有毒中國人與之交接則苦瘡或致死若涎液露著草木即枯其

國俗四季每月望夜前後番婦數十人聚衆成隊一婦爲首衆婦隨行月下首婦唱則衆婦皆和至親友富貴家則贈以鈔帛等物每十月有竹槍會其國王及妃各乘一車至會所令男子二人爲偶各執竹槍妻各執短木列其旁及交敵三合妻各以短木隔之曰那剌那剌則退設中槍死王令勝者與死者金錢一個死者妻即隨勝者而去舊傳鬼子魔於此地與一罔象相合生子百餘啖人血肉人被啖盡一日雷震石裂中坐一人衆異之奉爲國王即領兵驅逐罔象而不爲害相傳至今其國之移文後書一千三百

七十六年考之乃肇啓漢初時也旁有蘇吉丹國裸體跣足俗甚醜惡其東則女人國（見朝鮮志）愈東則尾閭之所洩非人世矣亦有飛頭食人者衆共祠之名曰虫落因號落民地凡自泉州發舟一月可至其山川鸚鵡山（出鸚鵡）八節澗（元史弼高興會兵于此）初產有綵鳩綠鳩紅白鸚鵡倒挂白鹿白猿白猴（俱純白色唐宣宗詩南海後獻白猿脂數甕）椰极（如枇杷內有白內二塊味佳）蚕吉柿（如石榴）蝦蟆丹（樹也其中出酒又有桄榔栟花酒）鹽（從山穴中涌出國人食之）爲奇

論曰昔郅支樓蘭漢諸夷中大國也邀殺漢使陳湯傅介子猶擊斬之今爪哇蕞爾小蠻橫行猖獗其罪過於郅支樓蘭遠矣倘興師伐罪勢如破竹第帝王一怒必伏尸流血故聖祖重行之詔罰以金尋又却之曰令遠人知畏爾君子謂是舉也德莫厚焉威莫加焉俾四夷聞之爭向化矣

三佛齊

三佛齊即舊港國又名浡淋東南海中大國也唐天祐初遣使貢方物宋自建隆以至淳熙朝貢不絕貢物則有水晶火油象牙乳香薔薇水萬年棗偏桃白沙糖水晶指環琉璃瓶珊瑚樹崑崙奴崑崙奴者能踏曲爲樂者也我　朝洪武時國王怛麻沙那凡三遣使朝貢賜大統曆文幣頃之其使從我招諭拂菻時其王怛麻沙那奴賜王子麻那者巫里三佛齊國王印有廣東人陳祖義者脫罪避居其國久之得爲將領纂掠番商永樂中太監鄭和至三佛齊祖義鄉人名施進者訴於和和擒祖義獻俘闕下以進代之進沒女二姐嗣其地自廣州發舟正南行半月可至自泉州行月餘可至番舶輻凑多廣東漳泉人土沃宜稼穡諺云一季種谷三季生金言米谷盛而爲金也習水戰服藥刀不能傷遇敵敢死鄰國畏之水多土少惟將領陸居民率架筏水中架梁柱不輸租賦有事隨時調發語言如爪哇市用錢布弁燒煉五色珠字用梵書以其王指環爲印王出入乘船身纏花布衛以金鏢俗稱其王爲龍精不火食食則大荒不水浴浴則大潦惟食沙糊浴薔薇露而已前後國王各先用金鑄其形質代代勿毀舊傳其國地面忽然穴出生牛數萬人取食之後用竹木窒其穴乃絕其產物亦多有火雞（頂有軟紅冠如紅絹二片渾身如羊毛青色其爪甚利傷人致死好食火炭故名用棍杵擊不能死與滿剌加出者不同）神鹿（高三尺大如巨豕）鶴頂（海鶴頂也爲帶甚佳）血結（治傷妙藥）薔薇水金銀香（色白如銀）膃肭臍（形如狐走如飛取其腎以漬油名膃肭臍）爲奇

論曰海濱諸國兩粤亾命多逋歸之大都能導夷人作逆如日本事可概見也第三佛齊勢孱弱爾陳祖義施進俱係叛賊謂宜先誅祖義旋及施進卽不然檻進抵京以杜後來可也曷為官之同罪異罰鄭和失之矣

暹羅

暹羅本暹與羅斛二國暹國漢赤眉之遺種也土瘠不宜耕種羅斛土腴衍多穫暹人歲仰給焉自古不通中國元至正間暹人降於羅斛合為一國進金字表欲元遣使至其國比至元已先遣使彼蓋未之知也賜來使素金符佩之使急追詔使同往大德初暹國主上言其父在位時朝廷嘗賜鞍轡白馬金縷衣乞循舊例以賜元賜以金縷衣不賜以馬我　朝洪武初遣大理聞良輔往諭之國王叅烈昭昆牙遣使朝貢并獻其國地圖上遣人賜以印誥永樂初乞量衡為國中式　詔給之頃之其國使與琉球修好為風漂舟至福建省布政司籍記船物請命　上曰番邦修好美事也豈可利其物而籍之其令布政司舟壞者修理乏食者給粟俟有便風仍導之去使歸暹人戴之自是朝貢不絕而我亦輒遣使封其嗣王成

化間其貢使有美亞者乃本朝汀州士人謝文彬也昔因販鹽下海為風飄入暹羅遂仕其國嘗至南京為其從子瓚偶遇識之為織殊色錦綺貿易番貨事覺下吏始吐實焉嘉靖中國王遣使貢白象及方物白象已斃遺象牙一枝長八尺牙首鑲金石榴子十顆中鑲珍珠十顆寶石四顆尾置金剛錐一根又金盒內貯白象尾為證隆慶時為東牛國所攻欽賜印信被兵焚無存奏請另給禮部議往彼國取印篆字樣并精通番字人員赴京教習後使來遂賜冠服留教習其國由廣東香山縣登舟順風計約四十日可至過東風飄舟西行卽舟壞猶可登山東有山名萬里石塘者起自琉球國潮至則沒潮退方見若東風飄舟至此十無一存者故彼來貢必五六月南風此去則用十一二月北風過此則不敢行矣王宮殿壯麗民樓居上聯檳榔片或陶瓦覆之坐臥卽於樓上籍以氈及籐席無牀几之制惟王以受封天朝故留髮臣及庶民俱剪髮婦人留髮椎髻於後無姓有名為官者稱偓某為民上者稱柰某最下稱隘某葬有鳥葬火葬水葬王死水銀灌腹以帛纏之同片腦納棺中停置一年仍用火化拾骨葬于塔下貴人亦然

小罪枷梃遊市中大罪殺之河邊浮尸水上好誦佛經字皆横書横誦俗頗趍利敬富笑貧言語多類廣東婚姻俗浮澆習水戰好鬭喜寇掠市物少則用海𧴌多則用銀銀必經王鐵印印過每百兩入稅六錢方可通行無印紋即私銀也三犯者死婦人多智凡事夫決於妻妻與中國人交恬不爲耻反以交多者爲榮男陽嵌鏡鈴或一或三富者金銀貧者以銅行則有聲婚姻用僧取女紅帖男額上氣候常熱無霜雪其譯語天爲普剌地爲佃因日爲脈月爲晚物產最饒小民多載舟往他國商販有金鋼錐薔薇露羅斛香（味極清遠）奇木（其花鬚類黑漆匙筋以之飲食油膩不能汚偶以染茶隨手而消）白鼠（毛白如雪）奇䲡（六足）酒（四夷中酒以暹羅爲第一）爲異

柯枝

柯枝古槃槃國也東連大山西南北皆海漢晉未通宋梁時俱三遣使入貢隋大業中亦復遣使後絕獻物有佛畫塔圖菩提樹葉舍利子我　朝洪武中來貢至永樂二年王可亦里遣使朝貢十年復遣使請封其國大山詔從之是時太監鄭和使至其國國王瑣里人也首纏黃白布上不衣下縈絲帨束絲壓腰綴椰木葉苫屋國人五種曰南昆與王同類祝髮以綿懸脛爲貴族次回回人次富有財者曰哲地次牙儈曰革全又次卑賤者曰木瓜木瓜濵海穴居捕漁爲業屋簷不得過三尺上衣不過膝途遇南昆哲地即伏候過乃行王尚浮屠敬象牛建寺範金爲佛佛座四旁砌成溝渠中穿一井每旦鳴鍾鼓汲井泉以灌佛頂數回巳乃禮之有曰濁肌者葢道士流也不剃胎髮髮縷縷垂後牛糞灰塗體亦取與女行吹大螺妻隨之乞錢氣候常熱多雨五六月間大雨街市成河至八月乃盡市用銀錢十五當金錢其山川鎮國山（永樂二年封上賜碑文）產蓬蓬奈（肉紅味甘夷人乾以附遠）珠寶香布等物俱佳

討來思

討來思即古赤土國也隋時通焉煬帝嗣位募能通絕域者大業三年屯田主事常駿虞部主事王君政等請使赤土帝大悅遣賚物五千段以賜赤土王駿等至於赤土之界其王遣婆羅門鳩摩羅以舶三十艘來迎吹蠡擊鼓爲樂更進金鏁以纜船月鑷金合二枚貯香油金瓶八枚貯香水白疊布四條以擬供使者盥洗其日未時那邪迦又將象二頭持孔雀蓋以迎使者并致金盤金花以冊詔函男女百人奏蠡

鼓婆羅門二人導路至王宮駿等奉詔書上閣王以下皆坐宣詔訖引駿等坐奏天竺樂事畢駿等遣婆羅門就館送食以草葉爲盤其大方丈因謂駿曰今是大國臣非復赤土國矣後數日請駿等入宴儀衛導從如初見之禮王前設兩牀牀上並設草葉盤方一丈五尺上有黄白紫赤四色之餅牛羊魚鼈猪蝳蝐之肉百餘品延駿升牀從者於地席各以金鍾置酒女樂迭奏禮遺甚厚遣那邪迦隨貢方物并獻金芙蓉冠龍腦香以鑄金爲多羅葉隱起成文以爲表金函封之令婆羅門以香花奏蠡鼓而送之駿以明

年春與那邪迦於弘農謁帝帝大悦授駿等執戟都尉那邪迦等官賞各有差以後不通中國我　朝名討來思宣德六年遣人朝貢其國近山山下有水赤色望之如火杜氏通典載其王姓瞿曇氏名利富多塞不知有國遠近稱其父釋王位出家爲道傳位於利富多塞在位十六年矣其俗皆穿耳剪髮無跪拜之禮以香油塗身尚釋敬佛教重婆羅門婦人作髻於頂後男女通以朝霞朝雲雜色布爲衣豪富之室恣意華美唯金鏁非王賜不得服用每婚姻擇吉日女家先期五日作樂飲酒父執女手以授壻七日乃配既娶卽分財别居唯幼子與父同居父母兄弟死則剔髮素服就水上構竹木爲棚棚內積薪以屍置上燒香建幡吹蠡擊鼓以送火焚薪遂落於水貴賤皆同唯國王燒訖收灰貯以金瓶藏於廟屋冬夏常溫雨多霽少其產甘蔗酒雜以紫瓜根味絕美龍腦香爲奇

沙哈魯

沙哈魯古投和國也隋時聞焉唐貞觀中遣使奉表以金函盛之又獻金榼金鎖寳帶犀象海物等數十品自後未通我　朝名沙哈魯永樂間七十七人來貢其地民淳耻鬭物產豐饒覆屋以瓦並爲閣而居

屋壁皆以彩畫之城內皆王宮室城外人居可萬餘家王宿衛之士百餘人每臨朝則衣朝霞冠金冠耳挂金環頸挂金涎衣足履寳裝皮履官屬有將軍功曹參軍州郡縣等官號刑法盜賊多者死輕者穿耳及鼻并鑽鬢私鑄銀錢者截腕國無賦稅俱隨息貢奉無多少之限以農商爲業國人乘象及馬一國之中馬不過千匹又無鞍轡唯以繩穿頰爲節制音樂則吹蠡擊鼓死喪則祠祀哭泣又焚屍以甕盛之沈於水中若父母之喪則截髮爲孝其國市物并貿易皆用銀錢小如榆莢有佛道有學校文字與中夏不

同物產甚多交易海中諸國西域賈胡輒以廉價得奇貨去沙哈魯人不識也

百花

百花古注輦國也自古未通中國宋祥符中國王茶羅遣進奉使侍郎娑里三文等奉表來貢三文等以盤捧真珠碧玻璃升殿布於御坐前降殿再拜譯者導其言云十年來海無波濤故老相傳中國有聖人故來入貢其國王表辭亦雅馴大略云伏惟皇帝陛下功超邃古位建大中衣裳垂而保合乾坤劒戟鑄而範圍區宇神武不殺人文化成廓明明之德以臨

御下民懷翼翼之心以昭事上帝至仁不傷於行葦大信爰及於淵魚故得天鑒孔彰帝臨有赫顯今古未聞之事保邦家大定之基竊念臣微類醯雞賤如蒭狗世居夷落地遠華風虛荷燭幽曾無執贄今者竊聽誦頌普及遐陬限年屬於桑榆阻躬陳於玉帛矧滄溟之曠絕在跋涉以稍難是敢傾倒赤心遙瞻丹闕任土作貢同螻蟻之慕羶委質事君比葵藿之向日謹遣使三文等五十二人奉土物朝貢云云其使離本國凡千一百五十日至廣州焉自是數來朝貢其使自言願將上等珠就龍牀脚撒殿頂戴瞻禮

以申向慕之誠乃奉銀盤升殿跪散珠於御榻下而退謂之撒殿以後來貢者遂以貢物撒殿為常矣元時未聞我王朝謂之百花國多奇花故名洪武十一年國王剌丁剌者望沙遣使朝貢其俗尚佛富饒民有罪即命侍郎一員處治之輕者繫於木格笞五七十至一百重者則斬或以象踐殺之其宴則國王與四侍郎膜拜於階遂共坐作樂歌舞不飲酒而食肉俗衣布亦有餅餌嘗饌執事有婦人其兵陣用象居前小牌次之梭槍次之長刀又次之弓矢在後四侍郎分領其衆國東南約二千五百里有悉蘭池國時

相侵伐其產真珠象牙珊瑚玻璃龜筒檳榔豆蔻吉貝布獸有山羊黃牛白鹿紅猴禽有山雞鸚鵡倒挂鳥果有餘甘山谷自生實如橄欖始嚼味酸飲水乃佳藤蘿千年棗椰子甘羅崑崙梅婆羅密實生幹上形似冬瓜皮若栗多棘刺內肉疊疊味佳亦可炒食花有白槃絲蛇膽佛桑麗秋青黃碧婆羅瑤蓮蟬紫水蕉為奇

答兒密

答兒密古丹眉流國也自古不通宋咸平初國王多須機遣使九人來貢木香千斤鍮鑞各百斤胡黃連三十五斤紫鉚百斤紅氊一合花布四疋蘇木萬斤

象牙六十一株召見崇德殿賜以冠帶服物及還又賜多須機詔書以敦獎之我　朝永樂中遣使十八人來朝貢方物詔優禮之其俗以板爲屋跣足衣布無紳帶以白紵纏其首貿易以金銀其王所居廣袤五里無城郭出則乘象刑專用箠朴其産犀象硇石紫鉚蘇木等物

淡巴

淡巴古狼牙脩國也梁時聞焉天監中遣使阿撒多奉表辭皆佛語其使言立國以來四百餘年後嗣衰弱族有賢者國人歸向之王聞乃囚執之其鎖無故

自斷王以爲神不敢害逐之奔天竺天竺妻以女俄而狼牙王死大臣迎還爲王今上表者乃其子婆伽達多也自後不通中國我　朝名淡巴洪武十年國王佛喝思羅遣使朝貢其國風景秀瞻地廣産多石城瓦屋王出入乘輿跨馬頗有威儀男女咸務耕織常業市有交易國無寇盜稱樂土矣物産大畧與眞臘同

錫蘭山（以下俱東南西南海國其世次名號前代雖考第以其通貢中國故備列之）

錫蘭山在大海中永樂七年遣太監鄭和賫詔幣賜物諭之其國王亞烈苦奈兒瑣里人也負固不恭謀害舟師和暗設兵器令衆夜半銜枚殺之入其宮生擒國王至九年獻俘闕下　朝廷赦之還國封國人所推耶巴乃那者爲王正統天順間輒遣使來貢其俗尚釋重象牛煅牛糞塗體飲牛乳不食其肉殺牛者死王宮民居旦必調牛糞塗室而後禮佛兩手直舒於前兩腿直伸於後胷腹皆著地而拜國富饒地廣人稠亞於爪哇人死用火化婚姻則親鄰婦人皆兩手齊拍胷乳而叫號哭泣爲賀男去鬚毫留髮女椎髻皆以布纏之土宜稻而用金錢所經海中有赤卯塢塢人穴居男女裸若野獸然食魚蝦及芭蕉子

傳云若有寸布在身卽生爛瘡昔釋迦佛過海於此地入水澡浴塢人盜其衣被釋迦咒誓以故至今人莫能衣其山川古蹟則翠藍山（産諸寶石嶺有巨足跡云足盤古足跡也彼國人言寶石乃盤古淚液結成故有五色光彩）浮沙（中有螺蚌國王令人網取傾入珠池內作爛淘珠爲用而貨也）石跡（海邊山有一盤石印足跡甚長四時有水不乾云釋迦足跡也山下有寺乃釋迦涅槃處眞身尚在寺中）其産青米藍石黃鴉鶻石青紅寶石（毋遇大雨衝流山下沙中拾取之）龍涎香（見前）爲奇

滿剌加

滿剌加永樂三年王西利八兒速剌遣人朝貢七年我遣太監鄭和賜印誥封爲王九年嗣王拜里迷蘇

剌率其妃子及陪臣五百四十人來朝　上御奉天門宴王賜王并王妃及子侄賞各有差十二年國王子母幹撒于的兒沙來朝告父卒　詔命嗣封以後宣德天順成化時輙遣使來貢成化末給事中林榮行人黄乾亨奉使冊封其王溺海歿各廕一子入監讀書其地瘠鹵舊名五嶼隸暹羅未稱國既奉我正朔遂不入暹羅貢俗淳朴尚回回教王白布纒頭身穿細花番布如袍出入乘轎男方帕包頭女人撮髻腦後俱上穿色布短衫下圍白布各色手巾身膚黑如漆間有白者唐人種也民舍如暹羅婚喪大類爪

哇地瘠少收人多泛海取魚蝦爲業國有一山泉流溪下民以溪中淘沙取錫煎銷成塊及織茇葦簟以通市有鼉龍四足長牙齒人又有黑虎能變人形入市其譯語呼天爲安剌地爲布迷日爲哈利月爲補藍其山鎮國西山永樂中賜御製碑文其産火雞紫赤其子殻厚踰韭錢或斑或白烏夷采之以爲飲盞能食火吐氣故名與出三佛齊者不同黑熊黑猿白麂波羅蜜前見做打麻樹脂結成者夜點有光塗舟水不入茇葦簟其葉織成簟子如荔枝釀爲酒醱醚觀書可助目明沙孤樹取其皮擣作粉謂之沙孤米爲奇

忽魯謨斯

忽魯謨斯永樂三年太監鄭和至其國國王遣人貢獅子麒麟馬匹珍寶等物其地土沃民富人貌偉碩喜佛惡殺壘石爲城酋長深居練兵畜馬民亦壘石爲屋有三五層者其廚厠臥室待客之所俱在上也男拳髮長衫善騎射女編髮四垂帛繚其項耳挂瓔珞腕腿俱金銀鐲以青石磨水粧點日唇花紋爲美此富家之飾也婚姻用蘇刻如中國禮市用銀錢國法禁酒有造酒者棄市文武醫卜技藝之人絶勝他國國中有大山山四面出四種物一面出鹽如紅礬塊有重三四百斤者可碎之而食亦可刻爲器皿一面出紅土色如銀硃一面出白土若石灰可以粉墻

一面出黄土色如薑黄王差人守管各處自有人來收買爲用其産松子長二寸許葡萄乾有三四様一様紫色如棗一様雪白色如蓮子無核一様如白豆紫白色把聙果似核桃萬年棗結霜如糖味太甜難食大尾羊重者七八十斤尾濶尺餘重有二十餘斤行則以車載尾鬬羊前半截毛拖地後半如剪淨者角上帶牌人家畜之以鬬草上飛前見福鹿似驢而花紋可愛馬哈獸角長過身駝雞前見各色寶石各色美玉器皿各色水晶器皿花毯番絲手巾爲奇

唖魯

唖魯小國也洪武初詔諭海南其國來貢俗淳朴言語婚姻等事皆與爪哇相同産飛虎大如貓遍身灰色有肉翅如蝙

蝠能飛不遠金銀香見前爲奇

大唄喃

大唄喃小國也洪武初國王遣使入貢風俗醇朴男女俱纏頭長衫產青白磁器爲佳

小唄喃

小唄喃小國也永樂七年太監鄭和至其國國王遣使來貢其地田瘠而穀少歲籍榜葛剌米糧來食男少女多使用金錢其產惟麝香胡椒波羅密等物

亦思把罕

亦思把罕在西南海中永樂中遣四十四人朝貢地

廣千里四面皆海國有城堅壯王居侈麗產厚俗朴尚佛好施亦有中國人寄寓者

甘把里

甘把里小國也永樂間遣六人朝貢產薄民淳奉佛不事積聚故雖貧無乞丐者

小葛蘭

小葛蘭小國也永樂中太監鄭和至其國王遣人朝貢俗尚佛敎尊敬象牛婚喪等事大類錫蘭山地亦相近其產青羊青毛足高三尺黄牛重四五百斤爲奇

古里班卒

古里班卒小國也永樂三年國王遣使朝貢其地土瘠產薄氣候不齊夏則多雨多寒俗質朴男女披短髮假錦纏頭紅布繫身物產無奇

吕宋

吕宋小國也其地產黄金以故人亦富厚俗朴耻訟洪武永樂初俱遣使朝貢萬曆四年助討逋賊有功來貢貢道由福建入於正賞外加賜如朝鮮國

合猫里

合猫里小國也永樂三年國王遣使朝貢土瘠其地多山山外大海饒魚虫民知耕稼物產無奇

碟里

碟里小國也永樂三年國王遣使朝貢其地人淳產薄尚佛耻訟

打回

打回小國也永樂三年來貢其國數爲鄰國所侵乃治兵器與鄰國戰稍得自立風俗略與上諸國同物產無奇

日羅夏治

日羅夏治小國也永樂三年遣人朝貢其地人頗知種藝崇佛少盜產惟蘇木胡椒與打回同

賓童龍

賓童龍小國也隸占城永樂中鄭和至其國其地風土人物草木物候與占城略同惟喪禮之事能持孝服設佛事而度死擇僻地而葬之此爲佳也其王乃占城選人爲之王出入乘象馬張紅傘從者百人服飾亦與占城同歲貢方物與占城佛書言王舍城是也今有目蓮基址存焉亦有尸致魚其爲害比之占城更慘民多置廟牲血祭之其產惟奇南香各色花布爲奇

交欄山

交欄山小國也元時高興史弼征闍婆國遭風至其山下有病卒百餘留居其地生育至今皆其裔也我朝永樂中鄭和至其地米穀稀少射獵爲業男女椎髻短衫其產惟豹熊五色絹銅器青碗等物

剌撒

剌撒小國也永樂中鄭和至其國其地倚海而居壘石以爲城屋不生草木田瘠少收惟麥略有歷年無雨鑿井絞車以羊皮袋水男女拳髮長衫婦人粧點兜頭略與啓忽謨斯同其產惟龍涎乳香駱駝磁器等物

彭亨

彭亨在海島中洪武永樂間其王麻哈剌惹答饒俱遣使朝貢獻番奴及方物地多平原禽獸稀少草茂土沃物產無奇

論曰開闢之主貴在宣威承平之君戒於好大二者殊科要皆所以馭遠方而厚中國也昔漢武帝唐太宗俱值治安之世即垂裳而涖亦可以攝服諸夷顧乃越海泛槎搜奇索異一切方物珍而藏之以爲世寶此非徒好大也且以玩物矣用是後世有遺譏焉若我國家則不然蓋當胡孼不遑我　太祖驅椎結而冠裳之自非來王來享則威不旁暢而朝廷不尊於是即位未幾　詔諭海南遣使絕域而暹羅柯枝以下諸國甫開　聖帝龍興貢琛恐後梯航繼踵球琪盈廷所繇殆與漢唐二帝異矣厥在今日又安既久惟漢唐之轍是監毋騁虛名毋寶異物何遠之難格也昔益之戒禹曰毋怠毋荒四夷來王有味乎其言之矣

渤泥

渤泥本闍婆屬國在西南大海中前代未通宋太平興國中國王向打始遣使貢大片龍腦米龍腦蒼

龍腦玳瑁檀香象牙其表以數重小囊緘封之非中國紙類木皮瑩滑色微綠而長數尺濶寸餘橫卷之僅可盈握其字小橫讀之詔優禮焉元至元中王錫理麻喏復遣使貢方物其使乞從泉州乘海船歸國從之我　朝洪武四年王馬合謨沙遣使朝貢永樂三年遣使封其國王麻那惹加那乃爲王六年王率其妃子及陪臣來朝是年至福建命中官往宴勞之令所過諸郡設宴至京王奉金字表獻方物妃箋獻中宮東宮　上御奉天門賜王宴王卒於會同館賜謚恭順葬南京城外石子岡樹碑立祠有司春秋致

祭以西南夷人隸籍中國者守之封其子遐旺嗣護送歸國後十二年洪熙元年皆來朝貢俗以板爲城以銅鑄甲狀若大筒室宇弘敞原田豐贍習尚奢侈敬愛華人君臣士民之服頗效中國其山川長寧鎮國山御製碑文賜封其產有藥樹取其根煎熬爲膏服之及塗其體兵刃所傷皆不能死片腦樹如杉檜取之者必齋沐而往其片似梅花者爲上貝多葉國人以貝多葉與竹編爲食器食訖棄之王居亦以覆屋吉貝樹也以其花織爲布加蒙樹心可爲酒爲奇

蘇祿

蘇祿其國王有三曰東王西王峒王惟東王爲尊永樂十五年三王各率其妻子頭目朝貢後東王歸次德州卒命有司營葬爲文立碑墓道留其妃從十餘人守墓畢三年還國十九年嗣王都麻含來朝獻巨珠一顆重七兩有五錢前古所罕見也其俗民食沙糊魚蝦螺蛤短髮纏皂縵煮海爲鹽釀柘爲酒其山川石崎山國以此爲保障其產青珠有至徑寸者形圓竹布小竹織成者爲奇

古麻剌

古麻剌永樂時國王哇來頓本率妻子及陪臣來朝行至福州卒賜謚康靖敕有司葬歲祀之其國有百餘州有城四重國人不葷食有佛宇四千區四萬餘

妓每日歌舞以獻佛飯王出入乘象戴金冠從者騎馬持劍隨之

論曰渤泥至宋始通蘇祿麻剌前史未載大抵皆慕華之國也我　朝廷未煩一使而其王挈妻子臣屬越海獻琛隕身萬里略無怨悔非甚盛德曷能俾之向化若此哉然賜謚立碑春秋享祀其憑籍中國寵靈亦足以誇示諸夷矣余嘉其事故合三國爲一論云

咸賓錄西夷志卷之六終

咸賓錄南夷志卷之七

明豫章羅曰褧尚之父著

南中諸夷

南中古梁州徼外之地西南雜夷居之大抵漢之滇濮哀牢鈎町諸國益州永昌諸郡唐宋之南詔大理皆其地也漢時夜郎之西靡莫之屬滇最大始楚項襄王使將軍莊蹻將兵循江上略巴黔以西蹻至滇地方三百里旁平地肥饒數千里以兵威定屬楚欲歸報會秦擊楚巴黔中郡道塞不通因而以其衆王滇變服從其俗以長之至武帝時遣使王然于柏始

昌呂越人等十餘輩閒出西南夷指求身毒國至滇滇王當羌廼留爲求道四歲餘皆閉昆明莫能通滇王與漢使言漢孰與我大及夜郎侯亦然各自以一州王不知漢廣大使者還因盛言滇大國足使親附武帝注意焉及南越破因使王然于以粵破及誅南夷兵威風諭滇王入朝滇王者其衆數萬人其旁東北勞深靡莫皆同姓相仗未肯聽勞莫數侵犯使者吏卒元封初漢發巴蜀兵擊滅勞深靡莫以兵臨滇滇王舉國降請置吏入朝於是以爲益州郡更割數縣地賜滇王王印世長其人後王莽篡位改漢制貶鈎町王爲侯蠻夷盡反莽遣將馮茂復遣將廉丹大發兵數十萬人擊之俱不能尅而還後漢初遣使朝謁項之夷渠帥棟蠶與姑復葉榆梇棟連然滇池建伶昆明諸種反叛殺長吏漢遣將劉尚等擊破之諸夷悉平至蜀後主時益州大姓雍闓殺太守正昂更以蜀郡張裔爲太守闓假鬼敎曰張裔府君如瓠壺外雖澤而內實粗殺之不可令縛與吳於是執送裔於吳吳王孫權遥用闓爲永昌太守諸葛亮以初遭大喪未便加兵廼以都護李嚴書曉諭闓闓答曰愚聞天無二日土無二王今天下爪分正朔有三遠人

惶惑不知所歸其傲慢如此闓使建寧孟獲說夷叟曰官欲得烏狗三百頭膺前盡黑蟎腦三斗斲木構三丈者三千枚汝能得不夷以爲然皆從闓斲木堅剛性委曲高不至二丈故獲以欺夷項之高定元部曲殺雍闓及士庶等孟獲代闓爲主亮旣斬定元而馬忠破牂牁李恢敗於南中亮遂渡瀘進征益州生虜孟獲置軍中問曰我軍如何獲對曰恨不相知公易勝耳亮以方務在北而南中好叛亂宜窮其詐乃赦獲使還合軍更戰凡七虜七赦獲等心服夷漢亦思反善亮復問獲獲對曰明公天威也邊民長不爲

惡矣遂平益州永昌越巂牂牁四郡而改益州爲建寧郡分建寧越巂置雲南郡又分建寧牂牁置興古郡皆即其渠率而用之或以諫亮亮曰若留外人即留兵兵留即無食一不易也夷新傷破父兄死喪留外人而無兵者必成禍患二不易也又吏累有廢殺之罪自嫌釁重若留外人終不相信三不易也今欲使汝不留兵不運糧而綱紀遂定夷漢相安故耳自亮定孟獲之後夷人效順者數十年至晉初因蜀郡名後兼置寧州時南中之地或爲晉有或入蠻夷或爲李雄所據其廢置固無常云五季以後盡爲南詔所據南詔者本哀牢九隆之裔烏蠻別種也（九隆事詳見金齒考中）九隆死其後族類滋長散居谿谷分爲九十九種其酋長有六各號爲詔夷語王也曰蒙舍詔（今蒙化府）曰浪施詔（今浪穹縣）曰鄧賧詔（今鄧川州）曰施浪詔（今浪穹縣蒙次和地）曰麼些詔（今鶴慶麗江地）曰蒙巂詔（今建昌地）兵埒不能相君長至漢時九隆八族第四世孫名仁果者强大居昆彌川傳十七世至龍祐那從諸葛亮征益州蠻斬雍闓有功封爲酋長賜姓張氏諸夷慕武侯之德漸去山林徙居平地建城邑務農桑諸部於是始有姓氏龍祐那之十六世孫曰張樂進遜位於蒙氏其時蓋唐

初也張氏或稱昆彌國或稱白國或稱建寧國其年系莫可推詳蒙氏始興曰細奴羅九隆五族牟苴篤之三十六世孫也耕於巍山之麓數有神異孳牧繁息部衆日盛代張氏立國在諸部南故號南詔貞觀三年也至高宗時遣子入侍授巍州刺史死子羅晟嗣死子晟羅皮嗣死子皮羅閣嗣逐河蠻取太和城又襲太釐城居之唐玄宗賜皮羅閣名歸義當是時五詔微弱歸義獨强乃因仲夏祭先之期特建一樓以會五詔宴醉後歸義佯下樓擊鼓舉火焚樓五詔遂滅（上所載與唐書大異可以互考）更賂劍南節度使王昱求合五詔爲一許之於是盡有雲南之地寖以驕大入朝天子亦爲加禮又以破洱蠻功馳遣中人冊爲雲南王賜錦袍金鈿帶七事歸義乃卜太和左洱水右點蒼山山海之交結於子午遂築太和城（今大理太和縣）自蒙舍徙居之立上下二關曰龍首曰龍尾連陷逐川永昌石鼓沙追賧龍佉賧（夷人謂州爲賧）更僭封五嶽四瀆并立祠三皇廟春秋致祭以點蒼山爲中嶽雲龍山爲東嶽（在今祿勸州）蒙樂山爲南嶽（今者樂甸）高黎共山爲西嶽（在今騰衝）玉龍山爲北嶽（在今麗江）以黑惠江闌倉江潞江麗江爲四瀆官號制度悉慕中國仍遣孫鳳伽異入

朝唐授以鴻臚少卿妻以宗女賜樂一部南詔於是始有中國之樂皮羅閣死子閣羅鳳嗣時當天寶八年也會劍南節度使鮮于仲通忿戾少方畧故事南詔嘗與妻子謁都督過雲南太守張虔陀私之多所求丐閤羅鳳怨恨遂發兵反攻殺虔陀取姚州及小夷州凡二十二仲通怒發兵親征進薄白厓城大敗引還閤羅鳳歛戰胔築京觀臣事吐蕃吐蕃以爲弟夷謂弟爲鍾故稱贊普鍾云已而閤羅鳳自稱東帝碣碑國門明不得已而叛嘗曰我上世世奉中國累封賞後嗣容歸之若唐使至可指碑澡祓吾罪也及

楊國忠爲劍南節度使調兵十萬使李宓討之大敗死者十八會安祿山反天下多事閤羅鳳因之取嶲州會同軍據清溪關破越析而降尋傳驃諸國尋傳蠻者俗無絲纊跣履榛棘不苦也射豬生食其肉戰以竹籠頭如兜鍪然驃蠻者夷人自謂突羅朱閣婆人謂之徒里拙俗重佛輕刑好生惡殺不衣繒帛云出於蠶恐傷生也大曆中閤羅鳳死其子鳳迦異先亡遂立孫異牟尋嗣王異牟尋有智略善撫衆故合吐蕃入寇德宗大發兵討之異牟尋兵稍却懼徙羊苴咩城（亦在大理府）築袤十五里吐蕃封爲日東王然吐蕃責賦數異牟尋苦之有清平官鄭回者其初唐西瀘令也爲其所虜遂仕焉回說異牟尋歸附中國異牟尋善之故謀内附然亦未敢發也時節度使韋臯撫諸蠻有威惠乃遣諜者遺書異牟尋遂決策請降德宗嘉之賜以詔書異牟尋乃殺吐蕃使迎唐使遣其臣隨使者入朝頃之襲破吐蕃獲其五王遣使入獻地圖方物唐遣使袁滋持節册異牟尋爲南詔王滋至異牟尋迎使拜詔甚恭出銀平脫馬頭盤二示滋曰此天寶時先君鳳迦異宿衛皇帝時所賜也有笛工歌女頭皆垂白示滋曰此先君歸國時皇帝賜

胡部龜茲音聲二列今死亡殆盡惟此二人存爾復遣清平官尹輔酋等入謝獻鐸鞘浪劍鬱刃生金瑟瑟牛黄琥珀氎紡絲象犀越賧統倫馬鐸鞘者狀如殘刃餙以金擊無不洞夷人珍重月以血祭之浪劍鬱刃者鑄時以毒藥并治取迎躍如星者凡十年乃成以金犀餙鐔首傷人即死浪人所鑄故亦名浪劍王佩之七世皆奇物也頃之異牟尋復攻吐蕃取昆明城（漢滇池也即今雲南省城）以食鹽池又破施蠻順蠻芒蠻掠弄棟蠻漢裳蠻其勢寖大是時韋臯攻吐蕃異牟尋從擊功居多而吐蕃將亦多來降者虜氣衰苦唐詔

犄角亦不敢圖南詔矣元和初異牟尋死子尋閤勸立自稱驃信夷語君也唐亦遣使弔祭冊書後以爲常閤勸死子勸龍晟立尋爲挵棟節度使王嵯巔所殺立其弟勸利嗣王未幾而死弟豐祐立朝貢如初然亦稍入寇掠矣大中時安南經略使苛墨自私以斗鹽易一牛夷人不堪結南詔將段酋遷陷安南都護府號白衣沒命軍南詔亦發兵助之會豐祐死酋龍立恚朝廷不弔恤遂叛僭稱皇帝號大禮國播邕嘉黎眉邛諸州皆陷成都大震唐以高駢爲西川節度使擊之斬酋長五十收復諸州酋龍大懼自南詔

叛唐數遣使至其國酋龍不受駢以其俗尚浮屠法故遣浮屠景仙往諭之酋龍與其下迎謁且拜乃定盟而還酋龍死子法立自號大封人遣使修好詔使者答報未幾寇西川駢奏請與和親信宗從之乃以宗室女爲安化長公主許婚法遣其大臣趙隆眉楊奇混段義宗來迎公主駢密遣使言三人乃南詔腹心宜止而鴆之蠻可圖也帝從之龍眉等皆死自是謀臣盡矣而南詔亦漸以衰弱至朱梁時鄭回之裔有鄭買嗣者篡南詔位而自立蒙氏遂亡買嗣死子仁旻立仁旻死國人共推其臣趙善政爲王國號興

元頃之楊干貞廢善政自立爲詔國號義寧晉天福間通海節度使段思平復廢干貞自立爲詔國號大理至宋太祖鑒唐之禍基於南詔乃棄越巂諸郡以大渡河爲界熙寧時遣使貢金裝碧玕山氊罽刀劍犀皮甲鞍轡以後遂絶至政和初廣州觀察使黃璘奏南詔慕義請臣宜聽其入貢詔璘置局於賓州凡有奏請皆俟進止頃之大理遣使李紫琮等來踰年至京師貢馬三百八十匹及麝香牛黃細氊碧玕山諸物宋拜其王段和譽爲雲南節度使上柱國大理國王已而知桂州周種劾黃璘詐冒璘得罪自是大

理復不通第間一至黎州互市而已紹興淳熙間廣西輒奏言大理入貢及售馬事詔却其貢優答其馬直不欲以虛名勞民也段氏子孫傳至興智元收附之而盡雲南之境郡縣其地仍録段氏子孫世守之封爲總管自此九傳而總管段功立葢當　高皇帝始興時也會紅巾賊起攻雲南元宗室梁王鎮其地召段功兵大敗紅巾於是梁王感功之德以女阿榼妻之奏授雲南平章功遂戀居雲南不肯歸其大理夫人寄以樂府詞曰風捲殘雲九霄冉冉逐龍池無偶水雲一片緑寂寞倚屏幃春雨紛紛促蜀錦半牀

閒鸞鶩獨自宿好語我將軍只恐樂極生悲冤鬼哭後梁王果陰有圖功之計女阿禚覘知之私語功功不聽頃之見殺阿禚愁憤作詩曰吾家住在鴈門深一片閒雲到滇海心懸明月照青天青天不語今三載欲隨明月到蒼山悮我一生路裏彩吐嚕吐嚕段阿奴（吐嚕可惜也）施宗施秀同奴歹雲片波潾不見人押不蘆花顏色改肉屏獨坐細思量西山鐵豆（鐵豆松林也）霜瀟灑既乃自縊又有員外楊淵海者亦題詩粉壁飲藥而卒詩曰半紙功名百戰身不堪今日總紅塵死生自古皆由命禍福于今豈怨人蝴蝶夢殘滇海

月杜鵑啼破點蒼春哀憐永訣南中土錦酒休敎灑淚頻梁王見詩哀之乃厚恤送歸大理葬焉洪武元年紅巾復攻雲南梁王急借兵大理時段功之子寶初立答梁王書云殺虎子而還喂其虎母分狙栗而自詐其狙公假途滅虢獻璧吞虞金印玉書乃為釣魚之香餌綉閨淑女自設掩雉之網羅況平章既亾弟兄罄絕今止遺一嫠一奴奴再贅華黎氏嫠又可配阿禚妃如此事諾大兵可借若其不然待金馬山換作點蒼山昆湖池改作西洱河時來矣書後附以詩云烽火狼烟信不符驪山舉戲是支吾平章枉喪

紅羅帳員外虛題粉壁圖鳳別岐山祥兆隱麟遊郊藪瑞光無自從界限鴻溝後成敗興衰各一都梁王見之恨寶入骨功有女僧奴欲復父仇臨適阿黎氏亦作二詩別寶二云珊瑚鈎裏出香閨滿目潸然淚濕衣冰鑑銀臺曾長大金枝玉葉下芳菲烏飛兔走頻來往桂馥梅馨不暫移惆悵同胞未忍别應知含恨點蒼低何彼穠穠花自紅歸車獨別洱江東鴻臺燕苑難經目風刺霜刀易塞胷雲舊山高連水遠月新春疊與秋重淚珠恰似通宵雨千里關河幾處逢（以上因夷人知文詞節義故詳錄之）後寶聞　高皇帝開基金陵遣其叔

段眞入京奉表納款詔授以宣慰寶卒子明嗣屢遣使馳書傅友德沐英麾下請依唐宋故事寬我蒙段奉華篆三年一貢友德見書大怒發兵擊之段兵敗明就擒詔赦之授其二子鎭撫時洪武十四年也先是五年　上以天下一統惟雲南未服乃遣翰林待制王禕使雲南招諭故元梁王把匝剌瓦爾令入朝禕至雲南見梁王君臣諭以　皇上聰明神聖若亟奉版圖歸職方可保高爵厚祿聲名俱全奈何欲以一隅之地與中國抗不聽館于别室數日見之又引陳友諒張士誠陳友定明玉珍擴廓帖木兒等敗亾

及元主北奔反復諭之梁王君臣相顧駭愕巳有降意未決改館褘餼廩有加會故元主遣使脫脫自西番入雲南徵梁王粮餉欲連兵以拒我師脫脫知有中國使臣在以危言脇梁王令殺褘梁王狐疑持兩端令其叅政達里麻以褘匿民閒脫脫知之詰梁王曰國家顚覆不能救反欲附他人邪欲躍馬去梁王不得已出褘見之脫脫欲以威屈褘罵曰天訖汝元命我朝實代之爝火餘燼欲日月爭光乎我豈能為汝屈有死而已或解之曰兩國兵爭不殺來使王公材器天下無雙者宜全之脫脫曰今雖孔子在義不

可留梁王不能救褘顧謂曰汝朝殺我大兵夕至遂被殺達里麻為具衣冠斂而焚之事聞　上大怒乃以傅友德為征南將軍沐英藍玉為左右副將軍陳桓胡海貫聚等皆屬焉率師三十萬往征之　上親出餞於龍江諸將各率所部就道傅友德等師至湖廣命都督郭英陳桓胡海率兵五萬由永寧趨烏撒路多險阻諸將欲深入郭英曰破敵貴先聲攻取必自近始舍近趨遠非策之上也遂以兵攻赤水河路去河二十里為營時久雨水暴漲英曰賊恃水漲不意吾濟下令諸軍斬木造筏夜半濟河比曉敵始覺

遂大驚潰生擒阿容諸蠻由是雲南諸郡邑皆震梁王遣其司徒平章達里麻率精兵十萬來拒沐英曰彼謂我師疲於深入未有虞心乘此乃可破也遂兼程進會大霧四塞衝霧行抵白石江霧霽兩軍相望達里麻大驚以為神兵飛至也乃擁衆逼水陣友德欲濟英曰未可別遣一軍泝上流潛渡出其陣後鳴銅角樹幟山谷中為疑兵達里麻驚急撤兵還禦陣亂英乃麾師濟江以猛而善泅者先之長刀蒙盾砍其軍敵卻數里而後陣師既濟友德麾兵大進矢石交發呼聲動天地戰數十合指揮趙旺馬蹶死於陣

英等縱鐵騎衝其中連斬數十人敵大敗生擒達里麻俘甲士二萬馬萬匹橫屍十餘里友德縱降者使各歸業夷人見俘者得歸大喜軍聲益振遂克曲靖留兵鎮之乘勝克陽林友德自帥師南擊烏撒沐英攻六梁州擒帖木兒王子兄弟又擊越州龍海諸寨轉向永寧遂與藍玉趨雲南梁王聞達里麻兵敗被擒大懼奔滇池島中先縊其妃自飲藥不死投水死之英進至板橋故元右丞觀音保舉城降父老出迎王師英整兵入城秋毫無犯市不易肆收梁王金印并官府符信圖籍撫定其民復遣將分兵攻烏蒙諸

部末幾俱克降之雲南平友德承制即其地置布政司及諸司府州縣治之因奏改烏蒙古竇地甸漢屬牂牁唐烏蒙據之元時歸附置烏蒙路今改軍民府與下三府俱隸四川烏撒古西南夷地唐末屬烏蠻元時歸附置宣慰司今改之東川舊烏蠻地元置東川府今因之芒部舊烏蠻阿統據之元置芒布路今改軍民府四府地隸四川布政司從之頃之芒部復叛顧成沐英擊破之斬首萬餘級獲牛馬無算頃之土官楊苴等復叛英與馮誠等合兵擊破之斬首六萬餘級生擒四千人諸部復定其麓川緬甸等國皆遣使內附友德遂遣使以故元梁王家屬及右丞觀音保等土酋段明等送至京師　上以雲南平遣耿炳

文往諭友德班師留沐英鎮雲南且曰遲速之機宜自審度友德奉命班師英辨方物定貢額視民數均力役雲南民大賴以安所置布政司領府凡十二曰雲南古滇國漢益州建寧昆州後沒於南詔大理元滅大理置中慶路今改雲南府曰大理漢屬益州後屬永昌唐爲南詔治地元爲大理路今改爲府曰臨安古鈎町國漢置鈎町縣唐爲羈縻州後沒於南詔元置臨安路今改爲府曰楚雄漢屬益州晉爲爨蠻所據唐初內附置州後入南詔元初內附置威楚路今改楚雄府曰永寧唐宋大理地曰順寧古蒲蠻地元置府曰徵江古滇地漢屬益州唐爲南寧昆二州地後爲南詔所據元滅大理置徵江路曰廣南宋時儂智高之裔居之元置廣南宣撫司今改爲府曰廣西古滇國漢牂牁興古地晉寧州隋牂州唐烏蠻後入南詔宋因之元置廣西路今改爲府曰鎮沅古西南極邊地濮落雜蠻所居唐爲南詔銀生府後金齒白夷侵之元初內附置案板寨今改爲定遠府曰蒙化漢屬益州永昌唐置姚州都督府後爲蒙舍詔所據元置蒙化路今改爲府曰景東古柘南地莊蹻漢武孔明拓地俱未至此唐南詔爲銀生府後白蠻奪之元收復置開南州今改景東府軍民府七曰曲靖曰鶴慶二府詳見後曰姚安古滇地漢益州弄棟縣唐姚州都督府唐宋南詔地元置姚安路今改爲軍民府曰武定古滇地漢屬益州建寧隋唐昆州地後入于南詔元時置武定路今改軍民府曰尋甸古滇國地唐烏蠻地宋大理地元改仁德府今改軍民府曰麗江漢越巂益州地後屬永昌隋唐巂州沒於南詔宋時爲麼些蠻所據元討平之置麗江宣撫司今改爲府曰元江古西南夷極邊地唐南詔徙白蠻居之宋時沒於麼些蠻元時內附置元江路今改爲府州二曰新化阿僰部蠻自昔據之元時置爲馬龍他郎甸司我朝初爲長官司曰北勝唐南詔始開其地元時內附置北勝州今因之禦夷府二曰孟

艮自古不通中國永樂中內附置府曰孟定元時始立孟定路今改爲府禦夷州四曰鎮康蠻名石睒本黑僰濮所居元時內附立鎮康路今改爲府曰威遠舊爲濮落雜蠻所居唐屬南詔後白蠻居之元置州今因之曰灣甸蠻名細睒元始內附屬鎮康路今置州曰大侯蠻名孟祐白夷所居元始內附隸麓川路今置州軍民指揮使司三曰瀾滄元此勝州地今置衛曰騰衝漢永昌西境越睒地唐置羈縻州後入南詔元置騰衝路今改爲衛曰金齒詳見後直隸長官司六曰者樂甸夷名者島本馬龍他郎甸之地今分置長官司曰芒市唐芒施蠻也後爲南詔所滅元立芒施路今改長官司曰鈕兀自古不通中國宣德時置長官司曰孟璉曰茶山曰麻里俱無考宣撫司三曰南甸元置南甸路國初改府今改宣撫司曰干崖舊名干賴睒白夷居之元置鎮西路國初改府今陞宣撫司曰隴川舊麓川州地白夷所居元置

麓川路國初置宣慰司後思仁叛討平之革除其司置隴川宣撫司于隴把宣慰使司六曰木邦曰孟養曰緬甸曰八百曰老撾俱詳見後曰車里自古不通中國元將兀良吉歹交趾經其所部悉降之置徹里路今改司皆隸焉皆友德英等所服　朝廷前後所置以隸雲南者也夷漢雜居其夷人毎乘間竊發然特自相攻擊而已未煩中國師也惟麓川之變最爲猖獗麓川者國初時其酋思侖發內附授麓川宣慰至二十年思侖發叛衆號三十萬象百餘隻勢甚熾時沐英討之謂諸將曰賊之所恃者象耳吾知其無能爲也乃令軍中置火銃神機箭分爲三隊俟象進則火銃以次而發破之必

矣及陣既交象皆被甲衝突而前我軍矢石俱發象皆股慄而奔乘勝直擣其柵寨遂縱火焚其巢穴復以兵邀擊之賊衆大敗斬首三千餘級俘萬餘人象死者過半思侖發遯去英奏捷還師所過城邑百姓爭持牛酒迎勞之遂廢麓川屬孟養宣慰司以刀某代之正統初宣慰使刀賓玉弱不能輯諸夷思侖後裔部酋思任遂擁衆麓川叛略取孟養地刀賓玉奔永昌死無嗣思任益橫屠騰衝據潞江仍自稱曰法法夷王號也中國訛稱爲思任發云事聞　上遣刑部主事楊寧往諭之不服乃命鎮守雲南黔國公沐

晟左都督方政右都督沐昂率師往征之次潞江思任遣其將緬檢斷江守師不得渡初思任未叛時刀賓玉嘗遣詣晟晟兒子畜之至是晟遣使諭之降思任佯許諾故晟無渡江意緬檢數挑戰政怒欲渡江攻之晟不許政不勝憤夜獨率其麾下渡擊緬檢走之破賊柵斬首三千餘級乘勝深入逼思任上江上江賊重地少選伏兵四起政求救晟怒其違節制渡江不遣久之以少兵往政知晟不力援已乃遣其子瑛還曰汝急歸吾死分也遂策馬突陣死一軍皆沒晟聞敗自知失律喪師罪當死遂飲藥至楚雄發病

卒時廷議多謂麓川遠夷往發兵爲費不貲宜置勿問然王振方倖用事欲示威四夷力請大發兵討之上乃遣兵尚王驥太監吉祥定西伯蔣貴發川廣湖貴兵共二十萬往征之陛辭　上賜驥貴等金兜鍪細鎧弓矢蟒衣以行時侍讀劉球上疏言麓川荒遠小夷即叛服不足爲中國輕重而北虜脫歡也先輩侵擾邊境請罷麓川兵專備西北不報益振主之也師至雲南賊方攻大侯州急驥遣兵敗之遂至金齒分兵三道徑抵上江夾攻三日不下會大風驥命縱火焚柵因督兵乘之斬首數萬級賊敗走保險驥因

移兵討韋郎羅韋郎羅者維摩蠻也聞驥軍至奔安南傳檄入安南追之安南斬其首來獻驥等遂麾兵大破思任思任復奔緬驥劄思任所略孟養地畀緬甸購思任緬甸斬思任首送驥所驥兵還奏設隴川宣撫司以緬甸宣慰子銀起莽為宣撫守孟養地論功封王驥為靖遠伯進封蔣貴定西侯餘各陞賚有差未幾思任子思機復據孟養地為亂　朝廷仍命王驥往率土漢兵一十三萬度金沙江攻破之斬獲無算思機竟失所在驥等謂或死於亂兵也王師踰孟養至孟那孟養在金沙江西去麓川千餘里諸酋皆震怖曰自古漢人無渡金沙江者今王師至此真天威也驥還兵夷衆復擁思任少子思祿為亂攻銀起莽敗之復據孟養地驥等慮師老度賊終不可滅乃與思祿約許以立石金沙江為界誓曰石爛江枯爾乃得渡思祿亦懼聽命乃班師以捷聞後成化中鎮雲南中官錢能貪其珍異過假借之因益縱橫尋朝廷給諸夷金牌信符所司忘孟養久廢官誤槩給思祿遂誑諸夷謂今已復其官會參政毛科征猛密檄思祿兵思祿以羸兵數千應科為猛密所敗思祿大怒遂違誓渡金沙江攻猛密取蠻莫等十七寨科

又勸巡撫金獻民請兵大舉征思祿　上不許會思祿亦遣人奏言為鄰惡詿誤願入蠻莫十七寨贖罪得比米魯仍以一子襲宣慰如故朝議遲疑不決思祿遂據孟養自立　朝廷亦羈縻不問焉又是時值猛密叛猛密者木邦之部落也其地有寶井為木邦利府陶猛司歪領之陶猛華言頭目也木邦宣慰使罕楪以其女曩罕弄妻司歪罕楪死其孫罕空立嗜酒好殺曩罕弄遂以猛密叛木邦時南寧伯毛勝守雲南墨猛密寶石許得自貢不關木邦太監錢能尤利其珍賂曩罕弄遂怙勢無忌略地自廣項之太監王舉索猛密寶石不得因疏猛密叛木邦罪請征之曩罕弄大懼會有江西人周寶五者逋猛密因為曩罕弄計遣人齎金寶賂政府求釋罪且請授官政府許之遂遣都御史程宗往撫猛密曩罕弄恃有內援益踞傲不出迓宗且要宗過南牙山就見坐講宗不得已從之曩罕弄乃曰我猛密之于木邦猶夫象之孕小象也今小象長成軀倍大象矣寧能復納大象腹中乎宗曰然遂以所侵木邦地界之為設安撫司以司歪子孫世其職木邦人詣宗訴辨宗輒笞止之狀聞政府大喜遂以宗撫雲南尋遷刑部尚書曩罕

弄既立盡奪本邦地罕㓂奔猛正由是孟養諸酋大不平遣大陶猛倫索提兵衛罕㓂聲言必滅猛密會弘治改元剮使林俊稍割猛密地還木邦曩罕弄懼不敢逆命然遂與木邦並立為世讎矣其地邇方雜落雖各異險然皆壘山崇障瀉澗縈紆城郭人民夷居什七其士民衣冠禮義中國同風夷人種類非一習尚不同曰僰人曰爨人即黑白羅羅曰麽些曰禿老曰些門曰蒲人曰和泥蠻曰百夷又有小百夷曰土獠曰羅舞曰撒摩都曰摩察曰濮人曰山後人曰哀牢人曰蛾昌蠻曰僰蠻曰魁羅蠻曰傳尋蠻跣足椎髻

畜獵喜鬭重佛誦經力耕嚚訟婚惟私耦居多構樓而廣南順寧之地食惟百蟲衣惟幅布諸夷中最為陋惡者也其山川古蹟則雲南之秋雲山在嵩盟州相傳蒙世隆征烏蠻得四女歸至此山四女遙望故鄉歎息忽山顛霧結三峯昆明池廣五百餘里產衣鉢蓮花于葉蘂分三色即滇池也龍池在府城北深不可測其中魚人不敢取禱雨輒應石洞泉有二一在嵩盟州一在昆陽州其潭中有青白大魚俗呼龍魚人不敢捕海眼泉在安寧州一日三潮隨湧隨涸俗傳僧戒昭卓錫之泉大理之鳳羽山在浪穹縣相傳細奴邏與時此山有鳳後鳳死每歲冬衆鳥哀弔其上今土人於鳥來時舉火取之鳥見火則赴火死玉泉井在趙州元世祖南征駐兵於此時久旱軍士渴世祖默禱以劍插地清泉自湧出赦開寺在趙州蒙氏時有見佛飛來於此故建寺焉石耳竅在龍首關石有竅深不可測患有疾者以

海肥納其中即愈臨安之仙人拔在通海縣每旦有白沙自數巨人跡在上或歸去之明日復見通海湖在通海縣相傳昔水涉不通有僧於后筍叢立處以杖穿穴洩其水火井在阿迷州中常有烟氣投以竹木則火然夜則有光龍泉龍華泉二泉俱有靈物潛焉歲旱禱之致雨楚雄之青峯城在府有石高廣皆入尺名曰俄碌石數人搖之則動百人撼之不倒臥龍崗在府有石高廣皆五尺其隙有物如小蛇隱見不測人以為龍龍街洞在廣通縣入其洞則聞音樂之聲石羊井在定遠縣上有石似羊人稍動之則井水泛溢神石在南安州石高十餘丈土人歲以金帖其頂凡有禱輒應之蒙化之伏虎寺蒙氏時有二僧曰俱盧爾曰道葺役二虎搜木創此寺寺成乘二虎去曲靖之負金山在府山皆青黑石有一穴水深尺餘童子初學書必投一肥其中汲以研墨姚安之白羊井在府昔有女牧羊於此有一羝舐土驅之不去掘之得鹵泉故至今出塩武定之惠嫋湖在府廣五

里水清碧深不可測葉落其中有青鳥銜去尋甸之勇克山在府積雪至春不消隱毒山獨無嵐瘴每歲夏月土人居其上北勝之陳海入十里本陸地有姓陳者居此一夕沉為海出白鯉魚金齒之九隆即哀牢九隆事也哀牢山絕頂有一石如人坐中有二穴土人於春首視水之盈涸以卜歲之豐凶又有一石二泉出焉一溫一涼羅岷山高千餘仞頂常有石飛下過者必趨避之方免舊傳蒙氏時有僧名羅岷常作戲舞岩亦隨舞故然光明井唐大曆間井旁見三角牛四角羊鼎足雞井中有火燭天南詔塗塞之萬前樹段氏時蠻出沒經此過者射此樹以厭勝至今猶然樹高百尺而鏃如蝟刺南甸之丙弄山相傳昔有異僧坐化于此變為石人經兵燹止存其頭土人祀之木龍山甚高上有石梯物產則雲南之馬昆明富民宜良三縣出世稱西馬又易門縣蒙低梨巖山谷常產異馬嗽金鳥魏明帝時國人獻此鳥飴以真珠常吐出金屑鑄為器最佳性不畏寒故謂之辟寒金宮

人爭服之伽佗羅樹木堅如石文橫有銀屑作琴最妙大理之點蒼石有山水草木人物鳥獸狀者爲佳無花果不花而實生枝葉間如李感通茶感通寺出味勝各處者高河菜味甚佳若採者高聲雲雨驟起益雨河乃龍潭也徵江之鮪鮮一名康郎魚滇人賣爲瘴藥廣西之白面猿雞腿竹每節上大下小如雞腿狀鎮沅曲靖之小雞晝夜鳴聲不絕與中土雞異石燕狀類燕大曰雄小曰雌能愈眼疾姚安之人參南方惟此處產孟定之香櫞南甸之叶雞晝夜依十二時而鳴紅藤篋夷婦用爲腰飾于崖之土錦四時皆蠶以其絲織五色錦充貢竹鼬大如兔至肥隴川之芋大者長一尺二三寸灣甸之茶出境內孟通山鎮康之鱗蛇膽蛇長丈餘四足食鹿春冬在山夏秋在水臨安元江皆有土人殺而食之取其膽治牙解毒藥黃鱗者爲上大藥有大如斗者味甘美鮮子大如棗味酸鎮康之金剛纂色青狀如刺桐性最毒垂絲竹諸物各隨土產若鹽鐵金銀寶石琥珀青琭黃藤果之類則處處有之

曲靖以下俱補前未及敘者

曲靖漢爲益州郡味縣地後改置建寧郡晉昔有安邑人爲南寧太守因中國亂遂王蠻中朱梁昔有爨瓚者據其地延袤廣千里後分東西二爨而曲靖爲西爨白蠻地瓚死子震玩立隋時遣使朝貢文帝即其地置恭州協州昆州未幾叛帝誅震玩諸子沒爲奴唐高祖即位改恭協爲曲州靖州以震玩子弘達爲昆州刺史弘達死子歸王嗣時兩爨互相攻擊歸王襲殺東爨首領蓋聘南詔閤羅鳳以兵脅西爨徙之至龍和皆殘於兵東爨烏蠻復振徙居曲靖州世與南詔爲婚及南詔阿羅鳳强盛遂併其地置石城郡宋屬大理元至元中內附置曲靖路　我朝洪武中西平侯沐英征雲南元平章達里麻擁兵十餘萬屯於此遂進師至白石江與之大戰生擒達里麻俘甲士二萬餘遂即其地置曲靖軍民府其俗椎髻皮服力耕好訟喜戰鬬少廉耻產氈鐵石燕等物

鶴慶

鶴慶漢永昌郡西北境唐時爲越析詔之地越析詔者亦六詔之一也或謂磨些詔國小故其世次名號諸書不載唐貞元中有酋豪張尋求烝其王波衝妻因殺波衝劒南節度使召尋求至姚州殺之部落無長以地歸南詔名樣共川南詔於樣共置謀統郡元初內附置鶴州尋改鶴慶路　本朝洪武中傅友德沐英等既平大理遂分兵取鶴慶克之改爲軍民府其民蠢朴稍剛好嚚訟帶弓矢土產馬蹄鹽椎子松子氈麝等物

金齒

金齒古哀牢國也漢置永昌郡唐爲南詔所據宋屬大理國元收復之其先有婦人名沙壹捕魚水中觸沉木有孕生子十人後沉木化爲龍沙壹忽聞龍語曰若爲我生子今悉何在九子驚走一子不去陪龍坐龍因舐之其母鳥語謂陪爲九九或作元謂坐爲隆因名子曰九隆及後長大諸兄以九隆能爲父所舐而黠推以爲王哀牢山下有夫婦腹生十女九隆兄弟妻之遂漸滋長種人皆刻畫其身象龍文衣後著十尾九隆死世世相繼分置小王往往邑居散在溪谷絕域荒外山川阻深生民以來未嘗通中國也南中

羅鬼悉皆祖之故諸葛亮爲其國譜云漢光武初王扈栗遣兵乘箄船南攻鹿茤會震雷疾風雨箄船沉溺後輒失利扈栗懼曰鹿茤小國也今攻之數被天誅意中國有受命之王乎即遣使歸義奉貢世祖納之以爲西部屬國而封扈栗等爲君長明帝時哀牢王抑狼漢書作柳貌遣子奉獻內屬帝以其地置哀牢博南二縣屬永昌郡而以屬郡鄭純爲太守政化清潔夷人戴焉章武初諸郡叛亂功曹呂凱奉郡丞王伉保境廻相亮南征高其義表曰不意永昌風俗乃爾遂以凱爲雲南太守皆封亭侯及元康末夷閩濮反乃南移永昌去故郡千里相與隔絕矣唐麟德初復以故地置姚州都督府仍用唐官鎮焉而其酋夷數反長史李孝讓辛文協叅軍錄事李稜等前後見殺者甚夥張柬之表請罷州武后不納其後遂爲南詔所據事具見前至元時收復大理即古哀牢之地置永昌州　國朝洪武中傅友德沐英等既平大理段明就擒遂分兵進攻金齒下之　上遣使勑勞友德等曰卿等提兵深入振揚國威擒首帥於曲請之西敗烏蠻於河渡之北席卷長驅掃金馬碧雞而撫金沙至於金齒不戰而服檄定百蠻威加八譯將軍之勞至

矣欲勞以尊酒遠不能及特以朕心勞之尚勗之哉遂詔即其地置永昌府尋省府改金齒軍民指揮使司今復改爲府其夷人有數種以金裹兩齒故號金齒有漆其齒者曰漆齒蠻文其面者曰繡面蠻刺其足者曰花脚蠻以絲繩撮髻曰花角蠻惟居諸葛營者衣冠禮儀悉如中土營去司僅十里昔孔明擒孟獲屯營於此民懷其德立祠祀之故名產有桐花布其花有白毳取織爲布不受污先以覆亡人然後服之濮竹其節相去二丈猩猩貊獸食鐵須臾便數十斤似熊而小茶首音爲蔡茂乃兩頭鹿也金産麗水如糖浮水上爲奇

緬甸

緬甸古西南夷未詳何種元至元中遣使乞解脫因等持詔諭之金齒頭目阿必引導至其國緬王怒遂發兵侵金齒虜阿必而去厚獻乃釋之阿必之子阿郭由是恨緬王因與建寧路安撫使賀天爵言入緬有三道一由天部馬一由驃甸一由金齒地界俱會緬之江頭城又言其親戚阿提犯在緬掌五甸戶各萬餘欲內附願先招阿提犯及金齒之未降者以爲引導會雲南省亦言緬王無降心去使不通必須征討元遂有征緬之志矣頃之緬人以阿禾附元怨之攻其地時大理路官忽都信苴日脫羅脫孩奉元命

討騰越蒲驃諸部之未降者阿禾告急忽都等遂便道擊之是時緬衆四萬忽都等軍僅七百人緬人前乘馬次象次步卒象被甲背負戰樓兩旁挾大竹筩置短鎗數十於其中乘象者取以擊刺忽都三人分兵各爲一隊交戰良久緬人大敗軍及象馬自相蹂死者盈三巨溝捕虜甚衆其脫者又爲阿禾兵邀殺無幾元軍皆全自是後元乘勝征緬不休元帥納速剌丁征之降戶三萬五千二百右丞太卜等征之破江頭城擊殺萬餘人以兵守其地緬王震慴遣使請納款元遣使怯烈往其國未及至緬王爲其庶子不速速古里囚執而與大官木浪周等作逆怯烈合雲南省軍征之餘緬始平乃定歲貢方物請歲輸銀一千五百兩帛千匹馴象二十糧萬石元從之大德初封緬王的立普哇拿阿迪提牙爲緬王賜以銀印自是朝貢不絕矣　我朝洪武中既平雲南其酋遣使內附立緬甸軍民宣慰使司正統時有功麓川事已具滇南志中其朝貢自洪武至弘治時不絕每遇朝廷改元須給勑諭一道銅鑄信符一面勘合號紙一百張以文行忠信四字爲號付各宣慰司收掌遇進貢或奏事情則塡寫赴京另有底簿付雲南布政

司以備查對其地自司治東北至雲南布政司凡二十八程有城郭廬舍以居有象馬以乘有舟筏以濟人形陋體黑性柔而詐男子善浮水綰髻於頂前用青白纏之婦人綰髻於後不施脂粉男女皆合檀麝姜黃當歸末塗體以爲奇事佛敬僧有大事則抱佛說誓質之僧然後決進　上文字用金葉次用紙又次用貝葉檳榔葉地勢廣衍有金沙江（多嵐瘴隆冬人過雖袒裼皆流汗惟雨中及夜渡無害江中沙色皆黃故名）緬人恃以爲險產有白氎布兜羅錦樹頭棕（其實汁可作酒葉即貝葉也）石油（可療惡瘡）爲異

八百

八百世傳其土酋有妻八百各領一寨因名八百媳婦自古不通中國元世祖及成宗屢遣將征之竟無功其酋恃遠叛服不常至元統初平章賽典赤遣使招附置八百等處宣慰司使我　朝洪武二十四年其酋刀攬那來貢方物始立八百大甸軍民宣慰使司每遇改元則頒給勑諭金牌勘合與緬甸同其地自司治北至布政使司三十八程其人性頗緩剌花樣於眉目間以爲飾男女服食與木邦同事佛敬僧亦如緬甸與客相見無跪拜之節但把手爲禮土產曰檀香安息香爲異

木邦

木邦一名孟邦一名孟都以其種類繁熾故又名百夷在雲南之西南自古不通中國元世祖時命將伐交趾經其所部盡降之立木邦路軍民總管府領三甸至我　朝洪武中命西平侯沐英遣使往諭之始從化來王置木邦府尋改宣慰司事具南中志中相傳木邦諸夷多幻術害人能以木換人手足胷人初不覺久之行遠任重即痛不能勝有不信者炙之日剖股視之果木也又能置汙穢於塗中害某則置某方觸之即變爲牛羊犬豕諸畜形以錢物贖之復變爲人有覺其術者更置穢物於他方則彼人反爲所害其俗男衣白文身髡髮摘髭鬚女上衣白下圍桶裙耳帶金圈手貫象牙鐲所居皆竹樓男貴女賤雖小民亦奴視其妻耕織貿易差徭之類皆係之土產靈蛇膽古剌水土錦響錫爲異

老撾

老撾古屬哀牢未通永樂初酋招攬章入貢方物始置宣慰使司其民皆百夷性獷悍身及眉目皆剌花樣服食器用大類木邦其酋長有三等長曰招木弄次曰招木中又次曰招花爲宣慰者即招木弄也居高樓其上寬廣見人不下樓部屬見之則所至之地各有等限使客亦然而設通事引之以至其地不差尺寸土產西木香鮮子等物

播州　以下今隸四川

播州古夜郎國地楚襄王遣將莊蹻泝沅水出且蘭以伐夜郎植牂牁繫船無何且蘭既克夜郎又降而秦奪黔中地無路得反遂留王滇池蹻楚莊王裔也以繫船因名牂牁國分侯支黨傳數百年秦并蜀通五尺道置吏主之漢興遂不賓是時西南夷君長惟夜郎竹王最雄昔有女子浣於水濱值三節竹流入

女子足間推之聞內有兒聲剖之得兒長有材武遂雄夷狄以竹爲姓捐所破竹於野成竹林今竹王祠竹林是也後漸驕恣會南越反武帝發兵破之竹王始倚南越越滅恐懼遂入朝封爲夜郎王未幾復叛武帝廼斬竹王即其地置夜郎縣屬牂牁郡後夷濮咸怨訴竹王非血氣所生求立後祠漢封其三子列侯死配食父祠今竹王三郎神是也成帝時夜郎王興與鉤町王禹漏臥侯俞更相攻擊漢遣使張匡持節和解之夜郎鉤町王不服乃刻木作漢使射之漢於是以陳立爲牂牁太守立既到郡單至夜郎召興

興將數千人往見立立數責斬興出曉其衆皆釋兵降興子耻收餘兵迫脅旁二十邑反立又擊平之公孫述時大姓傅龍尹董氏與郡功曹謝暹保境爲漢光武嘉之竝加褒賞自後渠帥多姓謝氏代爲東土牧守臣服中國隋末大亂首領謝龍羽强勝兵數萬遂不內附唐興龍羽遣使奉貢太宗即其地置播郎牂夷珍溱等州封龍羽爲夜郎郡公及後王建據西川由是不通中國後唐時牂牁清河刺史宋化朝等一百五十人來朝孟知祥據蜀復不通貢宋平孟昶乾德初復貢名馬丹砂詔召見其使詢以地里風俗

因令作本國歌舞一人吹瓢笙如蚊蚋聲良久數十輩連袂宛轉而舞以足頓地爲節詢其曲則名曰水曲其使十餘輩從者千餘人皆蓬髮面目黧黑狀如猿猱使者衣虎皮氊裘以虎尾插首爲飾大中祥符以後頗爲寇抄轉運使寇瑊調兵擊之夷人寧息終宋之世朝貢不絕其首領五姓龍方張石羅龍氏最大世世襲職奉貢尤頻使者但衣布袍至假伶人之衣入見蓋貧陋所樂者恩賞而已故事蠻夷入貢皆御前殿見之獨此諸蕃見於後殿葢卑之也元時內附如故　我朝洪武初其首領楊鑑率其屬來朝

楊鑑者自唐至今世爲播州安撫者也唐末南詔陷播州太原人楊端應募往復之遂有其地四傳至昭無子時宋益州刺史楊延昭之子充廣使廣西與昭通譜以其子貴遷後之其孫文廣從狄青南征有功後至粲而益大（此宋景濂楊氏家傳所載與宋史不同）鑑乃其後裔也詔封鑑爲播州宣慰使領長官司安撫司二世守其地尋討雲南鑑爲先鋒其後又有楊洪楊俊楊信者俱著威名成化中刑侍何喬新等以播州宣慰楊愛楊友兄弟訐奏奉命勘問監候竊惟楊氏五百餘年蠻夷服從久矣今恐生他變宜提二人面對虛實免

其監禁爲便從之友愛皆楊輝子以嫡庶故相讐殺事詳炎徼紀聞本朝待楊氏最厚大抵若此其地曠遠跨接溪洞俗惟儒宦戶與中國同夷地則椎髻披髮信鬼好詛射獵爲業婚姻以銅器氈刀弩矢爲禮樂以銅鑼鼓橫笛歌舞爲樂會聚以漢服爲貴出入背刀弩自衛至於與華人交易略無侵犯山川古蹟最多無奇故不載產斑布文龜犀角雄黃等物

黎州

黎州古西南夷筰都地白馬氏之遺種也漢時自越巂以東北君長以十數筰都最大及武帝定西南夷以筰都爲沈黎郡尋罷郡置兩部都尉一治旄牛主外羌一治青衣主漢民和帝時旄牛徼外白狼樓薄蠻夷王唐繒等率種十七萬戶口內屬安帝初旄牛夷叛攻靈關益州刺史張喬與西部尉擊破之分置蜀郡屬國都尉晉時初爲李雄所據尋復入於晉至後周改置黎州隋唐爲登州天寶乾元初改漢源郡後復爲黎州時有三王蠻者楊劉郝三姓世爲長襲封王疊甓而居號云碉舍歲給南詔帛三千匹而南詔亦密賂之以覘成都虛實此筰都之最强者也五代時前蜀王建後蜀孟知祥繼有其地王建者舞陽

人也後唐時據蜀稱帝傳子宗衍莊宗滅之孟知祥者龍江人也初仕後唐鎮蜀愍帝時據蜀稱帝傳子昶宋太祖滅之而故筰都之地仍爲黎州屬成都路時蠻類最多凡十一種曰邛部蠻曰風琶蠻曰保塞蠻曰三王蠻曰淨浪蠻曰西箐蠻曰阿宗蠻曰烏蠻白蠻兩林蠻山後蠻其地皆近黎州宋史總謂之黎州諸蠻云元時屬吐蕃等處宣慰司　我朝改黎州長官司尋陞宣撫司地處極邊俗混夷漢氈裘椎髻與漢人交易不用錢漢以細絹茶布番以紅椒鹽馬尚鬼信詛謂主祭者爲鬼主故其酋長號都鬼主州十里外尚有沈黎城故址漢武立郡後周黎州隋唐登州皆置於此其山川古蹟則有聖鐘山昔人聞山有鍾聲及見五色光現異人云此地當有巨鍾取之果得白崖山其傍穴間有氣出騰空爲白雲須臾風起號怒如雷寶蓋山和尚山二山時見五色光現乾濕洞其中有牀座竈突之類皆崖石自生者凡瘴欲動時飛鳶皆集此洞瘴巳乃出土人欲知無障以鳶爲候梵音水唐三藏至此持梵音而泉湧出故名味極甘宋太守宇文族過而飲之曰佳泉也易名粲玉泉馬跑泉相傳肉齒和尚乘白馬至山半馬渴而跑地泉爲之湧出龍池池口有龍祠內枯槎三株如龍形翻之則風雨暴至夜叉穴有物似猴長七尺能人行名曰玃路見婦人則盗之入穴產子皆如人以楊爲姓故今蜀中西界多謂有楊姓爲玃之子孫者其人猶然玃爪也產惟麝香牛黃筇竹杖天南星等物

建昌

建昌諸衛本古邛都國地漢時自滇以北君長以十數邛都最大武帝定西南夷開以爲越嶲郡領邛都會無等十五縣未幾而邛都地陷爲汙澤因名爲邛池李膺益州記邛都有老姥家貧孤獨每食輒有赤蛇戴角在牀間姥憐飴之後長丈餘殺邛都令駿馬令忿責姥出蛇覓之無見遂殺姥蛇乃嗔言當報毋仇此爲毋開夜有雷若風四十許日其地方四十里城郭居民一時皆陷惟姥宅無恙至今猶存漁人每遇風浪必依止宿水淺時輒得舊木水清猶見城郭

樓櫓此事與歷陽爲湖事相同王莽時郡牧根調邛人長貴爲軍候頃之長貴攻殺牧根自立爲王光武因就封之授越嶲太守後劉尚擊益州夷路由越嶲遂掩殺長貴徙其家屬於成都安帝時夷人復叛楊竦平之渠帥三十六種皆來降附竦因奏長吏姦猾侵犯蠻夷者九十人皆減死論自後數叛章武初越嶲叟大帥高定元稱王攻殺將軍焦璜破沒郡土諸葛亮遣越嶲太守龔祿住安上縣遥領太守安上去郡八百里有名而已建興初越嶲太守張嶷誘殺夷王及其弟隗渠等又討叛負降夷人威信允著蠻夷

率服延熙初遂還舊郡更築郡城夷人男女莫不致力及嶷遷後頗復奸宄矣晉時徙越嶲郡治於會無縣宋因之齊謂之獠郡後周置嚴州隋爲西寧州尋改越嶲郡唐初改嶲州尋改越嶲郡時蠻類最多惟邛都蠻爲盛地廣千里乃東爨烏蠻之部落唐書之勿鄧兩林宋史謂之邛部蠻者是也至德初南詔陷嶲州勿鄧遂羈屬吐蕃貞元中復納款唐以勿鄧大鬼主苴嵩兼邛部團練使封長川郡公及死子苴驃離幼以苴夢衝爲大鬼主數爲吐蕃侵獵兩林都大鬼主苴那時遺韋皐書乞兵攻吐蕃皐遣將劉朝彩

鄧英俊等合蠻兵攻之苴那時戰甚力大破吐蕃於北谷死傷無算所獲鎧仗牛馬各以萬計詔封苴那時爲順政郡王苴夢衝爲懷化郡王給印章袍帶二王皆入朝宴麟德殿賞賚加等歲給其祿鹽衣彩令黎嶲二州吏就賜之然苴夢衝内附吐蕃斷南詔使路韋皐召夢衝至琵琶川斬之披其族爲六部更置大鬼主馬懿宗時其地爲南詔所據改嶲州爲建昌府而以烏白二蠻實之遂不通中國矣宋開寶初邛部都鬼主阿伏遣子入貢詔嘉納之賜以器幣後阿伏又以平定遠叛兵功賜銀帶錦袍加封歸德將軍

自是訖眞宗時朝貢不絶貢有名馬犀角象牙莎羅毯金飾蠻刀金飾馬鞍勒羱羊犛牛等物宋輒優詔加官厚賜遣之天聖中邛部蠻王黎在遣使入貢時占城龜茲沙州亦皆入貢至以家自隨者晏殊因請圖其人物衣冠并訪道里風俗以上史官詔可熙寧初都鬼主苴尅遣使來賀登極詔賜勑書器幣襲衣銀帶苴尅死詔其弟厓襪嗣淳熙初吐蕃種落侵犯邊境厓襪擊殺有功宋益優禮之厓襪死姪墨厓承襲依例受官寧宗時邛部鬼主部庫與親族厓則內自相攻厓則結兩林蠻爲援部庫懼求救雲南雲南

喜其附己遂發兵攻兩林蠻滅之蠻族素忠順自宋初以來遮蔽雲南之路故雲南與中國絶至是黎嶲失其藩籬矣元至元間內附置建昌路又立羅羅斯宣慰司統之　本朝洪武中傅友德沐英等攻下之詔置建昌府尋改四川行都司領衛六曰建昌衛曰建昌前衛（二衛附郭古越嶲郡治地也）曰寧番衛曰越嶲衛（二衛俱去司二百里古邛都縣地也）曰鹽井衛（在司城西三百里古越嶲郡定筰縣也）曰會川衛（在司東南五百里古越嶲郡會無縣地也）其地大抵土廣人稀民足衣食重儒敬佛通商殖貨益西南咽喉衛要處也然竹籬板舍不事修飾市井荒陋有青草黃茅之瘴善造堅甲利刃弩置毒其末沾血立死古蹟則建昌之武侯城（孔明所築所謂五月渡瀘者即此）孟獲城（即孔明擒孟獲處）也寧番之溫泉穴（冬夏熱其溫可湯雞豚下流治疾病水神護之不可汙穢倘溷亂褻瀆則使人惡疾）會川之濮人冢（冢不蔽尸其穴多有碧珠人不可取取之不祥）天馬冢（民牧馬其處或產駿駒則云天馬子也）鹽井衛之鐵石山（山中有石燒之成鐵爲劍戟極鋒利）越嶲之魚洞（河出魚長二丈頭特大遙視如帶鐵釜之狀）此爲奇也產惟銀鐵石青石綠等物

松潘

松潘古冉駹地漢時自筰以北君長以十數冉駹爲大武帝開以爲汶山郡宣帝時夷人以立郡賦重帝

乃省并蜀郡爲北部都尉靈帝時復分蜀郡北部爲汶山郡後主時汶山平康夷反姜維討破之歷魏晉宋隋皆爲汶山郡夷人亦未嘗入寇唐初置松州後改交川郡貞觀中嶲州都督劉伯英疏言松外諸蠻叛服不常請擊之西洱河天竺道可通也於是遣將梁建方發蜀十二州兵進討酋長雙舍拒戰敗走殺獲十餘萬諭降者七十餘部戶十萬九千署首領蒙和爲縣令羣蠻感悅初西洱河蠻驚走建方好語約降其帥楊盛等納款軍門建方振旅還頃之西洱河大首領楊斂松外大首領蒙羽皆入朝授以官秩其

後茂州西南築安戎城絕吐蕃通蠻之道生羌爲吐蕃鄉導攻拔之增兵以守西洱河諸蠻皆臣吐蕃矣宋初茂州無城隍惟植鹿角自固蠻乘夜毎入寇民甚苦之相率詣州請築城知州事范百常實主是役蠻以爲侵其地率夜奄至百常擊走之乃合籬時等蠻來寇百常拒守凡七十日詔遣王中正將陝西兵來援誅殺頗衆蠻乃降自後内附者甚夥政和中復反遣將种友直等擊破之諸族蠻敗散其酋旺烈詣茂州請降詔授以官宣和以後入寇不絕矣元時始内附　我朝洪武初龍州知州薛文勝指揮僉事曾貴征松州及茂威等處克之即古松州地置松潘衛尋改軍民指揮使司領千戶所一長官司十七安撫司十七其地山川險峻雨雪多寒雖在盛夏凝氷不釋故夷人冬則避寒入蜀傭賃自食夏則避暑歸落歲以爲常人依山居累石爲室高者至十餘丈土人呼爲碉房云刻木契以成交易炙羊髆以斷吉凶死三年乃葬以蠡蚌封棺父母喪斬衰布衣不澡者四五年姦淫事則輸金銀請和而棄其妻惟處女娶婦弗禁相殺必報力不能則其部共攻之有罪者樹一長木擊鼓集衆其下强盗殺之富者貰死燒屋奪其田部落甚衆無大君長各自推一人爲師亦有知文字曆數者自云其種皆莊蹻之裔也山川古蹟無奇産甘松諸藥犛牛重千斤食藥鹿腸中有糞可療毒疾五角羊等物

論曰西南夷之難馴服也自古然矣以漢武大略猶未能化洽黠蒼諸夷唐圖南詔秪自喪師宋秆越巂諸郡棄之元號兼有華夷而老撾者烏鈕兀諸部卒未通也自古及今孰有郡縣其地二百年來寧謐底定如今日之盛者盍由我　聖祖神謨遠略使然而諸將若傅友德沐氏父子之威勩惠戢與有力焉顧鷙悍難馴向背靡常附近郡司尤爲易制至於木邦諸司之地恃其險遠安輯爲難自麓川猛密勦定之後而百夷緬甸搆釁相尋後雖伏罪然以百萬王師桓桓大將與彼蕞爾小蠻相爲角力譬則千鈞之弩以鼷鼠發機其得不償失明矣語云至德之世虎豹可尾虺蛇可蹍况蠻夷人類曷嘗不可以德澤孚也唯是官守滇南者善撫綏之其過於勝敵遠矣

咸賓録南夷志卷之七終

咸賓録南夷志卷之八

明豫章羅曰褧尚之父著

貴南諸夷

古羅鬼國九隆後裔蜀漢時有火濟者從諸葛亮征孟獲有功封南甸王唐阿佩宋普貴皆以開國初納土襲爵元至元中詔兵討之時左丞李德輝以左丞被命在播州遣張思孝諭降其酋阿察熟知德輝身自至播涖且告曰吾屬百萬人徼公死且不降今得所歸茂有二矣德輝乃奏改鬼國爲順元路即以阿察爲宣撫使頃之劉繼昌招降西南夷龍程洪方石

盧諸番大姓爲安撫使其地遂平有宣撫使阿畫者阿察之裔也以征伐有功加封世襲南甸侯至 國初其裔孫靄翠與其同知宋欽及思州宣慰田仁智思南宣慰田茂安歸附宋欽者其先宋景陽爲宋寧遠節度使馭蠻有方遂世爲安撫田仁智茂安者其先田祐恭爲番部長宋徽宗時納土入覲後從破賊有功璽書加封世守其地者也 高皇帝詔靄翠等仍其官領部如故靄翠死妻奢香代立宋欽死妻劉氏代立劉氏多智術時馬燁以都督鎮守其地政尚威嚴欲盡滅諸羅酋代以流官乃以事裸撻奢香欲激怒諸羅酋爲兵端諸羅夷果憤怒欲反劉氏聞止之爲奢香愬京師 上令析簡召奢香至詢故 上曰汝誠苦馬都督吾爲汝除之然何以報我奢香叩頭曰願世世輯羅夷令不敢爲亂 上曰此汝常職何云報也奢香曰貴州東北有間道可通四川梗塞未治願刊山通道以給驛使往來 上許之曰吾知馬燁忠慤無他腸然何惜一人不以安一方也乃召燁數其罪斬之遣奢香等歸諸羅夷大感服爲除赤水烏撒道立龍場九驛達蜀奢香死靄翠弟安勻立後遂以安爲姓今尚襲封時分置安撫宣慰長官司猶未郡縣

其地也至永樂初思州宣慰使田仁智子琛思南宣慰使田茂安子宗鼎各嗣立以爭砂坑故日尋以兵交 上遣行人蔣廷瓚往勘之琛從廷瓚入見白事自言思南故思州地當歸之又數宗鼎罪狀 上曰思南舊歸爲夏時汝何不取以自屬乃今言耶且罪惡在彼汝何與焉亟歸守爾土靖爾封略愼勿搆釁啓兵端再犯吾磔汝矣琛歸與宗鼎仇殺如故屢禁之不能止 上尋密遣校士數人潛入二境執琛宗鼎去二酋既就執城中猶寂無知者忽一日使出揭榜諭諸夷曰 朝廷以二兇日搆殺荼苦百姓故特

遣使報問狀首惡既擒餘一無所問敢譁者族諸夷
帖然瑷宗鼎至京師俱斬之乃命兵部尚書印全忠
曰思州思南苦田氏久矣不可令遺孽復踵爲亂其
易爲府治遂置貴州布政使司領宣慰使司一洪武初隸
湖川雲三省今始專置布政司嘉靖始專開科焉府六曰思州秦黔中漢武林唐思州宋
元因之田氏所據曰思南元以前與思州同自田祐恭後田氏世爲守曰鎮遠本夷
人谿洞元置鎮遠府今因之曰石阡舊爲荊州南裔元置石阡長官司曰銅仁古溪
洞蠻地元置銅仁長官司曰黎平古屬牂牁五代至宋田氏據之元置潭溪長官司州四
曰普安古夜郎地蜀漢興古郡隋牂州唐西平州南詔時烏蠻居之元置普安路國初傅友德征
服曰永寧曰鎮寧曰安順三州皆古荒服地元始置州今因之直隸安

孫茂

撫司一曰金筑古荒服地元置金筑府今更之衛十五曰普定古羅甸國
後羅罷蠻居之元置普定路洪武初傅友德征雲南攻普定阿和蠻悉降曰新添古荒服地宋時
土官宋永高克服麥新等處乃改麥新爲新添元置安撫司曰平越古蠻夷地歷代叛服不常
今始置指揮使司曰龍里曰都勻國初爲衛今改都勻府曰赤水曰烏
撒曰畢節諸衛俱古西南夷地元始置長官宣撫司今更之曰威清曰平壩
曰興隆曰清平四衛俱古西南夷之地以前歷代未附曰安莊曰安南
二衛俱古西南夷之地元置衛屬普安路曰永寧古蠻夷地唐藺州元永寧路曰普安
在普安州直隸貴州皆隸焉正統初麓川之役王驥等調雲南
貴州兵以行連兵十年將士多死列衛空虛諸苗獠
乘間竊發攻陷城堡於是十四年貴州香爐山苗富

蠱反攻圍新添平越諸衛道梗弗通城中食且盡事
聞　上命總督雲南侯璡都督方英等率兵討之時
普定圍急璡自雲南選善射者爲前鋒自將至普定
疾戰矢下如雨賊大敗圍解遂趍貴州克龍里甕城
羊腸諸寨新添平越清平都勻諸圍一時皆解　上
嘉其功遷尚書又進克安莊西堡長官司時暑雨人
多疫癘璡得疾乃歸普定卒苗復反會王驥等平麓
川歸所經路民皆泣陳苗害驥等謂曰吾征麓寇未
受命攻苗也去之尋命驥等征苗時苗甚猖獗都督
宮聚張軏等與戰失利惟驥擒其酋首富蠱擸送京

孫茂

師伏誅然苗勢愈熾驥亦不能定奏言久在南裔身
染瘴毒乞還　朝廷乃以保定伯梁瑤都御史王來
代驥同方英陳友等征勦之于謙乘此奏遣國初降
胡徙置河間東昌等處者厚與賞犒隨瑤往征叛苗
尋復奏留其地於是也先之寇遂無騷動內應者頃
之王來擒苗韋同列等香爐山平是時景泰二年也
弘治中普安女苗米魯反米魯者普安土知州妻也
夫死魯主事殺其庶子欲自襲夫職鎮巡官不許且
聲言正其罪魯遂反囚鎮守內臣狀殺文武藩臬官
兵勢甚熾事聞　詔遣南京戶尚王軾兼總督統川

湖雲廣及貴州諸路漢土官兵共六十餘萬討之遂破
米魯兵平之斬首五千餘級加軾太子太保時有清
平苗曰阿溪者江西人也漂蕩至其地桀驁多智久
之遂爲砦主有子阿刺膂力過人能被三重甲持二
丈之鎗兩端著刃遇數百人與敵刺以槍點地輒躍
起三五丈飛行稠人之上而戰若數丈川澗跨越之
如溝澮然父子謀勇相挾夷落畏之凡守鎭諸官寡
廉者皆受其歲賂遂益放肆歲以產畜分給諸苗而
倍征其入凡我商民經其地輒誘令他苗邀劫殺掠
歸輸於已官司差隷卒訪必先謁溪請計溪乃要我

重賄然後以素不附已之苗指爲賊官司以爲耳目
益與之狎人人惴恐莫敢誰何會督撫孔鏞巡鎭貴
州輒以劫殺官事聞鏞詢之故官隷俱云屬之阿溪
可按其事鏞疑之遂身單騎至清平詢知溪爪牙有
王指揮陳總旗二人召之至鏞曰事我具知今且貰
汝罪急取溪刺自贖不然重辟汝矣二人謝去相謂
曰惟鬬牛事可以誘致溪刺也俗大姓每歲出牛以
劵圍之劵多則牛大以多寡爲勝負云乃計置一牛
令各砦出兵幷官兵俱伏牛旁刻期爲援二人往謁
溪相見歡若平生因談及牛事溪刺不勝奮激欲行

以雞卜不吉溪言吾夜夢綱恐不利出二人曰夢綱
得魚牛必屬王矣溪刺大喜與二人刻木四騎聯而
出至其地出其不測伏兵數百人盡發促刺刺徒手
傷百餘人竟就執幷溪縶之檻至貴州鏞鞫論無一
語第垂頭請死刺云吾不畏千萬人獨畏一孔公爾
然亦不知其擒我若是易也溪刺死有子竄都勻檄
往擒之悉殪焉正德十一年清平衛車枕等寨苗反
其酋阿傍阿背阿革皆僞稱王據香爐山爲巢穴糾
合苗衆焚劫居民蔓及興隆偏頭平越新添龍貴諸
鎭道阻不通巡撫都御史鄒文盛檄湖廣四川兵未

至先集貴州兵以叅政胡濂叅議蔡潮都指揮潘動
指揮佘大綸各監統明年諸將進擣砲木羅䕶寨伏
兵討擒賊首阿革及賊從阿義阿黎時邀擊殺賊五
十餘人賊退奔據白崖囤何副總兵李瑾帥湖廣兵
至貴州程番安順諸路及四川播州酉陽兵俱先後
至又募土兵亦集文盛等乃相賊巢險易分兵五哨
命諸將分道刻期以某日進抵香爐山夾攻之山四
壁立陡絕高險惟隘路五處逶迤上賊皆築砦柵守
禦官兵稍近則木石毒弩俱下官兵用火銃焚其砦
柵賊隨以水沃滅之諸將仰攻數日不能克乃以意

梨鐵猫爬山虎繩梯等具覘賊不備昇前攻具附崖土兵先登官軍繼之斬關拔栅入縱火焚賊廬舍烟焰蔽天四面夾攻至天明賊不能支乃退奔入後山復據險爲砦後山峻嶮尤甚諸將督兵進攻之援戰數合賊復奔據山絕頂拒守益堅諸將用鄉導土人探知賊山後頗有林木藤蘿可懸挽梯緪數處乃先遣百戶邵剛吳隆於山前招賊酋與語撫之使命往復故延久賊果聚衆前山觀聽山後備稍弛諸將乃督兵以攻具附所探諸處齊登賊衆覺倉卒拒戰官兵已奪險遂奮擊賊不能禦乃大潰官兵乘勝入擣

厓峒擒賊首阿傍等斬首及俘獲甚衆復分兵搜捕山箐擒斬略盡諸將遣使言文盛黑苗久負固稱亂據龍頭都黎等山砦與阿傍等聲勢相倚居民被其荼虐官府屢欲勦之以阿傍等未靖兵力不及故亂日益滋今兵衆大集請乘勝進勦黑苗諸叛亂巢砦其脇從觀望諸苗亦宜乘此兵威撫定之可無難者文盛然其計令諸將帥兵進勦黑苗擣龍頭砦賊恃江水深險沿厓禦之官兵伐木爲筏渡江直衝賊巢縱火焚賊廬舍儲積賊敗走諸軍乘勝追殺進擣都黎連日擣都蘭都蓬密西大支馬羅等砦擒苗酋阿茲等俘斬若干遣使招撫諸苗砦悉聽撫黑苗遂平前後共擒獲首惡阿傍阿革及阿茲等二十餘人從賊阿犵等八十餘人斬首凡二千餘人焚廬舍萬四千餘間獲牛馬器物甚衆乃班師捷聞　上降璽書奬諭文盛等諸將校各賞賚有差至嘉靖初蠟爾山苗反其山在湖貴之間東北屬鎭溪千戶所稍南屬竿子坪長官司隸湖廣山西屬銅仁府銅仁平頭二長官司隸貴州西北鄰四川酉陽而不屬地東西可二百里南北百二十里苗雖分土隸兩省中蟠結竄徙實相數匿焉然各土官相轄有戶籍稍輸賦與廣

西猺獞不同其貴州銅平苗則土官弱不能制而有司又不能撫恤其屬蓋銅仁舊土府近改流官所屬皆長官司銅平有叛苗不納稅粮者官以逋欠責見戶見戶益多逃亾官府嚴督土官平頭長官遂挈印逃諸苗悉驕然叛矣湖貴諸守臣討之不能定上其事　詔萬鏜起家督撫開府辰州鏜集諸路漢土兵累討之稍撫定鎭溪諸苗而貴州苗驕横如故鏜班師還刑尚頃龍許保吳黑苗復倡亂焚劫州縣兩省無寧日乃以兩廣總督張岳代鏜岳至詢前故知撫無益久戍守亦非策乃大集漢土官兵討之總兵則

沈希儀領兵則叅將石邦憲等監督則貴州副使趙之屏湖廣叅議張景賢而銅仁防禦皆石邦憲先所規畫是時屢破苗寇斬獲二千餘人其餘賊逃匿林箐凍餓死者幾盡其巢砦俱已焚毁所窖藏米穀燒掘無遺具以捷聞然諸苗雖定而龍許保吳黑苗未獲岳檄石邦憲等懸賞搆之邦憲等密遣使入砦賄令聽撫苗麻得盤吳老犻吳旦逞等窺龍許保至龍囚砦所親家弔喪誘至別砦飲酒醉而縛之預遣人報邦憲以兵取之去岳疏聞誅之諸守臣任輸等欲遂罷兵岳持不可謂吳黑苗未誅必爲他日患時黑

苗無所踪跡詢知其以捕急故深自匿也岳乃緩其令所羈執親黨盡釋令去密督諸土官索之尋土官某廉得其處遣兵劉甫等徑入砦襲斬之持其首出被諸酋欲攘其功追奪去以火焙令乾藏之索重賞僉事龔遂給賞仍令土官田興邦督索得之驗寔乃賞至軍門岳始以竣事聞　朝廷集衆議設總督鎮撫其地蓋岳爲之數年得代去其土民中國同風夷人種類非一習尚各異曰羅羅曰宋家曰蔡家曰仲家曰龍家曰曾竹龍家曰打牙犵狫曰紅犵狫曰花犵狫（俱詳見後）曰東西苗曰紫薑苗曰貴爺苗（俗與五溪苗同）曰阿和（見後）其俗大抵力耕畜用敬鬼屏醫雞卜瓦卦刻木爲信好佩刀劒勇於戰鬬其山川古蹟則貴州之養龍坑（夷人當春初擇牝馬之貞者繫之穴旁已而雲霧晦冥有物如蛇蜒者與馬接産必龍駒　國初夏明昇降獻一馬頭九尺長丈餘壓沙四百斤方可行後馴習之乘之絕塵云得之於此者）銅仁之甘梗泉（在平頭著可長官司泉生石崖湧出其流分清濁如涇渭然相傳出于萬山之底）都勻之都勻洞（洞中亂石皆如象鼻雜艸叢生）其産則黎平之洞被（以苧布爲質以綵繡絲挑剌成之）思南之竹雞（白蠟聞其聲則化爲水）刺竹（中心堅塞枝上有刺）爲異

羅羅（以下皆補前未及敘者）

羅羅滇貴皆有之亦有二種曰黑羅羅即東爨烏蠻

是也曰白羅羅即西爨白蠻是也其先皆九隆之後與六詔同種而羅羅之盛則自火濟始焉世居水西以安爲姓其諸羅蔓處各地者皆安氏長之蓋羅羅之俗愚而戀主即過虐之不以爲讐故自火濟至今千有餘年其酋長未嘗易姓奢香之後安貴榮安萬銓等皆驕蹇不受節制即聽調從征非邀重賞不行所過村落殺無噍類者詳見貴南志中其人深目黑身而白齒椎結跣蹻荷氊戴笠而行喜鬬尚力寬則以漁獵山伐爲業急則屠戮相尋故其兵常爲諸苗冠諺云水西羅鬼斷頭掉尾言其相應若率然蛇也

亦有文字類蒙古書者父死妻母兄死妻嫂婦見舅姑不拜裸而進盥謂之奉堂男女不同帷潛合而奔忌相賊也白羅羅之俗略同而飲食惡草凡鼠雀及蝡動之物俱喜啖之不通文字結繩刻木爲信女子善淫者則人爭取之以爲美也人死則以牛馬革裹而焚之俗尚鬼故一名羅鬼朱梁時羅鬼種有爨瓒者强盛故一名爨人居普定者爲阿和俗同白羅以販茶爲業物產大抵與滇貴同

犵狫

犵狫一名犵獠不知其所由來也其種有五蓬頭赤脚矯而善奔輕命而死黨得人片肉巵酒即驅之蹈奔湯火亦所不辭以布一幅横圍腰間傍無襞積謂之桶裙男女同制花布者爲花犵狫紅布者爲紅犵狫各有族類不通婚姻風俗略同在平伐者爲打牙犵狫獷悍尤甚善歛各毒之物以染刀箭當人立死觸其氣者亦死父母死則子婦各折其一齒投之棺中云以贈永訣也在新添者爲剪頭犵狫男女蓄髮寸許人死則積薪焚之又有猪屎犵狫喜不潔與犬豕同牢身面經年不洗得獸即咋食之物產無奇

狎獚

狎獚其種亦夥石阡施秉龍里龍泉提溪萬山之界往往有之無大酋長生理苟且荆壁四立而不塗門戶不扃出則以泥封之男耕女織暇則挾刀操笥柳以漁獵爲業元宵端午架鞦韆羣戲遂以淫奔父母死則焚其衣服殉其牛馬云若贈鬼者然

仲家

仲家椎髻躧屩不通文字好爲樓居飲食匙而不筴衣裳青色婦人以青白蒙髻長裙細績多者二十餘幅拖腰以綵布一方若綬仍以青衣襲之在室奔而不禁嫁則絕之喪食尚魚鰕禁禽獸肉葬以傘蓋墓期年而發火之祭以枯魚俗尚銅鼓擊以爲娛或掘地得鼓託言武侯所藏者富人爭購即百牛不恡也

宋家蔡家

宋家蔡家皆中國之裔也相傳春秋時楚子蠶食宋蔡俘其人民放之南徼遂流爲夷俗宋家稍通漢語或識文字勤於耕織男子帽而長衫婦人笄而短裋婚姻喪葬事亦不甚陋蔡家在底砦者與宋家同俗故世世連婚在養龍坑者無異苗人男女吹木葉索偶人死不哭遶尸而歌謂之唱齋

龍家

龍家驩氏之裔其種有四在康佐者恣睢獷戾難與約束好依溪林薦莽間貪而善仇常以杯羹爲人奔命男束髮不冠婦人斑衣以五色藥珠爲飾貧用薏苡配合先以淫奔始通媒妁人死則舁之幽嵒秘而無識以七月七日祭其先祖在寧谷西堡間者多張劉趙三姓一曰小頭龍家俗同康佐一曰大頭龍家男女以牛馬鬃尾雜髮而盤之若蓋以大笠覆之一曰狗耳龍家婦人辮髮上指若狗耳之狀

論曰貴南諸夷自古不賓然而滇南之境非由貴不達漢不能盡服黔中唐輒失志於南詔大抵道隔貴

州故也國初納土　詔令領部如故業已羈縻州峒置之矣天祐皇家貽我福澤寧我强土故俾田酋作逆旋伏天誅遂立郡縣服徭役與諸甸服同一統盛治殆過漢唐遠矣顧其地夷漢竝居官雖土流天性頑悍好殺制馭之術簡靜要焉不然伏龍之雛嬰樊之虎防閑稍踈其爲害豈易易制耶

五溪諸夷

五溪諸夷其先盤瓠之裔也昔高辛氏有老婦得耳疾挑之有物大如繭盛瓠中覆之以盤化爲犬其文五色因名盤瓠既而犬戎爲亂帝曰有能討之者妻以女封三百戶於是盤瓠亾三月銜犬戎首來帝難妻以女女自請行犬負女入南山至石室中人不可到三年生子六男六女自爲配偶績織木皮染以艸實好五色衣服裁制皆有尾形衣裳斑斕言語侏離其後滋蔓遂爲蠻夷今湖廣廣西溪洞中諸夷皆其種也有渠帥名曰精夫相呼爲姎徒所居皆深山重阻人跡罕至其在唐虞與之要質故曰要服夏商之時漸爲邊患周世猶盛王命方叔伐之詩曰蠢爾荆蠻大邦爲讐正謂此也戰國時楚莊既霸蠻遂屬楚秦昭王使白起伐楚略取蠻夷置黔中郡漢興改爲

武陵郡歲令大人輸布一疋是謂賨布雖皆爲寇盜而郡國討平之光武時武陵蠻帥單程等大寇郡縣漢將劉尚輕敵深入敗沒時伏波馬援年六十二自請擊之帝愍其老未許也援曰臣尚能被甲上馬帝令試之援據鞍顧眄以示可用帝曰矍鑠哉是翁遂遣援往援兵至臨沅擊破之單程等饑困乞降羣蠻遂平歷章和安順四朝累反叛攻劫州郡討平之永和初武陵太守上書以蠻夷率服可比漢人增其租賦尚書令虞詡奏言不可帝不聽其冬澧中漊中蠻果以增賦事舉種反至桓靈時累叛不休及先主遣

將吳班攻破之諸蠻輿相率響應焉其後種落漸盛布在諸郡縣自晉劉石之亂諸蠻益恣故其族漸得北遷陸渾以南滿于山谷宄洛蕭條略爲丘墟矣魏道武時大陽蠻首桓誕遣使内屬拜誕荆州刺史封襄陽王誕字天生桓玄之子也初玄被殺誕竄大陽蠻中遂習其俗及長多知謀羣蠻推爲首領死子暉立暉死弟叔興立叔興屢招慰諸蠻内屬者以萬計其後諸蠻叛服不常累年征討散而復合有冉氏田氏向氏服落尤盛僭稱王侯後周稍平服之唐末及五代時數出寇邊迄無寧日宋太祖既下荆胡得辰

州蠻人秦再雄者長七尺武健多謀蠻黨服之召至闕下擢爲辰州刺史仍使自辟吏屬予一州租稅再雄感德至州日訓練土兵得三千人皆能被甲渡水歷山飛塹捷如猿猱又選親校二十人分使諸蠻以傳朝廷懷來之意莫不從風而靡各得降表以聞太祖大喜加再雄辰州團練使建隆初前溪刺史田洪贇知溪州彭允林等列狀歸順詔以洪贇爲萬州刺史允林爲溪州刺史自後諸蠻叛服不常最大者曰彭氏彭氏世有溪州州有三曰上溪中溪下溪（皆今永順州）外復有二十州皆置刺史而以下溪州刺史總之名都誓王凡承襲必具名詣辰州州爲保證中鈐轄司以聞廼勑賜誥印符餘官許得自置彭氏自允林文勇儒猛相繼爲下溪州刺史天禧中儒猛叛頃之復降自是二十州歲納貢矣會提刑趙鼎言諸蠻願内附屬辰州而布衣張翹亦上書言諸蠻地可置郡縣遂以章惇經制蠻事於是舒氏彭氏蘇氏楊氏相繼納土使之比内地爲王民置沅誠二州元祐初傳堯俞等言置二州以來設官屯兵費鉅萬計公私騷然荆湖兩路爲之空竭乃廢誠州爲渠陽軍而沅州如故至崇寧中復以誠州爲靖州（即今靖州）自是後叛服

不常議者言湖南州縣地界與溪洞蠻連接以故省民多與檀易田產其豪猾者又以產寄蠻戸規免稅役宜詔帥臣明立省蠻封堠禁止前弊其蠻人願退者給以官錢更選土人衆信服者立爲首領以任彈壓之責潛以馭之此制蠻之長策也從之自是稍歸附希寇矣元時雖置郡縣叛服不常　國朝洪武初既平陳友諒克湖廣諸夷帖然久之五溪蠻叛議出師討之江夏侯周德興請行時德興年老　上壯之賜以手書云趙充國圖取西羌馬援請討交趾朕嘗美之今五溪蠻叛而卿奮然請行卿之志見矣未幾

五溪蠻平德興班師以後兵戈漸輯湖地稍寧雖間有竊發者第自相攻擊未煩中國師也至正德間郴桂土人龔福全等倡亂福全形貌獰惡面多髯體生黑毛嘯聚山谷中僞稱延溪大王其黨劉福興李斌高仲仁黎穩藍友貴等俱僞稱總兵分據烏春山臘栗砦等處巡撫湖廣都御史秦金列其事以聞　朝廷命金討之金檄漢土兵至分布諸將進討守備指揮王翰王廷爵李璋劉宗仁等統兵藩臬官陳璧黃質王濟顧英等監之永順致仕宣慰彭世麒以兵隸馬分兵四哨進諸路夾攻輒大破之前後凡生擒賊

魁李斌黎穩楊禮李仁方龐海劉德才梁景聰等十五六人斬獲賊衆四千餘人焚賊廬舍八百餘間獲老弱牛馬器仗不可勝計各哨俱獻捷軍門惟首惡龔福全據險未獲金賞賚諸將士乃重購能生擒福全者賞五百金斬首二百金仍趣諸將暨宣慰彭世麒等會兵進勦尋右哨諸將諜知福全率賊衆遁過走馬山禾倉石據險立砦遂率兵抵砦下轉戰數合賊敗走彭世麒偕其弟彭世驗擒獲龔福全幷親屬賊衆二十餘人斬首百級焚毀賊廬舍六十餘間賊魁高仲仁走廣東仁化縣爲官兵所獲餘賊散匿山

谷者諸營兵會廣東兵搜捕之擒斬散逸略盡金乃大犒將士撫恤陣亡及被傷者班師使使報捷　上優詔答之金與紀功御史王度俱增秩一級金蔭子姪一人世襲錦衣百戶諸將士各陞賚有差嘉靖初蜡爾山苗反其山半屬湖廣半屬貴州詳已見桂南志中其屬鎮溪者半與盧溪編民雜處所墾種多瀘溪田供徭役嘉靖初苗雖時小寇竊未叛也有箄子坪土官田興爵者往以罪繫辰州獄諸苗以其地主也斂賄賂吏以計脫深匿苗砦主奉之興爵返虐苗多所求索淫苗妻女諸苗怒逐之燬其公署遂叛日

相蔓引鎮溪苗亦叛詔召萬鏜起家督撫開府辰州令相機撫勦鏜集諸路漢土兵討之不克乃召苗渠魁使來見苗謂必得質始出鏜令千戶某入質苗砦苗魁龍某來見鏜執以聞誅之苗殺其所質千戶某鏜乃厚恤其家復遣兩省諸監司挾所隸土官親詣賊巢招撫犒以花紅牛酒給魚鹽又計口給糧食時苗以連年被勦稍聽撫鏜遂班師時貴州苗未附其苗魁龍許保等糾合衆作亂鎮溪諸苗亦從之會張岳代鏜討龍許保因以兵討胡苗助逆者平之事聞　朝廷仍設總督鎮撫其地其夷多據湖南古巫黔中

之地今之辰常靖施永順保靖等處是也其俗大抵信巫重祀刀耕火種短裙椎髻刀弩自衛喜殺輕死行險若飛兒始能行燒鐵石烙其跟蹠使頑木不仁故能履茨棘而不傷初生時秤之以鐵如其重漬之毒水兒長大煅其鋼以製刀終身用之試刀必斬牛仰刀牛項下以肩負刀一負即裂者良刀也弩名偏架有鎗名掉鎗長二丈餘取以護弩戰則一弩一鎗相將而前執弩者口銜刀而手射人或敵逼之鎗無所施則釋弩取刀以救度險整其行列退去必有伏弩土軍弓手輩與之角技藝爭地利往往不能決勝

也歲首祭盤瓠雜揉魚肉酒飯於木槽扣槽羣號爲禮十月朔日各以聚落祭都貝大王男女各成列連袂相携而舞謂之踏傜意相得則男咿嗚躍之女羣負所愛去遂爲夫婦不由父母其無配者俟來歲再會女三年無所向父母或欲殺之以其爲人所棄云樂有盧沙鐃鼓胡盧笙竹笛之屬其合樂時衆音競閧擊竹筩以爲節團欒跳躍叫嘯以相之歲暮羣揉樂入省地州縣扣人門乞錢米酒炙如儺然山川古蹟則辰州之武山在盧溪縣山有石室遥見一石似狗盤瓠象也土俗至今不食犬肉有盤瓠廟小酉山在府山下有石穴其中舊有書千卷相傳昔人避秦隱學于此羅公山在黔陽縣昔有羅姓者隱於此後爲神其絕頂有平池廣數十里夜陰雨霾或有物如明月遊水上云女崖上有石屹立如人相傳高辛氏女於此化爲石每歲端午土人致祭常德之蟠桃巷宋祥符間土人開地見土龕光色照耀得大果九枚識者以爲蟠桃施州之鏡石方[illegible]尺許漆黑寒光以水沃之隔岸山木舟人畢照昔傳取入汴以其照昏載還之通潮溪其水一日消長二次靖州之銅鑼溪在州世傳宋楊文廣妹討儂智高陞銅鑼於此故名[illegible]其中或作鑼聲則其稍奇者也物產惟猿熊貘食鐵齒骨極堅刀火俱不能傷里人許作佛牙其糞爲兵可以切玉其溺能消鐵爲水獺丹砂水銀青碌等物

三江諸夷

三江諸夷亦盤瓠之後其地在今廣西夷類最多難以盡紀其驕鷔者則唐之西原宋之廣源今之田州

大藤是也唐天寶初黃氏彊與韋氏儂氏唇齒爲寇害據十餘州韋氏周氏恥不肯附黃氏攻之逐于海濱至德初首領黃乾曜等叛推武承斐等分爲四王合衆二十萬地數千里署置官吏攻桂管十八州所至焚廬舍掠士女更四歲不能平乾元初西原環古等州首領方子彈等出兵討之斬黃乾曜等七人承斐等以餘衆面縛詣桂州降盡釋其縛差賜布帛縱之其後叛者則有張侯夏永王國良黃少卿少高少度黃昌瓘等攻陷州縣摽掠士民者甚夥前後俱討平之黃氏儂氏據州十八經略使至遣一人詣治所

稍不得意輒侵掠諸州橫州當邕江官道嶺南節度使常以兵五百戍守不能制太和中經略使董昌齡遣子蘭討平峒宂夷其種黨諸蠻畏服有違命者必嚴罰之十八州歲輸貢賦道路清平其後儂洞最強結南詔爲助懿宗與南詔約和二洞數構敗之邕管節度使辛讜以從事徐雲虔使南詔結和齎美貨啖二洞首領儂金勒等與之通歡金勒聽命宋時儂氏世爲廣源州首領有儂全福者知儻猶州後爲交趾所虜其婦阿儂嫁爲商人婦生子名智高及長殺商人曰天下豈有二父耶因冒儂姓久之據廣源州拓

地自廣僭稱南天國王宋遣使王贄說之智高因請求內屬宋事聞宋不報智高既不得請又與交趾爲仇且擅山澤之利遂招納亾命數出敝衣易穀食詒言峒中饑部落離散邕州信其微弱不設備也乃與廣州進士黃瑋黃師宓及其黨儂建侯儂志忠等日夜謀入寇一夕焚其巢穴語其衆曰平生積聚今爲天火焚無以爲生計窮矣當拔邕州據廣州以自王否則兵死遂率衆五千沿鬱江東下攻破橫山砦遂破邕州執知州陳珙等害之智高僭號仁惠皇帝改年啓曆時天下久安嶺南州縣無備一旦兵起倉卒

守將多棄城遁故智高所向得志相繼破橫貴龔潯藤梧封端康昭賓邕共十一州陳曉等兵敗朝廷命狄青爲宣撫使督諸軍進兵絶崑崙關智高悉衆拒戰大敗夜焚城遁由合江口入大理國狄青募死士使大理求之知高已死於大理乃函其首至京師先是知高未滅時有謠言云農家種糴家收後果爲狄青所滅其母阿儂多知謀攻陷城邑每用其策性慘毒日食一小兒智高敗阿儂收餘兵三千復欲入寇安撫使余靖擒之檻至京伏誅又有儂宗旦者嘗入寇後知桂州蕭固招降之而儂夏卿儂亮等皆自

特磨來歸儂氏遂亾宋乃分析其種落大者爲州小者爲縣又小者爲洞凡五十餘所推其長雄爲首領籍其民爲壯丁以藩籬內郡障防外蠻元時據溪洞者如初　我朝洪武初楊璟既平廣西於是左江太平府土官黃英傑右江田州府土官岑伯顏皆遣使賫印赴軍門降請納土內附　太祖嘉之詔仍襲其官五年田州澧州猺亂命鄧愈周德興等出兵討平之十六年廣東猺亂於是江西永新龍泉山民互相扇動結聚徒黨自稱順天王命申國公鄧鎮等將兵討之遂平有柳州馬平縣主簿曰孔性善者上言

獞雖盜賊豈無良心昔陳景文知縣事時獞賊皆應差役厥後反側誠使守令得人示以恩信諭以威福豈不願爲良民乎　上嘉納其言命吏部凡溪洞郡縣擇賢守令以撫轄之自是稍安息矣景泰中獞酋侯大狗等猖亂嘯聚萬人修仁荔浦力山平樂皆應之攻墮郡縣出沒山谷守臣不能制率以招撫羈縻之時朝廷非有虜警未遑問也天順初詔守制叅政葉盛督撫兩廣令都督顔彪率兵赴之盛與彪協謀至則破賊砦八百擒斬數萬人自是輒亂輒討平之聲振諸夷時臺省官方薦盛才可入内閣值有譖盛

於李南陽許者遂轉盛巡撫宣府盛去兩廣復亂而大狗猶益縱恣發兵捕之詔有捕得大狗者賞千金爵一級竟不可得久之蔓延廣東高廉雷之境所至殘毁兩廣守臣皆待罪會　憲宗初即位鋭意南討集廷臣議兵部尚書王竑言峽賊稱亂其始由守臣失策以招撫圖爲苟安長其桀驁譬諸驕子愈惜愈啼非流血撻之啼不止爲今之計當大發兵討之竊見浙江叅政韓雍智勇過人材兼文武屬以討賊可紓南顧憂而諸將中推都督趙輔材略可任上皆從之擢雍僉都勅有無若葉盛殺降之語蓋出於李賢

之謗也頃之雍至廣西授諸將方略率諸路兵並進夾攻之連破石門道袍屋厦紫荆竹踏良胸古營牛腸大岵等砦賊遁入桂州横石等塘九層樓據險立栅拒之雍令麾死士以大斧刊木開道兩軍齊登發火箭焚其栅而夏正自林峒來援賊大驚潰生擒侯大狗等七百八十餘人斬首三千二百餘級遂磨崖石紀歳月而還土人謂自國初但能禦之令無出掠未有窮入巢穴破之者乃斬峽藤斷之易名斷藤峽分兵捕雷廉高肇諸寇先後平之初雍至大藤忽素衣數十人拜伏軍前詒言我等良民也賊掠至此今

得公來必脱穽獲矣雍厲聲曰若等皆賊敢欺我也命裸而斬之果皆短兵裹於衣中蓋欲行刺害雍者也有軍士持賊首至者雍輒磔之而吮其髓于將士皆驚峽賊聞之膽寒神搖故極力拒敵勢不能支藤峽平雍乃上言諸獞之性悍見官府攝以流官終難靖亂有上隆州土知州岑鐸以罪在禁而事屬曖昧推鞫無因況蠻夷之族不必責以彝倫請復其職俾領藤峽開設州縣仍隸潯州又以各處巡檢俱係流官不諳民情不辨地里往來遷轉難以責成而部下有功土人李昇等效有勤勞請量授土巡檢官秩或

用爲流官之副彼皆感恩圖報必能保障一方上皆
從之仍賞韓雍及諸將和勇歐信等各有差無何雍
以憂去兩廣賊勢復張僉事陶魯言兩廣地勢猶一
人之身今軍政分而爲二以是賊入寇掠無人任其
責者乞勑大臣總督兩廣如馬昂葉盛韓雍故事庶
事體歸一巡按御史龔晟亦言宜立總府於梧州簡
命大臣兼制兩廣則事統於一而責有所歸兵部亦
言兩廣互爲唇齒廣東藉廣西之兵力廣西藉廣東
之糧儲今巡撫等官名位頡頏議論之際甲可乙否
宜如魯等所請　上命兵部會官議舉其人以聞仍

議起用韓雍從之十二年總督兩廣朱英奏廣西猺
獞屢服叛無有已時然彼亦人類尚可善化臣與鎮
守等官會議將撫治勸誘之方揭榜曉諭有願去逆
效順者即定爲編戶復其猺賦三年或家業未成願
還本貫者聽時則有荔浦縣立山鄉賊首李公主令
其子扶寶率衆四十來詣軍門言有衆數萬俱願歸
順而守臣袁愷謝綾范鏞等招附可三千餘人其餘
未順者諒皆漸可招徠俟其編戶具籍復奏而處之
疏下兵部尚書項忠等言英等能下順民情施恩布
信令出未及數旬歸順幾及萬數宜賜勑奬之弘治

初田州猺岑猛叛岑猛者伯顔之裔也四傳至猛仍
襲田州知府職後以與思恩知府岑濬相攻擊事
朝廷誅濬改思恩爲流官知府兼攝田州降猛福建
平海所千戶正德初猛賂劉瑾得復爲田州府同知
領府事猛撫輯遺民兵威復振稍蚕食傍郡地自廣
嘗自言督府有調發願立功冀復故秩督府使至田
州猛厚賂之衆譽猛藉甚會江西盜起都御史陳金
檄猛討賊猛兵大肆侵掠所至民徙村落避之賊平
金疏猛功稍遷指揮同知猛葢復知府秩授官不愜
初意遂怨望驕蹇督府使者又不得曩厚賂多譖猛

不法猛亦恃兵力凌轢鄰府日甚或言猛反者都御
史盛應期惴猛冀得猛重賂乃猛遂出不遜語應期
怒疏猛反狀請討之未報應期去都御史姚鏌代不
察其故再疏請征猛制曰可於是鏌遣都指揮沈希
儀張經李璋張佑程鑒等五將軍帥兵八萬分道進
而令參議吳堯元爲監軍督之猛初令其下毋交兵
裂帛書寃狀陳軍門乞憐察之鏌不聽督兵益急沈
希儀擊斬猛長子邦彥諸軍繼入猛懼謀出奔猛婦
翁歸順州知州岑璋以其女失愛於猛素憾之欲乘
間擒猛自爲功乃誘猛來歸順先是軍門令諸土官

有能擒猛者賜千金爵一級畀其半地黨惡者移兵
誅之又恐璋猛婦翁或黨猛希儀知璋以女失愛故
憾猛察其部下千戶趙臣者雅善璋乃遣往說璋臣
至歸順詒璋曰督府討田州謂君猛婦翁必黨猛令
我檄鎮安兵襲君我不言君必死我言君必驟發爲自
脫計即我泄漏機事矣必我殺奈何璋頓首謝曰君
實生我君不言我赤族不悟也猛娶吾女奴視之吾
何暱焉吾欲殺猛久矣無間也遂遣兵千餘人往猛
子邦彥所陽言助之實爲我兵內應及戰歸順兵先
呼敗惑衆田州兵驚潰故希儀擊斬邦彥及猛欲奔

璋使人招之曰事急矣願主君走歸順三四夕可達
安南再圖興復耳猛倉卒無所之又以姻故遂佩印
走歸順璋佯涕泣迎之處猛別館盛供帳列侍美女
地邃僻猛喜甚遂不疑璋會諸將不知故頗聞猛走
匿璋所遂以兵萬人擣歸順璋亟遣人持牛酒犒師
境上而自來見諸將頓首謝曰猛敗昨越歸順欲走
交南璋邀擊之猛目被流矢南走不知所之急之恐
入交南連逆賊爲變幸緩五日當搜致堯元等許之
璋歸復詭猛曰天兵已退非陳奏事不白爲君艸封
事令入上之如何猛曰固所願也乃爲疏令猛出印

印之璋得知猛眞印所乃置酒賀猛樂作持鴆酒一
盂獻曰天兵索君急不能庇請自爲計猛大怒罵曰
悔墮此老姦計也遂飲鴆死璋斬其首并所佩印遣
使間道馳詣軍門上之諸將聞之引還猛三子長邦
彥敗死次邦佐遁後其族爲武靖州知州次邦相兵
敗出亡邦彥側室子芝方襁褓匿民間鏌見岑氏弱
討田州可滅疏請置流官　上從之夷俗憚流官法
制多不便亡何田州土酋盧蘇求得邦相遂糾思恩
土目王受挾邦相反兩江皆震御史石金至聞前御史
與鏌有隙意不直鏌又藩臬諸司素不爲鏌所喜者

多沮鏌事倡言猛實未死鏌爲歸順所欺有自右江
來者則言猛已糾安南莫登庸入寇陷思恩矣省城
旦暮且不保靖江諸宗室洶洶以流言欲出奔石金
信之遂劾姚鏌撓夷無策輕信罔上圖田州不可得
并思恩而失之　上大怒落鏌職命新建伯王守仁
代鏌諸夷聞守仁至皆憚之守仁顧益自晦事鎮靜
見蘇受兵勢已熾度岑氏不可遂滅使人招蘇受降
約日投見會有造浮言誑蘇受欲取其賄者蘇受疑
懼反覆守仁遣使慰諭之且與之誓蘇受言來見必
陳兵衛又欲易軍門左右祇候皆盡以田州人守仁

不得已皆從之蘇受果陳兵來見守仁數其罪許以不死論杖一百以全軍法蘇受不釋甲受杖且田州人杖之守仁諭蘇受使歸俟命乃上疏言思田久苦兵革民間已不勝況田州外捍交阯縱使克之置流官兵弱財匱恐生他變岑氏世有功治田州非岑氏不可請降田州府爲州治官岑猛子邦相爲判官以盧蘇等爲土巡檢別立田寧府設流官知府統之薦布政使林富爲巡撫都指揮張佑爲總兵官　上皆從之乃令邦相歸治田州盧蘇等各蒞任田州平會斷藤峽苗反守仁遂移兵檄蘇受兵攻之而蘇受初

降亦願立功自贖兩江父老遮道言斷藤峽及其八砦賊猖亂狀請討之守仁至南寧議與藩臬官汪溱翁素吳天挺將官謝佩張經等督湖廣土兵襲剿之先是各賊聞軍門檄湖廣土兵至皆逃匿深險後聞以蘇受降罷兵又督府駐南寧散遣諸官兵無征剿意及湖廣兵回皆偃旗息鼓賊弛不爲備至是官兵突進四面攻圍大敗之通計擒斬賊級一千一百餘人俘獲甚衆於是斷藤之賊略盡進剿八砦猺賊各兵乘夜銜枚速進至日昧爽抵賊巢穴突進遂破石門天險兵入賊始驚覺官兵乘勝追擊賊遂大潰分道奔入高山據險立砦官兵亦分道追圍之賊據高險下礧石滚木官兵仰攻不便乃夜募死士掩其不備頃之破古蓬砦破周安砦破古鉢砦破都者峒砦而參將沈希儀等又多擒斬逸賊通計前後擒斬幾二千人墮溺死及俘獲者甚衆於是八砦之賊亦盡兩江稍寧守仁經略撫輯乃班師疏上論功褒奬陞賚有差未幾守仁召歸卒於道而武靖州知州岑邦佐不能鎮輯且墨賊賄多曲庇之故峽以北賊復漸肆猖獗其酋侯勝海者居弩灘爲亂指揮潘翰臣聽土目黄貴韋香言誘勝海殺之實貴香利勝海田盧

也時都御史潘旦又許貴香取勝海田盧不禁勝海弟公丁大憤恚而諸猺亦抱不平邦佐又陰黨之於是集衆反破堡殺戍兵二百餘人事聞詔以侍郎蔡經代旦經集諸司議發兵曰諸君渡滅賊須兵幾何副總兵張經曰不過萬人蔡經曰太少沈希儀曰非八萬人不可蔡經曰太多副使翁萬達曰二君言各有據襲而取之曰剿聲罪討之曰征由張君言剿也由沈君言征也然今賊爲備久矣剿之無功從沈君言便會朝議欲征安南事遂已公丁等益横時出殺掠潯人苦之萬達言之經御史鄒堯臣亦賛之經乃

會安遠侯柳珣決計發兵以兵事屬萬達萬達廉得百戶許雄素通賊狀劫之曰能擒公丁貸汝死不即論如法雄懼請效力自贖遂以計擒公丁檻致公丁軍門磔誅之時十七年冬也僉事田汝成謂督府首惡既擒賊方震駭宜乘此時進兵討賊經許之會沈希儀病乃以副總兵張經將左軍副使翁萬達監之共三萬五千人分六道進都指揮高乾將右軍副使梁廷振監之共一萬六千餘人分四道進南北夾擊之賊大窘遂擁衆東奔而指揮王良輔邀擊之中斷復西奔諸軍合擊斬首一千二百級賊謂往年據險

結巢故被官兵擊破皆殲焉至是不聚結砦惟漫衍山谷間令官兵疲于追逐且曠日久多費糧餉必速退其東奔者入羅連山萬達等移兵攻羅連檄右軍抵長洲沿江繞出賊背賊於諸隘險伏械器防禦甚多官兵皆以計發之追斬百餘級賊益窘會右軍迷失道愆期三日又土目盧蘇受賊賂斂兵縱之漫匿諸山谷人言羅連山官兵古所未至者賊遁深入不復窮追云會平南縣有小田羅應古陶古思諸猺亦據險弗靖萬達等移兵剿之招賊餘黨二百餘人降之江南胡姓諸猺歸順者亦千餘人藤峽諸猺復平

萬達獻議于督府凡七事一曰編保甲以處新民二曰立營堡以通江道三曰設督備以控上游四曰改州治以建屯所五曰清狼田以正疆界六曰處款兵以慎邊防七曰榷商稅以資公費其所謂改州治以建屯所者請改州爲武靖千戶所擇人任之即以三縣狼家之族隸焉議上蔡經多採納疏請行之捷聞蔡經改左侍郎進秩一級柳珣加宮保暨諸將帥守臣皆賞賚有差其地古屬百粵當嶺南右偏土瘠民獷視東道特異三江連亘千里半入猺夷而潯柳思田之地更爲盜藪其俗大畧與五溪諸夷同其山川

古蹟則仙奕山在柳州府城南上有穴穴有屏有字登者得石棋子於其上黑肌而赤脈可奕感應泉在平樂宋鄒浩謫居昭州以江水不可飲汲于數里外後所居地泉忽湧出故名及浩歸泉復涸火山在梧州每夜山有火光或云昔趙佗埋劍于此綠珠井在博白縣梁氏女綠珠有美色石崇爲交趾採訪使以珠三斛買之今舊井存焉古辣泉在橫州以釀酒即熟不煮惟埋之土中日足取出味甘可以致遠其物產則秦吉了形如鴝鵒教之能言勝鸚鵡倒挂鳥也五色相間聞香則收于翼夜倒挂于樹林以放其香蟲絲楓始生葉有蟲食之作絲如琴弦蠶人鬻作鈎鈎苧布一名鬱林布漢書白越即此布也桂蠹形如新生鼠產子桂樹竊食蜂蜜人以入口即化爲蜜甘香甚奇犆牛牛與蛇同穴嗜鹽里人皮裹手塗鹽探之其角如玉玉面貍一名風貍晝則拳曲如蝟遇風則飛行空中味甚佳其溺及乳治風疾奇效山獺性極淫毒山中有此物諸牝獸皆避補助之藥無踰于此一枚値黃金數兩令婦人摩于

極熱驗之躍然而動者爲眞**野婆**狀如老嫗皆雌無偶上下山谷如飛遇男子必負去求合嘗爲一健夫殺死剖腰間得一物若玉印字類符篆不可識葢異事也**鱷魚**四足齒利如刀劍能陸追牛馬舁噉人水中覆舟遇網則避一孕生卵數百成形則有魚蛟黿蛇等物斬其首乾之更生如此者三乃止**異魚**名多難紀**胡蔓**草也以急水吞之即死慢水即緩取毒蛇殺之以此草覆之洒水菌生其上爲藥殺人**睡草**一見之則令人睡一名懶婦箴**人面子**果也兩邊似人面甘酸可食**鉄樹**高三四尺幹葉皆紫黑色六十年一開花必丁卯年開**勾芝木**皮可績爲布**不死艸**狀如茅食之延壽置盤中食物不腐爲異

論曰書稱滑夏詩稱讐邦蠻夷爲患自古記之矣況盤瓠之裔族居中國溪洞間人跡罕及來則嘯聚退則深匿與徼外蠻夷梯山航海而至者不同自漢迄

今跋扈難馴雖剿平鎮溪藤峽之後稍稍震慴然如藏機之弩一動即發倘不羈縻之撫綏之及一旦跳梁然後興百萬之師殫數省之積與之交敵勝則無益敗則損威於國家何賴焉昔孔性善請擇良吏嗚呼制蠻上策無踰此矣

黎人以下諸蠻無國號姓氏故無朝貢事跡可述第以其雜處中國境內故錄及之

黎今儋崖瓊萬州嶋上蠻也嶋之中有黎母山諸蠻環居四旁號黎人內爲生黎外爲熟黎山極高嘗在霧靄中久晴海氛清廓黎人時見翠尖如浮空中然其山水分流四州熟黎[illegible]耕作省地供稅役生黎所居絕遠外人不能跡不供稅役至於黎母之顚則雖生黎亦不能至相傳其上有人壽考逸樂不與世接虎豹爲之守險無路可攀但覺水泉香美絕異云以前未聞在唐爲瓊管之地宋至和初有黎人符護者邊吏嘗獲其奴婢十人還之符護亦嘗犯邊執瓊崖州巡檢慕容允則及軍士至是以軍士五十六人與允則來歸允則道病死詔軍士至貸其罪至紹興中黎州王文滿結連西峒王承閏等攻破定南砦復犯省地廣西發兵官燒燬巢穴生擒黎賊王用賓等亂遂定乾道二年廣西經略轉運司言當說諭

黎人示以朝廷德意威命使之自新退復省地能說諭收復者量功立賞內有侵犯省地或逃失省民亦重責罰其先省民逃居黎峒之人守臣招誘還鄉蠲其逋稅詔從之六年黎人王用休犯邊萬安權守巡檢孫浩等招諭之九年樂昌縣黎賊劫省民焚官舍黎人王用存王承福陳顏等招降復砦有功宋授以官職俾之控制黎人有黃二娘者瓊州熟黎酋之妻家饒財善用衆羣黎畏之宋淳熙初封爲宜人二娘死無男有一女欲依例承襲詔從之頃之生黎峒首王仲期率諸洞丁口一千八百餘歸化仲期與諸峒

首王仲文等八十一人詣瓊管司司受之令歃血約
誓不復鈔掠詔各賜賚有差生黎質直獷悍不服王
化亦不出爲人患熟黎貪狡兩廣福建之姦人亾命
遁居其間省界諸州至有爲黎人據其廳事治所州
吏遣人致謝始得還者我　朝廖永忠既平廣東海
南儋萬黎夷洞主末附其後耿天壁擊破之其地遂
平頃之廣東巡按汪俊民上言黎性頑狠未易信從
又山水峻惡風氣亦異中國之人罹其瘴毒鮮能全
活臣訪得宜倫縣熟黎峒首王賢祐舊嘗奉命招諭
黎民言從歸化者多況其服習水土不畏瘴厲臣請

仍詔賢祐至京量授以官俾招諭未服黎人戒約諸
峒無納逋逃其熟黎則令隨産納稅一切差徭悉與
蠲免生黎歸化者免其産稅三年峒首則量所招名
數多寡授以職事如此庶幾黎民順服從之其俗稚
髻跣足弓矢刀劍跬步不離熟黎能漢語變服入州
縣墟市日晚鳴角結隊以歸多符王二姓者男女生
週歲即文其身周身畫成諸花及八寶式尋用細鍼
挑刺出血塗以青靛候三四日滌去則花紋宛然大
家以此相尚云不然則上世祖宗不目爲子孫也貿
易會集塲皆婦女負貨出門男子不與故人皆多畜

妻女工紡織得中國綵帛拆取色絲和吉貝織花所
謂黎錦被服及鞍飾之類精麤有差親死不哭不粥
飯惟食生牛肉以爲哀痛之至葬則舁櫬而行令一
人前行以雞子擲地雞子不破處即爲吉穴客來未
相識主人先於隙間窺之客儼然矜莊始遣奴布席
於地客即坐又移時主人乃出時坐不交一談少焉
置酒先以惡臭穢味嘗客客食不疑則喜即設佳殽
更相親狎否則遣去不復與交會飲時未嘗捨刀稍
酬各請弛備雖解器械猶置身傍一語不合則起而
相戕性喜讎殺謂之捉拗雖積世之讐必報祖父鬬

敗幾則尅箭幾射於梁上以爲識毎會客飲顧梁上
弓矢則奮報讐之志醉即羣作狗號自云狗種欲使
先祖知而庇之也男仇只結於男若婦人仇則其婦
家亦助之報怨矢中鋒鏑死客埋不悲泣恐敵人知
其爲不武也居處架木兩重上鋪以草如樓呼曰欄
房上以自居下以畜牧甚汙穢也遇晚村中幼男女
盡驅而上聽其自相偕偶至於婚姻仍用講求又一
種自婺嶺以北曰遐黎間習弓矢居常以椰瓢蔽體
凡父母過五十則烹而食之云葬於腹中以爲得所
此其俗之最惡者也其山川黎母山見前其産潮雞潮至

則鳴音如吹角黃丈鬼出則爲崇著黃衣至人家張口而笑必得疫疾榴花酒榴花釀成之味佳人面魚其味在目其毒在身先朝有人出使海南其國奉以進使者啗其雙目即令撤去夷人服其博文鰩魚白首赤喙翅與尾齊羣飛海上則有風西山經云其音如鸞見則大穰海鯊虎頭魚體黑文鱉足巨者重二百斤常以春晦入山化而爲虎凡虎紋直而長者皆鯊化也海味名多難紀雞翅木作刀靶最妙鯢魚四足長尾能上樹天旱含水上山以葉覆身鳥來飲水因而取之聲如小兒啼故名取膏燃燈不滅龍涎香龍開則涎出以討取之和香最妙爲奇

蜑人

蜑人僑崖海上水居蠻也以舟楫爲家或編蓬水滸謂之水欄亦有三種入海取魚者名曰魚蜑取蠔者名曰蠔蜑取材者名曰木蜑其人皆目睛青碧卉衣血食各相統率魚蜑蠔蜑能入水伏二三日旁人以繩繫其腰繩動則引而上或爲海怪所害岸人見有血一縷浮水上則蜑死矣一謂之龍戶一謂之崑崙奴産與黎同

馬人

馬人其先中國士卒隨馬援南征羈留未歸散處南海遂成部落其人深目猳喙以採藤捕蠣爲業産與黎同昔韓退之詩云衙時龍戶至上日馬人來人皆不識多强解之由今而觀殆即此馬人蜑人之謂也

狑人

狑人生廣西幽厓奥谷中彫題高結狀若猩狒散育莽中不室而處饑則拾橡薯射狐鼠雜蜂蟲蟻血食卉衣言語侏儷雖附近獞人亦莫能重譯也

獠人

獠俗謂之山子依山而居無酋長姓名惟事有力者曰火郎父死子繼餘稱提陀提陀者華言百姓也舊傳其類有飛頭鑿齒鼻飲赤褌之屬殆百餘種嘗見續博物志云嶺南溪洞中往往有飛頭者一日頭頸有痕匝如紅縷及夜則飛去曉即還家即獠種也此與前所謂屍致魚及虫落者皆同但各異種類俗婦人孕七月即生臨產生兒便置水中浮則養之沉則棄之然千百多浮夫妻異宿惟于晴晝牽臂入深山爲樂既入則於路口插松竹以斷來者謂之插青見者即返或誤入則加以刀斧性好殺報仇相擊必食其肉而臥其皮所殺之人美鬚髯者剥其面而籠之竹中鼓譟而祭之以邀福利眞蠻俗也

犵人

犵人生崛巄中短小精悍深目黃睛不識金帛木食形如猿猱語啁嘤不可辨性極忠慤夷獠常馴擾之

役以採片腦鶴頂犀角象齒皆有法能致之得則貢以輸王遇他姓奪殺亦弗與稍近烟火則淚目至殺眞臘風土記云有二種野人一等巡行山谷頭戴一瓦盆而走遇野獸則槍標射殺烹之性甚狠無家可居一等通往來語言之野人乃賣與人間爲奴者或卽犹人之類獠犹諸種凡川廣雲貴洞溪中皆有之故山川古蹟物產不可盡述云

獞人

獞人五嶺以南皆有之與猺雜處卉衣血食居以欄房善爲毒矢射人及物中者焦沸若炙肌骨立盡雖

猺人亦畏憚之又善爲蠱毒五月五日取百虫於一器令自啖食存者留之持以中人無不死者又爲飛蠱一名挑生一名金蠶皆鬼屬事之可以驟富害人者內之飲食中令人心腹絞痛面目青黃吐水而脈沉治之以歸魂散雄珠丸在胃膈則服升麻吐之在腹則服鬱金下之或云蠱神熠燿若日以昏暮飛入人家爲祟事之作蠱害人卽有利益不則反被其害有不用其術者以釵釧錦段等物置之道旁俾他人得焉名嫁金蠶畏蝟取蝟入其家則蠱神就擒矣凡川湖閩粵皆有此事不特猺獞爲然也聚而成村曰峒峒各有長婚姻先結草屋外居謂之入寮自入寮後多殺媵婢則妻黨畏之不爾謂之懦怯半年而後女歸夫家其人遠出而歸者止于三十里外遣巫提竹籃迓脫歸人貼身衣貯之籃中以爲前導云爲行人收魂歸也餘俗與五溪三江諸猺相同

論曰古者洪濛之世雎雎盱盱萬民猖狂不知東西禽鹿之與遊而猿狖之與居迨五帝三王陶鎔以禮樂束縛以政令然後中土之民始知廬處粒食冠裳文物矣至於吳粵文身滇僰椎髻雖太伯端委以治漢武帝開西南夷郡縣而置之且不能革其故習盖

累世難之也洎乎今日吳粵人材甲於海內而滇南之地綽有華風於都哉固皇家之福祐使然毋亦風氣漸開故人文漸著有以廹軼萬古耶維時黎獠諸蠻生而未嘗接縉紳識禮義亦猶洪濛之民曷怪其俗之鄙俚也顧氣運昌熾浸浸乎自北而南矣倘得一二良吏綏以恩惠匡以敎化闢其荒蕪而郡縣之俾之制農桑通文字識君臣上下威儀之節則安知黎獠諸蠻不如今日之吳粵滇南乎余備列之盖有厚望意云

咸賓錄南夷志卷之八終

錢世傑寫　鄒邦傑刊

諸夷考三卷

〔明〕游朴撰

《諸夷考》三卷，明游朴撰。朴（一五二六—一五九九）字太初。福建福寧州柘洋（今福建柘榮）人。萬曆二年（一五七四）進士。曾官廣東按察使司副使。據《海圖説》、《炎徼紀聞》、《廣東西志》、《東夷圖説》等，撰爲是書。卷一詳述倭汛、古哩、榜葛剌、蘇禄、柯枝等七十三國之方位、物産、風俗等，卷二記載西南邊疆少數民族之源流，卷三專述西南之地理山川、風俗民情、物産器用等，較爲詳備。據中國國家圖書館藏明萬曆間刻本影印。

諸夷考序

少司馬蔡龍陽公在粵藩時為東夷圖說首朝鮮終黑鬼凡二十餘國貌其形而各疏其山川風俗附以嶺海奇聞又總為之敘於盛衰安危之故三致意焉既梓行粵中矣越數年倭奴彼猖據朝鮮窺遼左中土戒嚴督府蕭念渠公治師備海弋船下瀨之将雲布境上百執

事相見日談兵也於是中丞王儆吾公戒先震鄰屬費唐衢方伯徵是書則司馬遷秩時携其梓去矣方伯從民間索得一帙以復諸中丞因謂不佞粵中不可無此書不佞曰然適中丞朱明虹公

广西南夷紀方伯見之又謂兩粵之

求西夷之為利害亦同也盍

詘不佞曰然迺釆海圖說炎徼紀聞廣東西志所載合司馬之書為諸夷考以付梓人西戎北虜別為考以俟他日司馬之言曰夷之盛衰中國安危之係也豈不信然唐疲於吐蕃西夷也宋敝於女直東夷也以古鏡今端可睹矣然昔人猶有釋吳楚為外懼之說焉蓋戎狄交侵而周業興呼韓稽顙而漢焰熸盛衰安危機不在夷而在我姑無遠

引即以圖說中朝鮮言之隋煬窮四海之力發兵至十三百萬東征再駕卒困於夷唐文皇併天下乘百勝餘威臧高昌擒突厥胡越一家而遼左無功齎憤以沒何其堅也迺今蕞爾倭奴曾不比於隋唐之俘虜一旦而舉朝鮮若振槁何哉則以豢中國字小之仁二百餘年不見兵革狃於承平之故爾烏獲按劍

千夫不前釋介而寀童子得以制其命矣易曰喪羊于易朝鮮之謂歟

天朝撫盈成之運匈奴解辮欵塞奉約東二十年窮荒絶島鳥言獸服莫不梯山航海輸寶獻琛罔敢後期民亡援枹之警士亡枕戈之虞是固外寧内憂之會也既濟衣袽能無長慮故列叙諸夷用備鑒觀且及近日朝鮮日本之事以為狃泰寧而忘備者之烱戒倘亦司馬未發之意乎萬曆壬辰秋日福寧游朴序

百越先賢志凡例

一兩漢輿地志吳越之境皆會稽郡別為冊陽豫章故會稽之越夏禹苗裔也星散之後為王為君長濵於江南海上百越之所由名因其君長所居地實遠至南海桂林漢以後州郡分隷名以代殊今志人物原本百越核其實也廬鳳淮揚在漢為東海臨淮二郡雖漢志盡屬吳分不得強同

一會稽秦置郡也地最廣斥漢分為吳郡然地即太伯吳國南方精華之學蓋有孔門之教焉今志所載漢之會稽漢之南海人士居多諸郡什一廣陵固有卲平徐璆淮陰固有韓信枚乘舒六固有英布文翁沛上固有蕭曹諸人非可因吳分而並存即子游季札亦不録也

一志内人物如隱逸方外俱依世代並與功業文章之士皆曰先賢孔門且謂賢者識大不賢識小皆為可師故稱先賢非故襲襄陽

者舊荊楚陳留先賢而爲斯編也
一百越人物年歷久遠前代記載詳畧不同今小善必録不泯其名大賢功行即馬班紀載或刪繁一二固所不免志專於詳載故不加論贊

諸夷考一卷目

靈山　交欄山　假馬里丁
九州山　淡洋　龍涎嶼
翠藍嶼　龍牙門　東西竺
勿斯里　細蘭　大秦
大食　蘇吉丹　沙華公
木蘭皮　沒加獵　新羅
層拔　三嶼　麻逸
打綱（以上共記七十三国）

以上諸國皆圖說所未録者圖說有倭夷而其入寇風汛未詳今方有事於倭故詳載之若濇山竹歩混淪九州交欄靈山假馬里丁淡洋龍涎翠藍三嶼龍牙門東西竺沙華公層拔麻逸打綱等處則海中孤島自為生聚有土酋地主而皆服屬於諸國如中國市鎮之類然使舟商舶之所必經或以避風或以取水或以交易棲泊踰時故並著之其所服屬之國有昔暹羅而今為滿剌加者不能常主是以削焉

倭汛（胡松海圖說）

始倭之通中國也實自遼東今乃從南道浮海率自温州寧波以入風東北汛自彼來此約可四五日程盖其去遼甚遠而去閩浙甚邇若盡其國界則東西長行可四五月南北短行三月而皆極於海其西北至高麗也必由對馬島開洋順風僅一日二日南至琉球也必由薩摩州開洋順風七日其貢使之來必由博多開洋歷五島而入中國以造舟水手俱在博多故也貢舶回則徑収長門抽分司官在焉故也若其入寇則隨風所之東北風猛則由薩摩或五島至大小琉球而仍視風之變遷北多則犯廣東東多則犯福建（澎湖島分船或之泉州等處或之梅花所長樂縣等處）若正東風猛則必由五島歷天堂官渡水而視之變遷東北多則至烏沙門分艅或過韭山海閘門而犯温州或由舟山之南而犯定海（經大猫洋入金塘鼢門）入犯象山奉化（由東西廚入湖頭渡）犯昌國（入石浦明）犯台州（入桃

(諸海門、松門諸巷)正東風多則至李西嶴壁下陳錢分䑸或由洋山之南而犯臨觀(過漁陽山兩頭崗二姑山)入蠷浦則犯紹興之臨山三山過霍山洋云島列表平石則犯寧波之龍山觀海犯錢塘(過大小衢徐山入鱉子門赭山薄省城)或由洋山之北而犯青村南滙(過馬跡潭而西)犯太倉(過馬跡潭而西北)或過南沙而入大江(過茶山入瞭月嘴洮谷犢山而犯瓜儀常鎮)若在大洋而風歘東南也則犯淮揚登萊(過步州洋亂沙入鹽城口則淮安入廟灣港則犯揚州再越而北則犯登萊)若在五島開洋而南風方猛則趨遼陽趨天津大抵倭船

諸夷考　十二

之來恒在清明之後前乎此風候不常難準定清明後方多東北風且積久不變過五月風自南來不利於行矣重陽後風亦有東北者過十月風自西北來亦非所利故防海者以三四五月為大汛九十月為小汛其停橈之處焚刼之權雖曰在倭而其帆檣所向一視乎風實有天意有備者率勝前此入寇者多薩摩肥後長門三洲之人其次則大隅筑前筑後博多日向攝摩津州紀伊種島而豐前豐後和泉之人亦間有之則因商於薩摩而附行者蓋日本之民有貧有富有淑有慝富而淑者或附貢船或因商船而來其在寇船率皆貧而惡且山城君號令久不行於諸島而山口豐後出雲又各專一軍(如中國總督府之儀)相吞噬今惟豐後強頗併肥前等六島而有之山口出雲俱以貪臧亡倭蓋無常尊定主矣(山城君倭王別號也)

右圖說乃嘉靖時事也其時倭主不能制其下諸島之雄互相吞噬貪無賴者為中國奸

諸夷考　十三

人所誘爭出為寇浙直閩廣俱被其害王直雖就擒而倭奴蟠據閩中如故破城畧邑橫行無忌金帛子女滿載以歸更徃迭來視中國為外府諸將擁兵無敵睨者參將戚繼光自浙提兵入閩始與血戰前後誅倭以數萬計凡深入者悉殲焉然後大創不敢復犯中國海上清晏且三十年其功比於永樂間劉江而鹵獲過之萬曆中倭主為關白所簒弑併諸島虎視海上庚寅辛卯歲大治舟艦狡焉啓彊之計壬辰侵朝鮮朝鮮不支遂據有其國遼東戒嚴

朝議出兵討之

8 古哩

圖說所稱西洋乃古哩國也為西洋諸國市買之會因槩目為西洋其國王老不傳子而

傳外孫否則傳弟若無外孫與弟則傳善行人猶有官天下之風法無刑杖以石灰畫地為禁令而人不犯則象刑之化也是以俗淳民厚行讓路而道不拾遺云吾學編所載又有瑣里及西洋瑣里二國俱洪武永樂中朝

〇榜葛剌

榜葛剌國最大西天有五印度榜葛剌其一也自蘇門荅剌過翠藍島至淛地港更小舟行五百里至鎖納兒港登陸行三十五里至

其國地廣人稠財物豐衍甲於諸國城郭嚴整街市鋪店連楹接棟百貨畢聚王居高廣殿宇深邃柱皆黃銅包飾雕琢花獸左右長廊內設明甲馬隊千餘外列巨漢威儀甚壯廾墀設孔雀翎傘蓋百數象隊百數王及諸官皆回回人男祝髮白布纏頭圓領長衣束絲帨躡金線羊皮履婦女短衫圍色布絲錦不施脂粉自然嬌白耳垂寶鈿項掛纓絡堆髻腦後金鐲戒指濟濟可觀賦十二刑笞杖徒流官有印章行移軍有糧隂陽醫卜百工技藝大類中國有衣黑白花杉縈帨佩珊瑚琥珀纓絡繫臂硝子鐲釧歌舞侑酒者曰根肖速魯柰柰蓋優人也能作百戲以鐵索繫虎行市中入人家解索坐虎于庭裸而搏虎虎怒交撲仆虎數回乃已或手投入虎喉虎亦不傷戲已仍繫之家人爭以肉啖虎勞戲者錢曆有十二月無閏氣候常煖如夏風俗朴厚人好耕殖一年二熟不用耘耔亦無豐

歉有一種曰印度不食牛肉飲食男女不同處夫死不再嫁妻死不再娶若孤寡無倚一村輪流養之不容別村求食其義氣足稱也產鑌鐵翠羽鸚鵡蛇馬果有波羅蜜大如斗落摩羅俱佳甚桑漆絲綿尤多鎗剪最巧利布數種有闊四五尺者驀黑驀勒闊四尺背面皆毛絨厚可五分即兜羅錦也白樹皮布賦滑光潤如鹿皮椰菱為酒檳榔當茶永樂六年朝貢命行人往太倉燕勞之十二年奉

金葉表獻麒麟十三年詔勑齎賜王妃頭目王拜迎甚恭宴我官兵禁不飲酒以薔薇露和香蜜水飲之與天竺同

蘇祿

蘇祿在東南海中人鮮粒食食魚鰕螺蛤短髮纏皂縵煮海為鹽釀蔗為酒織竹布為業氣候常熱永樂十五年其國東王苔剌西王蘇哩峒王剌卜各率其妻子頭目来朝貢珍珠玳瑁諸物賜王冠服器皿王妃子女姻戚

頭目各有差三王者東王為尊西峒二王副之歸次德州卒命有司營葬為文樹碑墓道留其妃妾及傔從十人守墓令畢三年還國遣使封其長子為東王十九年遣使来貢

柯枝

柯枝一名阿枝東連大山西南北皆海與錫蘭山對峙通古里界氣候常熱田瘠少收風俗頗淳市用金銀錢銀錢十五當金錢一產珠蘇木國人五種曰南毘與王同類祝髮線懸脛為貴族次回回人次富有財者曰哲地次牙儈曰革全又次卑賤者曰木瓜木瓜濱海而居業漁樵男女裸體結草樹葉蔽前後途遇南毘哲地即蹲伏候過乃起蓋避羞也王尚浮屠敬象牛建寺範金為佛每旦鳴鐘鼓汲泉灌佛頂數回已乃禮之有曰濁肌者蓋優婆夷也娶妻不剃胎髮縷纏垂後牛糞灰塗體行吹大螺妻隨之乞錢永樂二年朝貢請封其國大山詔封為鎮國山賜碑文

祖法兒

祖法兒亦名佐法兒東南皆海自古里順風十晝夜可至砌羅般石為屋有高三層若塔狀廚廁寢處皆在其上田廣少收山地黃赤不生草木捕魚晒乾大者人食小者以餵馬牛駝羊男子拳髮體幹脩碩語言朴實女人出則以布兜頭紗蔽面不令人見風俗頗淳王衣青花絲帨或金錦袍靴履乘轎前後列象駝馬鼓吹氣候常如秋市用金銅錢錢文

人形產鶴頂駝雞福鹿片腦乳香乳香即樹脂駝雞如鶴長三四尺脚節指毛如駝行亦如之永樂宣德中朝貢

賓童龍

賓童龍與占城連接有雙澗澄清佛書所云舍衛乞食即其地也目蓮居址尚存風土氣候與占城大同小異惟親喪能持孝服設佛度死者擇僻地葬之王出入或馬或象一如占城從百餘人前後讚唱曰亞曰僕產伽南

貨用金銀花布之屬民編茅覆屋以居

重迦羅

重迦羅與爪哇相接高山奇秀一石洞前後三門可容一二萬人田穀與爪哇畧同氣候常暑風俗頗淳男女撮髻披单布長衫無酋長以年高有行者主之煑海釀秫產羚羊鸚鵡木綿椰子綿紗貨用銀絹

吉里地悶

吉里地悶在重加羅之東連山茂林皆檀香樹無別產商聚一十二所田肥穀盛朝熱暮寒男女斷髮穿短衫夜卧不盖其體商船到皆婦女登船交易人染疾病十死七八盖地常温及淫汚之故

阿魯　一名啞魯

阿魯與九州山相望自滿剌加順風三晝夜可至風俗氣候與蘇門荅剌大同小異土廣人稀田瘠少收種芭蕉椰子為食男女裸體腰圍稍布捕魚採香為生產鶴頂片米糖腦

以售商舶永樂中朝貢令內臣至其國賜王文綺

麻逸凍

麻逸凍在交欄山之西南海中山峻地平夾溪而居田膏腴倍收他國俗尚節義喪夫則削髮剺面絕食七日與死夫同寢多並逝者七日不死則親戚交勸飲食即得甦終身不嫁矣焚夫日有赴火死者煑海釀蔗產木綿玳瑁蠟花布檳榔

龍牙加貌

龍牙加貌離麻逸凍順風三晝夜程内平外峯蟻附而居氣候常熱田禾頗熟男女椎結圍布穿短衫俗尚敦厚以親戚尊長為重一日不見則携酒肴問安煮海釀秫産沉速鶴頂蠟蜜沙糖

忽魯謨斯

忽魯謨斯在西南海中自古里十晝夜可至土厚宜耕種麥廣穀少無草木牛羊駝馬皆食魚乾或言深山中亦有草木近水山五色皆是鹽鏇為盤碗碟器飲食就用不復加鹽人民富饒狀貌偉碩風俗質直喜佛事常歌舞惡殺男拳髮女子編髮四垂黄漆其頂出則布幔纏頭面用青紅紗蔽之兩耳輪周掛絡索金錢以青石磨水妝點眼眶唇臉花紋以為美飾項掛珠石珊瑚紐為纓絡臂腕腿足皆金銀鐲産真珠寶石㩲哈剌梭肷絨毯獅子駝雞靈羊馬哈獸永樂中朝貢

忽魯毋恩

忽魯毋恩在東南海中國小土瘠物産薄永樂三年朝貢

阿丹

阿丹近古里傍海而居草木不生田肥種植粟麥豐盛壘石屋男女拳髮婦人粧飾出蔽頭面與祖法兒忽魯謨斯諸國同國中富饒有馬步勝兵七八千鄰國畏之産羚羊號九尾羊千里駝花驢駝雞金錢豹永樂九年鄭和奉命賜物因來朝貢

南泥里

南泥里隸浡泥自蘇門荅剌舟行三晝夜可至東距黎伐西北距海南連大山山南際海僅千餘家皆回回人俗朴實王居類樓高廣嚴整幽潔市用銅錢少穀食魚蝦西北大海即西洋中有帽山平頂土人稱為那沒黎番舶皆以此山為指南山下淺水有珊瑚樹大者高二三尺分枝婆娑可愛依山居人二三十家皆稱王問其為誰輒曰阿孤檢華言

王也或曰南泥里即南巫里

撒馬兒罕

撒馬兒罕漢罽賓也風景偉麗土田膏腴宜五穀頗類中原獨勝諸國城依平原濠深險北有子城王居高廣在城北隅逵巷縱橫肆市稠密西南番賈多聚於此市用銀錢禁酒俗尚回回教有拜天屋青石雕鏤極精巧以羊皮裹經文文字泥金書人物秀美多藝能尤善作室國東有養夷沙鹿海牙塞藍達失

干西有渴石迭里迷諸城皆隸焉洪武二十年二十二年二十四年二十七年皆遣人朝貢表文有照世杯等語永樂五年正統十二年成化十九年弘治三年嘉靖中皆遣人朝貢產金銀玉銅鐵珊瑚琥珀琉璃罽苾思檀水晶鹽花藥布名馬獨峯駝大尾羊狻猊

黎伐

黎伐小國南連大山北際海西距南泥里東南連那孤兒居民一二千家推一人為首領隸蘇門答剌言語服用與蘇門答剌同山多野犀

天方

天方古筠冲地舊名天堂風景融和四時皆如春田沃稻饒居民樂業男子削髮女子辮髮馬乳拌飯風俗好善無科擾亦無刑罰不作盜賊上下安和見月初生君民皆拜天號呼稱揚以為禮中國使至則加額頂天產馬金琥珀玉石珊瑚犀角駱駝

婆羅

婆羅負山面海人多奉佛素食惡殺喜施永樂四年朝貢珠玳瑪瑙車渠賜王及妃文綺

古里班卒

古里班卒在海中土瘠穀少登物產甚薄氣候不齊夏多雨雨即寒俗質樸男女披短髮假錦纏頭紅油布繫身永樂三年朝貢

合猫里

合猫里地小土瘠國中多山山外大海海饒魚虫亦知耕稼產蘇烏胡椒永樂三年朝貢

碟里

碟里國在東南海中大洲上洲有諸港通海人淳少訟尚佛物產甚薄永樂三年朝貢

打回

打回海外小國數為鄰國所苦已乃治兵器與鄰國戰勝稍得自立永樂三年朝貢

日羅夏治

日羅夏治海中小國無他奇產產蘇木胡椒頗知種藝無盜賊崇佛教永樂三年朝貢

丼巴里

丼巴里在南海中人多織錦粒食亦鮮食永樂十二年朝貢

古麻剌

古麻剌在東南海中永樂時王哇來頓本率其臣來朝至福州卒賜謚康靖勑葬閩縣有司歲時祭

沼納樸兒

沼納樸兒在印度之中古佛國也永樂中遣使詔諭因來朝貢

白葛達

白葛達海中小國土瘠俗尚佛教宣德七年朝貢

黑葛達

黑葛達國小民貧平川廣野草木暢茂禽獸鮮少俗尚佛畏刑市肆多牛羊交易用鐵錢宣德中朝貢

敏真誠

敏真誠大國多高山水深縛木為渡日中為市諸賈皆集見中國磁漆器爭欲得之產異香駝馬永樂中朝貢

八荅黑商

八荅黑商國山川明秀人俗樸實有浮屠數區壯麗如王宮西洋西域皆商販於此大抵皆羽毛織文絨罽玉石香木駝羊也布帛銀錢皆可交易永樂中朝貢

討來思

討來思在海中周徑不百里城近山山下有

水赤色望之如火然俗尚佛婦人主家事市多駝羊馬牛亦有布縷毛褐交易用錢土宜麥稌無稻穀宣德六年朝貢

吃力麻兒

吃力麻兒國俗不事耕農喜射獵山甲水淺西南傍海東北林莽深密多猛獸毒虫得中國雄黄麝香磁器甚喜有遠巷無市肆交易無期用錢鐵永樂中朝貢惟獸皮鳥羽罽褐之類而已

失剌思

失剌思永樂間朝貢時遣内外官以綺幣磁器市馬於迤西失剌思諸國　獻陵即位詔諸使就所在還京無得托故稽留宣德中復朝貢

納失者罕

納失者罕東去失剌思數日程皆舟行海中國有林木魚虫城東平原饒水草可牧馬馬有數種最小者高不過三尺俗敬僧所至必飲食之餌尚氣健鬪啖不勝者永樂中朝貢

亦思把罕

亦思把罕於西南海中為大國廣袤近千里四面皆海西北多山東南皆平沙國有城堅壯王居亦侈麗物産豐厚風俗樸厚尚佛畏刑喜施惡奪亦有中國人時出貿撒馬兒罕市多馬駝少布帛有珠珀而無稻黍日食惟麥稌麥粒麤壯并美永樂中朝貢

淡巴

淡巴在西南海中風景秀贍土地廣衍泉井

而水清草木暢茂畜産甚夥城以石築屋以瓦覆王乘輿官跨馬頁及有威儀國俗勤生種藝織縷抱布男女咸務常業市有交易野無寇盜稱樂土矣洪武十年朝貢賜金幣

并把里

并把里永樂間朝貢自言國小介在西南海中與諸隣國不通交易物産又薄山無長林田無宿麥國用常乏人民艱窘然奉佛好善不求積聚無乞丐者

○白松虎兒

白松虎兒舊名速麻里兒國中無大山山卑小者亦鮮林木無猛獸毒虫之害嘗有白虎出松林中遇獸不食遇人不傷旬月後竟不見國人稱為神虎父老曰此西方白虎降精以是更其國為白松虎兒永樂中朝貢

答兒密

答兒密國在海中不千里人不滿千家有墻壘而無城郭屋以板覆田以牛耕民居官舍

不甚差別產馬駝羊牛毛褐布縷交易兼用銀錢刑專用箠朴服佛撒馬兒罕永樂中朝貢賜大統曆文綺藥茶

阿速

阿速在西海中為大國多撒馬兒罕天方諸國人有城倚山面川川南流入海海有魚鹽之市野有耕牧之利敬佛畏鬼好布施惡爭鬭物產饒裕涼暄適節人無饑寒夜無寇盜永樂中朝貢

○沙哈魯

沙哈魯國在阿速西南海島中人民淳直恥鬭好佛交易海中諸國西域賈胡來市海中奇物不惜高價亦有價廉而得奇貨去者沙哈魯人不識也王及酋長居城中有屋屋庶人旅處城外田野中村落相聚山川環抱畜產豐利永樂中朝貢

溜山

溜山四面濱海如洲在西海中有石門如城

闕土瘠無城郭依山聚居八村稍大皆以溜名可通舟楫餘小溜無慮三千土人曰此弱水三千也人巢居穴處不識蔬粟啖魚蝦無衣草木葉蔽前後舟行遇風失入溜即溺溜山傍有牒幹國皆回回人俗淳厚業漁好種椰樹氣候常熱如夏市用銀錢產龍涎香海貝椰皮結繩可貫板成舟塗瀝青堅如鐵釘鮫魚一名溜魚織絲帨甚精緻亦有織金帨永樂中朝貢

○大葛蘭

大葛蘭與都欄樵相近厥土黑壙本宜穀麥居民懶事耕作歲賴烏米為食商船為風所阻不以時到波濤激灘載貨不敢滿盖以不可停泊之故也若過巫里洋則罹重險之難及有高頭埠沉水羅股石之危風俗淳厚男女纏頭穿单布長衫園色布手巾産胡椒椰子溜魚檳榔貨用金錢青白花磁器布叚之屬

○小葛蘭

小葛蘭山連赤土與柯枝國接境西洋諸國之市頭也國使大金錢名儻伽重八分小金錢名吧喃四十個准大金錢一個田瘠少收歲藉榜葛剌國米為食氣候常熱風俗小淳男女多回回喃毗人産胡椒檳榔波羅蜜色布其木香乳香真珠珊瑚酥油孩兒茶梔子花則皆自他國來

○卜剌哇

卜剌哇與木骨都束國接連山地傍海而居壘石為城砌石為屋地廣斥鹵有鹽池但投樹枝於池良久撈起結成白鹽風俗頗淳無田耕種捕魚為業男女拳髪穿短衫圍梢布婦女兩耳帶金錢項掛纓絡惟有葱蒜無瓜茄産馬哈獸狀如麞福鹿状如花驢豹麂犀牛沒藥乳香龍涎象牙駱駝貨用金銀叚絹米豆磁器之屬嘗貢方物

木骨都束

木骨都束國瀕海堆石為城石屋四五層厨

厠待客俱在其上男子拳髪四垂腰圍梢布女人髪盤於腦黃漆光頂兩耳掛絡索数枚項帶銀圈纓絡垂胸出則单布兜遮青紗蔽面足履皮鞋地曠土石黃赤田瘠少收数年無雨穿井甚深絞車以羊皮袋水風俗嚚頑操兵習射其富民附舶遠通商貨貧民網捕海魚曬乾為食及餵養駝馬牛羊産乳香金錢豹龍涎貨用金銀叚絹檀香米穀之屬嘗貢方物

竹步

竹步與木骨都束國山地連接村居寥落風俗亦淳男女拳髮男女出入粧飾山地黃赤不雨絞車深井網魚為業俱與木骨都束同產獅子金錢豹駝蹄雞有六七尺高者龍涎乳香金珀嘗貢方物

剌撒

剌撒國傍海而居壘石為城連山曠地草木不生牛羊駝馬皆以海魚乾啖之氣候常熱

忽魯謨斯國同壘石為室三四層其上廚廁臥室待客其下奴僕居之地產龍涎乳香千里駱駝民俗淳厚喪葬有禮有事禱於鬼神嘗奉金葉表文貢方物

混淪山

混淪山節然瀛海之中與占城及東西竺鼎峙相望山高而方山盤廣遠海人名曰崑崙洋凡往西洋販船必待順風七晝夜可過俗云上怕七洲下怕崑崙針迷舵失人船莫存此山產無異物人無居竈食山果魚蝦穴居樹巢而已此即嶺海異聞所載崑崙山然云七洲七門則翠藍嶼也姑並存之

靈山

靈山與占城山地連接其山峻嶺而方有泉下繞如帶山頂有一石塊似佛頭故名靈山民居星散結網為業田肥耕種一歲二收氣候之節男女之禮與占城大同小異地產黑

文相對藤杖每條易斗錫一塊若麤大而紋踈者一錫易三條次有檳榔荖葉餘無異物往來販舶必於此樵汲船人齋沐三日崇佛誦經燃放水燈綵船以禳人船之災

交欄山

占城靈山起程順風十晝夜可至其山高而叢林藤竹舵桿桅檣蓬箬無所不備胡元時命將高興史弼領兵萬衆駕巨舶征闍婆因遭風至交欄山下其船多損乃登此山造船

百號復征闍婆擒其酋長而歸至今居民有中國人雜處蓋此時病卒百餘留養不歸遂傳育於此氣候常暑少米穀以射獵為業男女椎髻穿短衫繫巫崙布產豹熊鹿皮玳瑁

假馬里丁

假馬里丁與交欄山相望海中山列翠屏引溪水溉田禾穀少收氣候常熱俗鬻薄男子髡髮穿竹布短衫圍梢布種芭蕉採其實以代糧煑海醸蔗産玳瑁羚羊貨用瓜哇布燒

珠印花布米穀之屬

九州山

九州山與滿剌加近産沉香黃熟香林木叢生枝葉茂翠永樂七年鄭和差兵入山採香得徑有八九尺長六七丈者六株香味清遠黑花細紋山人張目吐舌言天朝兵威若神

淡洋

淡洋與阿魯山地連接去滿剌加三日程山遶周圍有港內通大溪汪洋千里奔流出海清淡味甘舟人過往汲之故名淡洋田肥禾盛米粒尖小炊飯甚香民俗頗淳氣候常熱男女椎髻腰圍梢布

龍涎嶼

龍涎嶼離蘇門荅剌西去一晝夜程以産龍涎香得名詳見廣海異聞龍涎香條下然嘉靖中竭中國之力求取萬方竟不可致豈羣龍遊戲吐涎亦偶然遇之不可以為常歟

翠藍嶼

翠藍嶼在龍涎之西北五晝夜程大小七門門中皆可過船相傳釋迦佛浴此山袈裟被竊佛誓云後有穿衣者必爛其皮肉由此男女皆削髮無衣止用樹葉紉結而遮前後米穀亦無惟下海網魚蝦及種芭蕉椰子為食然船去來嘗泊山下宣德壬子十月二十二日因風不便泊此山三日夜山中之人駕獨木舟來貿椰實舟中男婦果如前言

龍牙門

龍牙門在三佛齊西北山門相對若龍牙狀中通船過田瘠穀薄常暑多雨男女椎結短衫剽掠為豪遇番舶則集小舟百數邀截順風徑脫否則被劫殺矣

東西竺

東西竺與龍牙門相望田瘠不宜稼歲藉諸番淡洋米穀為食男女斷髮繫梢布產檳榔木綿布蕉心簟

勿斯里

諸夷考卷一　三六

勿斯里國有一十六州管三百六十村每村供國用一日其王白衎纏頭着衫出入乘馬前有看馬三百匹皆金鞍寶轡虎十頭縻以鐵索伏虎者百人弄鐵索者五十人持擂棒者百人臂鷹者三十人又有千騎圍護親奴二百各帶甲持劍鳴鼓者百人儀從甚都有大塔高二百丈他國兵侵則舉國據塔以拒敵上下可容二萬人內居守而外出戰

細蘭

細蘭國在大海中王黑身逆毛不衣露頂止纏五色番布出入乘象或用軟兜商舶將至其國先見電光閃爍盖其屋宇悉用貓睛及雜寶裝飾東西二殿各植兩樹枝柯花葉皆以金玉雜寶為之其下寘金椅以琉璃為壁坐處常有光華盖日影照射相映如霞彩然歲貢物于三佛齊國

大秦

大秦國一名犁靬在西海之西有弱水流沙

諸夷考一　三七

幾於日入之處地方數千里有四百餘城小國屬役者數十其王以織金纏頭屋宇以水晶為柱琉璃為瓦其人長大美皙有官曹簿領皆髡頭而衣文繡王少出出則乘馬馬皆飾以金玉珠寶或有災異及風雨不時輒廢其主而更立賢者廢者無怨有幻人峭鼻拳髮長四尺餘能額上為炎燼手中作江湖舉足而珠玉自墮開口而旛旄亂出海中有鬼市以直置諸物旁待領直然後收物有珊瑚

洲土人以鐵網取之

大食國

大食國本波斯之別種地方千里勝兵四十餘萬民俗侈麗其王頭纏織金番布朔望則戴純金寶冠所居以瑪瑙為柱緑粉為壁水晶為瓦甍榻飾以珠寶堦砌包以純金王視朝坐珍珠簾内將相披金甲戴兜鍪擁衛左右餘官各領兵馬馬高七尺士卒驍勇武藝絶倫街濶數丈鋪以光細石板民居累同中

國但瓦則以薄石為之市肆諠譁百貨皆集有駿馬云與龍交而產者日行千里有駞馬可騎瓜大者數人食一枚其王嘗令人入海經涉八年未及西岸於海中石上見大樹枝上皆生小兒見人笑而不語連枝摘取即乾黑王寶藏之樹兒見嶺海續聞此即西遊記所謂人參果是也

蘇吉丹

蘇吉丹乃闍婆之支國於泉州為丙巳方東至海水勢漸低女人國在焉逾東則尾閭之

所泄非人世矣其王以五色布纏頭跣足出則蔽以涼傘從者五百餘人各持鎗劍頭戴帽子其狀不一如虎頭鹿頭象頭牛頭者男剪髮女打鬃皆裸體跣足以布帛腰波羅蜜果香美甘蕉長一丈

沙華公

沙華公國在大海中其人肆行刼掠商舶或漂至其國則擒燒食之又有一種曰毗舍耶者與泉州晉江縣相近其人語言不通裸袒

盱睢殆畜類也或時至晉江刼掠其來不測多罹生噉之患喜鐵器及匙箸人閉户則免但刦其門圈而去擲以匙箸則俯拾可緩數步

木蘭皮

木蘭皮國在西海中自大食國發舟正西涉海百餘日方至一舟容萬人舟中有酒食肆機杼之屬言舟之大者莫如木蘭皮產物亦異麥粒長三寸瓜圍六尺榴重五斤桃重二

斤香櫞重二十餘斤胡羊高數尺尾大如扇春剖腹取脂縫合仍活秋風忽起人獸速就水飲稍遲則渴死

沒加獵

沒加獵國有五百餘州各有城市有兵百萬王纏頭着毛衫每日誦經拜天出入乘馬以駱駝背佛經一函前導人食餅肉有麥無米海中產珊瑚下鐵網取之

新羅 即樂浪

新羅國本弁韓遺種與泉州海門對峙服舍器用官屬畧倣中國法峻少犯婚娶不用幣知書喜學有庠序曰局堂處子弟之未婚者講習其中三歲一試有進士筭學諸科 本朝以時朝貢

層拔

層拔國在古麻剌之南大海中西接大山其人皆大食種落纏青布躡皮鞋地多巖谷煖而少寒產象牙生金

三嶼

三嶼國散居南海中每一聚落約千餘家地多崇岡疊嶂憑高依險編茅為屋其人形短而小眼圓面黃虬髮露齒巢于木顛或三五為群跧伏草莽以暗箭射人技以瓷碗則俯拾跳呼而去

麻逸

海國有麻逸凍矣又有麻逸國在渤泥之北團聚千餘家土人披布如被單或腰布蔽體

番舶到其闤闠前酋長登舶蠻賈叢至悉搬取物貨而去初若不可曉然一無遺失

打網

打網國在海島中有地主土人壯健兇惡色黑而紅裸體文身剪髮跣足飲食無器皿盛以樹葉食已則棄之不識書記植木為棚以居不事生業往往出海刼掠而已

以丞東西南夷皆海國也若撒馬兒罕天方則西夷而撒馬兒罕貢由嘉峪關入弘治間欲由南海貢獅開海道 朝廷不許以其瀆海與西洋通舟楫也故併錄之

海上諸夷惟倭為大地分五畿七道三島又有附庸百餘國故能為中國患然晉時五胡姚襄最弱乃渡海掠取倭奴以張其衆亦只以充軍中使令炊爨之役不以預戰鬭也唐時自惡其名更名日本元　發兵征襲蹶未克而喘息自保不暇直至我　朝始竊中土洪武二年寇山東又寇淮安三年寇山東轉掠浙江福建旁海諸郡是年遣萊州府同知趙秩齎璽書往諭責之彼以為元使趙良弼後也幾為所殺秩未還又掠溫州五年寇海鹽又寇福建六年寇登萊七年寇膠州九年遣僧歸廷用奉表貢謝以其不誠詔責之十三年遣僧如瑤貢馬令禮部移書責其寇掠諸僧安置川陝十四年乞還諸僧使十五年歸廷用又來貢上以為詐通奸臣謀叛不執絕之十六年寇浙江平陽十七年如瑤又來貢通奸臣發雲南遣湯和沿海築城五十九民為兵二十年置浙東西防倭衛所是年周德興築福建海上十六城設衛所亦調民為兵戍之二十六年寇金鄉二十七年遣三都督防倭又勑魏國公及安陸侯練兵海上防倭二十八年後寇金鄉蓋　高皇之世無一日不備倭也永樂九年寇磐石十五年寇松門金鄉平陽十六年入金蓋十七年入望海堝為遼東劉都督所殲一人不返自是不敢窺遼東二十年寇象山宣德元年遣人入貢不奉約束却之七年八年十年皆來貢倭自得我勘合方物戎器滿載而來遇官兵即矯云入貢我無備即肆出殺掠滿載而歸宣德末年海防益密倭不得間稍受約束遂許至京宴賞市易飽恣其欲既而備稍陳正統四年寇大嵩入桃渚官民舍焚蕩一空驅少壯掘家墓束嬰孩竿杜上沃以沸湯視其啼號拍手笑樂捕得孕婦忖度男女刳視中否為勝負荒淫穢惡至不可言於是下詔備倭命重帥守要地分屯海上數年稍靜十一年寇海寧成化初忽至寧波知我有備矯稱進貢守臣為之請幾墮其計弘治中內治修整海上寧戢數十年嘉靖元年貢至寧波遂有宋素卿之變夷日生心備日弛自二十年以後海上之禍有不忍言者矣其畧見吾學編以破陷郡邑輙焚其城谷取童孩投火中為爆以相勝視兆渚尤慘當是時畏倭如虎莫敢與抗散入村鎮驅掠少壯常以二三賊牽係數十人如逐牛羊任其東西無違忤者其實賊之技不能加於中國也久之被虜者與處漸習知其然稍與之角於是散行逐利者輙為我所擒其鋒頓戢後復為大兵所殲海上始寧近乃北向得志於高麗亦以高麗素未嘗倭驟為所乘如嘉請中入吳越然耳大抵有備則無患元氣雖斯百邪乘之不獨倭為可慮也近方談倭因附其畧於此

諸夷考二卷目

猺獠黎蜑四種與馬人已見前續聞篇畧而不詳故重著而[illegible]考之廣志所載若長人犹人之類尚多詭之土人皆無有聞覩者豈上世種類尤繁以漸而漸滅歟既非耳目所及徒滋怪談故不采入

苗人(沅水出蜀郡，由牂柯東北過臨沅縣，至長沙入洞庭湖，今以名州即沅州)

苗人古三苗之裔也自長沙沅辰以南盡夜郎之境往往有之與氐夷混雜通曰南蠻其種甚夥散處山間聚而成村者曰寨其人有名無姓有族屬無君長近省界者為熟苗輸租服役稍同良家十年則官司籍其户口息耗登于天府不與是籍者謂之生苗生苗多而熟苗寡其俗各以其黨自相沿襲大抵獷悍猜很絕禮讓而昧彝倫惟利所在不顧廉恥喜則人怒則獸睚眦之隙遂至殺人被殺之家舉族為讎必報當而後已否則親戚亦斷斷助之即抗刭不悔諺云苗家讎九世休言其不可遽解也其人雅結跕躧跣岩穴躐荆棘捷如麋麞班衣左衽或無衿襘斂以納首別作兩袂急則去之插雞尾于顛負韉抱弩以便輒鹵掠倏突箐中不可蹤捕未娶者以銀環飾耳號曰馬郎婚則脫之婦人雜海肥銅鈴藥珠結纓絡為飾處子行歌于野以

誘馬郎淯淫不禁仲春刻木為馬祭以牛酒老人並馬箕踞系婚男女吹蘆笙以和歌淫詞謔浪謂之跳月中意者男負女去論妍媸為聘貲羸縮貧而逋者遞歲索之即髮種種長子孫不貸也飲食惡草以豢[illegible]灰和秫粥釀為臭瀋（汁也）以魚肉雜物投之曰醅鉏鈉叢[illegible]嘬以為珍具矜富羨者則曰蓄醅桶幾世矣歲時召親戚撾銅鼓鬥牛於埜封[illegible]其負者祭而食之大臠[illegible]若掌以牛角授子孫曰某祖某父食

牛凡幾要約無文書刋寸木判以為信爭訟不入官府即入亦不得以律例科之推其屬之公正善言語者號曰行頭以講曲直行頭以一事為一籌多至百籌者每舉一籌數之曰某事云云汝負於某其人服則收之又舉一籌數之曰某事云云汝淩於某其人不服則置之計所置多寡以報所為講者曰某事某事其人不服所為講者曰然則已不然則又往講如前必兩人咸服乃決若所收籌多

而度其人不能償者則勸所為講者擲一籌與天一與地一與和事之老然後約其餘者責負者償之以[illegible]牛馬為籌凡殺人而報殺過當者籌亦如之言語侏㒧[illegible]甚者重譯乃鮮與其曹耦善厚者曰同年同年之好踰于親串與漢人善者亦曰同年稱其酋長曰茫稱人曰歹自稱亦曰歹猶晉之言咱吳之言儂也不知正朔以鼠馬記子午年日亦如之歲首以冬三月各尚其一曰開年占卜以鷄骨推

之視其璺以斷凶吉或折茅為兆病不服藥禱鬼而已不愈則曰鬼所嫉也棄之不顧謂其巫曰鬼師死喪無服或葬或不葬大抵諸苗之俗婚姻畧同而喪祭異善為蠱毒蠱無形而毒有物中之皆能殺人或言蠱有神熠熠若月以昏暮流人家為祟以其日作蠱泆辰而出之以中生人則已無生人則主人以其身服蠱解而哇之否則神將蔓殃于其室其在金筑者有充孟牯羊二種擇懸崖鑿竅

而居不設茵笫構竹梯上下高者百仞耕不轅犂以錢鎛發土耰而不耘男女䠞笙而偶免乳而歸其聘財親死不哭笑舞浩唱謂之鬧尸明年聞杜鵑聲則比屋號泣曰鳥猶歲至親不復矣在獨山為九名九姓苗狙詐而饕設以元日為把忌數門不出二七而解犯之者以為不祥烏羅着可以三月一日為忌二十五日而解在平樂為紫姜苗嗜殺尤甚得讎人即生啗其肉夫死其妻嫁而後葬曰

喪有主矣在白納為賫爺苗其俗賤老而貴少父老則拽而鬻之在葛彰葛商為短裙苗以花布一幅橫掩及骭在牂牁之間為八番子其俗勞女而逸男以虎馬日為市夜卧必圍爐厝火不施衾枕蕪會擊長腰鼓為樂以十月望日為歲首葬不擇日以夜靜出之云不恐使其親知也在陳蒙爛土為黑苗又為夭苗緝木葉以為上服女子甫十歲即構竹樓埜外處之以號淫者人死不葬以藤蔓束之樹間而已此皆苗俗之大畧也蓋諸苗所居必深山僻谷生而不見外事故其俗不移無公家更賦之給故其民惰緩土無疆界菰蟲蟻食物常足故皆呰窳偷生而亡積聚不通文字絕先王禮義之教故枝柱淫佚與鳥獸同歸亦可憫也

○羅羅

羅羅本盧鹿而訛為今稱有二種居水西十二營寧谷馬塲漕溪者為黑羅羅亦曰烏蠻

居慕役者為白羅羅亦曰白蠻風俗畧同而黑者為大姓羅俗尚鬼故又曰羅鬼蜀漢時有火濟者從丞相亮破孟獲有功封羅甸國王即今宣慰使安氏遠祖也自羅甸東西若自杞夜郎牂牁則以國名若特磨白衣九道則以道名皆羅羅之種也羅羅之俗愚而戀主即虐之亦族循舉其子姓若妻妾戴之不以為讎故自火濟至今千有餘年世長其土勒四十八部部之長曰頭目其人深目長身

黑面白齒椎結跣蹻荷氊戴笠而行腰束藍索左肩拖羊皮一方佩長刀箭箙富者以金釧約臂悍而喜鬬脩習攻擊雄上氣力覓則以漁獵山伐為業急則屠戮相尋故其兵常為諸苗冠諺云水西羅鬼斷頭掉尾言其相應若率然也亦有文字類蒙古書者坐無几席與人食飯一盤水一盂匕一枚抄飯哺許摶之若丸以匕躍口食已必滌腸刷齒以為潔作酒盎而不縮以蘆管咂飲之男子則薙

髭而留鬚婦人束髮纏以青帶系報旁通覗不恧也父死妻其後母兄弟死則妻其妻新婦見舅姑不拜裸而進盥謂之奉堂男女居室不同帷笫潛合如奔很而多疑忌相賊白羅羅之俗畧同而飲食惡草盛無盃盤爨以三足釜灼毛齰血無論鼠雀蚳蝝蠉動之物攫而燔之攢食若彘不通文字結繩刻木為信女子以善淫名者則人爭取之以為美也人死以牛馬革裹而焚之居普定者為阿紀俗同白羅以販茶為業

犵狫 獠与獦仝音若西南夷也

犵狫一曰犵獠其種有五蓬頭赤脚矯而善奔輕命而死黨觸之則糜沸而起得人片肉巵酒即捐軀與之蹈奔湯火以布一幅横圍腰間傍無襞積謂之桶裙男女同制花布者為花犵狫紅布者為紅犵狫各有族屬不通婚姻殮死有棺而不葬置之崖穴間高者絕地千尺或臨大河不施蔽蓋以木主若圭羅

樹其側號曰家親殿在平伐者為打牙犵狫慓悍尤甚善斂百物之毒以染箭刃當人立死觸其氣者亦死父母死則子婦各折其二齒投之棺中云以贈永訣也在新添者為剪頭犵狫男女蓄髮寸許人死則積薪焚之又有豬屎犵狫者喜不潔與犬豕同牢身面經年不靧得獸即咋食如狼狇狫其俗與犵狫畧同掘地為爐厝火環臥不施被席以牛衣藉之死則男女群聚俛尸而瘞之云為死者

避壓也
麻陽民土著者皆槃瓠種與苗同祖一村有
石名槃瓠石民共祀焉人有犯者從石詛之
輒死有佬徙其先亦同祖尤善弩射目皆墜
善坐草從草中射人立斃即苗亦畏之九月
某日禁人行是日皆閉戶不出出即有蛇虎
之害有病及行兵舉事必倒一牛占之二人
控牛首向神一人以刃刺牛腹一刃即倒者
吉病必愈事必濟兵必勝不然則止又擇他
日占之又能以術呪脫枷鎖往年大征獲苗
數十皆以大椎碎其股鐵鎖附鐐禁嚴合中
戒毋得入甕器一日守者出令人代之誤以
一甕碗入諸苗競取碗敲之口喃喃作呪鎖
盡脫且出倉矣守者無計亟火其倉苗乃焚
死此出朱孟震中丞楮談中丞父為麻陽尹
時方征苗蓋
親摯其事云

徉獚

徉獚一曰楊黃其種亦夥石阡施秉龍里龍
泉提溪萬山之界往往有之生理苟且荊壁
四立而不塗門戶不扃出則以泥封之男子
計口而耕婦人度身而織暇則挾刀操笱柳
以漁獵為業元宵端午架鞦韆群戲遂以淫
奔祀忌以三月之朔父母死則焚其衣服殮
其牛馬云若贈鬼者然

仲家

仲家椎髻跣足不通文字好為樓居飲食匙
而不箸衣裳青色婦人以青帛蒙髻若盲絮
之狀長裙細積多者二十餘幅掩腰以綵布
一方若綬仍以青衣襲之在室奔而不禁嫁
則絕之喪食尚魚蝦而禁禽獸之肉葬以傘
蓋墓期年發而火之祭以枯魚以十二月為
歲首俗尚銅鼓中空無底時時擊以為娛土
人或掘地得鼓即譸張言諸葛武侯所藏者
富家爭購即百牛不恡也

宋家蔡家

宋家蔡家蓋中國之裔也相傳春秋時楚子
往往蠶食宋蔡俘其人民放之南徼遂流為
夷二氏風俗畧同而宋家稍雅通漢語或識
文字勤于耕織男子帽而長衫婦人笄而短
裙將嫁男家遣人往迎女家則率親戚箠楚
迎者謂之奪親既歸旦則進盥於姑舅夕則
燂湯請洗三日而罷喪葬飯蔬飲水二十一
日封而識之若馬鬣者蔡家在底寨者與宋

家同俗故世世連婚姻養龍坑者無異苗人男女吹木葉而索偶人死不哭遶尸而歌謂之唱齋

尨家

尨家蓋從莋駹氏之裔訛為今稱其種有四在康佐者獨蕃恣睢懷諼難與約束好依深林薦莽之間狙伺圍奪急則鼠竄貪而善讎常以盃羹為人犇命責逋負秋忽不能第恐近溪者善入尾灑獨魚鼈猵若蝙獺尾灑者

洒華言水也尨易蓋土也以五色藥珠為飾貧者以意苡代之春時立木于野謂之鬼竿男女仔旋躍而擇對既奔則女氏之黨以牛馬贖之方通媒妁醜者終身無所取售人死以杵擊椎塘和歌哭椎塘者臼也昇之幽嵓秘而無識以七月七日祭其先塋

龍家

龍家與狆家同俗而衣尚白喪服則易之以青婦人緇布作冠若馬鐙加髻以笄束之在寧谷西堡之間者多張劉趙三姓一曰大頭龍家男子以牛馬鬃尾雜髮而盤之若蓋以尖笠覆之一曰狗耳龍家婦人辮髮螺結上指若狗耳之狀亦曰小頭龍家其俗與康佐同

冉家

冉家卭莋冉氏之裔今酉陽烏羅部落之長多冉姓者一曰冉家蠻訛之曰南客子其俗散處於沿河佑溪婺川之間致危不諰尚武

而善獵得獸必祭而後啗之地有砂坑深者十五六里昏黑不辯咫尺土人以皮帽懸鐙而入鑿崖石而採之白石若礬謂之砂床其良者若芙蓉箭簇鍁鍁迸落如榴房之觧也碎者末以燒汞為朱謂之新紅民間貿易用之比錢楮焉坑中往往得敗船朽木莫測所自朱汞有毒氣能殺人採砂汞滿三年者多死人言飲丹井者壽又言術士能凝汞成銀鍊砂成金服之可以飛昇此皆幻妄迺今採

者纍纍横死無筭也仙壽之說安所徵哉

○僰人

僰人漢為犍為郡唐為干矢部蓋南詔之東鄙也古者有罪流之西方曰僰言使偪寄于夷也其人善事佛男女手數珠持番呪祈禱輒驗多有削髮為僧者號曰提奢稍淳而易治聲音風俗與南詔畧同謂虎曰金波羅

尚人

尚人一曰尚蠻散處於牂牁舞溪之界在辰沅者尤多言語侏𠌯尚譎而喜殺惰于耕作男子科頭徒跣或趿木履以鏢弩自隨暇則吹蘆笙木葉彈二絃琵琶臂鷹逐犬為樂婦人短裙長袴後垂刺繡一方若綬胷亦如之以銀若銅錫為錢編次繞身為飾富羨者以金環綴耳纍纍若貫珠也溽暑男女群浴于河冬月以茅花為絮男女佇𢬵毬相謔偶意者奔之謂之偷脊飲食不食鹽醬人死以尺帛裹頭為服爭訟不入官府以其長論决之號曰鄉公

猺人

猺人古八蠻之種也五溪以南窮極嶺海迤連巴蜀皆有之椎結斑衣兒時燒鐵石烙其跟蹠以油蠟沁之重趼若鞹兒始生秤之以鐵如其重漬以毒水及長鍛而為刀終身用之試刀必斬牛仰刀牛項以肩負刀一負而殊者良刀也婦人黥面為花卉蜻蛚蝴蝶之狀蹋歌而偶奔者入嵓尚桶柳辟人嫁則荷傘懸草履一兩從入夫家示行色也採竹木為屋綢繆而不斷繩樞篳竇覆以菁茅樹畜粟豆羊牛雜以為餉不足以山伐獵獸而續之燔爨草具毛血淋灕雖富者亦惟多釀酒時時沉酗為樂耳不知世有珍羞之和黼黻之華也山田磽埆十歲五饑急則隳突漢界持短鎗控大弩毒矢攻剽墟落踉蹌篁薄中飄忽往來不可蹤跡拒敵則比耦而前執鎗者前却不常以衛弩執弩者口銜刀而手射

人矢盡便投弩挾刀與鎗俱奮山中多杉板
滑石膽礬茴香草果檳榔諸藥物時時竊出
市博魚鹽又多散地肥而多稼四方亡命者
避徭賦者此焉逋數淆雜夷中為之通行囊
橐鄉導分受鹵獲結黨既夥則公墮城堡劫
官府故廣之東西歲苦兵事諺云比年小征
三年大征然亦屢矣史氏槃瓠之說雖恍幻
難稽然徭人多槃姓者或訛而為盤云徭獞
雖異族而信鬼畏誓大畧相同在唐虞謂之

要服蓋以信義要質而已矣時與板楣鑾盟
曰秦犯夷輸黃龍二雙夷犯秦輸清酒一鍾
夷人安之宋時范成大帥廣西時令諸徭團
長納狀云某等既充山職今當鈐束家丁男
行持棒女行把麻任從出入上有太陽下有
地宿翻背者生兒成驢生女成豬舉家絕滅
不得對好翻非偷寒送煖上山同路下水同
船男兒帶刀一點一齊同殺盜賊不用此款
者並依山例山例者殺戮也自是帥事一年

諸徭無及省界者

獞人

獞人五嶺以南皆有之與徭雜處風俗畧同
而生理一切陋簡冬編鵝毛雜木葉為衣摶
飯掬水而食居室茅緝而不塗衡板為閣上
以棲止下畜牛羊豬犬謂之麻欄善為毒矢
射人物中者焦沸若炙肌骨立盡雖徭人亦
重畏之不敢忤視又善為蠱毒五月五日聚
百蟲于一器令自啖食存者留之持以中人

無不死者又為飛蠱一曰挑生一曰金蠶皆
鬼屬而毒人事之可以驟富害人者類于飲
食內之令人心腹絞痛面目青黃吐水而脉
沉含黑豆脹而皮脫嚼之不腥易以白礬其
苦若餳治之以歸魂散雄砒丸在胸膈則服
升麻吐之在腹則服鬱金下之聚而成村者
為峒推其酋長曰峒官峒官之家婚姻以豪
汰相高婿來就親女家於五里外結草屋與
居謂之入寮兩家各以鼓樂迎男女至寮盛

兵為備小有言則兵刃相接成婚後妻之媵婢迕意揩即手殺之自入祭能多殺媵婢則妻黨畏之否則謂之懦半年而後歸夫家入遠出而歸者止于三十里外家遣巫提竹籃迓脫歸人帖身衣貯之籃以前導還家言為行人収魂歸也親始死被髮持餅甕慟哭水濱擲銅錢紙錢於水汲歸浴屍謂之買水否則鄰里以為不孝

獠人

獠人古稱天竺咳首僬僥跛踵穿胸儋耳狗軹旁脊謂之八蠻其支而尤異者則有飛頭鑿齒鼻飲花面白衫赤裩之屬今嶺表左右及海外諸國在在有之而儋耳交趾遂以名郡其俗各以其黨沿習不一好依深山積木以居名曰干欄以射生為活雜食蟲豸以鼠子未毛者啖以崖蜜嚼之䟫躍唧唧有聲號曰蜜唧以為珍具無版籍部勒每村推其長有智者役屬之號曰郎火父死子繼餘稱提

陀提陀者猶華言百姓也歲首則郎火以土盃十二貯水隨辰位布而禱焉經夕集衆往觀若寅有水而卯涸則知正月雨二月旱餘俗大畧與猺獞同而好殺尤甚父子有隙手刃者先之若殺其父走避於外得一狗以謝毋然後敢歸毋得狗謝不復嫌恨報讎相擊必食其肉而卧其皮所殺之人美鬚髯者剜其面而籠之竹木鼓噪而祭之以徼福利見續聞

黎人

黎人鳩蠻也今為瓊崖儋萬四州治黎有生熟二種生黎有名無姓不受約束熟黎慕化服役稍同編氓多符王二姓其地有五母山山之中皆黎族盤據聚而成村者曰峝峝各有主父死子繼夫亡妻及男子文身椎結挾刀控弩婦人戴籐笠𧝓衣有裙而無袴春時笄女戲鞦韆以誘散仔携手踏歌名曰作劇女伴互施針筆涅兩臉為蟲蛾花卉名曰繡面以色絲和吉貝雜織為錦釀酒多雜榴花

地産水沉龍涎犀象翡翠珠璣異物覩死不哭啖生牛肉以表哀痛塟則舁櫬而行前以鷄子擲地不破即為吉穴也客至未識者主人穴隙窺之客儼然矜莊始遣奴布席客坐移時主人乃出不交一言少選置酒先以惡草具進客食不疑乃喜更嘉肴欵曲即親串高會不脫兵仗三爵後請各弛備然終不離酒所謦欬為忤便握刄相戕時時剽掠省界為害也見嶺海續聞

蜑人

蜑人瀕海而居以舟為宅或編蓬水滸謂之水欄以漁釣為業辯水色以知龍居故又曰龍人善佘水採珠螺以繩引石縋人而下手一刀以拒蛟龍之觸得珠螺則以刀擊其繩舟人疾引而出之稍遲則氣絶矣見嶺海續聞

馬人

馬人本林邑蠻相傳隨馬援北還散處南海其人深目猳喙以採藤捕蠣為業或曰盧循遺種也故又曰盧亭云見嶺海續聞以其不詳故復著之

南村輟耕録曰元末盜起陶夢禎舉師勤王聞苗善鬬遣使招之因得入中國遂不復可控制其衆無尺籍伍符無統屬節制相謂曰阿哥曰麻線稱主將亦然喜着斑斕衣製衣袖廣袂脩短與臂同長不過膝袴如袖裙如衣總名曰草裙草袴固脰以獸皮曰護項勒腰以帛懸兩端於尻後若尾無間晴雨被氊毯狀絶類犬按邕管雜記溪蠻叢笑諸書載

五溪蠻盡槃瓠種曰猫曰猺曰獠曰獞曰獲曰狆曰犵狑曰犵狫曰徉獚字皆從犬諺謂猶犬信然軍無金鼓鳴小鑼以節進止鑼若賣貨郎所敲者夜遣卒伏路曰坐草軍行抄掠曰檢刮言盡取靡有所遺也所過無不殘滅擄得男女凡老羸者甚幼者貌陋者盡殺之壯者曰土乖少者曰賴子皆驅為奴人投其黨者曰入火婦人艷而皙者畜為婦曰夫娘人有三四婦多至十數一語不合即剸以

乃與處者得至日莫無事則自賀過一日破松江火一月不絕城邑殆無焦類自保嘉興僅存孤城城外焚殺無餘窮目所至無寸草尺木禽獸之行絕天逆理民怨且怒共攻殺之又曰元之將若相無遠畧奉將天威乃借重於非類正猶開虎兕之柙使赴牛羊耳一何愚哉嘉請問倭夷蹦跞閩越官軍望風卻避莫敢與閩不得已亦召苗兵僅數千入閩所過殘畧官府閉城門從城上縋米肉給之村落皆挈家逃入深谷雞豕器物不能携者屠剥破毀無遺路絕行人不幸遇之即斷臂刳腸枉視以為快其慘虐無異於倭乃知輟耕録所載可為永鑑

炎徼紀聞曰諸蠻縱而惡法驕而易欺衛官與廂豪交市倚法為奸丁剝而户漁之得利則為之掩慝匿罪透引劇掠一不當意則宣露宿惡傳以醜辭聳動官府稍不加察輕舉損威釀成大禍至於調發土官往往方命不受節制賊未及平而所過良民已遭荼毒矣又曰諸蠻俗醜惡不足録録之有深意焉堪輿乍分函夏之地黎首蠢蠢無異鳥獸帝王賢聖遞作奬掖以仁義陶鎔以禮樂而匡弼以刑罰然後人知衣冠之華飲食之美而彝倫之重與在四裔魑魅之與遊豺狼之與居仁義禮樂刑罰之具曾未自覩猶函夏之初然何怪其俗之醜惡也夫風氣人文相依周轉四隅之地首西北次東北又次東南而西南其最後也周封箕子于朝鮮即為嘉域而淮徐之區猶為戎夷泰伯端委以治吳不革

祝髮文身之習秦漢開百粵徙閩民於江淮是區薦莽狐兔之墟也乃今聲華文物軼中州矣唐蒙通夜郎開於昆明元方拓土猶羈縻之耳入　國朝遂列郡縣而西洋海國亦皆賓貢蓋氣化漸開則人文漸被若旋風披拂自西北而極於西南之明驗也焉知百世之後滇棘之奧不如閩廣之交而八百車里諸夷不有登圖籍置官吏之日乎

諸夷考三卷目

西南夷畧　天度　風氣
地里　山川　草木
鳥獸　魚蟲　五穀
種類　飲食　居處
婚姻　刑罰　生理
俗尚　交易　城郭
器用　歲朔　禮節
邪術　土產　戰陣
形勝　夷情（哈賭字平聲用入聲剌從東音蘭金名　筞音次）

滇夷部落尤繁曰阿昌曰百夷曰老緬曰蒲曰僰曰剽曰杜怒曰哈喇曰古剌曰得稜曰遮些曰安都魯曰牛喹喇曰孟艮曰赤髮已見種類條下又有曰爨曰麽些曰禿老曰紫門曰白夷曰上僚曰和泥蠻曰羅舞曰撒麽都曰摩察曰濃人曰山後曰哀牢曰蛾昌蠻曰鮮蠻曰魁羅曰傳尋未及詳考故從紀中所列天度地里為目云

西南夷風土紀

西南夷漢武帝時已通中國蜀漢中復叛武侯定之晉魏唐間或叛或復宋則以玉斧畫瀘水遂與之絶矣胡元奄有西域乃復屬焉
國朝兵平六詔諸夷納土各因其酋長立為宣慰安撫等官俾自治其地以時貢賦曰車里曰老撾曰木邦曰八百曰孟養曰緬甸所謂六宣慰國初舊封也曰南甸曰干厓曰隴川曰孟密三宣撫一安撫則正統時王驥討

平麓賊思任父子之亂遺孽播遁迤西請其棄地封有功也摭古舊得稜地古剽國夷言朱闍婆又謂之朱波國處南海之濱遠在諸夷之外自古不通中國晉魏間傳聞永昌西南三千里有剽國君臣父子長幼有序唐貞元中王雍羗聞南詔畢牟尋歸唐有內附心隨遣弟悉利福城五難陀獻其國樂至成都劍南節度使常樂復譜次其音聲以獻於是始與中國通近歲師克隴川獲莽人猷得其

樂器形類箜篌、其聲和其音哀、聽之淒然、得非兵戈亂離、音隨世變也歟、莽瑞體者、緬甸宣慰之裔也、先時麓賊父子皆為緬縛獻、後燼火復熾于孟養、遂與緬世相讎殺、嘉靖間差官勘處、竟不思其原為討賊以挑隣釁、乃取其金牌符信而還、瑞體窮無所歸、逃於整古、動心忍性、脩行學佛、得稜子無主、聞其賢迎立為嗟喇、嗟喇者華言公道主人也、各夷分境而治、風土既殊、氣習頗異、勇怯情偽互有差別、草木禽獸亦復不同、咸據見聞而載記之、以備事經畧務、該博者考云、

○天度二月春分日當出卯氐十六度而出房一度、當入酉昴一度而入胃十六度、較之中州似稍過南、夜觀斗極乃在子癸之間、又似少偏西也、蚤暮霧露薰蒸、烟霞掩映、夏秋多雨、春冬稍晴、雪霰冰霜則絕無矣、風常溫而不清、月常赤而不朗、雖深冬雷不收聲、電不藏光、常夜于營中見大星白而芒、燭地有光如月墜于夷民之家、詢之乃蟲光也、

○風氣四時皆熱、五六月間水如沸湯、石若爍金、三宣蠻莫迤西木邦茶山黒麻皆瘴癘毒惡、緬甸八百車里老撾擺古雖無瘴而熱尤甚、華人初至亦多病、久而與之相習、癸未歲除之日、師度沙木籠山、聞杜鵑聲、次日則甲申元旦也、次户宛關、綠草飛蝶、已而軍蠻莫、夷人獻青豆紫茄匏瓜之類、蓋地氣四時如春夏也、

○地理總諸夷而度六千餘里、東通中國、南濱海、隣暹邏界、西抵西洋大小古喇赤髮野人（即紅毛國也）、小西天去天竺佛國一間耳、北接羌戎吐蕃、但山則懸崖峭壁、河則黑水弱流、遥見隔崖粉墻廬舍、儼然車馬往來、而世莫能通焉、亦不知為何地也、

○山川原泒皆起自崑崙、東山自騰冲分水嶺、西山自迤西鬼窟山、對峙南下、分枝衍泒、遵海濱而止、金沙江自迤西南流縈于兩山之

問會檳榔大盈龍川喇乃木邦虎又温板諸江之水達于南海三宣孟密木邦緬甸八百車里擺古俱在江東迤西大小古喇暹邏則居江之西也山澗多蝮蛇孔雀其水多毒蒲窩之外有毒泉鳥獸飲之無不即死毛骨積泉傍者不知幾許緬甸有江名粘利其流百折其水鹹黑人馬皆不敢飲行旋過此田田夷汲水以齊其渴夷中温泉最多炎荒地氣使然也

○草木暢茂蓋居民稀少斧斤不加牛羊鮮牧故耳山多巨材皆長至数百尺大至四五十圍所可識者杉楠檉櫟榆楓数本而已餘皆入眼平生未曾見也緬甸所屬地名孟浩有樹葉如車蓋土民取之代瓦蓋屋茶山光腦產魚古竹節長丈餘蠻莫山中木多連理潞江以外道傍草皆自相糾結謂之揪頭瘴發則如此也迤西溪壑之間有草如蘭吐穗開花狀如蝴蝶卸則隨風飄颺直上為真蝶矣附于高木仍為花結子可噉緬甸有山名波羅四面皆絕壁獼猿亦不能升厓顛有草結子纍纍相貫土人於厓下誦經禮拜其子自墜抽去其心引繩穿之則数珠也緬甸金塔寺有佛果樹結實類人頭芭蕉檳榔實如盌而尖味皆香美取以供佛雍會海中水草蔓生實如雞頭苞時至其苞自裂内皆小魚迸出土人視草之踈密卜魚之多寡等練之下溪不盈丈溪之内竹及軟如麻析而為縷可供索綯織履之需溪之外則枝節剛勁以之作弓弩堅勝骨角溪以東六年一穫以西則歲兩告成咫尺迥異地氣所鍾固如是也

○鳥視中國之所無者鸚䳇孔雀獸視中國之所無者象也然夷中鳥亦無鴈雉獸亦無狐而白鷴鳩又中國之所無也夷中燕語嗟喳不若中國之呢喃足聽緬甸有鳥四足肉翅大如鵝其鳴似鶴能飛而不能遠其雛胎生飛行則負雛于背不啖稼穡不食生虫殺之

必見不祥故千百為群人亦不敢相害去滕冲五十里地名緬箐近出二獸大如駱駝毛碧緑色獅首象蹄牛尾有角無牙頂心肉角隆起見人則伏地而鳴亦莫通其意土人殺一誤以為麟白于陳州守取皮視之非麟也命藏于庫其肉暴露数日全無臭穢氣蠅蚋不附著誠大可異傳聞先年八百見此隨與莽酋搆兵然則非悪獸亦非嘉瑞矣蓄産與中州不殊惟雞差小好鳴其音凄切凡夷人

死無𠑽類牛馬猪羊雞犬皆為鬼畜人不敢收縱之於野聴其孳生是以山多野畜

○魚之所同者鯉鯽餘皆不可識別大盈金沙之内魚甚多見人馴擾不必網鈎舉手可得大者数十百斤但味薄不嘉耳昆虫蚱蜢蝸蜓之類夷人皆生啖云鮮煩熱有虫曰隊隊者形如壁虱生有定偶斯須不暫離夷婦有不得于夫者飼於桃空中則其情自翕合土官目把富夷之妻皆不惜金珠易之莽酋域

濠内畜有異魚身長数丈嘴如大箕以尾擊物食之關以重柵恐其逸出傷人每日以渾猪羊飼之緬人名為龍殆鱷魚之類歟江頭馬高魚大如牛蝦大如鴨老撾一番僧駐錫水涯水内白龜長闊丈餘僧每誦經龜必出聴僧若出遊水陸背乘往還至今尚存僧固高僧而龜亦神龜也

○五穀惟缺稻餘皆少種自蠻莫之外一歳兩穫冬種春收夏作秋成孟密以上猶用犂耕

腴故也凡田地近人烟者十墾其二三去村寨稍遠者則迴然皆曠土夏秋多瘴華人難居冬春瘴消儘可耕穫若待營堡既固地方稍寧募彼熟夷給以牛種擇厥田之上上者每歳冬春屯種一番可以代轉輸之勞事經畧者其善圖之緬甸所屬地方名板楞野生嘉禾不待播種耘耔而自秀實謂之天生穀每季一收夷人利之

○種類曰阿昌曰百夷曰老緬曰蒲人曰僰人曰剽人曰杜怒曰哈喇曰古喇曰得稜子曰遮些子曰安都魯曰牛𧾷達喇曰孟艮子曰赤髮野人女多男少蓋西南坤極也貧者亦数妻富者数十官舍目把動以百計三宣官目蓄髮加冠六宣土官舍把禿頭戴六舍五彩尖頭夷帽其餘部夷男髡頭長衣長裙女堆髻短衣桶裙男女無貴賤皆穿耳徒跣以草染齒成　女自生下不剃頭髮以

白布纏之陽物嵌緬鈴或二或三三宣六慰酋目亦有嵌之者男子皆黥其下體成文以別貴賤部夷黥至腿目把黥至腰土官黥至乳塗體男以旃檀女以鬱金謂極黃為美自阿瓦以下女色亦多艷麗濮水關外有等緬夷男子髡頭驍勇女亦便捷夫死則髡其頭不再適得稜子男髡頭不着上衣下體以尺布蔽之女蓄髮亦不着上衣止以花帨圍腰下安都魯遮些子皆暹西遺種男子藤盔藤甲不畏刀鎗女子上下圍以花帨手束紅藤為飾牛𧾷達喇男戴黑帽有鬚者剃之止留左畔一綹無鬚者引髮下繫於腮以當之古喇貌極醜惡上下如漆男戴黑皮盔女蓬頭大眼見之可畏孟艮子性猛好鬬偏體黥以花草魚鵲其餘車里八百老撾總而名之皆曰百夷男女與六慰不異服飾多與緬同赤髮野人無部曲不識不知熙熙皞皞巢居野處遷徙不常狀類山魈上下以布圍之猿猴麋

鹿皆與之徒去禽獸無幾蒲人僰人阿昌乃在邦域之中雜華而居漸變於夏間有讀書登芹泮納粟為吏承者矣

○飲食蒸煮炙煿多與中國同亦精潔可食酒則燒酒茶則谷茶飯則糯粳不用匙筯以手摶而齧之所啖不多筋力脆弱自孟密而下所食皆樹酒若樱樹葉與果房皆有漿可浥取飲不盡煎以為飴比蔗糖尤佳又有樹類枇杷結實頗大取其漿煑之氣味亦如燒酒

飲之尤醉人又以竹笋為醋味頗香美惟酡甒臭惡不堪食矣

○所居皆竹樓人處樓上畜産居下苫盖皆茅茨緬甸及擺古城中咸僭立殿宇以樹皮代陶瓦飾以金謂之金殿炎荒酷熱百夷家多臨水每日侵晨男女群浴野水中不如此則生熱病惟阿昌枕山棲谷以便刀耕火種也

○婚姻不用財舉以與之先嫁由父母後嫁聽其自便惟三宣稍有別近華故也其餘諸夷

同姓自相嫁娶雖叔姪娣妹有所不計莽着娶莽瑞體之女叔娶姪也着女嫁莽應理妹適兄也夷狄禽獸大畧如此

○治理多如腹裏土司其法惟殺戮與罰贖二條事情罪重者殺之餘則量所犯之大小為罰之輕重緬人崇佛教凡罪人願舍身為僧者即止不治莽瑞體治亦尚寛人犯法當死不加刑惟乘以小舟量載飲食置於海洋之外聽其漂沒自盡間亦有遇救者然終不敢返故土也應理性極慘刻凡有罪者群埋土中露頭於外以牛耙之復覆以柴草舉火焚之彼自縱觀以為樂江頭城外有大明街閩廣江蜀居貨遊藝者數萬而三宣六慰被擄者復數萬頃歲聞天兵將南伐恐其人為内應舉囚於江邊縱火焚死棄屍蔽野塞江諸夷所以叛彼來歸者皆由其殺戮太過驅之也當時肯從各酋長之請王師進至孟密應理之頭懸於麾下矣主將昧於大計至今可為扼腕

○治生男耕稼女織紝土地肥饒米穀木綿皆賤故夷中無饑寒空乏者男顧好閒而女勞力治外負戴貿易以贍其夫盖女壯健而男萎靡也

○俗尚佛教寺塔徧村落且極壯麗自緬甸以下惟事誦經俗不殺牲所以鳥獸與人相狎凡有疾病祝佛以僧代之或一年二年三年募人為之惟古城江心一山頗奇上有金塔

大寺唐僧曾寄宿焉緬甸別有支更城上建
二塔以金飾之其下大小寺不可数猛別城
有金塔二金飾寺数區別有妖精洞可望而
不可到都魯濮水關有唐僧晒經臺温古城
有金塔寺塔如阜周圍有金飾殿四十間懸
寶旛皆木刻以金飾之塔點萬年燈塔頂遥
望莽酋城如在指掌又別有金飾塔寺中懸
莽酋像黄顏大耳扁目濶順貌頗魁梧纏以
布色　衣緑錦不裩跣足聽往来者觀

板古庚河名曰流沙庚僧取經故道賠記甚
多城中有積髮金臺臺下池池内有五色芙
蕖四時不絶亦有晒經臺歇凉樹妖魔洞緬
人稱為西方極樂世界
○交易或五日一市十日一市惟孟密一日一
小市五日一大市盖其地多寶藏商賈輻輳
故物價常平貿易多婦女無升斗秤尺度用
手量用籮以四十兩為一戥論兩不論斤故

用等而不用秤以銅為珠如大豆数而用之
若中國之使錢也
○城郭有雉堞而無樓櫓孟密準古緬甸普幹
普坎得亞洞吾等温白古馬高江頭皆古城
也惟擺古乃莽酋新築然高者不過十餘尺
大不過三数里惟緬甸擺古江頭差宏闊耳
普坎城中有武侯南征碑緬人稱為漢朝地
方江頭為門十二東入者東出西入者西出
南北如　出入不由故道者罰之夾道有

走廊三　至擺古等温城每日中為市市
之周圍亦有走廊三千餘間以避天雨
○器用陶瓦銅鐵尤善采漆畫金其工匠皆廣
與中國侔漆器貯鮮肉数日不作息銅器貯
水竟日不冷江海舳艫與中國同擺古江中
莽應理僭用金葉龍舟五十艘中設金花寶
座目把所乘皆木刻成象頭魚頭馬頭鴨頭
雞頭等船亦飾以金周圍畧畫甚華麗部夷
船亦如之但不以金飾也海水日潮者二乘

船載米穀貨物者隨之進退白古江船不可数高者四五尺長至二十丈大桅巨纜周圍走廊常載銅鐵磁器往來亦閩廣海舶也歟

○歲時三宣六慰皆奉　天朝正朔擺古無曆惟数甲子今亦竊聽於六慰頗知旬朔矣

○禮節不知揖讓見人惟掌作恭敬狀凡見尊貴有所稟白必俯伏盡恭子之于父不命坐不敢坐侍側亦不敢怠忽古傳父子君臣長幼有序　遺風也歟

○邪術三　曰卜思鬼婦人習之夜化為猫犬竊人家遇有病者或舐其手足或嗅其口鼻則攝其肉唾于水中化為水蝦取而貨之蠻莫之外有曰地羊鬼髮頭黃眼面黑而貌陋惡者是也能以泥土沙石換人及牛馬五臟忤之必被其害初聞以為恠誕後軍蠻莫戚遠營有火藥匠與夷人鬨已而病發其兄焚之滿腹皆泥沙軍回過張襬箐見道傍二屍如蟬蛻詢之乃思鬼所攝者始知二說皆不謬也卜思鬼惟狗可以碎之地羊鬼貼身服青衣即不能相害凡入夷者不可不知

○土產孟密東產寶石產金南產銀北產鐵西產催生文石芒市亦產寶石產銀孟艮孟璉亦產銀迤西產琥珀產金產阿魏產白玉碧玉茶山產綠干崖產黑玉車里產貝緬甸西洋出大布而夷錦各夷皆出惟古喇為勝象牙諸司皆產獨老撾居多象牙供器阿魏入藥與大　錦固皆非棄物然微象牙豈無

以適用　魏獨不可治療乎中國之吳綾越羅溫厚華美可衣可衾又何取於大布夷錦哉至若寶玉琥珀寒不可衣饑不可食取用不無騷擾商販未免通夷撫臺近加嚴禁既峻邊關之防復抑華侈之風得大體矣

○戰鬪惟集後陣知合而不知分每以鳥銃當前牌次之鎗又次之象繼鎗後短兵既接象乃突出中華人馬未經習練者見象必驚怖辟易彼得乘其亂也破之之術必設疑以分

其勢設險以斃其象出奇以搗其堅横冲以亂其陣夷中本脆弱恃象以為強能曉破象之訣則夷兵不足敗也火籠火磚火毬火箭噴筒霧砲九龍六龍桶皆破象之長技然施放必得其法攪地龍飛天網地雷砲尤殺象之巧術而布置自有其方誠能講究得其妙用可以挽南滇而滌炎荒之焰播蘇薰以掃紫塞之烟何必扼蠻哈而畫金沙据姚關而阻查里　下弱哉

○形勝准　獨擅後雍蠻哈前阻金沙上通迤西曩孱茶山中通于崖南甸隴川木邦諸市下通孟密緬甸八百車里擺古誠為水陸交會要區諸夷襟喉重地兼以田地肥饒一年兩收若於此處築堡設屯且耕且守數年之後將見陳陳相因轉輸可省流移日聚生齒漸蕃家自為守人自為戰而寡兵亦可撤矣且居莽賊上游虎視六慰虜在目中設欲犂庭掃穴建瓴之勢易為力也次則迤西其

地上抵麗江下接擺古左至西竺右倚金沙内有孟倫安都六之勁兵中有謙底底乃之險峻外有孟憂里孟掌之兩卒土地殆將有木邦孟密緬甸三宣之廣寶藏之富生齒之繁莫如孟密五穀之饒布帛之多莫如緬甸八百魚鹽之利貿易之便莫如車里擺古緬甸司治櫝榔木邦兩江環帶水陸通達緬人不容華人由之恐　天朝取徑也車里亦有九龍江　塹老檛倚山帶河土地延袤山

溪險要　迤西埒八尤習于水戰乃莽酋之勁敵若能招徠亦樹黨益敵之一策也木邦自昔稱雄為永昌之藩蔽惟外無可恃之險三宣素號富庶實騰越之長垣有險而不知設故年来俱被殘破凋敝不振反藉官兵以為彼守禦必須厚其生以蘇其困養其銳以作其氣俾能自立庶騰永之藩垣有賴而兵餉皆可少省矣

○古夷中自孟密以上山多寳蠻莫以下地饒

沍款當　國初兵力盛時剪荆棘為樂土易
鱗介以冠裳特轉移間耳然瘴癘毒惡漢人
難居固天所以限華夷也　祖宗不忍逆天
犯忌薄示羈縻治以不治二百年餘頗稱無
事邇来莽瑞體避雛整古談佛惑衆雄據南
滇木邦孟密因来襲職駁勘刁難二酋相繼
挍莽求立迤西與莽相持求援不得亦折而
入莽莽遂兼併八百蠻食車里漸召老撾於
六慰皆屬莽爲然而敬畏　天朝不敢輕犯

疆場原夫夷人之性不甚兇殘夷人之情無
大奸詭夷人之心頗知忠順可以誠感不可
以威刼古人治夷以攻心為策無出此矣
思任父子之亂正統間再煩大兵雖幸底平
而浮兇漏網餘孽復熾至萬曆壬午癸未間
緬甸交訌滇雲騷驛發數道軍食往討朱中
丞孟震時為川貴藩臬長與其事以上二十
六條皆其所手録者核而且詳故備著焉

皇明四夷考二卷

〔明〕鄭曉撰

《皇明四夷考》二卷，明鄭曉撰。曉（一四九九—一五六六）字窒甫，號淡泉，浙江海鹽人。嘉靖二年（一五二三）進士，授職方主事，官至兵部尚書。撰有《吾學編》十四篇六十九卷，此即自其中析出之一篇。據諸史籍、筆記、文集、檔册、邸報彙集成書，卷首有嘉靖四十三年（一五六四）自序。卷上叙安南、兀良哈、朝鮮、琉球、女直、三佛齊、占城、日本、真臘、暹羅、蘇門答剌、爪哇等十二國，卷下記國家、地區凡八十條，皆逐一敘其史跡、風土、民俗等，而頗寓禦外侮、固内防、慎封守之意。據上海圖書館藏明萬曆間刻本影印，以天津圖書館藏本配補。

皇明四夷考序

四夷何以首安南也我郡縣也次兀良哈何我式衛也哈密女直非歟羈縻之虜非我官長也兀良哈之有三衛以靖難歟非也大寧之地有三衛也蓋自洪武始也其南據大寧也乃自永樂始也將復交趾而收大寧乎都統之議寢且嗤我華蘭台以驕乎我貳矣棄哈密而撫女直乎哈密能我河西女直扞我遼東也土番入哈密而嘉峪不驚胡虜通女直而山海弗靖矣朝鮮何以次兀良哈也知禮教也大國也琉球小夷何以次朝鮮也學

皇明四夷考序　一

于中國也何以終韃靼也非勍寇乎我勝國也盛衰之運中國有安危焉以故別考而存之戰守之畧可幾而得矣　高皇何以有海外之使也更始也　成祖西洋之艘不已勞乎鄭和之泛海與胡濙之頒書也國有大疑焉爾羌三王胡四王我廛廛焉西番五王世優之何也不能為我深創也苟因俗而治之得相安焉可矣西域何以不得浮南海也王公設險假樹渠焉如之何使其縱横出入幾徧宇內也海島之夷勤我封使往來之禮歟夷不言往來往來言諸侯也四夷來王八蠻通道未聞有報使焉然則領封可乎奚為而不可也陪臣請命于京師王人致命于海上非往來乎嗚呼均覆載者天德也辨華夷者王道也昔也外夷入中華今也華人入外夷也喜寧田小兒宋素卿莫登瀛皆我華人雲中閩浙憂未艾也是故慎封守者非直禦外侮亦以固內防也池魚故淵飛鳥舊林人情獨不然乎彼其恐於捐墳墓父母妻子鄉井而從異類者必有大不得已也嗚呼德惟善政政在養民盡亦反其本矣不然而欲郡縣我子弟武衛我干城烏可得哉

皇明四夷考序　二

嘉靖甲子三月朔日鄭曉識

皇明四夷考目錄

上卷

皇明四夷考目錄終

皇明四夷考上卷　　吾學編第六十七

海鹽鄭曉

皇明祖訓曰四方諸夷皆限山隔海僻在一隅得其地不足以供賦得其民不足以供役若其自不揣量來擾我邊則彼爲不祥彼既不爲中里患而我興兵輕伐亦不祥吾恐後世子孫倚中國富彊貪一時戰功無故興兵致傷人命愼勿爲也但胡戎與西北邊境互相密邇累世戰爭必選將練兵時謹備之不征諸夷東北朝鮮即高麗其李仁人及子成桂今名旦者自洪武六年至二十八年首尾凡弒王氏四王姑待之正東偏北日本雖朝實詐

暗通奸臣胡惟庸謀爲不軌故絕之正南偏東大琉球朝貢不時王子及陪臣之子皆入大學讀書禮待甚厚小琉球不通往來不嘗朝貢西南安南三年一貢真臘朝貢如常濱海暹羅朝貢如常濱海占城自占城以下諸國朝時內帶行商多譎詐故沮之自洪武八年沮至十二年方乃得止國濱海蘇門答剌濱海西洋濱海爪哇濱海彭亨居海中百花居海中三佛齊居海中浡泥居海中

洪武四年九月　上御奉天門諭省府臺臣曰海外夷國爲患中國者不得不討不爲中國患者不可徵用兵古人言地廣非久安之計民勞乃易變之源隋煬帝妄興師旅征討琉球荼毒生民徒慕虛名疲中土載諸史冊爲後世譏朕以諸小蠻夷阻越山海不侵中國無煩用兵惟西北胡戎世爲中國患不可不謹備卿等記此言知朕意

洪武十五年命翰林侍講火原潔等編類華夷譯語　上以前元素無文字發號施令但借高昌書製蒙古字行天下乃命原潔與編修馬懿赤黑等以華言譯其語凡天文地理人事物類服食器用靡不具載復取元秘史參考以切其字諧其聲音既成刊布自是使臣往來朔漠皆能得其情

凡四夷分十八所設通事六十人大通事有都督

都指揮等官統諸小通事總理貢夷降夷及歸正人夷情番字文書譯審奏聞

永樂七年遣太監鄭和王景弘侯顯率官兵三萬下西洋凡西洋功次即非斬首選法不得減革十三年吏部員外郎陳誠上使西域記凡十七國

安南

安南唐虞時南交也秦爲象郡漢爲南越所據武帝平南越置交趾九真日南三郡朱梁時始土豪曲承美者據之已而并于劉隱未幾管內大亂衆推驩州帥部子璉繼立宋既平嶺表璉

遂內附黎桓篡丁氏李公蘊又篡黎氏陳日煚又篡李氏宋以遠夷故置不問相繼皆封為交趾郡王元朝兼有華夷至憲宗遣將破其國而日煚竄居海島弱不能支始歸附元封其子光昺為安南國王光昺死子日烜自立元發兵破之日烜卒子日燇遣使朝貢元末天下大亂安南不至明興削平群盜驅逐胡元洪武元年登極詔諭薄海內外日煃大懼又聞征南將軍廖永忠副將軍朱亮祖帥師逾嶺降何真定廣東西日煃欲納款又以梁王尚在雲南持兩端二年始遣其少中大夫同時

敏正大夫段悌黎安世等來朝貢請封遣侍讀學士張以寧典簿牛諒封日煃為安南國王賜駝紐塗金銀印以寧等至安南界日煃已卒其弟日熞嗣立遣阮汝亮迎請誥印以寧等不從日熞遣杜舜欽等請命于朝以寧駐安南候命詔封日熞為王是年遣翰林編脩羅復仁兵部主事張福詔諭安南占城國王各罷兵息民皆聽命三年日熞卒封其子日鑑嗣王五年陳叔明遣人朝貢却不受明年又遣人納貢謝罪請封當是時煓嗣王叔明者煓兄也專國政十二年煒遣使來貢　上惡其

彊悍數侵占城詔諭叔明二十年煒遣使貢賀聖壽二十一年國相黎季犛廢其主煒幽大陽坊尋弒煒立叔明子日焜主國事二十二年又弒日焜假煓名遣人來貢二十六年遣禮部尚書任亨太監察御史嚴震直諭令出兵討龍州趙宗壽二十七年遣人朝貢却不受二十九年遣行人陳誠呂讓諭令還思明伍縣不聽陳氏傳十二世至日焜而黎氏篡立僭稱皇帝國號大虞紀元天聖永樂初季犛上表竄姓名為胡一元子蒼易名奁詐稱陳氏絕奁為陳氏甥求權署國事朝廷從其請逾

年陳王孫添平走至京言季犛弒篡季犛詐上表請迎添平歸還以國　上遣行人聶聽送添平歸國勑征南副將軍黃中呂毅率兵禦之季犛伏兵芹站殺添平及我使人　上怒永樂四年七月辛卯以成國公能為征夷將軍總兵官西平侯晟新城侯輔左右副將軍豐城侯彬雲陽伯旭左右參將大將軍率右副將軍右參將及清遠伯友統神機將軍程寬朱貴游擊將軍毛八丹朱廣王恕等橫海將軍魯麟王玉商鵬鷹揚將軍呂毅朱　江浩方政驃騎將軍朱榮金銘吳旺劉剳出二十五

將軍以兩京畿荊湖閩浙廣東西兵出廣西憑祥
左副將軍左叅將統都指揮陳睿盧旺等以巴蜀
建昌雲貴兵出雲南蒙自兵部尚書劉儁叅賛戎
務尚書黃福大理寺卿陳洽轉餉是日上誓龍江
禡祭誓衆曰黎賊父子必獲無赦脅從必釋毋養
亂毋玩寇毋毀廬墓毋害稼穡毋恣取貨財毋掠
人妻女毋殺降有一於此雖功不宥毋冒險肆行
毋貪利輕進罪人既得即擇立陳氏子孫賢者撫
治一方班師告廟揚功名於無窮其往勉之時晟
鎮雲南先遣彬以征夷副將軍印制授晟十月輔

兵度坡壘關傳檄數黎賊二十罪遂入鷄陵關晟
兵至白鶴江賊拒守富良江能卒以輔爲征夷將
軍代能十二月勑行人朱勸諭黎賊晟兵奪宣江
進次沱江輔兵渡沱江合兵渡富良江進克多邦
城焚賊西都賊走入海輔駐兵交州晟追賊至木
丸江五年正月輔晟合兵破籌江柵賊走悶海口
敗之富良江五月賊走乂安都督僉事柳升率舟
師追賊敗之得賊船三百賊遁且入海輔晟乘勝
追之升引兵出奇羅海口賊敗卒王柴胡等七人
擒季犛李倧等十人擒其子澄安南人武如卿等

偽大虞皇帝蒼偽太子芮偽將相王侯柱國黎季
貔等詔求陳氏後復立爲安南國王國人言黎賊
殘陳氏無後乃郡縣其地立交阯布政使司都指
揮使司按察司分十七府曰交州北江諒江三江
建平新安建昌奉化清化宣化太原鎮蠻諒山新
平乂安順化升華四十七州一百五十七縣衛十
一所三市舶司一改鷄陵關爲鎮夷關安撫人民
三百二十萬獲蠻人二百八萬七千五百糧儲一
千二百六十萬石象馬牛十三萬五千九百舡八
千七百軍器二千五十三萬九千勑黃尚書兼掌

布按二司事勑輔晟備交阯應有懷才抱德山林
隱遯明經能文博學有才賢良方正孝悌力田聰
明正直廉能幹濟練達吏事精通書算明習兵法
武藝智謀容貌魁偉語言便利膂力勇敢陰陽術
數藥醫方技之人悉心訪求禮送京師擢用九月
輔遣升露布獻俘季犛蒼及偽將相下獄赦澄芮
等令有司衣食之歴柴胡等指揮使僉事千戶是
冬贈故安南國王陳氏子孫七人官六年七月進
封輔爲英國公晟黔國公封升安遠伯八月交人
簡定鄧悉反以晟爲征夷將軍帥師討之儁仍叅

賛十二月晟與賊簡定戰於生厥江敗績僞都督
呂毅交趾參政劉昱皆沒七年二月勅輔總兵討
賊言晟出師失律致賊猖獗今聞鄧悉死而八百
媳婦老撾猶供餽者何人賊云有象五萬又謂我
將帥皆易與宜戒慎同心協力早滅此賊五月簡
定稱上皇立陳季擴為大越皇帝改元重光八月
輔敗賊于鹹子關九月又敗之太平海口十月季
擴稱故王後請封輔不聽進兵至清化十一月輔
獲簡定及其僞將相八年正月召輔還令晟節制
諸軍簡定檻至京伏誅十二月季擴人上表請降

遣方通政諭季擴以為交趾右布政使又以其黨
陳原樽為參政胡具澄景異鄧鎔都指揮潘季祐
按察副使是月季擴景異復反九年正月以輔為
征虜副將軍總兵會征夷將軍晟率師討之二月
詔赦交趾七月輔晟敗賊于月常江十一月輔率
舟師破賊于海上十年八月又破賊于神投海口
十月又破賊西心江十一年十二月輔晟會兵敗
賊于愛子江擒季擴十二年八月檻至京伏誅十
三年四月以輔為征夷將軍總兵鎮交趾十四年
十一月召輔還豐城侯彬代輔十六年正月清化

土官巡檢黎利反侯彬遣都督朱廣往勦之利初
從季擴為金吾將軍已而來降令為土巡檢輔還
遂反稱平定王以弟黎石為相國段莽都督聚賊
衆范柳范晏等肆出劫掠廣兵至斬首六百擒晏
利遁去彬請就交趾戮晏等以徇七月交趾右布
政使莫勛及交州知府杜希塈令縣丞黎獻率家
人五百力役赴京十七年巡按御史黃宗載言交
趾新入版圖勞來尤在得人今府州縣多兩廣雲
南歲貢生及下第舉人未入國學乞仕遠方遂授
以職既乏大學教養之素又非諸司歷試之才以

故牧民者不知撫字理刑者不諳法律若候九年
黜陟廢弛益多宜令到任二年以上者從巡按御
史及布按二司嚴覈其廉汙能否上狀黜陟從之
十八年五月勅侯彬叛寇黎利潘僚車三農文歷
等迄今未獲未審兵何時得息民何時得安宜盡
心畫方略早滅此賊交趾參政侯保馮貴討賊戰
死十九年五月彬請屯田九月彬言利奔老撾我
進兵討捕老撾輒遣頭目覽着郎阻我兵勿入境
云即發兵象大索利送軍門久之竟不獲利　上
曰老撾匿賊持兩端令彬遣頭目出京詰之是冬

赦利以爲清化知府道內官山壽諭利二十二年
仁宗即位召福還以洽爲兵部尚書代福是冬交
趾參將保定侯瓚榮昌伯智言壽未至利復反攻
大理寺卿楊時習爲按察使以弋謙爲布政使內
官馬騏自交趾召還未幾矯旨下內閣書勅復往
交趾闡辦金銀珠香內閣覆請　上正色曰朕安
得有此言此奴曩在交趾荼毒軍民卿等獨不聞
乎自騏召還交人如解倒懸豈可再遣然亦不誅
騏也洪熙元年二月以智爲征夷副將軍總兵討
利六月　宣宗即位七月命行在兵部侍郎戴綸

副洽贊理智軍務八月賊阮可郎等伏誅十一月
勅智及安平伯安都督方政及三司賊利包藏禍
心已非一日始若易取謊信人言惟事招撫迄今
八年終不聽命忠臣罹害良民被毒其誰之過智
等其急進兵務協和成功來春不捷論罪是月
上欲棄交趾問英國公輔尚書義原吉皆曰不可
棄問內閣士奇榮皆頓首稱善宣德元年三月智
政兵討利進至茶籠州敗績四月以成山侯通爲
征夷將軍總兵都督馬瑛參將討賊尚書洽仍贊
參軍務安平伯安掌交趾都司事削智政官爵五

月赦交趾十一月通擊賊敗績十二月賊攻清化
州不利引去以安遠侯升爲征虜副將軍總兵保
定伯銘左副總兵都督崔聚右參將由廣西黔國
公晟爲征南將軍總兵興安伯亨左副總兵新寧
伯忠右副總兵由雲南率兵兩道討賊兵部尚書
李慶參贊軍務工部尚書兼詹事黃福仍掌交趾
布按二司事勅通守城練兵侯升等至進兵二年
正月　上念久用兵勞費又問大臣士奇榮力贊
上止兵棄交趾便利攻交趾城通等出戰敗之斬
僞司徒司空大尉少尉大監黎笏等四月利陷昌

江通歛兵不出賊書與通請和通遂許清化諸州
地與賊遣指揮闞忠與利所遣人上表貢方物七
月賊破隘畱關圍丘溫鎮遠侯興祖擁兵南寧不
肯援城陷還興祖九月升等師至隘畱關利遣人
詣軍門上書言窮迫乞罷兵立陳氏後升易賊賊
伏四起升中鏢死是日銘病卒明日慶亦卒聚兵
亦敗諸將兵皆阻賊不得進十月通出下哨河立
壇與利盟約退師且宴利遺利金織文綺利亦以
重寶謝通是月忠及利所遣人至京表以陳暠爲
名實出利　上覽表示群臣曰賊表乞復立陳氏

後從之便抑不從便群臣以内閣主議故皆曰從
之便　上曰然十一月以行在禮部侍郎李琦工
部侍郎羅汝敬充正使通政黄驥鴻臚卿徐永達
副使詔諭安南言利表言前國王遺嗣暠尚在老
撾國人乞封暠王永奉職貢頭目耆老其以實對
朕即遣使授封朝貢如洪武故事又勅通等即日
班師内外鎮守三司衛所府州縣文武吏士携家
來歸三年正月通馳奏僞王陳暠遣黎少穎表貢
代身金銀人謝罪并送我叛人都督都指揮蔡福
等還京乞班師臣兵寡援絶人情警懼賊控據水

陸陷奪城池臣與衆議不如因其納貢請降全師
出境再圖後舉臣已率將士還至南寧俟命　上
覽奏勅通虧損臣節遺笑蠻方如國體何二月少
穎至京表稱安南國先陳王臣暊三世嫡孫臣暠
及頭目臣黎利云四月通至京群臣劾通及瑛智
安政布政使弋謙内官山壽馬騏等下廷鞫言通
等失律喪師棄地壽曲護叛賊騏激變藩方論死
繫詔獄籍其家瑛等坐罪有差與祖亦下詔獄五
月琦汝敬等還利遣人表謝言暠會病卒族人並
絶國中推利守國候命汝敬永達復奉詔諭利及

耆老訪陳後聞群臣又劾晟亨忠奉命與升掎角
進兵顧逗遛逾時方臨賊境與升等聲聞斷絶賊
得專力拒我及聞升陷没又不進援通等輒狼狽
引退爲賊所乘殺傷吏士委棄鎧杖賊勢益横城
池失守乞亟正邦刑　上曲赦晟令臺中臧劾章
示晟亨忠俟還京論罪贈交阯死節都指揮李任
指揮顧福劉順徐騏周安千戸蔡顒桂勝知府劉
子輔易先知州何忠内官馮智等官武官世職文
官復其家誅叛臣蔡福等籍其家四年二月汝敬
等還利遣人貢方物三月遣琦永達行人張聰勅

諭利三月琦等還利遣人貢金銀卸器方物并上
國人奏言陳氏無後利撫綏有方得民心乞令管
攝永爲藩臣奉職貢六年五月利遣人陳情謝罪
貢方物六月遣行在禮部侍郎章敞通政徐琦詔
利權署安南國事七年二月敞等還利遣人貢謝
八年八月利遣人入貢九年三月廣西總兵山雲
言利死長子狂妄次子幼弱姦臣黎問黎察搆
相讐殺夷民驚懼諒山土官阮世寧七源土官阮
公廷率衆避難來歸願居廣西龍州及太平府上
下凍州勅雲利本起微賤因奏立暠從人望朕志

在忠氏遂詔罷兵徐議立暠利遽奏暠死暠之死利所爲也朝廷即欲問罪不忍毒民令權署國事多行不義爲天所厭爾戒飭邊兵嚴謹守備勿忽世寧公廷可善撫之四月琦等還言利死利子麟遣人告喪獻金人方物五月遣行人郭濟朱弼祭利十月麟令人上表請命遣敞及行人侯璡諭麟仍權署安南國事十二月欽州貼浪如昔人叛降麟正統中麟卒子濬嗣天順中濬被篡弟灝嗣弘治中灝卒長子暉先卒子誼嗣正德初誼被篡國人請以灝庶子賙嗣　朝廷登極改元遣使詔諭

交酋亦數遣使朝貢然時時南侵占城占城上聞諭禁之輒陽聽命侵盜如故已而中國人多潛入交南至有受儒御史者教之窺伺雲南太監錢能貪殘令京衛指揮郭景齎奉勅旨往來交南猾夷奸闌出入莫敢誰何遂誘我逋逃覘我虛實鎮南關外頗多華人而臨安諸郡所在有夷賊矣於是撫臣屢請增置文武吏士控制彌縫然交人侵奪欽州里社我亦不能禁是時賙弱懦無爲境內盜起群下專權虐政暴征人不堪命正德十年賙遣阮仲逵朝貢是年陳暠作亂殺賙奸並莫登庸及其子方瀛結黎義昭等共推賙從子譓嗣而討殺陳暠嘉靖改元遣使詔諭賙賙且死七年矣譓不請封輒改元光紹暠父子亦據諒山等府稱王改元天應莫登庸妻灝妻逼譓走海濱使命不能達而還當是時登庸遂與陳氏分據交地杜溫閏鄭綏不肯從登庸已而譓死登庸又曰灝有子懬譓弟也矯立懬相拒交人曰灝死久矣懬本登庸子譓同母弟也嘉靖初田州岑猛叛兩廣總督姚鏌計鴆殺之謂岑氏可遂滅疏請設流官治田州而盧蘇王受諸孽輒通交南流言搖惑滇嶺間人鏌

被論落職桂萼初嚮用言提督兩廣非新建伯王守仁不可遂起新建伯兼兵部尚書總制兩廣江湖諸省軍務新建伯至嶺南始知流官不可設請復官猛子邦相爲田州判官盧蘇亦與土巡檢鞴縻之尋新建伯病謂翁萬達曰田州事非我本心後世誰諒我若新建伯初起用皆萼之力萼議禮致位卿輔欲立奇功會安南有亂冀可傳檄取之乃陰以意寓書授新建伯若專爲思田者使密探安南要領而新建伯不答直於奏尾稍及之萼遂恚憾會新建伯卒竟中傷革世爵及卹典云嘉靖

十五年哀冲太子生頒詔諸夷禮官言安南久不廷不必遣使請發兵討之下廷議諸大臣不可勅錦衣衛官使安南察之已而又遣禮部尚書黄綰翰林學士張治使安南時車駕巡承天綰治行有日又復止兩廣守臣言安南莫氏篡逆國内大亂時出侵掠遂命兵部尚書毛伯温至廣東議方畧進兵討莫氏會莫氏請命嶺南知府廉州張岳梧州翁萬達廣州鄭守愚及巡撫諸臣亦不欲用兵騷動數省條議上伯温請赦莫氏以爲安南都統使會登庸死伯温請以制命授其孫福海嘉靖二

十年六月班師論功進秩賞賚有差未幾福海復爲黎寧所逐黎氏仍據國莫氏竄居南海島上朝廷置不問交阯東起欽州西歷左江北至臨安元江龍州其孔道憑祥其要害也由臨安經蒙自河蓮花灘至其東都可四五日其俗夷獠雜居不知禮義獷悍喜鬬不解耕種椎髻剪髮好浴善水平居不冠惟交愛人倜儻好謀驩演人淳秀好學其山川佛跡句漏海富良江爲大産金珠珊瑚玳瑁丹珠諸香蘇合油胡椒羚羊角犀象兕白鹿猩猩狒狒白雉翡翠蚺蛇蟻子鹽鹽波羅密烏木蘇木境内有越王城天使館浪泊柱銅皷

兀良哈

兀良哈在烏龍江南漁陽塞北春秋時山戎地元爲大寧路户四萬六千口四十四萬八千國初割錦義建利諸州隷遼東設都司於惠州領營興會二十餘衛所所謂北平行都司也洪武十四年封子權於大寧爲寧王二十二年分兀良哈爲三衛於橫水之北曰朶顔曰福餘曰大寧處降胡以脫魯忽察兒海撒男奚阿札失里爲三衛指揮使同知並遣爲我藩籬靖難初首劫大寧兵及召兀良

哈諸酋率部落從行有功遂以大寧畀三衛寧王移封南昌徙行都司於保定爲大寧都司令三衛歲二貢貢衛百人東起廣寧前屯歷喜峯近宣府爲朶顔自黄泥窪逾瀋陽鐵嶺至開原爲福餘出錦義度遼河至白雲山爲大寧皆逐水草無恒居三衛朶顔最强分地又最險永樂中最親附宣德時嘗入漁陽塞　上率諸將出喜峯關敗諸虜于寛河誅其大酋自後稍馴順正統中又叛侵盜東北關諸寨索鹽米賞賜而已以故喜峯密雲間有都指揮或都督鎮守驗貢夷己巳福餘大寧結也

先爲也先鄉道朶顔獨扼險不肯從也先至不能入塞不得利大掠福餘大寧人畜去始勅都御史鄒來學經略已而設太監參將又設總兵景泰四年守臣言兀良哈貢使往來不絶爲尾刺間諜詔自後使至伴二三人入京餘不得輒入關成化四年與北虜毛里孩通侵天城遣都督李鐸詰之十二年通乩加思蘭謀寇遼東勅邊臣備之然亦未敢大爲寇盜弘治中守臣楊友張瓔燒荒出塞掩殺邊釁遂起正德初部落既蕃陽順陰逆累肆侵盜朶顔都督花當求添貢其子把兒孫深入虜掠

動稱結親迤北恐中國革蘭台者花當孫也兀良哈朶顔爲大部朶顔花當爲貴種花當長子革列孛羅早死其弟把兒孫驍勇十年把兒孫入馬蘭谷塞殺參將陳乾遣都督桂勇討之把兒孫遣扯禿等來言請入貢且獻馬贖殺乾罪又謾言射林孛羅幹兒路阿刺忽旦夕且糾諸部大舉入寇令小失台呼扯禿等去我亦幸無事奏虜退班師未幾入寇參將魏祥全軍覆没時把兒孫狡劣屢誅奪適諸酋惡之不相附尋亦死花當種人皆附革蘭台革蘭台貢馬遲之未請嗣番官也邊臣言上

兵部令譯部落後許貢革蘭台遂入寇漁陽諸小關俱皆殘破嘉靖十一年九月巡撫王大用欲通朶顔與厚賂城其霧靈山不果是時酋阿推哈利赤數入建昌喜峯太平諸塞殺掠人畜革蘭台又乞陞官兵部言大用喜事請以毛伯温代大用出漁陽巡撫伯温至鎮虜益盜邊邊人不得耕牧二十年革蘭台挾北虜求添貢貢衛三百人不許請衛二百人又不許時時出没塞下輒云結小王子旦夕大舉入塞會俺答吉囊自大同深入大原不得已許其補前貢失期者衛二百人二十一年内

批胡守中侍郎兼憲職提督軍務撫勦守中儉險嗜利乾没内帑金多又擅出塞盡伐遼金以來松木百萬自撤藩籬徧索富人舊將領金錢言官劾守中論死西市巡撫徐嵩阿事守中削籍已而有發嵩乾没庫金者逮謫戍二十二年叛人白通事道虜數侵我塞巡撫許論伏兵斬白通事論進官副都御史請告去朱方代論以請撤防秋兵太早爲虜所掠逮至京杖死闕下職方郎中韓邦亦杖死方清勁最端諒皆有才識死非其罪也二十五年虜大入塞明年北虜道兀良哈入寇遼東兀良

哈又結海西建州夷出入遼東西塞下

朝鮮

朝鮮周封箕子國也秦遼東外徼漢初爲燕衛滿所據武帝取爲真番臨屯樂浪玄菟四郡漢末爲公孫氏所據魏滅公孫晉并於高麗高麗本扶餘別種王高璉居平壤即樂浪巳而東徙鴨緑江東南千餘里後唐時王建代高氏并有新羅百濟又徙東松岳以平壤爲西京子孫遣使朝貢宋遼金歷四百餘年元至元中西京内屬置東寧總管府洪武二年王王顓表賀即位遣符寶郎偰斯賜金

印誥命大統曆金綺封爲高麗國王并賜王妃相國諸陪臣文幣五年王顓遣其禮部尚書吳季南民部尚書子溫表貢方物表言遲羅國恃其險遠不奉朝貢蒙古人畱居其國宜徙之蘭秀山逋逃所聚亦恐爲寇患乞發兵討之賜璽書言遲羅隷爾國蒙古亦人類蘭秀山逋寇亦以朕詔一呼可至勿用兵使十年以高麗貢使煩數遣故元樞密使延安答里諭意顓遣門下贊成事姜仁裕表謝貢方物　上令賀正旦使金湑及仁裕偕還賜王藥餌又諭中書省曰曩因高麗貢獻煩數遣延安答里往諭朕意令一歲迭至因緣其民涉海險遠如渠往使洪師範歸國覆溺幸有脫歸者言其故否且致疑古諸侯事天子比年一小聘三年一大聘若九州外遠番世一見而已貢物亦無過侈高麗去中國稍近人知經史文物禮樂畧似中國非他邦比宜令三年一聘或比年一聘貢物産布十疋足矣丞相其以朕意諭王諸新附遠邦來朝亦明告以朕意中書因使者還咨諭之十六年遣使張伯崔涓來貢以違命却之令禮部諭王十七年論遼東守臣絶高麗十八年國人立王禑爲王

禑貢布萬疋馬千匹謝是秋封禑爲高麗國王賜其故王顓諡恭愍十九年請易冠服不許二十二年國相李仁人劫囚禑而立其子昌爲王遣使姜伯淮朝貢是年仁人子成桂廢昌而立定昌國院君王瑤主國事二十四年瑤遣使朝貢又令其子奭朝明年正月詔位尚書下是年令市高麗馬萬疋索閹人二百二十五年成桂囚瑤及奭於其私第自主國事是年知密直司事趙胖等以其國都評議司奏至奏言恭愍王薨無嗣李仁人以他人子禑主國事昏暴好殺謀侵遼東大將李成桂力

阻乃巳禍自知負罪遜位於子昌國人弗順啓恭
愍王妃安氏擇立宗親定昌國院君王瑤權國事
及今四年昏迷信讒其子奭亦癡騃縱酒色與禍
黨玄禹實等謀復禍位守門下侍中鄭夢周曲附
王瑤謀害成桂及趙俊鄭道傳南誾等今年七月
國中臣民以安妃之命退瑤於私第擇于宗親無
可立者衆推門下侍郎李成桂主國事　上曰朕
中國綱常所在列聖相傳守而不失高麗限山隔
海僻處東夷非我中國所治且事多隱曲不可據
信令禮部移文從其自爲聲教成桂更名旦徙居

漢城遣使請更國號詔更號朝鮮旦遣使請印誥
上覽表恠旦不遜詰使者使者言表鄭集撰　上
盡郤方物索集旦懼送集至京安置雲南二十七
年令遼東絶朝鮮二十九年請印誥不許三十一
年府部請發兵討朝鮮不許旦老請子芳遠嗣旦
卒諡康獻永樂元年賜金印誥命冕服九章圭玉
珮王列女傳春秋會通大學衍義通鑑綱目諸書
十七年芳遠老請子裪嗣芳遠卒諡恭定宣德初
賜裪五經四書性理大全通鑑綱目五年裪遣使
獻海青鷹使還賜王磁器諭裪王國中多珍禽異

獸然朕所欲不在此後勿獻自後聖旦元旦皆使
朝貢王請封慶弔謝使來無常期朝廷有大政頒
詔其國及王請嗣封皆遣使正統間賜王遠遊冠
絳紗袍翼善冠龍衮玉帶景泰元年裪卒命子珦
嗣珦卒賜諡恭順命子弘暐嗣弘暐幼叔瑈以讓
位請七年封瑈爲王瑈後不知幾傳而婜立正德
元年婜卒諡康靖子㦕立踰年而世子顥卒㦕病
風遜其弟懌正德二年懌立十五年封子峼爲世
子嘉靖二十三年懌卒二十四年峼立未踰年卒
二十四年峼弟峘立三十六年封長子顥清爲世

子峘疏乞改　大明會典中所載成桂簒逆事從
之其國東西南濱海北鄰女直西北至鴨綠江東
西相距二千里南北四千里分八道統府州郡縣
俗柔謹知文字喜讀書崇釋尚鬼惡殺戴折風巾
服大袖衫男女相悅爲婚死三年始葬飲食用俎
豆官吏閑威儀居皆茅茨衣多麻苧以田制俸以
秔醞酒法無苛條刑不慘毒山川允都神嵩北岳
海鴨綠江爲大産金銀鐵水晶鹽紬苧布白硾紙
狼尾筆果下馬長尾鷄貂豽海豹皮八梢魚昆布
秔黍麻榛松人參茯苓

琉球

琉球在海東南自福建梅花所開洋順風利船七日可至漢魏至唐宋不通中國隋嘗遣兵虜其男女五千人元遣使招諭竟不從洪武初國分中山山南山北稱三王遣使朝貢十五年賜中山王察度山南王承宗鍍金銀印金幣使還言三王爭雄相攻賜詔諭之并諭山北王帕尼芝十六年賜山北王印文綺王妃姪相寨官各有差二十五年中山遣子姪及其陪臣子弟入國學　上喜禮遇獨優賜閩人三十六姓善操舟者令往來朝貢永樂

二年察度卒詔封其世子武寧嗣王是年山南王承察度卒無子令其從弟汪應祖攝國事應祖使來請命如山北王故事論蹇尚書遣使賜應祖冠服嗣山南王九年中山王思紹令坤宜堪彌貢馬及方物以其長史程復來見表言長史王茂輔導有年乞陞國相兼長史事又言復本中國饒州人輔臣祖察度四十餘年不懈于職今年八十有一乞令致仕還其鄉　上從之陞復琉球國相兼左長史致仕還饒茂國相兼右長史景泰元年中山王尚思達遣人朝貢三王嗣封皆請於朝已而山南山北為中山所并中山遣使朝貢令三年一貢貢無過百五十人察度後五傳至尚圓嗣王卒子尚真嗣嘉靖十一年尚真卒子尚清請嗣遣左給事中陳侃行人高澄以太牢祀真封清嗣王賜王妃冠服錦幣使臣疏言弘治正德時修譔羅倫等嘗使安南安南乞賚詔勑為鎮國之寶倫為請得賚即琉球請賚如安南海外遠不得即請乞下禮官議議請如安南使至國授封王拜曰天朝詔勑藏金匱者八葉于茲矣請賚使許之比還遣其王親寧吉長史蔡瀚上表謝使上使琉球錄言大明

一統志中載琉球有落漈王居壁下聚髑髏非實事杜氏通典集事淵海嬴虫錄星槎勝覽所述亦亦傳者妄也乞下史館從之其俗以盈虛為晦朔以草木為冬夏人皆去髭鬚手羽冠毛衣無禮節好剽掠既遣人學於國學爽習稍變奉正朔設官職被服冠裳陳奏章表著作篇什有華風焉今其國中王下有王親不與政次法司官次察度官司刑名次那霸港官司錢穀次耳目官司訪問皆土官為武職以上世及所轄地為姓名其大夫長史通事官司朝貢有定員為文職皆三十六姓人及

學於國學者爲之王弁日視朝旦中昃凡三朝群
臣搓手膜拜尊且親者入殿坐飲酒卑疏者移時
長跪階下歲元旦聖節長至君臣冠服拜龍亭祝
慶子爲親喪數月不肉食人死以中元前後日浴
尸溪水去腐肉取骨纏以布帛裹蓆草埋土中王
及諸臣家匣骨藏山穴斂木爲小牖歲時祭掃啓
視之地無貨殖不通商賈朝貢乘大航海上漁鹽
泛小艇無竹筏信鬼畏神神以婦人爲尸號女巫
女巫之魁稱女君白日呼嘯聚輒數百人携枝戴
草騎步縱横時入王宮褻遊狎戲一唱百和音聲

悽慘倏忽往來莫可踪跡焉附淫昏矯誣禍福王
及世子陪臣皆頓首拜跪王居山巔國門名歡會
府門漏刻殿門奉神朴素無金碧之飾賦法略如
井田王臣民各分土爲祿食上下無征歛有事一
取諸民事已即已用刑甚嚴盜竊即刵劓家富貴
者充軍不過二三櫺餘皆茅土風雨飄揺以螺殻
爨爨無釜甑耕無鐵婦人嚼米爲酒男子煑海爲
鹽市用日本錢十當一　如宋季鵞眼綖貫人無貴
賤皆跣徒耐勞苦饑寒不知醫藥而無疾疫兵甲
堅利射可至二百步進止有金皷鄰國視爲勍敵

然好爭很鬭輒刃殺人度不能脫即剖腹自斃其
山川險巖嶼彭湖島爲大或曰國西古米山有礁
甚險舟至輒敗即落漈也產馬海巴牛皮磨刀石
硫黃銅錫翁山無猛獸以故多野馬牛豕闘鏤木
蘇木胡椒諸香非其產也又有小琉球近泉州閩
人言霽日登皷山可望而見入國朝未嘗朝貢或
曰弁入琉球琉球旁有毗舍那者島中小夷鳥語
鬼形袒裸盱睢殆非人類不通中國

女直

女直古肅慎氏在混同江東東瀕海西接兀良哈

南鄰朝鮮北至奴兒干其地有長白山横亘千里
高二百里巔上有潭周八十里南流爲鴨綠江北
爲混同混同江在開原城北千五百里又有松花
江在開原城東北千里黑龍江在開原城北二千
五百里與混同皆南入松花元設諸府路領混同
江南北水達達及女直人　明興遣人招諭永樂
九年春遣將將水軍駕巨艦至江上召集諸酋豪
餌以官賞於是東旺佟答刺哈王肇州瑣勝哥四
酋率衆降始設奴兒干都司以四酋爲都指揮賜
勅印又置衛所三百八十二官諸小酋爲指揮千

百戶鎮撫又有地面五十八站七寨一皆令三歲
朝貢官賞羈縻之又置馬市開原城通交易稍給
鹽米布贍諸酋豪使保塞不爲邊寇盜各路有水
陸城站自湯站東抵開原曰建州毛鄰海西野人
兀者皆有室廬建州最強開原北近松花江者曰
山夷又北抵黑龍江曰江夷亦有室廬江夷爲強
建州毛鄰本渤海氏遺孽喜耕種善緝紡飲食衣
服頗有華風海西有山夷即熟女直完顏餘種亦
務耕稼婦女喜金珠倚山作寨亦名山寨夷江夷
居黑龍江即生女直數與熟女直讐殺百十戰不

休諸夷皆善射馳獵好盜建州夷尤善治生其左
右二衛最無賴江夷以北有阿哈要得悍狡自相
雄長大抵東北諸夷建州處要害居中與諸夷勢
聯絡相倚角五嶺喜昌石門險隘人騎不得成列
虜人視爲咽喉永樂間開原降虜楊木答戶者率
數百騎奔建州已而建州酋李滿住款塞求内附
駐牧蘇子河日强盛靖難未久專事撫綏桀驁漸
爲邊患一歲間入寇者九十七殺虜吏民十萬餘
正統末附也先入塞侵遼東西景泰中諸酋多死
也先之亂盡失賜勅諸子孫不得請官以舍人入

貢賞寛大減以故怨忿思叛成化二年酋董山遂
糾衆入寇三年武靖伯趙輔充總兵都督王瑛封
忠爲副左都御史李秉督軍率漢番京邊官軍五
萬討之山降送京師放歸廣寧輔秉曰山不可宥
請誅山九月分左軍出渾河柴河越石門土木河
至分水嶺右軍由鴉鶻關喜昌口過鳳凰城黑松
林摩天嶺至潑豬江中軍自撫順經薄刀山粘魚
嶺過五嶺度蘇子河至虎城期日會兵進勦朝鮮
亦遣中樞府知事康純魚有沼南怡率兵萬人遏
其東走我兵擣賊巢虜遁擒斬俘獲虜指揮若女

等千人班師指揮張額的里率妻子乞降朝廷憐
而釋之明年萬韓斌爲副總兵防守築撫順清河
靉陽諸堡未幾諸夷憤欲報山讐相約入寇拾肆
年入塞殺掠人畜無算巡撫陳鉞掩降虜爲功又
附太監汪直開邊隙出塞撲殺諸夷諸夷益恨我
大入塞殺掠吏民遣兵部侍郎馬文升及直撫勦
直倖用事希功陰爲鉞地要文升偕行文升弗聽
疾馳至鎮撫定里鎖忒諸酋比直至虜已解散直
大怒文升還奏文升妄啓邊釁謫戍在建州諸虜
皆以文升曩在鎮禁不與易農器故饑寇塞上遣

直及刑部尚書林聰即訊遼東報上盡如直言下
文升詔獄文升言實禁鐵器非農器不聽竟謫戍
重慶已而直敗貶內使南京鉞亦敗下詔獄文升
得雪復官致仕正德八年海西加哈叉叛嘉靖二
十四年巡撫於敖減賞物夷人大譁不能樹顏詐
殺諸譁酋夷人大恨數入塞殺掠大慘胡宗明代
敖不能禦降浙江參議二十七年大虜通兀良哈
諸女直入遼東代宗明巡撫李珏又論罷遼東西
大明產楛矢石砮赤玉真珠金麻布鹽馬黃鼬虎
羆狐貍海上有海豹驢騾猪羊狗野有野猪牛驢

貂鼠青鼠失剌孫好剌殊角殊角即海象牙魴鬚
鯨睛海東青鷹鷂鵝鶻兎鶻鱘鰉牛魚栗麥稌

三佛齊

三佛齊即舊港又名浡淋在東南海中本南蠻別
種初隸爪哇有地十五州東距爪哇西距蒲剌加
南距大山西北濱海番舶輻輳多廣東漳泉人土
沃宜稼穡人好賭博習水戰服藥刀不能傷過敵
敢死鄰國畏之水多土少將領得居陸民率架筏
水中架梁柱語言如爪哇市用錢布字用梵書其
屬有單馬令凌牙斯蓬豐蒼牙儂細蘭諸國洪武

初王恒麻沙那阿稱臣入貢四年遣玉的力馬罕
亦里麻思奉金字表朝貢賜大統曆文幣六年使
來貢八年使從我招諭拂菻十年恒麻沙那阿卒
賜王子麻那者巫里三佛齊國王印印駝鈕銀質
鍍金是時廣東有陳祖義者脫罪避居其國久之
得爲將領暴橫掠過客永樂中太監鄭和統海船
下西洋至三佛齊有施進者祖義鄉人也訴于和
和擒殺祖義承制官進仍留舊港爲將領進沒女
嗣官產鶴頂火鷄神鹿金銀水晶珠瑠璃珊瑚犀
角象牙龍腦諸香猫睛石薔薇水阿魏沒藥血結

鶴頂鳥大於鴨腦骨厚寸餘外黃內赤鮮麗可愛
火鷄大於鶴頸足亦似鶴軟紅冠銳嘴毛如青羊
色爪甚利傷人腹致死食炭神鹿大如巨豕高可
三尺短毛豕喙蹄三路

占城

占城古越裳秦林邑漢象林漢末區連殺縣令自
稱林邑王遂不入版圖唐元和初敗號占城宋淳
熙中襲破真臘慶元中真臘復讐俘殺幾盡更立
真臘人爲王洪武二年遣吳用顏宗魯楊載等使
占城爪哇日本等國賜王璽書是年遣使蒲旦麻

都朝貢言安南侵境上遣使招諭安南罷兵是年國主阿答阿者遣虎都蠻來朝貢虎象遣中書省管勾甘桓會同館副使路貢賢封阿答阿者爲占城國王賜大統曆金綺四年阿答阿者遣答班尺卜農奉金葉表朝貢言安南數侵境乞賜兵器樂人俾安南知我乃聲教所被輸貢之地不敢輙欺負上憐之命中書省咨王言交隣有道事上以誠占城安南既皆臣事朝廷豈可擅兵相毒即咨安南令其罷兵兵器不爾吝但以安南故賜爾是助爾搆兵也樂器有聲律華夷方言本異中國人不

可遣爾國人能習華音者來習肄十六年遣子來賀聖節賜勘合文册二十四年使至以臣弑君故絕之永樂四年王占巴鎖里人勅王的賴得黎賊父子及其黨惡即械送京尚書陳洽在南交軍中馳奏占城國王占巴的賴奉命出兵討安南陰懷二心愆期不進及進至化州輙肆虜掠又以金帛戰象資季擴季擴亦以黎蒼女遺之復約季擴舅陳翁挺等三萬餘人復侵升華府隸四州十一縣地驅掠人民罪下季擴一等耳請發兵討之上以交趾初平不欲窮兵遠夷遣使諭王歸我侵地

永樂後遣人朝貢令三年一貢正統六年國人請封其嗣王遣使冊封成化中遣使冊封正使卒海上副使諭罪戍邊其國在大海南南距真臘西距交趾東北際海自閩長樂五虎門西南行順風可十日至東北百里海口立石塔爲標舟至是繫焉俗獷悍果于戰闘尚釋教王冠三山金花玲瓏冠衣白跣足乘象或黃犢車臣茭葉冠男蓬頭女後椎結所居茅茨不得踰三尺衣紫衣衣玄黃罪死出入乘象馬粒食亦鮮食殺牛祭鬼驅象逐邪市用金銀焚衣祭天釀酒甕中俟熟貧士繞甕坐筒

而咂且咂且注水味盡而止文書用羊皮及黑木皮無閏月晝夜各分五十刻王嘗賀日沐人膽汁將領獻人膽爲賀王在位三十年即入山茹素受戒令子姪攝國居一歲籲天矢曰我不道當充虎狼食或病死碁年得無恙復入爲王於是國人呼爲芳嘸馬哈剌札云有號屍致魚者婦人也目無瞳夜飛頭入人家食小兒穢氣侵兒腹兒即死頭返合體如故失其體不得合即死夫不聞者罪之産金銀錫鐵獅象犀牛玳瑁諸香朝霞大火珠菩薩石薔薇水猛火油檳榔諸文異木胡椒白氎吉

貝絲絞白氎布孔雀山雉伽南香唯此地有之價亦高觀音竹如藤長丈八尺許色黑如鐵寸二三節犀角象牙最多犀如水牛大者八百斤體黑無毛蹄有三跲獨角在鼻端長者可尺五寸馬小於驢波羅蜜形如東瓜

日本

日本古倭奴國海中諸夷倭奴最大西南至海東北大山國主世以王爲姓群臣亦世官地分五畿七道三島又有附庸國百餘拘邪韓最大其國小者百里大不過五百里戶少者千多止一二萬皆

倭種也漢滅朝鮮遣使稱王者三十餘國倭王最雄長者居邪馬臺即邪摩維歷漢魏晉宋隋皆朝貢稍習華音唐咸亨初惡倭名更號日本國朝洪武二年倭寇山東並海郡縣又寇淮安三年寇山東轉掠浙東福建旁海諸郡是年遣萊州府同知趙秩賜璽書諭其王良懷言倭寇海上書至日如臣我奉表來庭不臣則修兵自固秩至諭王中國聖主威德其入貢王曰吾國未嘗不慕中國顧蒙古戎狄蒞華以小國視我乃使趙良弼誅我好語初不知其覘我國也旣而發舟數千襲我比至一時風霆漂覆幾無遺類自是不與通者數十年爾得非良弼後乎將刃之秩徐曰聖天子生華帝華非蒙古比我亦非良弼後爾殺我禍不旋踵王氣沮禮秩具物遣僧隨秩奉表稱臣入貢使未至又掠溫州五年上諭劉基曰東夷尚禪教姑遣明州大寧僧祖闡南京瓦官僧無逸開諭之良懷欲留二僧力辭王遣使同二僧入貢是年寇海鹽澉浦溫州初令浙江福建造海舟防倭而倭又寇福建海上諸郡六年以於顯爲總兵官出海巡倭倭寇登萊七年寇膠州是年遣僧來貢無表文却之

其臣亦遣僧貢馬茶布刀扇上曰此私交也亦不受令中書省移文責王九年遣僧歸廷用等奉表貢馬及方物謝罪賜王及使文綺有差已而上覽表曰良懷不誠詔責之十二年來貢無表文安置使人於陝西番寺十三年遣使詔諭良懷遣僧如瑤貢馬令禮部移書責王數掠我海上復却之諸僧皆安置川陝番寺十四年遣僧入貢乞還安置諸僧使上曰日本旣謝罪還其使召至京宴賞遣歸十五年歸廷用又來貢於是有林賢之獄曰故丞相胡惟庸通日本蓋祖訓所謂日本雖朝實詐

暗通奸臣胡惟庸謀爲不軌故絶之也是時惟庸死且三年矣十六年寇金鄉平陽十七年如瑶又來貢坐通惟庸發雲南守禦是年信國公和致仕居鳳陽上召至京諭曰日本小夷屢擾東海上卿雖老强爲朕行視要地築城防此賊信國公築登萊至浙沿海五十九城民丁四調一爲戍兵二十年置浙東西防倭衛所是年遣江夏侯周德興築福建海上十六城設衛所遂探福建漳泉人爲兵戍並海衛所二十六年寇金鄉二十七年二月遣都督僉事劉德商暠巡視兩浙防倭三月又勅都

督楊文尋又勅魏國公徐輝祖安陸侯吳傑練浙江海上兵防倭二十八年寇金州靖難後太監鄭和等率舟師三萬下西洋日本遣人來貢并擒獻犯邊賊二十餘人即付使人治之縛置甑中烝死永樂二年使還遣通政趙居任賜王冠服文綺金銀古器書畫又給勘合百道令十年一貢每貢止副使等毋過二百人若貢非期人船踰數夾帶刀鎗並以寇論居任還不受王餽　上喜厚賜之尋命僉都御史俞士吉賜王印誥冊封爲日本國王詔名其國之鎮山曰壽安鎮國山　上爲文勒石

久之嗣王道義卒子源道義嗣益奸狡時時令各島人掠我海上九年寇盤石十五年寇松門金鄉平陽是年遣禮部員外郎呂淵諭王還所掠海上人十六年遣使謝罪當是時數入金盞都督劉榮總兵守遼東繕海上堠堡伏兵伺之十七年倭船入王家山島傳烽沓至榮率精兵疾馳入望海堝賊數千人分乘二十舟自抵馬雄島進圍望海堝榮發伏出戰遣奇兵布伏諸山下斷其歸路賊奔入櫻桃園榮合兵圍而攻之斬首七百四十二擒生八百五十七召榮至京封廣寧伯自是不敢窺

遼東二十年寇象山初方國珍據温台處張士誠據寧紹杭嘉蘇松通泰諸郡皆在海上方張既降滅諸賊强豪者悉航海糾島倭入寇以故洪武中倭數掠海上高皇既遣使命將築城增戍又命南雄侯趙庸招蛋戶島人漁丁賈豎蓋自淮浙至閩廣幾萬人盡籍爲兵分十千戶所於是海上惡少皆得衣食於縣官洪武末年海中方張諸逋賊壯者老老者死以故旁海郡縣稍得休息永樂初西洋之役雖伸威海表而華人習知海夷金寶之饒夷人來貢亦知我海道奸闌出入華夷相糾以故

寇盜復起非盡寧之捷禍未已也宣德元年遣人來貢人船刀劒不奉我約束　上諭使臣自後貢毋過三舟使人毋過三百刀劒毋過三十否不受七年遣人來貢如約束受之八年源道義卒命太監雷春少卿潘賜等吊祭十年嗣王遣使貢謝倭自得我勘合方物戎器滿載而來遇官兵矯云入貢貢即不如期守臣幸無事輒請俯順夷情主客者爲畫可條奏即復許貢云不爲例嗣後再至亦復如之我無備即肆出殺掠滿載而歸宣德末年海防益備賊不得間貢稍如約遂許夷至京師宴賞市易饒恣其欲已而備禦漸踈正統四年寇大嵩入桃渚官庾民舍焚劫一空驅掠少壯發掘冢墓束嬰孩竿柱上沃之沸湯視其啼號拍手笑樂捕得孕婦忖度男女刳視中否爲勝負飲酒荒淫穢惡至有不可言者積骸如陵流血成川城野蕭條過者隕涕於是朝廷下詔備倭命重帥守要地增城堡謹斥堠修戰艦合兵分番屯駐海上寇盜稍息七年來貢十一年寇海寧乍浦成化初忽至寧波知我有備矯稱進貢守臣爲請於朝且欲遣之至京楊文懿公守陳貽書張主客力言其不可

許二十年遣周瑋等來貢弘治八年壽蓂來貢正德六年宋素卿源永壽來貢求祀孔子儀注不許鄞人朱澄告言素卿本澄從子叛附夷人守臣以聞主客以素卿正使釋之令諭王效順無侵邊八年僧桂梧等來貢嘉靖元年王源義植無道國人不服諸道爭貢大內藝興遣僧宗設細川高遣僧瑞佐及素卿先後至寧波故事凡番貢至者閱貨宴席並以先後爲序時瑞佐後至素卿奸狡通市舶太監饋寶賄萬計太監令先閱瑞佐貨宴又令坐宗設上宗設席間與瑞佐忿爭相讐殺太監又以素卿故陰助佐授之兵器殺總督備倭都指揮劉錦大掠寧波旁海鄉鎮素卿坐叛論死宗設瑞佐皆釋還給事中夏言上言禍起於市舶禮部遂請罷市舶而不知所當罷者市舶太監非市舶也夷中百貨皆中國不可缺者夷必欲售中國必欲得之以故　祖訓雖絕日本而三市舶司不廢市舶初設在太倉黃渡尋以近京師改設於福建浙江廣東七年罷未幾復設蓋東夷有馬市西夷有茶市江南海夷有市舶所以通華夷之情遷有無之貨收徵稅之利減戍守之費又以禁海賈抑奸

商使利權在上罷市舶而利孔在下奸豪外交內詗海上無寧日矣番貨至輙賒奸商久之奸商欺負多者萬金少不下千金轉展不肯償乃投貴官家久之貴官家又欺負不肯償貪戾甚於奸商番人泊近島遣人坐索久之竟不肯償番人乏食出沒海上為盜貴官家欲其亟去輙以危言撼官府云番人據近島殺掠人奈何不出一兵備倭當如是及官府出兵輙齎糧漏師好語諭番人利他日貨至且復賒我如是者久之番人大恨諸貴官家言我貨本倭王物爾價不我償我何以復倭王不

掠爾金寶殺爾倭王必殺我盤據海洋不肯去近年寵賂公行上下相蒙官邪政亂小民迫於貪酷苦於徭賦困於饑寒相率入海從之凶徒逸囚罷吏黠僧及衣冠失職書生不得志群不逞者皆為之奸細為之鄉道人情忿恨不可堪忍弱者圖飽煖旦夕強者奮臂欲洩其怒於是王忤瘋徐必欺毛醢瘋之徒皆我華人金冠龍袍稱王海島攻城畧邑劫庫縱囚遇文武官發憤斫殺即伏地叩頭乞餘生不聽而其妻子宗族田廬金穀公然富厚莫敢誰何浙東大壞二十五年以朱紈為浙江巡

撫都御史兼領興福漳泉治兵捕賊紈清謹方勁任怨任勞嚴戢閩浙諸貴官家嘗言去外夷之盜易去中國之盜難去中國之盜易去中國衣冠之盜難上章鐫暴貴官通番二三渠魁於是聲勢相倚者大譁切齒詆誣惑亂視聽改紈為巡視未幾言官論劾又遣言官即訊甘心煅煉必欲殺紈紈憤悶卒紈所任福建有功海道副使柯喬都指揮盧鏜殺賊有功皆論死繫按察司獄於是華夷群盜唾手肆起益無忌憚三十一年癸黃岩掠定海浙東騷動遣都御史王忬巡視兩浙兼領漳泉興

福四郡以都指揮俞大猷湯克寬為浙閩參將勳賊顧兵政久弛將士耗鈍水寨戰艦所在廢壞忬經畧未幾群賊總至徧寨列港外約諸島內招亡命勢益猖獗三十二年大猷冐險出洋焚蕩巢穴首賊逸去群偷流散乘風奔突倏忽千里溫台寧紹杭嘉蘇松楊淮十郡並受其害克寬統領步兵往來海壖護城捕賊斬獲亦多忬不肯隱敗冐功擒治奸豪破解支黨大猷克寬兩參將皆知勇可任徒以江南人素柔軟賊未登岸望風奔潰文武大吏未能以軍法繩下而有司往往以軍法脅持

富人巧索横斂指一科百師行城守餉犒百物稍
多乾沒十不給一應譁之士又謂南人善謗低毀
束手不敢動一錢於是公私坐困戰守無策始釋
柯喬起盧鏜而賊船聯翩蒲海破昌國臨山霩衢
乍浦青村南匯吳松江諸衛所圍海鹽太倉嘉定
入上海掠華亭海寧平湖餘姚定海諸州縣焚刼
殺戮汚辱慘於正統時矣而通番奸豪又言任大
猷搗巢非計且搖動任將薦鏜起爲閩參將代克
寬克寬以副總兵將屯金山閩人故忌鏜劾鏜凶
險不可用南京言官又復薦鏜三十三年遂犯江

北海門如皋通州皆被殺掠是時復用盧鏜爲參
將而以俞大猷爲浙直總兵未幾工部侍郎趙文
華以海賊猖獗請禱海神遂遣文華行禱公私勞
費不貲皆歸囊槖比任政大同巡撫徐州兵備李
天寵代任南兵尚書張經提督浙閩江南北軍務
有王江涇之捷文華素忌經天寵遂奏經天寵逮
詔獄論死西市而以浙江巡按胡宗憲代天寵爲
戶部侍郎楊宜代經自後賊益熾縱横出入二十
六郡文華還朝未幾又出督諸軍搜括官庫富
家金寶書畫數百萬計交通嚴家蔽以敗爲功以功

爲罪雖有沈庄梁庄之戰竟莫救荼毒之慘兩浙
江淮閩廣所在徵兵集餉捉編均徭加派税粮徵
留漕粟扣除京帑請給醝課追贓富民釋罪凶惡
濫授官職浪費無經其爲軍旅之用纔十之一征
發冗士官兵川湖貴廣山東西河南北靡不受害
臨賊驅之不前賊退遣之不去散爲盗賊行者居
者咸受其害於是外寇未寧而內憂益甚矣宗憲
計擒賊首王直浙西江東稍得安靖浙東溫台江
北淮揚閩中嶺表尤被其毒已而俞大猷被中傷
盧鏜代之賴朝廷　聖明大猷得不死江北巡撫

李遂有廟灣之捷入南兵部爲侍郎唐順之代遂
福建巡撫王詢數有功畏讒引疾去代者劉燾宗
憲以擒直功陞右都御史加太子太保敘子錦衣
千戶先是文華陞工部尚書以論吏部尚書李默
即加太子太保又以征倭功加少保子廕錦衣千
戶不數月文華削籍千戶謫戍榆林自壬子倭奴
入黃岩迄今十年閩浙江南北廣東人皆從倭奴
大抵賊中皆華人倭奴直十之一二久之奸頑者
嗜利貧窘者避徭賦往往喜賊至而貪殘之吏又
從而驅之封疆之臣輒請添官當事者不敢阻於

是添設都御史三人總兵二人副總兵三人參將十三人兵備副使十一人諸將校近百人田賦倍於常科徵徭濫於甲式矣其俗男子髡頭斷髮黠而文身婦人被髮屈紒皆跣足間用屨其喜盜輕生好殺天性然也物產金銀琥珀水晶硫黃水銀銅錢白珠青玉蘇木胡椒細絹花布螺蚶漆器扇犀象刀劍鎧甲馬交市華人喜得童男女錦綺絲綿磁針

真臘

真臘本扶南屬國一名占臘在東海中隋始通中

國唐神龍中并扶南而國分為二其南近海多陂澤為水真臘北多山阜為陸真臘後復合為一宋宣和初封為真臘國王慶元中破占城立其國人為占城王占城遂為屬國又有參半真里登流眉蒲甘等國皆屬真臘聚落頗衆地亦廣洪武六年國王忽兒那遣柰亦告郎表獻方物賜大統曆文綺二十年正黎列保昆耶甘苦者遣使貢象及方物景泰二年貢賜王及妃文綺朝貢至今不絕其俗尚華侈東向為上右手為潔縣鎮風習大類占城王三日一視朝婚娶燃燈不息視力耕種產銅

金諸香象翠羽嘉樹異魚

暹羅

暹羅本暹與羅斛二國在南海中暹土瘠不宜耕稼羅斛土平衍種多穫暹仰給焉元至正間暹降羅斛洪武四年暹羅斛國王參烈昭毘牙遣柰思俚儕刺識悉替奉金葉表朝貢賜大統曆十年遣子昭祿群膺奉金葉表貢象及方物遣使賜詔及暹羅國王之印十六年給勘合文冊令如期朝貢永樂元年稱暹羅國十五年瓚里人昭祿群膺哆囉諦刺為王遣柰必上表貢方物乞量衡式賜古

今烈女傳金綺量衡令三年一朝貢宣德中稍減賜物著令其國方千餘里群山環繞峭拔崎嶇地下濕土疎惡氣候寒熱不齊自占城西南舟行七晝夜至其國王宮壯麗民樓居其樓密聯檳榔片藤繫之甚固籍以藤席竹簟寢處于中王白布纏首腰束嵌絲帨加錦綺跨象或乘肩輿尚釋教國人效之好為僧尼婦人多智夫聽於妻妻與中國人私不為怪男陽嵌珠玉富貴者範金盛珠行有聲婚則群僧迎婿至女家僧取女紅貼男額稱利市喪禮貴者灌水銀葬民間鳥葬言語大類廣東

俗澆浮習水戰好鬬喜寇掠市用海𧵍煑海爲鹽釀秫爲酒產寶石奇香異木翠羽獅白象白鼠蘓木賤如薪色絕勝六足龜珊瑚

蘓門答剌

蘓門答剌即古蘓文達那西洋之要會也東南大山西北距海山連阿魯那孤兒黎伐三國自滿剌加西南行順風五晝夜至答魯蠻村舍舟陸行十里至其國無城郭有大溪入海海口大濤船至此往往沒溺洪武中國王遣人奉金葉表貢馬及方物永樂三年國主鎖丹罕難阿必鎮遣阿里來朝

貢封爲蘓答剌國王賜印誥金幣五年使來貢已而王與花面王戰敗中矢死子弱不能復讐其妻發憤令于國曰能復此讐者我以爲夫與共國事有漁翁聞之率衆敗殺花面王王妻遂從漁翁永樂七年王來貢　上嘉厚賜之十年遣使至其國故王假子率部衆殺漁翁王王子蘇幹剌率衆奔于峭山時時相侵欲復讐十一年太監鄭和擒送京伏法漁翁王子感激貢方物甚夥宣德中貢使數至用金葉表十年封其子嗣王皆有賜至今朝貢不絕風俗淳厚言語和媚室廬婚喪衣服物產類滿剌加田磽穀少熟畬船往來財貨充牣人饒富市用金錫錢惟酋長好殺殺人輒取血浴身花面王者即那孤兒王也國小僅比大村秖千餘家人皆務向以故號花面風俗語言類蘇門答剌

爪哇

爪哇古闍婆國又名莆家龍元稱爪哇其國分東西二王所屬有蘇吉丹打板打綱底勿諸國洪武二年王昔里八達剌遣八的占必奉金葉表貢方物及黑奴三百人納元所授宣勑已而我使至三佛齊爪哇要而殺之十三年王八達那巴那務遣

阿烈彝烈時奉金葉表朝貢上遣其使還詔諭責王遂絕其使永樂二年其國東王遣使朝貢請印與之五年西王都馬板與東王戰滅東王時我舟過東王城西王殺我百七十人西王懼遣亞烈加恩謝罪勑詰責西王令償死者黃金六萬兩已而遣人貢萬兩禮官請索如數上曰朕利金耶令遠人知畏耳蠲其金賜鈔幣諭之十六年西王楊惟西沙遣人獻白鸚鵡正統八年令三年一貢其國四鄉初至杜板僅千家二酋主之流寓多廣東漳泉人又東行半日至廝村中國人客此成聚落遂

名新村約千餘家村主廣東人番舶至此互市金寶充溢人富饒又南水行可半日至淡水港乘小艇行二十餘里至蘇魯馬益亦有千餘家半中國人港傍大洲林木蔚茂有長尾猱數萬又水行八十里至漳沽登岸西南陸行半日至王所居滿者伯夷僅二三百家總領七八人王宮磚墉墉高餘三丈方三十餘里屋高四丈地覆板蒙藤花蓆跏趺而坐民居茅茨磚庫坐卧于内王蓬頭頂金葉冠肩縈嵌絲帨腰束錦綺佩短刀跣足跨象或乘牛民男蓬頭女椎結上衣下帨男必腰刀刀極精

巧刑無鞭朴罪不問輕重藤繫刃殺之市用中國古錢衡量倍于中國磁罽綺帛國人大抵三種西番賈胡居久者服食皆雅潔中國流寓者尚回回教持齋受戒曰唐人土人有名無姓尚氣好鬬顔色黝黑猱頭赤脚信鬼坐卧無椅榻飲食無匙箸啖蛇蟻蟲蚓與犬同寢食不爲穢也婚男造女家後五日迎婦金鼓刀盾前後甚都婦裸被髮跣足縈嵌絲帨戴被金珠絲飾寶粧喪有水葬火葬犬葬惟死者所欲産金珠銀犀角象牙玳瑁青鹽檳榔椒香蘇木桄榔木吉貝倒掛鳥綠鳩綠鳩紅綠

白鸚鵡白鹿白猿猴

皇明四夷考上卷終

子覆準校正

皇明四夷考下卷

古俚

吾學編第六十八

海鹽鄭曉

古俚大國西洋諸番之會去中國十萬里西濒海南距柯枝自柯枝海行可三日至永樂元年王馬那必加剌蒲遣馬戍朝貢馬五年遣太監鄭和賜王誥幣陛賞其將領有差王好浮屠敬象牛老不傳子傳外孫否則傳弟無外孫弟傳善行人族類分五種如柯枝王南毘人不食牛將領回回人不食豬大家晨起用牛糞塗地煆牛糞爲囊佩之每

旦水調抹額及股國事皆決于二將領土宜麥多馬俗尚信義行者讓路道不拾遺海濱爲市通諸番用金銀錢以葫蘆爲樂器紅銅絲爲絃歌聲相協鏗鏘可聽刑無鞭笞輕斷手足重罰金誅戮沒産夷其族有西洋布曰撦黎本出隣國坎夷也匹闊四尺五寸色絲間花帨闊五尺産孔雀白鳩馬無餘鳥諸香常貢金絲寶帶金絲細如髮結花綴八寶珍珠鴉鶻石

浡泥

浡泥本闍婆屬國在西南大海中統十四州洪武四年王馬漠沙遣亦思麻逸進金表銀箋貢方物賜金綺永樂三年遣使封其國王麻那惹加那乃爲浡泥國王賜印符誥幣六年王率其妃及子來朝遣使迎勞之福建至南京王上金表獻珎物妃箋獻中宮東宮　上宴王奉天門是年王卒于會同館謚恭順葬石子岡樹碑立祠有司春秋祀封其子遐旺嗣賜玉帶金銀綺幣器皿使送歸國遐旺請封其國後山賜名長寧鎮國上爲文刻石十二年洪熙元年皆來朝貢俗以板爲城以銅鑄甲

煮海爲鹽釀秫爲酒喪葬有棺盛食無器室宇弘敞原田豐利習尚奢侈愛敬華人王服頗效中國産片腦諸香象牙吉貝玳瑁鶴頂

蒲剌加

蒲剌加永樂三年王西利八兒速剌遣使奉金葉表朝貢言願内附爲屬郡效職貢七年太監鄭和充冊封使賜印誥錦綺封爲蒲剌加國王九年嗣王拜里迷蘇剌率其妃及子五百四十人來朝上御奉天門宴王賜玉帶羽儀鞍馬金銀錢鈔錦綺王妃冠服子姪傔從賞各有差十年遣使送還國十二年王母來朝貢厚賜之二十二年宣德九年

王復來朝貢賜亦厚正統十年後數遣使來朝貢天順二年王無答佛哪沙卒子舟芒速沙請封遣使册立爲王成化末給事中林榮行人黃乾亨奉使溺海死蔭子入監讀書其國舊名五嶼東南距海西北皆山地瘠鹵故本稱國謙暹羅歲輸金五千兩既奉我正朔始不隸暹羅王白帛纏首衣青花袍躡皮屣乘轎俗淳朴尚回回教民舍如暹羅婚喪大類氐吐聯搦跌坐刳木爲舟泛海而漁旁海人畏龜龍龜龍高四尺四足身負鱗甲露長牙遇人即嚙嚙即死山有黑虎視虎差小或變人形白晝群入市覺者擒殺之

榜葛剌

西天有五印度國榜葛蘭者東印度也永樂六年王靄牙思丁遣人朝貢九年至太倉命行人往宴勞之十二年王賽弗丁遣人奉金葉表獻麒麟國最大自蘇門答剌海行過翠藍島至淛地港更小舟行五百里至鎖納兒港登陸行二十五里至其國地廣人稠財物豐衍甲於諸鄰國國有城郭王及諸官皆回回人男椎髮白布纏頭圓領長衣束絲帨躡皮屣市用銀錢海則五領山最高大氣候常熱如夏賦十二刑笞杖徒流官有印章行移軍有糧陰陽醫卜百工技藝大類中國有衣黑白花衫縈帨佩珊瑚琥珀纓絡繫臂砌子鐲釧歌舞侑酒者曰根肯速魯奈奈蓋優人也能作百戲以鐵索繫虎行市中入人家解索坐虎于庭裸而搏虎虎怒交撲仆虎數回乃已或手投入虎喉虎亦不傷戲已仍繫之家人爭以肉啖虎勞戲者錢曆有十二月無閏風俗朴厚人好耕殖一年二熟產鑌鐵翠羽瑠璃駝馬桑漆樹絲綿布多鎗剪最巧利布數種有闊四五尺者蓋黑蓋勤闊四尺背面皆毳絨厚可五分即兜羅錦也白樹皮布膩滑光潤如鹿皮椰茭爲酒檳榔當茶

錫蘭山

錫蘭山在大海中海中有翠藍山最高大自山東南乘風可三日至赤邪塢塢人穴居男女皆裸若野獸不粒食食芭蕉子波羅蜜魚蝦又西海行可十日至佛堂山泊舟處濱海山麓有卧佛寺佛榻寶飾極華麗又西北陸行五十里至王居王尚釋重象牛擬牛糞灰塗體飲牛乳不食其肉殺牛者罪死王宮民居日必調牛糞塗地而禮佛國富饒

地廣人稠亞於爪哇民上裸下纏帨加壓腰去鬚毫留髮布纏之女椎髻于後下縈白布飲食不令人見產青紅黄鴉忽石水晶海洲有珠池日映光浮起閃閃射日闔歲一淘珠諸番賈爭來市珠土宜稻不宜麥市用金錢重麝香綺綃青磁器銅錢樟腦永樂九年王亞烈若柰兒鎖里人絕我使途太監鄭和俘至京十年封耶巴乃那爲王赦亞烈若柰兒還國耶巴乃那故王族人也一名不剌葛麻巴思剌查國人以爲賢故封之遣使送歸詔諭其國正統十年遣使耶把剌說的里啞來朝貢珠

寶石天順二年王葛力生夏剌昔利把交剌惹復遣使朝貢

蘓祿

蘓祿在東南海中人鮮粒食食魚蝦螺蛤短髮纏皂縵煮海爲鹽釀蔗爲酒織竹布爲業氣候常熱永樂十五年其國東王巴都葛叭答剌西王巴都葛叭蘓哩峒王叭都葛巴剌卜各率其妻子頭目來朝貢珎珠玳瑁諸物賜王冠服玉金帶蟒龍金銀錢鈔錦幣器皿王妃王子女姻戚頭目賜物各有差三王若東王爲尊西峒二王副之歸次德州卒命有司營塟爲文樹碑墓道留其妃妾及傔從十人守墓令畢三年還國遣使封其長子都麻合爲蘇祿國東王十九年遣使來貢

柯枝

柯枝一名阿枝東迤大山西南北皆海自葛蘭山海西北行一晝夜可至永樂二年王可亦里遣完者荅兒朝貢請封其國大山詔封爲鎮國山賜碑文是時太監鄭和使至其國國王瑣里人也首纏黄白布上不衣下縈絲帨束絲壓腰綴椰木葉苦屋國人五種曰南昆與王同類祝髮線懸脛爲貴

族次回回人次富有財者曰哲地次牙儈曰革全又次卑賤者曰木瓜木瓜濱海而居業漁樵屋簷不得過三尺上衣不過膝途遇南昆哲地即伏候過乃起王尚浮屠敬象牛建寺範金爲佛每旦鳴鐘鼓汲泉灌佛頂數回巴乃禮之有曰濁肌者蓋優婆夷也娶妻不剃胎髮髮縷縷垂後牛糞灰塗體行吹大螺妻隨之乞錢氣候常熱多雨市用金銀錢銀錢十五當金錢一產珠象牙蘇木

祖法兒

祖法兒亦名左法兒東南皆海西北重山自古俚

西北海行十晝夜可至無城郭俗尚回回教體幹修頎語言朴實王白布纏頭衣青花絲帨或金錦袍鞾優乘轎跨馬前後列象駝馬鼓吹氣候常如秋市用金銅錢錢文人形永樂中王亞里遣人來朝貢宣德中又來朝貢產西馬駝鶴頂駝雞福鹿片腦沉香乳香乳香即樹脂諸奇藥以易中國紵絲磁器駝雞如鶴長三四尺腳二指毛如駝行亦如之駝单峯或雙峯皆可乘

溜山

溜山四面濱海如洲在西海中有石門如城闕土

瘠無城郭依山聚居八村稍大皆以溜名可通舟楫餘小溜無慮三千土人曰此弱水三千也人巢居穴處不識米粟啖魚蝦無衣草木葉蔽前後舟行遇風失入溜即溺溜山傍有牒幹國皆回回人俗淳厚業漁好種椰樹氣候常熱如夏市用銀錢產龍涎香海䏁椰皮結纜可貫板成舟塗瀝青堅如鐵釘鮫魚一名溜漁織絲帨甚精緻亦有織金帨永樂中國王亦速福遣使來朝貢

南泥里

南泥里隸浡泥自蘇門答剌舟行三晝夜可至東距黎伐西北距海南連大山山南際海僅千餘家皆回回人俗朴實王居類樓高廣嚴整幽潔市用銅錢少穀食食魚鰕西北大海即西洋中有帽山平頂土人稱爲那沒黎番舶皆以此山爲指南山下淺水有珊瑚樹大者高二三尺分枝婆娑可愛依山居八二三十家皆稱王問其爲誰輒曰阿孤楂華言王也或曰南泥里即南巫里

黎伐

黎伐小國南連大山北際海西距南泥里東南連

那孤兒居民一二千家推一人爲首領隸蘇門答剌言語服用與蘇門答剌同山多野犀

哈密

哈密本古伊吾廬地在燉煌北大磧外西北巷胡往來要路也元封忽納失里爲威武王已而改封肅王卒弟安克帖木兒嗣國初置甘州五衛於張掖肅州衛於酒泉凉州衛于武威西寧衛于湟中又置山丹永昌鎮番莊浪四衛高臺鎮夷古浪三千戶所自陝西蘭州渡河千五百里至肅州肅州西七十里爲嘉峪關長陵初設關外七衛曰哈密曰安定曰阿端曰赤斤蒙古曰曲先曰罕東曰罕

東左七衛皆在嘉峪關西哈密又在六衛西東去肅州西去土魯番各千五百里北至瓦剌數百里永樂二年改封安克帖木兒為忠順王以頭目馬哈麻火只等為指揮等官分其衆居苦峪城三年忠順王卒無子兄子脫脫先是俘蠻夷邸朝議哈密為西域入貢孔道宜釋脫脫令嗣王乃賜金印誥命玉帶文綺遣使送還令察諸番向背凡諸番貢物表文譯上四年賜王及其祖母速哥失里母妃從母綺幣有差是年速哥失里逐脫脫勅諸酋復立脫脫為王六年脫脫暨祖母各遣使朝貢九

年脫脫卒勅都指揮哈納為都督僉事守哈密是年封力帖木兒為忠義王賜印誥玉帶守哈密卒從父子孛羅帖木兒嗣仍封忠順王賜誥印十二年行在驗封員外郎陳誠使西域還言哈密城在平川可三四里東北二門王稱速壇人僅數百戶頗非一種多蒙古回回人習俗各異産馬駝玉石鑌鐵大尾羊陰牙角城北大山西南東皆平曠地多鹽鹵宜稜麥豌豆農耕亦用畜壤人獷悍好利西域三十八國入貢經哈密者相攔出入索道路錢乃已洪熙元年貢硫黃　上詰遣臣哈密何以有硫黃正統四年貢玉求紵絲與四表裏天順四年貢賜紙金箔薑桂茶礬成化元年令歲一貢貢不過三百人至京不過三十人貢物馬駝玉石鐵器諸獸皮三年以忠順王外孫為都督賜銅印金幣八年都督赴京嗣官貢馬駝加賞時酋者林弑孛羅帖木兒無子王母努溫答力理國事九年土魯番速壇阿力欲以哈密掠赤斤諸夷王母不從虜王母金印去遣番離散王母外孫都督把他木兒子罕慎避居苦峪其奸狡者陰附阿力伺我塞下遣高陽伯李文通政劉文討阿力調罕東赤斤

番兵數千駐苦峪不敢進阿力遂輕中國文等謬言不見土魯番遂還王母金印竟為阿力所留益侵我城郭諸夷十四年阿力死子阿黑麻稱速壇未壯二十年守臣乘間請封罕慎嗣忠順王入哈密罕慎貪殘國人怨恨西域諸夷貢使往來者苦罕慎要索亦怨恨二十三年罕慎言瓦剌有克捨太師革捨太師克捨死其弟阿沙赤為太師帯捨弟阿力阿古多兀王與阿沙赤讐殺西走據哈密瓦剌尋退去弘治元年阿黑麻強曰罕慎非脫脫族安得王哈密哈密我當王欲殺罕慎畏我不敢

發好語罕慎曰吾爲若婿若爲王益安無外侮罕慎喜許阿黑麻阿黑麻至哈密誘罕慎頂經結盟遂殺罕慎亦未敢顯言據哈密即遣使入貢言罕慎病死國亂乞遣大通事和番立我爲王居哈密領西域職貢兵部尚書馬文升言外夷北虜最强屢入貢乞通使我不聽阿黑麻小夷且與哈密各有分地不可輒通使亦不得王哈密彼入若貢我亦不拒請勅阿黑麻諭令還王母及金印還我哈密時王母已死四年遣哈密頭目寫亦虎仙齎勅諭阿黑麻以金印城池來歸遣使朝貢厚賞之

畢寫亦虎仙爲都督僉事文升言哈密有回回畏兀兒哈剌灰三種共居一城種類不貴不相下北山又有小列禿野也克力數種强虜時擾哈密必得元遺孽嗣封理國事庶可懾服諸番興復哈密不然未得休息乃立安定王族孫陝巴爲忠順王安定王者本朧朧種落令頭目奄克孛剌阿木郎輔陝巴至哈密六年諸番索陝巴犒賜不得阿黑麻又恨阿木郎尅賜物掠其牛馬遂入哈密殺阿木郎虜陝巴及金印去内閣丘濬謂文升曰哈密事重須公一行文升曰方隅有事臣子豈可辭勞

但西域賈胡貪利不善騎射古未有西域能爲中國大患者徐當靜之濬曰有識言不可不慮文升請行諸大臣不可請勅兵部侍郎張海都督緱謙行視經略時阿黑麻貢使寫亦滿速兒等在京師令海至河西遣夷使二三人與邊通事致勅諭阿黑麻歸陝巴金印諸夷使爭欲去海不可乃遣哈密夷人以勅往阿黑麻竟留不報海不得已修嘉峪關捕哈密奸回逼阿黑麻者二十餘人戍廣西請絶西域貢七年春海謙不俟命輒還逮下獄降海山西參政謙奪俸閑住文升言土魯番特其

强悍哈密奸回又反復欺負中國不懲創彼益輕中國請安置寫亦滿速兒等於閩廣閉嘉峪關絶西域貢令諸夷歸怨阿黑麻當是時西域諸夷皆言成化間我入貢　皇帝先遣中貴人迓我河南至京宴賜甚夥今不撫我我泛海萬里貢獅子謂我開海道卻不受即從河西貢者宴賞亦薄天朝棄絶我相率從阿黑麻且拒命中國能奈我何哈密奸回又附阿黑麻阿黑麻遂復入哈密自稱可汗大掠罕東諸夷諜言糾夷數萬用雲梯攻肅州且躁甘州報至文升曰彼虛聲挾我也土魯番至

哈密十數程中經黑風川哈密至苦峪又數程皆無水草貢使往返皆馱水行使我謹烽火明斥候整兵以俟彼至肅州我以逸待勞縱兵出奇一擊必使彼匹馬不返巳而阿黑麻西去令頭目牙蘭以二百餘人據哈密文升曰非用陳湯故事此虜終不畏文升召肅州撫夷指揮楊翥至京撫其背曰汝諳夷情知西域道路朝廷今欲擒斬牙蘭汝計安出翥曰此賊黠非襲之不可罕東哈密有捷徑可進兵兵可不十日至文升曰余欲選罕東番兵三千爲前鋒我兵三千殿後各持數日熟食兼

程襲之何如翥曰善八年令河西巡撫許進調兵食遣副總兵彭清統精兵三千由南山馳至罕東即調罕東諸番兵乘夜倍道襲牙蘭是冬進及總兵劉寧清率兵至肅州久駐關外候罕東兵不至乃出大路乏水草行不能疾牙蘭詗知遁去我兵入哈密斬首六十得陝巴妻女獲牛羊三千哈密脅從者八百餘人皆不殺携歸住四徹上師還粮乏士馬亦多物故然西域自是知畏中國文升言兵雖抵哈密然未獲牙蘭首功亦少進寧及太監陸誾不與節制徒取空城無益邊事獨軍士遠征

勞苦宜陞賞　上念邊臣出塞有功誾歲祿二十石寧陞左都督加俸百石進左副都御史清都督僉事九年阿黑麻又襲破哈密令撒他兒及奄克孛剌往剌木城奄克孛剌密結苦剌小列禿襲斬撒他兒奄克孛剌還守哈密阿黑麻遣人圍哈密哈密人舉火小列禿見之來援退走守臣奏乞令羈畱貢使往諭阿黑麻納款文升曰阿黑麻未見遣使上款書不許是秋進改陝西巡撫十年秋阿黑麻令人送陝巴還哈密其兄馬黑上書言西域諸國不得貢怨阿黑麻今悔過乞許與黑婁諸國

入貢及還寫亦滿速兒等文升言此虜挾詐候陝巴金印至甘州取寫亦滿速兒等於闔廣是冬起王越爲太子太保左都御史總制甘涼等處邊務經略土魯番哈密十一年越出河西取陝巴至甘州令哈密三種都督回回寫亦虎仙畏兀兒奄克孛剌哈剌灰拜迭力迷失佐陝巴奄克孛剌罕慎弟也恨土魯番亦與陝巴不協越以罕慎女也先土剌妻陝巴結好奄克孛剌未幾越卒是秋賜陝巴大帽蟒衣玉帶象笏復封爲忠順王放寫亦滿速兒等西歸時哈密三種人久苦土魯番不願還

文升請許半赴肅州往來自便十二年春陝巴至
肅州畏番虜不肯出關守臣遣參將率兵護行又
賞亦斤蒙古諸番令逐程防護至哈密是夏寫亦
虎仙致賞賜於土魯番遂與土魯番諸夷使入京
朝貢十三年阿黑麻及黑婁諸國皆令人朝貢十
七年春陝巴嗜酒掊尅國人頭目者力克哈等迎
阿黑麻次子真帖木兒守哈密陝巴棄城走沙州
真帖木兒罕慎外孫也年十三不肯來哈密哈密
人曰陝巴走哈密城空恐爲野乜克力達子所據
真帖木兒始至剌木城其兄滿速兒乞守臣令人

來守哈密真帖木兒自剌木城入哈密守臣令官
舍董傑及奄克孛剌往哈密撫夷衆諭迎陝巴還
頭目阿孛剌不聽必欲立真帖木兒爲王奄克孛
剌與傑等擒殺阿孛剌等六人餘黨畏服守臣令
都指揮朱瑄率兵送陝巴入哈密撫送真帖木兒
還土魯番時阿黑麻死諸兒讐殺真帖木兒懼不
肯還曰奄克孛剌我外祖願依之瑄慮陝巴疑貳
携真帖木兒居甘州正德元年陝巴死其子拜牙
即嗣封幼弱守臣恐真帖木兒還來侵哈密留不
遣三年滿速兒稱速壇遣人朝貢乞還真帖木兒

兵部尚書劉宇曰是謂資其所親愛不許四年滿
速兒與拜牙即乞還真帖木兒下守臣議五年真
帖木兒走出城追而獲之六年守臣請歸真帖木
兒下兵部會議請　勑宴賜真帖木兒及滿速兒
拜牙即并其親目七年冬令哈密三都督奄克孛
剌寫亦虎仙滿剌哈三送真帖木兒西還八年春
至哈密奄克孛剌不肯去寫亦虎仙滿剌哈三送
至土魯番八月拜牙即淫暴欲與奄克孛剌叛中
國往土魯番奄克孛剌不從自哈密奔肅州拜牙
即棄城走入土魯番滿剌兒令頭目火者他只丁

與寫亦虎仙滿剌哈三入哈密取金印火者他只
丁又令哈密都指揮火者馬黑木等至甘州索賞
哈密諸酋譯書言拜牙即棄國從番乞即差人守
哈密巡撫趙鑑謬謂滿速兒忠義令火者他只丁
寫亦虎仙滿剌哈三守城勤勞差撫夷官送土魯
番諸酋金幣二百明年正月撫夷官繞至哈密滿
速兒率衆亦至分據剌木等城真帖木兒又言河
西大饑富人死亡且半甘州城南黑河可引灌城
於是滿速兒及火者他只丁牙木蘭虎力奶翁寫
亦虎仙滿剌哈三日夜聚謀侵甘肅番文索金幣

萬萬還我哈密否即插旗甘州門牙木蘭名本我
曲先人與寫亦虎仙等專伺我虛實外挾强番内
要厚賞自京師至甘肅徧置奸細巧爲交結肆行
久間然亦專與哈密爲讐未敢窺嘉峪關也時總
制都御史鄧璋請專勑大臣一人經略哈密大將
督兵戰守特勑四川討賊都御史彭澤總督甘肅
軍務統延寧固原諸鎮兵防遏土魯番夷勿使内
侵遂勦西海卜亦刺勑寫亦虎仙等共守哈密勑
青滿速兒送回拜牙即十年春澤至甘州火者他
只丁牙木蘭侵赤金斤王子莊澤以段布銀器幷

勑令通事與三都督送土魯番奄克孛刺時在甘
州言我與番世讐不肯去土魯番得賞物以金印
與寫亦虎仙以哈密付滿刺哈三澤召還掌院事
巡按馮時雍又言土魯番未聞請罪尚數侵邊下
兵部尚書王瓊議乞罷澤河西不允是冬寫亦虎
仙等入京朝貢當是時土魯番四出侵掠關外諸
衛及苦峪諸城殘破河西藩籬又結尾刺窺我河
西十一年李昆代鑑巡撫請勑滿速兒送還拜牙
即滿速兒不聽令火者他只丁牙木蘭復據哈密
滿速兒至沙州脇土巴部落入嘉峪關令肅州奸

回斬巴思高彥名等内應攻我肅州遊擊芮寧參
將蔣存禮禦之敗績兵備副使陳九疇發憤撟死
諸奸回及通賊都督失拜烟答焉城拒戰退賊又
急調屬夷兵刼其老營遣人結尾刺擣巢穴破其
三城土魯番大創又盡發寫亦虎仙數十年傾陷
哈密奸罪坐謀叛論死時失拜烟答子米兒馬黑
麻入貢在京巧賄權倖突入長安左門稱冤下錦
衣衛會兵部三法司奏行河西訊報十二年逮昆
九疇至瓊請廷鞫幾殺澤九疇昆降浙江副使澤
九疇削籍是秋土魯番貢使至京兵部請繫獄輔

臣梁儲不可乃已十四年刑部會訊脫寫亦虎仙
死會上幸會同館寫亦虎仙米兒馬黑麻因權倖
得見上賜國姓隨上南征嘉靖改元詔逮寫亦虎
仙復論斬死獄中瓊謫戍澤起爲兵部尚書嘉靖
元年昆爲兵部侍郎九疇僉都御史巡撫甘肅明
年失拜煙答子米兒馬黑木寫亦虎仙子米兒馬
黑麻皆論死三年滿速兒大舉入寇至甘州九疇
忠勇先登力戰既解甘州圍又夜率衆間道兼行
抵肅州内外夾擊敗番兵殺火者他只丁虜退去
關中守臣奏河西危急遣兵部尚書金獻民都督

杭雄率師西討獻民至蘭州諸番已爲九疇所敗出嘉峪關獻民用九疇議請遣發夷使閉關絕貢四年牙木蘭復據哈密侵肅州牙木蘭又入沙州五年起故輔臣楊一清提督軍務一清言我旣不能制其命又無以服其心徒絕彼之貢使不能阻彼之犯邊乞還九疇議遣歷齋夷使解讐息兵未幾一清召入内閣尚書王憲代一清盡出平涼羈畱夷使往諭土魯番令悔過服罪歸我哈密六年諸議禮臣桂萼方獻夫霍韜張璁先後上言哈密不靖本由彭澤澤得召用楊廷和凿鹿澤也乞急

用王瓊以寧西鄙七年滿速兒令牙木蘭據沙州索羈畱貢使否且率帖木哥土巴攻肅州牙木蘭不肯欲殺牙木蘭牙木蘭懼棄妻孥數萬率老稚萬人帳房二千奔肅州乞白城山金塔寺住牧守臣議西肅州是春起瓊兵部尚書兼右都御史代憲瓊至河西反澤所行事是秋天方撒馬兒罕哈密頭目各朝貢滿速兒亦乞通貢瓊爲奏上乞還羈使朝貢夷未報土魯番西虎力納咱兒糾厓剌侵肅州遊擊將軍彭濬兵備副使趙載禦之退去時張桂必欲論九疇死并罪廷和刑部尚書胡世

寧力爭九疇忠勇再保全河西得不殺譎戍邊澤獻民閉住八年土魯番貢獅子夷人至乞歸哈密通貢瓊又奏言土魯番歸我哈密乞令失拜煙答子米兒馬黑木守哈密貢使二十四人遣入京放歸羈畱各番貢使男婦凡千人安插沙州上巴帖木哥部夷五千四百人于白城山哈密都督卽吉孛剌部夷在肅州東關赤斤都督掌卜遠兒子鎖南東在肅州北山金塔寺罕東都指揮枝丹在甘州南山下兵部議當是時世寧爲兵部尚書欲專守河西謝哈密無煩備中國韜上議必欲復哈密

下兵部議世寧言昔　太祖建北平行都司去境四百里而　文皇畀之兀良哈　文皇郡縣交趾而　宣宗棄之安南哈密非大寧交趾比況其初封忠順王爲我外藩者乃元遺孽永樂二年封三年卽故立其兄子未幾卽絕而強立非其子孫者嗣之盖嘗三立三爲土魯番所虜乃叛我卽戎及勞中國臣竊以爲此與國初所封元孽爲和寧王順寧王安定王者等耳安定王又在哈密之内近我甘肅今亦不知其存亡何獨以一忠順王故耗我金幣疲我士馬竭我財力議禮諸臣不聽竟從

瑣言牙木蘭以世寧言木歸正人非叛虜者亦恣
恒謀事可鑒遂留不遣是時瑣言滿速兒歸我哈
密奉約束朝貢然哈密竟爲土魯番所據安插諸
衛夷落皆爲土魯番所逐失其故土住牧河西塞
上北虜盤窟西海朶剌結巢甘山河西三面皆有
寇盜矣明年滿速兒遣虎力奶翁及天方諸夷使
貢方物又索牙木蘭諜言諸番要約俟虎力奶翁
歸復侵肅州會虎力奶翁歸道病死朶剌又攻土
魯番我亦有備稍得休息而來降人哈六剌言番
酋欲以哈密城與都督米兒馬黑木毋管理兵部

因請許其通貢着令三年或五年爲期夷使雖多
十二入京余留塞上是後哈密竟爲土魯所據河
西守臣防禦羌胡不暇及西鄙事要之哈密守與
否固不足爲中國利害也泰中老人曰土魯番哈
密屢勤經略我義未直兵則何畏彼求方棘予則
何恩況染指貢獻不足以示信侵漁宴賜不足以
示廉而一時士習又皆重聲譽而略綜核騰口說
而賤實事不知中國之於夷狄固不可無過撫以
納侮亦不可深拒以窮兵唯順則撫故賞斯恩唯
逆則拒故威斯畏況西域賈胡倚玉石易以射利

籍黄犢以孶生苟馭之有備又何患焉

赤斤蒙古

赤斤蒙古周西戎戰國月氏秦漢屬匈奴武帝取
爲酒泉敦煌二郡唐末没於吐番宋入西夏永樂
二年故韃靼丞相苦术之子塔力尼率五百人來
歸設赤斤蒙古千户所以塔力尼爲千户賜誥印
尋陞爲衛塔力尼爲指揮僉事十一年遣頭目鎖
南吉利剌獻叛虜老的罕陞指揮使厚賜之塔力
尼卒子且旺失加嗣宣德後朝貢不絶内白山最
大多草木禽獸産金駝馬肉蓯容自土魯番蹈哈
密種人遂散亂

安定阿端

安定韃靼别部也地廣袤千里無城郭其俗馬乳
釀酒氊帳爲廬産馬駝玉石洪武七年撒里畏兀
兒安定王卜煙帖木兒或曰亦板丹遣使貢鎧甲
刀劍賜金綺令分其酋長爲阿端阿真苦先帖里
四部賜卜煙帖木兒銀印仍稱安定王八年設安
定阿端二衛分統四部卜煙帖木兒卒遣使諭祭
賜嗣王勅誥金綺王遣使貢謝宣德初與曲先叛
討平之天順三年安定王遣使來貢自後朝貢不

絕成化中爲土魯番殘破遂服屬土魯番安定王苗裔無考

曲先

曲先古西戎部落永樂四年設曲先衛以土酋散西思爲指揮同知宣德元年叛討平之論功加國師禪師秩已而遣人入貢正統二年頭目黑麻亂遣指揮火丁貢方物嘉靖中衛人牙木蘭爲土魯番所刼牙木蘭驍勇土魯番時時令率衆侵哈密擾我甘肅已而與土魯番疑貳擁帳來歸土魯番請還我哈密易牙木蘭欲殺牙木蘭警動我屬夷

兵部尚書胡世寧以爲不可遂止當是時大抵嘉峪關西諸衛皆爲土魯番侵擾不復能爲我藩蔽矣

罕東

罕東本西戎部落洪武二十五年侵塞凉國公討之土酋哈昝遁去三十年入貢立罕東罕東左二衛官其酋長鎖南吉剌思爲指揮僉事永樂二年鎖南吉剌思與其兄答力襲等十六人貢馬陞鎖南吉剌思爲指揮使以塔力襲爲指揮同知頭目奴奴指揮僉事賜冠帶鈔幣有差自是歲貢不絕二罕東皆在沙州城沙州古燉煌地嘉峪關外諸衛二罕東最弱成化後土魯番迭入哈密二罕東不能支流散各城正德中陳九疇擊退土魯番沙州人稍得生聚復歸耕牧比牙木蘭再入沙州益殘破其酋土巴等叛附土魯番嘉靖中王瓊撫住白城山肅州月餉粟歲且萬石坐困邊儲

撒馬兒罕

撒馬兒罕漢罽賓也在哈烈東北三千里東去嘉峪關九千九百里東西相距千里地平山川鐵門峽阿木河最大風景偉麗土田膏腴宜五穀頗類

中原獨勝諸國城依平原濠深險壯有子城王居高廣在城址隅王白帽城中達巷縱橫肆市稠密西南番賈多聚於此市易用銀錢禁酒俗尚回回教有拜天屋青石雕鏤極精巧以羊皮果經文文字泥金書人物秀美多藝能尤善作室國東有養夷沙鹿海牙塞藍達失干西有渴石迭里迷諸城皆隷焉洪武二十年國主帖木兒遣回回滿剌哈非思貢駝馬詔厚賜之二十二年貢馬二十四年貢海青賜勑賚予之二十七年帖木兒遣使迭力必失表貢馬二百匹表曰恭惟　大明大皇帝受

天明命統一四海仁德弘布恩養庶類萬國欣仰
咸知上天欲平治天下特命皇帝出膺運數爲億
兆之主光明廣大昭然天鏡無有遠近咸昭臨之
臣帖木兒僻在萬里之外恭聞聖德寛大超越萬
古自古所無之福皇帝皆有之所未服之國皆服
之遠方絶域昏暗之地皆清明之老者無不安樂
少者無不長遂善者無不蒙恩惡者無不知懼今
又施恩遠國凡商賈之入中國者使觀覽都邑城
池富貴雄壯如出昏暗之中忽覩白日何幸如之
又承敕書恩撫勞問使站相通道路無壅遠國之

人咸得其濟欽仰聖心如照世之杯使臣心中豁
然光明臣國中部落聞茲德音惟知歡舞感戴臣
無以報恩德惟仰天祝頌聖壽福祿如天地遠大
永永無極照世杯者其國舊傳有杯光明洞徹照
之可知世事故云二十八年遣兵科給事中傅安
郭驥等使西域撒馬兒罕永樂五年頭目哈里
令虎歹達遣安等還且貢方物厚賜之攺安等禮
科賜衣安等言帖木兒本元駙馬卒孫哈里嗣上
遣人祭帖木兒賜哈里璽書銀幣已而兀魯伯貢
馬復遣安報使或曰兀魯伯即哈里洪熙元年安

給還國請敕命吏部言安歷年雖久未經考覈例
不得授景陵曰安使遠夷留二十餘年艱苦何例
爲與敕正統十二年又貢馬玉石四年又貢成化
十九年阿黒麻王貢二獅子夷使請大臣出迎禮
部尚書周洪謨以爲不可遣中官迎之獅日食生
羊二醋酣蜜酪各二瓶官養獅人光祿日給酒飯
二十三年廣東布政司陳選言撒馬兒罕使臣怕
六灣貢獅子欲於廣南浮海從滿剌加更市獅子
入貢不可貴異物開海道利賈胡貽笑安南諸夷
弘治二年由南海貢獅子禮官倪岳言南海非西

域貢道請却之自後貢皆從嘉峪關入嘉靖中其
國稱王者五十三人皆遣人朝貢產金銀玉銅鐵
珊瑚琥珀琉璃罽苾思檀水晶駝花毯布名馬獨
峯駝大尾羊獀猊

天方

天方古筠冲地舊名天堂又名西城宣德中其王
遣沙瓛來朝貢俗用回回曆風景融和四時皆如
春田沃稻饒居民樂業男女辮髮馬乳拌飯產馬
金琥珀玉石珊瑚犀角貢從嘉峪關入

迭里迷

迭里迷在撒馬兒罕西南去哈烈二千餘里新舊二城相去十餘里王居新城東距阿木河河廣非舟不可渡城内外居民僅數百家孳畜蕃息多魚河東地隸撒馬兒罕河西有蘆林多獅子

渴石

渴石在撒馬兒罕西南二百六十里城據大村周十餘里四面水田東南近山中有園林故酋帖木兒駙馬居也規模極宏壯堂四隅白石柱如玉墻壁牕牖盡飾金碧綴琉璃西行十數里皆委曲山多奇樹又西去三百里大山屹立中有石峽兩壁懸崖宛如斧劈行二三里出峽口有門夷人曰此鐵門關也

養夷

養夷在賽藍撒馬兒罕亦力把力蒙古諸部落間數相侵擾以故人無寧居惟戍卒數百人處孤城中城四面皆亂山東北有大溪西流長數百里溪旁頹垣破廬蕭然草莽

達失干

達失干在賽藍西去撒馬兒罕七百里城據平原甚狹小四面平岡多林木溪流蜿蜒土宜五穀人稠密質朴饒衣食

卜花兒

卜花兒在撒馬兒罕西七百里城居平川周十餘里民物富庶市里繁華戶口萬計地平衍宜五穀桑麻天氣温和冬不附火蔬菜不絶產絲綿布帛六畜大類中國

土魯番

土魯番一名土爾番在火州西百里古交河縣安樂城也城方一二里地平四面皆山氣候多暖少雨雪土宜麻麥有瓜果羊馬之利人皆屋居信佛法多僧寺城西二十里有崖兒城城僅二里居民百餘家相傳故交河縣治又云古車師國永樂十二年行在驗封員外郎陳誠使至其國誠言城西北百里有靈山最大夷人言此十萬羅漢涅槃處也近山有高臺臺旁有僧寺寺下皆石泉林木從此入山行二十里至一峽峽南有小土屋屋南登山坡坡有石屋屋中小佛像五前有池池東有山山石青黑遥望紛如毛髮夷人言此十萬羅漢洗頭削髮處也循峽東南行六七里登高崖崖下小山纍纍峯巒秀麗羅列成行峯下白石成堆似玉

輕脆不可握堆中有若人骨狀者甚堅如石文縷明晰顏色光潤夷人言此十萬羅漢靈骨也又東下石崖崖上石笋如人手足稍南至山坡坡石瑩潔如玉夷人言此辟支佛涅槃處也周行群山約二十餘里悉五色砂石光焰灼人四面峻壑窮崖天巧奇絶草木不生鳥獸鮮少云甘肅大抵撫北虜患專鎮防西夷夷種中土魯番最奸狡宣德五年始遣使來貢正統以後亦嘗來貢成化弘治間番酋阿力阿黑麻父子擾我西鄙虜我哈密忠順王罕慎陝巴拜牙即是時專伺哈密至正德遂數

犯我甘肅語在哈密傳中嘉靖十一年西域貢稱王者七十五人貢使至二百九十人禮官夏言請國稱一人王內閣張孚敬言西域稱王者多恐彼自封授或部落相稱先年入貢稱王亦有三四十人者答勅並稱王今盡裁奪恐夷情觖望下禮兵部議言西域諸國稱王者唯土魯番天方撒馬兒罕三國如日落諸國名甚多朝貢絶少且與土魯番諸國不相統弘治正德間土魯番十三入貢天方正德間四入貢稱王者率一人或二人三人餘稱頭目親屬嘉靖二年八年稱王者天方至六七人土魯番至十一二人此兩年間撒馬兒罕至二十七人內閣言先年亦有稱王至三四十人者併數三國耳乃今土魯番十五王天方二十七王撒馬兒罕五十三王併數則百五六十王前此所未有況所稱王號原非舊文即有同者地面又異弘治時回勅書國稱一王若循撒馬兒罕往年故事類答王號人與一勅恐非所以尊中國而嚴外夷也自後各執賜勅率其部落貢不如期使不如數任意往來勢難阻絶驛傳勞煩宴賜頻數竭我財力以役遠夷計亦左矣上從言言當是時土魯

番強殘破我嘉峪關外七衛及城郭諸國地大人衆非復陳驗封奉使時矣

黑婁

黑婁在嘉峪關西近土魯番世結好黑婁黑婁夷入貢從土魯番入其地山水草木禽獸皆黒男女亦然宣德七年始遣使朝貢

鹽澤

鹽澤在崖兒城西南去土爾番三千餘里在平川中廣不二里居民百家黒的兒火者稱王居鹽澤既死土酋強者統之產石鹽堅白如石可琢爲器

以盛肉食不鹽而鹹

哈烈

哈烈一名黑魯撒馬兒罕西南去嘉峪關萬三千里元駙馬帖木兒之子沙哈魯居其地國人稱爲速魯檀猶華言君王也東有俺都淮八剌黑諸城皆隷焉洪武二十五年遣使詔諭酋長賜金綺永樂七年頭目麼賚等朝貢十二年遣行在吏部員外郎陳誠使其國正統二年指揮哈只等貢馬王居城方十里居平川川廣百里四面大山王並東北山壘石爲屋屋若高臺無棟梁墻壁總牖皆金

碧琉璃門扉雕刻嵌骨角屋傍設絲繡帳房爲燕寢所金床重茵衣冠大類亦力把力民土房或氊帳以雨少故上下相與直呼名雖王亦然相見稍屈躬道撒力馬力一語握手或相抱爲禮致意於人則云撒籃少炊爨飲食就肆無匕箸交易用銀錢錢三等無正朔時日月亦無斗斛用權衡爲量稅十二國用資焉男髡首衣尚白乃喪易青黑無棺槨不祀鬼神祭先於墓所人多善走日行可三百里氣候常煖市中流水四時不斷多水磨風磨甆器尤精巧産巴旦杏鑌伏花毯金銀銅珊瑚琥珀水晶珠翠名馬獅子黑白文獸白鹽堅明如水晶琢磨爲器以水潤之和肉食多桑宜蠶爲紈綺細密過中國農不甚勞然多穫田美而每歲更休地力得完也餽贈賜予宴會極豐厚男女瀆亂無耻大抵西域城郭諸國哈烈最鄙陋然有學舍聚生徒講習諸經義省刑罰薄賦斂寡爭訟好施予務農桑諸國又不及也在王城中極弘偉

默德那

默德那即回回祖國初國王謨罕驀德生而聖靈臣服西域諸國諸國尊爲別諳援爾華言天使也

國中有佛經三十藏凡三千六百餘卷書兼篆草楷西洋諸國皆用之隋開皇中國人撒哈八撒阿的斡葛思始傳其教入中國其地接天方有城池宮室田園市肆大類江淮間寒暑應候民物繁庶種五穀亦有陰陽星曆醫藥音樂諸技藝人俗重殺非同類殺不食不食豕肉織文雕鏤器皿最精巧宣德中國王遣人隨天方朝貢

俺都淮

俺都淮隷哈烈西南去哈烈千三百里東北去撒馬兒罕亦如之城在大村中村廣百里城居十一

平曠無險峻地沃人繁庶稱樂土

八剌黑

八剌黑一名八黑在俺都淮東北城居平川周十餘里南近山無險阨地平廣食物豐饒西南諸番買聚焉永樂中哈烈沙哈魯各遣其子守之

于闐

于闐大國在葱嶺北二百里東西五千里南北千里漢唐皆入貢中國石晉時王李聖天自稱唐宗遣人入貢封爲大寶于闐國王宋末兩遷朝貢不絕永樂六年頭目打魯哇亦不剌金遣滿剌哈撒

木丁等貢玉璞十二年吏部員外郎陳誠至其國國主微弱鄰國交侵人民僅萬計皆避居山谷間境內惟火州魯陳哈失哈力阿力稍有城邑餘皆荒埴敗屋牛理榛莽索永樂以後西戎奉職貢不敢輒相攻始得休息行賈諸番遂富饒桑麻禾黍宛如中土人機巧喜浮屠法好歌舞工紡織相見輒跪得問遺書戴于首乃發之稍知尊卑禮節狀貌亦似華人其山葱嶺爲大嶺下有白玉河綠玉河黑玉河產玉胡錦雙峯駝諸香珠珊瑚翡翠琥珀花蘂布名馬膃肭臍金星石水銀獅子阿魏

火州

火州在嘉峪關外行可一月至本漢車師前後王地前王治交河城即唐交河縣去長安八千里後王治務塗谷即唐蒲類縣去長安九千里漢元帝時置戊巳校尉屯田於前王庭以其地勢高敞名高昌壘後魏初有闞伯周者自稱高昌王唐太宗平高昌置西州及都督府後陷於吐蕃其地有回鶻雜居故又名回鶻宋時屢遣使貢元號畏兀兒隸馬哈木八國朝號火州其東七十里有柳陳西百里有土魯番火州城近北地卑下山色如火天

氣多熱城方十餘里永樂七年土酋遣人朝貢十二年吏部員外郎陳誠至其國誠言其國風物蕭條市里民居僧堂過半亦皆零落東有荒城故址云古高昌國治漢西域長史戊巳校尉並居焉宣德五年火州王哈散土魯番萬戶賽因帖木兒柳陳誠萬戶瓦赤剌俱遣人貢馬及玉璞至今入貢不絕俗類匈奴烏孫事天神信佛法貴食馬好騎射時節潑水爲戲其山川靈山蒲類海交河爲大產馬駝鼲白氎布鑌鐵陰牙角阿魏

別失八里

別失八里在西域永樂三年其王沙迷查干遣人言哈密忠順王安克帖木兒爲北虜鬼力赤毒死願率兵討之上喜遣使賜綵幣勑令與嗣忠順王脫脫相睦

魯陳

魯陳一名柳城古柳中縣地去哈密千里中經大川砂磧無水草馬牛過此輙死大風倏起人馬相失道傍多骸骨有鬼魅行人失侶白日迷亡夷人謂之旱海出川西行至流沙河河上有小岡云風捲浮沙所積道北火焰山山色如火城方二三里

四面多田園流水環繞樹林陰翳土宜穄麥麻豆有小蒲萄甘甜無核名鎖子蒲萄氣候和煖風俗醇朴人二種回回男子削髮戴小罩剌婦女白布裹頭畏兀兒男子椎髻婦人蒙皂巾垂髻於額大抵皆胡服

沙鹿海牙

沙鹿海牙在撒馬兒罕東五百里城據小岡西北臨山河河名水站勢衝急有浮梁其地南近山三面皆平川人繁庶依崖谷而居園林廣茂西有大沙洲可二百餘里無水即有水人不可飲飲牛馬亦輙死有臭草根株獨立高尺許枝葉如蓋春生秋死臭氣逼人取生汁熬膏爲阿魏亦有細草可熬膏味如蜜

賽藍

賽藍在達失干東西去撒馬兒罕千里城周二里四面平原草木長茂流水環繞五穀蕃殖秋夏間草生黑蜘蛛甚小毒甚螫人遍身痛號呼聲動地土人禳詛者口誦咒以薄荷枝拂中毒處又以鮮羊肝遍擦其體經一晝夜痛方息愈後皮膚如蜺脫牛馬被傷輙死行人宿必近水避之

哈失哈力

哈失哈力宣德間遣十四人來朝貢或曰即阿力馬力

亦力把力

亦力把力在沙漠間或曰焉耆或曰龜茲元時名別失八里馬哈木封於此洪武二十四年國王黑的兒火者遣人貢馬永樂四年王沙迷查干遣人貢玉璞十二年陳吏部使其國十六年頭目速哥克剌滿剌來朝言歪思弒其從兄王納黑失只罕自立爲王徙其國西去更號亦力把力正統二年

王也先不花遣人貢玉璞駝馬景泰三年遣人朝貢天順以來入貢不絶其國無城郭宮室逐水草住牧設帳房氈罽寒暑坐臥於地其王戴小帽剌答鵝翎衣禿袖衫削髮貫耳飲食肉酪或食稌麥爲毛布多雪霜平曠之地夏秋略暖深山大谷六月飛雪俗獷戾服用汚穢上下無紀律其山白山葱嶺爲大有熱海然氣候常寒産銅鐵鉛雌黄胡粉馬駝犛牛孔雀氍毹阿魏白氎布

阿丹

阿丹近古俚瀕海可舟行國中富饒有馬步勝兵七八千隣國畏之永樂九年詔中使鄭和賜命互市

白葛達

白葛達海中小國土瘠俗尚佛教宣德七年國王遣和者里一思等來朝貢

阿哇

阿哇永樂中王昌吉剌遣人來朝貢

瑣里

瑣里西海中小國物産甚微有撒哈剌諸異布洪武五年國王卜納的遣撒馬牙茶嘉兒幹的亦剌丹八兒奉金字表朝貢圖上其土地山川賜大統曆金幣永樂元年復遣人朝貢

西洋瑣里

西洋瑣里近瑣里視瑣里差大物産大類瑣里洪武三年使來以金葉表文貢方物上喜王敬中國涉海道甚遠賜甚厚永樂元年復遣人朝貢上曰海外遠夷附載番貨勿征二十一年西洋十六國遣使千二百人貢方物至京師西洋瑣里貢獨豐美

彭亨

彭亨在東南海島中並山山傍多平原禽獸稀少草樹繁茂沃土宜穀饒蔬果洪武十一年遣人奉金葉表朝貢賜綵幣永樂十二年遣蘇麻固門的里來朝貢其俗上下親狎無寇盜男女椎髻好誦佛經煮海爲鹽釀椰爲酒産片腦諸香花錫

百花

百花在海中依山爲國國中有奇花嘉樹民俗饒富尚釋教洪武十一年國王剌丁剌者望沙亦遣八智亞壇奉金葉表朝貢産紅猴龜筒玳瑁孔雀倒掛鳥胡椒

婆羅

婆羅名山面海人多念佛素食惡殺喜施永樂四年國王遣人勿黎哥來朝貢真珠玳瑁馬瑙車渠賜王及妃文綺

阿魯

阿魯一名啞魯在西南海中土廣人稀物產亦薄永樂五年國王速魯唐忽先遣滿剌哈三附古里諸國來朝貢令內臣至其國賜王文綺

小葛蘭

小葛蘭小國也東達大山西南北皆海永樂中太

監鄭和至其國王鎖里人遣人入貢俗尚浮屠重象牛飲和酥酪市用金錢婚喪巾服大類錫蘭山自錫蘭山別那里西北海行六晝夜可至

拂菻

拂菻在嘉峪關外萬餘里洪武四年遣其國故民捏古倫賫詔諭之尋遣人來朝貢其俗土屋無瓦貴臣如王服不尚鬭戰鑄金銀錢產金銀珠西錦千年棗馬獨峯駝巴欖

古里班卒

古里班卒在海中永樂三年國王遣人馬的來朝貢其俗土瘠穀少登氣候不齊夏多雨雨即寒俗質朴男女被短髮假錦纏頭紅油布繫身物產甚薄

呂宋

呂宋在海中其國甚小頗產黃金以故亦富厚人頗質朴不喜爭訟永樂三年國王遣隔察老來朝貢

合貓里

合貓里地小土瘠國中多山山外大海海饒魚蟲人亦知耕稼永樂三年國王遣回回道奴馬高來

朝貢產蘇烏木胡椒

碟里

碟里國在東南海中大洲上洲有諸港通海人淳少訟尚佛物產甚薄永樂三年國王遣使馬黑木來朝貢

打回

打回海外小國數為鄰國所苦巳乃治兵器與隣國戰戰勝稍得自立永樂三年遣麻勿來朝貢

日羅夏治

日羅夏治海中小國無他奇產產蘇木胡椒人頗

知種藝無盜賊崇佛教永樂三年國王遣文那打時鎮來朝貢

忽魯毋恩

忽魯毋恩在東南海中或曰在西徼外國小土瘠物產薄永樂三年國王遣巳即丁朝貢

忽魯謨斯

忽魯謨斯在西南海中東連大山國中土厚宜耕種人質直狀貌偉碩喜作佛事常歌舞惡殺永樂三年國王遣馬剌足來朝貢產大馬西洋布獅子駝雞福祿靈羊馬哈獸

甘巴里

甘巴里在南海中大島上人多織錦粒食亦鮮食永樂十二年國王兜哇剌杳遣得名公葛葛來朝貢

麻林

麻林未詳其國所在永樂十三年王遣人獻麒麟上喜厚賜之

古麻剌

古麻剌在東南海中永樂時王哇來頓本率其臣來朝至福州卒賜諡康靖勅葬閩縣有司歲時祭

沼納樸兒

沼納樸兒在印度之中古所謂佛國也永樂中遣使詔諭國王一不剌金玉遣人來朝貢

加異勒

加異勒西戎小種居人不及千家貧窶乏食常傭鄰國永樂中王者麻里奈那遣使別里呆不來貢方物宣德間遣使朝貢

黑葛達

黑葛達國小民貧平川廣野草木暢茂禽獸鮮少俗尚佛畏刑布肆多牛羊交易用鈔錢宣德中國

人嘗遣使十人來朝貢方物

敏真誠

敏真誠國亦大多高山木流深綺木爲渡日中爲市諸貨皆集見中國磁漆器爭欲得之產異香駝馬永樂中國王遣四十人來朝貢

八答黑商

八答黑商永樂間遣四十人來朝貢方物織皮絨罽香木其國山川明秀人俗朴實奉佛有浮屠數區壯麗如王宮西洋西域皆商販於此大抵皆羽毛織文玉石香木駝羊也布帛銀錢皆可交易

覽邦

覽邦洪武九年遣人來朝貢永樂宣德中嘗附鄰國貢方物其國去西域遠甚無市買販地多沙礫麻麥之外無他穀山坡圮無峯巒水亦淺濁俗亦好佛勤賽祀有駝馬牛羊市亦用錢

火剌札

火剌札國微人弱物產凉薄四圍皆山山鮮草木水流曲折亦無魚鰕城僅里許皆土屋板屋王居亦陋俗尚佛重僧喜中國磁器針線永樂十四年嘗遣人朝貢

討來思

討來思在海中周徑不百里城近山山下有水亦色望之如火然俗尚佛婦人主家事市中多駝羊馬牛亦有布縷毛褐交易用錢土宜麥稌無稻穀宣德六年嘗遣人朝貢

吃力麻兒

吃力麻兒永樂中遣使十一人來朝貢方物惟獸皮鳥羽罽褐之類其俗不事耕農喜射獵山卑水淺西南傍海東北林莽深密多猛獸毒虫得中國雌黃麝香磁器甚喜有達巷無市肆交易無期用鉽鐵

失剌思

失剌思永樂間遣人來朝貢時遣內外官以綺幣磁器市馬於迤西撒馬兒罕失剌思諸國獻陵即位詔諸使至十日內就所在還京無得托故稽留宣德中遣使八人來朝貢

納失者罕

納失者罕東去失剌思數日程皆舟行海中其國山林川澤有林木魚虫城東平原饒水草可牧馬馬有數種最小者高不過三尺俗敬事僧僧所至必飲食之頗尚氣健闘闘不勝者衆共嗤之永樂

中遣使十人來朝貢

亦思把罕

亦思把罕於西南海中為大國廣袤近千里四面皆海西北多山東南皆平沙國有城堅壯王居亦偉麗物產豐厚風俗朴厚尚佛畏刑喜施惡奪亦有中國人寓寄者時時出貿撒馬兒罕市多馬駝少布帛有珠珀而無稻黍日食惟麥稌麥粒巍壯甘美永樂中遣使四十四人來朝貢

淡巴

淡巴在西南海中洪武十年國王遣人來貢賜之金幣其國風景秀贍土地廣衍泉甘而水清草木暢茂畜產甚夥城以石築屋以茅覆王乘輿官跨馬頗有威儀國人勤生種藝織縷抱布男女咸務常業市有交易野無寇盜稱樂土矣

甘把里

甘把里永樂間遣六人來朝貢自言其國小介其西南海中與諸鄰國不通交易物產又薄山無長林田無宿麥以故國用常乏人民艱窘然奉佛善不求積聚無乞丐者

白松虎兒

白松虎兒舊名速麻里兒國中無大山山卑小者亦鮮林木無猛獸毒虫之害先時嘗有白虎出松林中遇獸不食遇人不傷旬月後竟不見國人稱爲神虎父老又曰此西方白虎降精以是更其國爲白松虎兒永樂中遣使十六人來貢

荅兒密

荅兒密永樂間遣使十八人來朝貢方物賜大統曆文綺藥茶國在海中不百里人不滿千家有墻壘而無城郭屋以板覆田以牛耕王居宫舍不甚差別產馬駝羊牛毛褐布縷交易兼用銀錢刑專用籐朴服屬撒馬兒罕

阿速

阿速在西海中爲大國多撒馬兒罕天方諸國人有城倚山面川川南流入海海有魚鹽之市野有耕牧之利敬佛畏鬼好布施惡爭鬪物產饒俗淳暄適節人無飢寒夜無寇盜永樂中遣百十二人來朝貢

沙哈魯

沙哈魯永樂間遣七十七人來朝貢國在阿速西

南海島中人民淳直恥鬪好佛交易海中諸國西域賈胡來市海中奇物不惜高價亦有價廉而得奇貨去者沙哈魯人不識也王及酋長居城中有茅屋庶人旅處城外田野中村落相聚山川環抱畜產豐利

西番

西番即土蕃本羌屬凡百餘種散處河湟洮岷間元世祖始爲郡縣以吐蕃僧八思巴爲大寶法王帝師領之嗣世弟子號司空司徒國公佩金玉印明興洪武六年令諸酋舉故官授職以攝帝師喃

加巴藏卜為熾盛佛寶國師元國公南哥思丹八
亦監藏等為都指揮同知宣慰使元帥招討等官
自是番僧有封灌頂國師及贊善王闡化王正覺
大乘法王如來大寶法王者俱賜印誥令比歲或
間歲朝貢今其地為都指揮使司二曰烏思藏曰
朵甘指揮使司一曰隴答宣慰使司三曰朵甘曰
董卜韓胡曰長河西魚通寧遠招討使司六曰朵
甘思曰朵甘隴答曰朵甘丹曰朵甘滄溏曰朵甘
川曰磨兒勘萬戶府四曰沙兒可曰乃竹曰羅思
端曰別思麻千戶所十七闡化闡教輔教三王貢

使自四川入贊化王自陝西入每貢百人多不過
五十人大乘大寶二法王貢無每貢僧徒十人凡
諸王嗣封賜誥袈裟僧帽數珠鈴杵以大慈恩寺
剌麻僧二人充正副使四川自黎州或天全陝西
自洮州出境宣德元年封大寶大乘闡教闡化贊
善五王九年闡化王貢使乩藏等還以賜物易茶
至臨洮沒入茶并罰乩藏等間　上命釋之還其
茶成化五年封闡教輔教二王十六年封闡化王
皆厚賞長河西魚通寧遠歲一貢貢止五六十人
多不過百人自雅州入正統初來貢賞甚厚五年

剌麻僧貢馬十一年番僧亦貢馬景泰四年入貢賞
稍減天順元年貢賞如故三年尊勝寺清修翊善
大國師獲印遣人貢舍利成化初番僧入貢十二
年貢使九百人賞少減弘治二年貢使千三百人
減賞朵甘思洪武十八年令歲一貢自雅州入天
順七年宣慰使來貢厚賞董卜韓胡亦一貢如朵
甘思四川威茂松番金川雜谷達思蠻諸番僧皆
三歲一貢貢百人多不過百五十人或歲一貢貢
三十人多不過五十人洮岷番寺歲一貢貢一寺
四五人番簇二年一貢大簇四五人小簇一二人

至京餘留塞上洪武四年置洮州衛軍民指揮使
司永樂九年置洮州茶馬司火把藏思曩日諸簇
歲納馬三千五十匹洪武初置河州衛改河州衛
軍民指揮使司七年置河州茶馬司必里衛二州
七站西番二十九簇歲納馬七千七百五匹洪武
十一年置岷州衛軍民指揮使司又置西寧衛西
寧茶馬司歲納馬三千五百匹市洪上馬茶百二
十斤中馬七十斤下馬五十斤五王諸僧番簇在
四川西寧洮岷河在陝西西寧在黃河北洮岷河
在黃河南陝西諸番畏伏將軍四川諸番敬信丁

大夫丁大夫王國初爲御史大夫出鎮四川最久
威惠並行夷民安輯宋將軍晟洪武永樂中久鎮
西番積功封西寧侯丁朱皆充平羌將軍成化十
九年西番湳松反侵內地巡撫都御史馬文升討
之斬首八十三級正德初北虜徙居西海蠶食諸
番勢漸吞併識者慮其結勾深入如前代吐蕃吐
谷渾事當是時虜在西海言官言前代有屯兵青
海以絕羌虜連和內侵者然徵輸調發民力大困
正德十年調朔方勁兵逐勦虜避走松潘旋歸故
巢費以萬計竟無成功嘉靖元年西番反鎮守都

督鄭卿討之不能克班師自是歲入境殺虜人畜
八年洮岷番賊數至鞏昌殺吏士掠人畜焚廬舍
隴右騷動尚書王瓊請賊入聽官軍襲至賊巢勦
殺番人畏之已而兵至塞防秋矣虜番賊遂乘虛
深入臨洮鞏昌殺掠大慘尚書李承勛言西番土
地被西海虜脅亦卜剌侵占日益內徙將來番胡
交通益肆猖獗何以善後昔漢趙充國不戰而服
羌段熲殺羌百萬爲費以億計內地虛耗是知用
勇將者雖可取快目前任老成者必能獲萬全之
策乞廣宣帝之明專充國之任制馭西番事宜悉

令其酋長區處　上從之瓊曰欲撫罕必勦先零
遣遊擊將軍彭棫鎮守都督劉文統兵自固原進
至洮岷分據要害且撫且勦撫定六十五族恃險
拒戰者十六族斬首三百七十西番風俗大抵皆
質直朴魯上下一心君臣爲友吏治無文音樂尚
琴瑟食酪衣氊居毳帳務耕牧好狠鬬貴壯賤弱
懷恩重利尊釋信詛其山川崑崙山可蹊海黃河
折支湟水爲大產金銀銅錫犛牛名馬天鼠皮獨
峰駝青稞麥豈豆羱羊貢物多畫佛銅佛銅塔舍
利足力麻鐵力麻氆氌珊瑚犀角左髻毛纓明盔

甲刀劍遮甲麻衣馬青鹽外史氏曰西戎亦能爲
中國患從申侯逼遷西周附隗囂族拒東漢唐連
吐番直入長安宋失熙河併於西夏爲禍不小我
以官賞貢市羈縻之西鄙稍寧正德以後邊防大
弛戎心遂啓瓊議欲於洮岷河蘭間繕城堡遠斥
堠廣儲蓄謹偵海賊勿使得連西番即有侵侮發
請精兵駐臨洮鞏昌要害之地拒之斯良策也

韃靼

韃靼北胡也即夏獯鬻周玁狁秦漢匈奴唐突厥
宋契丹漢時匈奴最強匈奴弱而烏桓遂盛漢末

鮮卑滅烏桓鮮卑既衰蠕蠕強大與魏爲敵蠕蠕滅而突厥起盡有西北地唐李靖滅突厥五代及宋契丹爲盛女真滅契丹號金侵中國遂稱皇帝其別小部曰蒙古曰太赤烏曰塔塔兒曰克列各有分地蒙古并諸部滅女真及宋國號元入主中國　明興逐元順帝遁歸朔漠傳子愛猷識里達臘愛猷識里達臘死子脫古思帖木兒立爲可汗我兵出塞獲其子地保奴脫古思帖木兒爲也速迭兒所弒諸大臣立坤帖木兒爲可汗而猛哥帖木兒爲瓦剌王建文三年坤帖木兒死鬼力赤立

爲可汗阿魯帖木兒乃兒不花阿魯台佐之馬哈木者居瓦剌時時與阿魯台相讐殺自順帝至鬼力赤凡七世其二世不可考鬼力赤衰諸酋立本雅失里爲可汗殺我使臣給事中郭驥我遂封瓦剌馬哈木爲順寧王太平賢義王把禿孛羅安樂王令伺本雅失里我兵出塞本雅失里敗走阿魯台來降封爲和寧王而馬哈木又叛我兵討馬哈木敗去阿魯台又叛阿魯台弒本雅失里自稱可汗馬哈木屢敗阿魯台而瓦剌強盛瓦剌三王馬哈木獨強洪熙元年馬哈木欲自立爲可汗恐衆

不附仍立元孽脫脫不花爲可汗居沙漠北馬哈木居瓦剌宣德九年阿魯台死正統元年馬哈木之子脫懽在沙漠西北與其部酋朶兒只伯相讐殺脫懽死其子也先爲太師驍勇凌脫脫不花景泰中也先弒脫脫不花自稱田盛大可汗已而爲其平章哈剌逐死天順初孛來殺哈剌立小王子小王子又爲孛來瘸王子所弒孛來衰而其大酋毛里孩阿羅出孛羅出猛可少師與孛來瘸王子讐殺而立脫思爲王脫思者故小王子從兄也成化中阿羅出結乱加思蘭孛羅出結毛里孩出入

河套乱加思蘭強殺阿羅出併其衆而結滿都魯王入河套滿都魯稱可汗而乱加思蘭爲太師與毛里孩也烈忽孛羅忽出入塞下乱加思蘭欲殺滿都魯而立斡赤來爲可汗不克乱加思蘭爲滿都魯所殺滿都魯衰而把禿猛可王太師亦思馬因知院羅干強盛弘治初把禿猛可死弟伯顏猛可立爲王當是時瓦剌與伯顏猛可皆遣人入貢而火篩數入寇火篩者小王子部落也與小王子相讐殺小王子益衰正德中瓦剌西徙與土魯番相讐殺小王子三子長阿爾倫台吉次阿著滿官

嗔太師亦不剌弑阿爾倫台吉走河西阿爾倫台吉二子長卜赤次也明皆幼阿着稱小王子阿着死衆立卜赤稱亦克罕卜赤死而不及兒台吉稱小王子或曰不及兒台吉即也明或曰卜赤子也阿着二子曰吉囊曰俺答亦不剌部從吉囊火篩部從俺答于是小王子種落又盛嘉靖中吉囊俺答最强犯我陜西河東雲中上谷而亦不剌及尾剌時時出入寧夏甘肅塞下吉囊死其子板不孩與不及兒台吉出入河套庚戌入古北口犯京師自後秦晉燕代漁陽遼東西無寧歲歲請費帑金

數百萬計征調勞煩而權門大吏齕齮益章本兵邊鎮文武大臣多受誅殛戰守無策專事蒙蔽矣其俗無城郭宮室徙帳房逐水草畜牧射獵有欲會刻木封箭爲信挾其長技上下山谷往來聚散忽如風雨其喜盜好殺輕生嗜利篡弑烝淫三綱瀆亂自古然矣産馬橐駝野馬㹇羊角端鼲貂鼠青鼠土撥鼠貀沙鷄酥酪四夷惟韃靼種最多最狡凶悍爲中國患最甚別爲北虜考

皇明四夷下卷終　子履準校正